PALABRA Y VIDA

2026

El Evangelio comentado cada día

Una comunidad claretiana

AF277099

PUBLICACIONES
CLARETIANAS

Palabra y Vida 2026.
El Evangelio comentado cada día

© Publicaciones Claretianas
Juan Álvarez Mendizábal, 65 dpdo. 3º
28008 Madrid (España)
Tel.: 915 401 267; Fax: 915 400 066
publicaciones@publicacionesclaretianas.com
comercial@publicacionesclaretianas.com
www.publicacionesclaretianas.com

CLARET
PUBLISHING GROUP

Palabra y Vida. El Evangelio comentado cada día es una iniciativa internacional de los Misioneros Claretianos al servicio de la evangelización. Un proyecto que ya se difunde en más de 10 lenguas y versiones.

Coordinación del proyecto: Gonzalo Fernández Sanz.

Los textos bíblicos están tomados de la Biblia interconfesional "Dios habla hoy" (Sociedades Bíblicas Unidas).

Por recomendación del Magisterio eclesial, hacemos nuestro el mandato de "colaborar con las sociedades bíblicas en la difusión capilar de la Palabra de Dios" (Benedicto XVI, *Verbum Domini*, 115).

"Dios habla hoy" es, probablemente, la traducción de la Biblia en español más difundida en el mundo.
Con las debidas licencias eclesiásticas.
Imprimatur: Mons. Raymundo Damasceno.

ISBN: 978-84-7966-821-1
Depósito Legal: M-16179-2025

Impreso en España

PALABRA
Y VIDA
2026

"¡Mirad a Cristo! ¡Acercaos a Él!
¡Acoged su Palabra que ilumina y
consuela! Escuchad su propuesta de
amor para formar su única familia:
en el único Cristo nosotros somos uno".

León XIV

Palabra y Vida 2026 nos invita este año a
hacer de la Palabra de Dios el motor de
nuestra vida y la base de nuestra
espiritualidad. Queremos que *Palabra y
Vida* sea para todos un instrumento que
nos ayude a vivir y a afrontar los grandes
retos y desafíos de la nueva evangelización
a la que la Iglesia nos llama.

Doce misioneros claretianos nos
acompañan este año con sus hermosos y
sugerentes comentarios al Evangelio de
cada día. Unidos a tantos hombres y
mujeres de todo el mundo, escuchamos la
Palabra al ritmo de la liturgia de la Iglesia.

Introducción a
Palabra y Vida 2026

A menudo nos preguntamos qué podemos hacer para crecer espiritualmente. La respuesta tiene que ver con una sana alimentación. Si nos nutrimos de la Palabra de Dios y del Cuerpo y Sangre de Cristo, acabaremos configurándonos con Él. Conscientes de que la Palabra ilumina la vida cotidiana y es portadora de vida, un año más ofrecemos este itinerario llamado precisamente "Palabra y Vida".

Lo esencial es fijar los ojos en el Evangelio de cada día. En él descubrimos el tesoro inagotable de Jesús. Un día nos sorprende un gesto suyo; otros, una palabra; siempre, una actitud de misericordia. Viendo y escuchando a Jesús, nos acercamos a Dios, origen y meta de nuestra vida. No es necesario que saquemos conclusiones. Basta con que nos dejemos alimentar, iluminar, curar, estimular y corregir por la Palabra. Sin darnos cuenta, haremos nuestros los sentimientos y actitudes de Jesús. Él no nos pide que hagamos muchas cosas, sino que seamos sus testigos en el mundo.

A lo largo de los años, los comentarios a la Palabra han sido encargados a algunos obispos o autores de reconocido prestigio. Este año, coincidiendo con el 25 aniversario de este proyecto evangelizador, los comentarios están escritos por doce misioneros claretianos que trabajan en la animación de la vida consagrada. No es la obra de un autor en solitario, sino de una comunidad "apostólica" reunida en torno a la Palabra. Se trata, pues de doce miradas, doce estilos, doce maneras de escuchar y comentar. Hay unidad en la diversidad porque todos han recibido el carisma de ser "oyentes y servidores de la Palabra".

El papa León XIV nos invita a acoger la Palabra en las encrucijadas actuales: "En nuestro tiempo, vemos aún demasiada discordia, demasiadas heridas causadas por el odio, la violencia, los prejuicios, el miedo a lo diferente, por un paradigma económico que explota los recursos de la tierra y margina a los más pobres. Y nosotros queremos ser, dentro de esta masa, una pequeña levadura de unidad, de comunión y de fraternidad. Nosotros queremos decirle al mundo, con humildad y alegría: ¡mirad a Cristo! ¡Acercaos a Él! ¡Acoged su Palabra que ilumina y consuela! Escuchad su propuesta de amor para formar su única familia: *en el único Cristo nosotros somos uno*".

La acogida de la Palabra que ilumina y consuela siempre produce frutos de comunión. Quizás también tú puedes compartir este año "Palabra y Vida" con tu familia, tu comunidad o tu grupo de amigos. Experimentarás el don de la unidad y la fraternidad en medio de la diversidad. El fruto visible será la alegría. No hay nada más contagioso y necesario en este tiempo de incertidumbre y de búsqueda ansiosa de nuevos caminos.

PALABRA
Y VIDA
2026

Los **doce misioneros claretianos** "oyentes y servidores de la Palabra" que han preparado los comentarios para este año son los siguientes:

Enero: *Adrián de Prado Postigo*
Febrero: *Luis Alberto Gonzalo Díez*
Marzo: *José Cristo Rey García Paredes*
Abril: *Pablo Largo Domínguez*
Mayo: *Pedro Manuel Sarmiento Caballero*
Junio: *Antonio Sánchez Orantos*
Julio: *Antonio Bellella Cardiel*
Agosto: *Bonifacio Fernández García*
Septiembre: *Emeterio Chaparro Lillo*
Octubre: *Severiano Blanco Pacheco*
Noviembre: *Carlos Mª García Andrade*
Diciembre: *Gonzalo Fernández Sanz*

Nm 6,22-27
Sal 66. *El Señor tenga piedad y nos bendiga.*
Ga 4,4-7
Lc 2,16-21

En aquel tiempo, los pastores fueron corriendo y encontraron a María, a José y al niño acostado en el pesebre. Al verlo se pusieron a contar lo que el ángel les había dicho acerca del niño, y todos los que lo oían se admiraban de lo que decían los pastores. María guardaba todo esto en su corazón, y lo tenía muy presente. Los pastores, por su parte, regresaron dando gloria y alabanza a Dios por todo lo que habían visto y oído, pues todo sucedió como se les había dicho. A los ocho días circuncidaron al niño y le pusieron por nombre Jesús, el mismo nombre que el ángel había dicho a María antes de que estuviera encinta.

El nuevo año se abre con una página evangélica que trae a la vez paz y algarabía, silencio y Palabra. El misterio se cumple a medio camino entre el trasiego de los pastores –van y cuentan, vuelven y cantan– y el sosiego de la Virgen –escucha y medita, recuerda y nombra–. Paradoja pascual del Niño que nace prefigurando al Hombre que resucita: ambos vienen con el sigilo de la noche, el anuncio de los ángeles, la carrera de los testigos, el asombro del milagro, la alegría del cumplimiento... Y el corazón de María, en el que reverbera el deseo de Dios para sus hijos: que este primer evangelio del año sea también el último y así, con el pasar de los días y de Cristo mismo, encontremos el modo de atravesar el umbral de nuestra muerte a su Vida.

1Jn 2,22-28
Sal 97. *Los confines de la tierra han contemplado la victoria de nuestro Dios.*
Jn 1,19-28

Los judíos de Jerusalén enviaron sacerdotes y levitas a Juan, a preguntarle quién era. Y él confesó claramente: "Yo no soy el Mesías". Le volvieron a preguntar: "¿Quién eres, pues? ¿El profeta Elías?". Juan dijo: "No lo soy". Ellos insistieron: "Entonces, ¿eres el profeta que había de venir?". Contestó: "No". Le dijeron: "¿Quién eres, pues? Tenemos que llevar una respuesta a los que nos han enviado. ¿Qué puedes decirnos acerca de ti mismo?". Juan les contestó: "Yo soy, como dijo el profeta Isaías, 'Una voz que grita en el desierto: ¡Abrid un camino recto para el Señor!'" Los que habían sido enviados por los fariseos a hablar con Juan, le preguntaron: "Pues si no eres el Mesías ni Elías ni el profeta, ¿por qué bautizas?". Juan les contestó: "Yo bautizo con agua, pero entre vosotros hay uno que no conocéis: ése es el que viene después de mí. Yo ni siquiera soy digno de desatar la correa de sus sandalias". Todo esto sucedió en el lugar llamado Betania, al oriente del río Jordán, donde Juan estaba bautizando.

Siendo "el más grande entre los nacidos de mujer", del Bautista importa mucho más todo lo que no fue: la voz, no la palabra; la lámpara, no la luz; el amigo, no el novio; profeta de desiertos, no de bodas; el que bautizaba con agua, no con Espíritu; el que menguó, no el que crecía. Tan cerca del Señor como para verter agua sobre su cabeza; tan lejos, como para no poder desatar las sandalias de sus pies. Ese contraste extremado, vivido en fe, convierte su mensaje en el ruego humano que antecede la plena irrupción de Dios. Juan desenmascara así a cuantos, prisioneros de su grandeza, son ciegos para la humilde carne del Hijo del hombre. Y precede a quienes, a la sombra de la historia, reciben el gozo de vislumbrarlo como verdadero Hijo de Dios.

1Jn 2,29–3,6
Sal 97. *Los confines de la tierra han contemplado la victoria de nuestro Dios.*
Jn 1,29-34

Al día siguiente, Juan vio a Jesús que se acercaba a él, y dijo: "¡Mirad, ése es el Cordero de Dios que quita el pecado del mundo! A él me refería yo cuando dije: 'Después de mí viene uno que es más importante que yo, porque existía antes que yo.' Yo mismo no sabía quién era él, pero he venido bautizando con agua precisamente para que el pueblo de Israel le conozca". Juan también declaró: "He visto al Espíritu Santo bajar del cielo como una paloma, y reposar sobre él. Yo aún no sabía quién era él, pero el que me envió a bautizar con agua me dijo: 'Aquel sobre quien veas que el Espíritu baja y reposa, es el que bautiza con Espíritu Santo.' Yo ya le he visto, y soy testigo de que es el Hijo de Dios".

La fe comienza por el oído, por ese rumor de siglos en que sabemos que "el Señor es nuestro Dios". Nadie ha tutelado esta verdad como el pueblo del shemá; ningún oído tan afinado para el Dios-Palabra como el de los hijos de Abraham. Sin embargo, andando el tiempo, su disposición para la escucha decayó hasta dejar de obedecer al que les hablaba. El Padre quiso entonces que se hiciera carne su Palabra, dando a su Hijo un cuerpo capaz de ser visto y de entregarse. Los ojos podrían ver lo que los oídos no alcanzaban. Juan fue el primero en esta visión y por ella comprendió la ofrenda humana del que, siendo fuego sagrado en la zarza, se hizo manso Cordero para la hoguera: ¡mirad al que se abaja hasta la carne para alzaros con Él en el Espíritu!

Eclo 24,1-2.8-12

La sabiduría se alaba a sí misma, habla con orgullo en medio de su pueblo; delante de la asamblea del Altísimo y de sus ángeles, dice con orgullo: "Yo salí de la boca del Altísimo y cubrí la tierra como bruma. En el cielo tenía mi habitación; mi trono estaba sobre una columna de nubes. (...) Esparcí perfume como el árbol de la canela, como la caña aromática y la mirra escogida, como las resinas más fragantes, como el incienso que se quema en el santuario. Extendí mis ramas como el terebinto: ramas bellas y frondosas".

Sal 147. *La Palabra se hizo carne y acampó entre nosotros.*

Ef 1,3-6.15-18

Alabemos al Dios y Padre de nuestro Señor Jesucristo, pues en nuestra unión con Cristo nos ha bendecido en los cielos con toda clase de bendiciones espirituales. Dios nos escogió en Cristo desde antes de la creación del mundo, para estar en su presencia santos y sin falta. (...) Pido al Dios de nuestro Señor Jesucristo, al Padre glorioso, que os dé sabiduría espiritual para entender su revelación y conocerle mejor. Pido a Dios que ilumine vuestra mente para que sepáis cuál es la esperanza a la que habéis sido llamados, cuán gloriosa y rica es la herencia que Dios da a los que pertenecen a su pueblo.

Jn 1,1-18

En el principio ya existía la Palabra, y aquel que es la Palabra estaba con Dios y era Dios. Él estaba en el principio con Dios. Por medio de él, Dios hizo todas las cosas; nada de lo que existe fue hecho sin él. En él estaba la vida, y la vida era la luz de la humanidad. Esta luz brilla en las tinieblas, y las tinieblas no han podido apagarla. (...) Aquel que es la Palabra estaba en el mundo, y aunque Dios había hecho el mundo por medio de él, los que son del mundo no le reconocieron. (...) Pero a quienes le recibieron y creyeron en él les concedió el privilegio de llegar a ser hijos de Dios. Y son hijos de Dios, no por la naturaleza ni los deseos humanos, sino porque Dios los ha engendrado. Aquel que es la Palabra se hizo hombre y vivió entre nosotros lleno de amor y de verdad. Y hemos visto su gloria, la gloria que como Hijo único recibió del Padre. (...) De sus grandes riquezas, todos hemos recibido bendición tras bendición. Porque la ley fue dada por medio de Moisés, pero el amor y la verdad se han hecho realidad por medio de Jesucristo. Nadie ha visto jamás a Dios; el Hijo único, que es Dios y que vive en íntima comunión con el Padre, nos lo ha dado a conocer.

Del fondo de la Escritura, gran anuncio del Dios que nos visita, emerge una cierta desazón por el Dios que no termina de llegar. Lo evoca bellamente Juan de la Cruz, parafraseando a la amada del Cantar, cuando dice: "Acaba de entregarte ya de vero; / no quieras enviarme / de hoy más ya mensajero, / que no saben decirme lo que quiero".

Sensible a este grito de desasosiego, el Señor responde con la encarnación de su propio Hijo, que no transmite la vida y la salud divinas como un gran profeta o mensajero, sino como la Palabra misma del Padre, llena de su gracia y su verdad. Él no conoce a Dios de oídas: siempre es y está con Dios; y no lo da a conocer de lejos: su imagen permea todo lo creado y habita en nuestra carne para siempre.

¡Bendita la figura que es toda ya presencia!

1Jn 3,11-21
Sal 99. *Alcama al Señor, tierra entera.*
Jn 1,43-51

Al día siguiente, Jesús decidió ir a la región de Galilea. Encontró a Felipe y le dijo: "Sígueme". Felipe era del pueblo de Betsaida, de donde también eran Andrés y Pedro. Felipe fue a buscar a Natanael y le dijo: "Hemos encontrado a aquel de quien escribió Moisés en los libros de la ley, y de quien también escribieron los profetas. Es Jesús, el hijo de José, el de Nazaret". Preguntó Natanael: "¿Acaso puede salir algo bueno de Nazaret?". Felipe le contestó: "Ven y compruébalo". Cuando Jesús vio acercarse a Natanael, dijo: "Aquí viene un verdadero israelita, en quien no hay engaño". Natanael le preguntó: "¿De qué me conoces?". Jesús le respondió: "Te vi antes de que Felipe te llamara, cuando estabas debajo de la higuera". Natanael le dijo: "Maestro, tú eres el Hijo de Dios, tú eres el Rey de Israel!". Jesús le contestó: "¿Me crees solamente por haberte dicho que te vi debajo de la higuera? ¡Pues cosas más grandes que éstas verás!". Y añadió: "Os aseguro que veréis el cielo abierto, y a los ángeles de Dios subir y bajar sobre el Hijo del hombre".

La experiencia de saberse conocido –íntima y eternamente conocido– provoca en el corazón humano una cascada de muros que se caen y puertas que se abren. Se levantan los afectos, se libera la confianza, se exorciza el temor. Y por todos esos caminos se accede al hondón de uno mismo y del misterio de Dios. Cristo llevaba ese conocimiento –tan alto, tan profundo, tan próximo– prendido en la mirada. ¿Qué hay de extraño, pues, en que Natanael cayera de rodillas cuando el Señor lo vio? ¿De dónde si no una confesión tan alta de quien antes se había mostrado tan escéptico? Solo sus ojos pueden desescamar los nuestros: cuando Él ve nuestro barro redimido, nosotros podemos verle Maestro, Hijo y Rey. Y contemplar el cielo abierto para siempre.

Martes

ENERO **6**

EPIFANÍA DEL SEÑOR (S)

Is 60,1-6
Sal 71. *Se postrarán ante ti, Señor, todos los pueblos de la tierra.*
Ef 3,2-3a.5-6
Mt 2,1-12

Jesús nació en Belén, (...) en el tiempo en que Herodes era rey del país. Llegaron por entonces a Jerusalén unos sabios de Oriente que se dedicaban al estudio de las estrellas, y preguntaron: "¿Dónde está el rey de los judíos que ha nacido? Porque vimos su estrella en el oriente y hemos venido a adorarle". El rey Herodes se inquietó mucho al oír esto (...). Mandó llamar a todos los jefes de los sacerdotes (...), y les preguntó dónde había de nacer el Mesías. Ellos le respondieron: "En Belén de Judea (...)'. Entonces llamó Herodes en secreto a los sabios de Oriente, y (...) los envió a Belén y les dijo: "(...) cuando lo encontréis, avisadme, para que yo también vaya a adorarlo". (...) Y la estrella que habían visto salir iba delante de ellos, hasta que por fin se detuvo sobre el lugar donde se hallaba el niño (...), los sabios se llenaron de alegría (...) vieron al niño con María, su madre. Y arrodillándose, lo adoraron. Abrieron sus cofres y le ofrecieron oro, incienso y mirra. Después, advertidos en sueños de que no volvieran a donde estaba Herodes, regresaron a su tierra por otro camino.

Se entrecruzan en la Epifanía varias búsquedas y una sola revelación. La peregrinación de los pastores hacia Belén, tan sencilla y local, llega de pronto a los círculos del poder y a los confines de la tierra. Herodes, celoso de un trono que cree amenazado, trata de identificar al Mesías que ha nacido; los sabios de Oriente, espoleados por su estudio, parten en busca del rey de los judíos. Todos ellos, cada uno desde su rol de autoridad, son figura de los pueblos ajenos a la fe de Israel. Sin embargo, lo que en uno es intriga interesada por conservar el mando en los otros es apertura sincera a la verdad última. La luz del Niño es universal, pero Dios, inaccesible a toda maniobra espuria, solo hace brillar su carne ante el corazón inquieto.

7

1Jn 3,22–4,6
Sal 2. *Te daré en herencia las naciones.*
Mt 4,12-17.23-25

Cuando Jesús oyó que Juan estaba en la cárcel, se dirigió a Galilea. Pero no se quedó en Nazaret, sino que se fue a vivir a Cafarnaún, a orillas del lago, en los territorios de Zabulón y de Neftalí. Esto sucedió para que se cumpliera lo que había dicho el profeta Isaías: "Tierras de Zabulón y de Neftalí, más allá del Jordán, a la orilla del mar: Galilea de los paganos. El pueblo que andaba en oscuridad vio una gran luz; una luz iluminó a los que vivían en sombras de muerte".

Desde entonces comenzó Jesús a proclamar: "¡Volveos a Dios, porque el reino de los cielos está cerca!". Recorría Jesús toda Galilea enseñando en la sinagoga de cada lugar. Anunciaba la buena noticia del reino y curaba a la gente de toda clase de enfermedades y dolencias. Con ello, la fama de Jesús se extendió por toda la región de Siria; así que le traían a cuantos sufrían de diferentes males, enfermedades y dolores, y a los endemoniados, a los epilépticos y a los paralíticos. Y Jesús los curaba. Mucha gente de Galilea, de los pueblos de Decápolis, de Jerusalén, de Judea y de la región al oriente del Jordán, seguía a Jesús.

En este evangelio sintético, que evoca los albores de la misión pública de Jesús, lo vemos como explorador de territorios inéditos, profeta que llama a conversión, maestro en las sinagogas, heraldo del Reino, sanador eficaz. Lo precede su fama y lo siguen multitudes. No será así siempre: también transitará soledades, silencios y fracasos. Rondará incluso regiones de muerte y de pecado, pero nunca podrán las tinieblas ocultarlo, ni siquiera bajo la sombra de la cruz. La presencia de Cristo no es luminosa durante la primavera de Galilea y opaca durante el invierno de Jerusalén. El que es la luz divina hecha carne irradia su claridad en todo momento, abriendo a toda carne –también la más llagada– los fanales salvíficos de la luz divina.

Jueves

DESPUÉS DE EPIFANÍA (f)

1Jn 4,7-10
Sal 71. *Que todos los pueblos de la tierra se postren ante ti, Señor.*
Mc 6,34-44

En aquel tiempo, al bajar Jesús de la barca, vio la multitud, y sintió compasión de ellos (...); y comenzó a enseñarles muchas cosas. Por la tarde, sus discípulos se le acercaron y le dijeron: "Ya es tarde, y éste es un lugar solitario. Despide a la gente, para que vayan a los campos y las aldeas de alrededor y se compren algo de comer". Pero Jesús les contestó: "Dadles vosotros de comer". Respondieron: "¿Quieres que vayamos a comprar doscientos denarios de pan para darles de comer?". Jesús les dijo: "¿Cuántos panes tenéis? Id a verlo". Cuando lo averiguaron, le dijeron: "Cinco panes y dos peces". Mandó que la gente se recostara en grupos sobre la hierba verde, y se hicieron grupos de cien y de cincuenta. Luego Jesús tomó en sus manos los cinco panes y los dos peces y, mirando al cielo, dio gracias a Dios, partió los panes y se los dio a sus discípulos para que los repartieran entre la gente. Repartió también entre todos los dos peces. Todos comieron hasta quedar satisfechos, y todavía llenaron doce canastas con los trozos sobrantes de pan y pescado (...).

Todo en este Jesús resulta exagerado: su forma de mirar no a la multitud sino su hambre; su manera de sentir con los muchos, cuyo desamparo le conmueve hasta las entrañas; su modo de hablarles y saciarles, sin escatimar en peces ni enseñanzas; y, como colofón, su forma de enfrentar la miseria ajena con una sobreabundancia inusitada e inmerecida. Lo prodigioso de las canastas repletas de sobras no está en ellas mismas, sino en los ojos, el corazón, las manos, el pan y la palabra de quien quiso, supo y pudo llenarlas hasta el exceso. Saciados de ese fruto desmedido, buscamos las ramas, el tronco, la savia y la raíz que lo hicieron posible. Queda Cristo solo y esto basta, aunque nunca hubiera habido nada más, aunque no volviese a haberlo.

Viernes

1Jn 4,11-18
Sal 71. *Se postrarán ante ti, Señor, todos los pueblos de la tierra.*
Mc 6,45-52

En aquel tiempo, Jesús hizo que sus discípulos subieran a la barca, para que llegaran antes que él a la otra orilla del lago, a Betsaida, mientras él despedía a la gente. Y cuando la hubo despedido, se fue al monte a orar. Al llegar la noche, la barca ya estaba en medio del lago. Jesús, que se había quedado solo en tierra, vio que remaban con dificultad porque tenían el viento en contra. De madrugada fue Jesús hacia ellos andando sobre el agua, pero hizo como si quisiera pasar de largo. Ellos, al verle andar sobre el agua, pensaron que era un fantasma y gritaron, porque todos le vieron y se asustaron. Pero él les habló en seguida, diciéndoles: "¡Ánimo, soy yo, no tengáis miedo!". Subió a la barca y se calmó el viento. Ellos se quedaron muy asombrados, porque no habían entendido el milagro de los panes y aún tenían la mente embotada.

Se insiste mucho –a veces por demás– en la torpeza de los apóstoles de Jesús para entenderlo y acertar en su discipulado. Hay en ello un fondo de verdad, al menos en el relato marcano, del que este fragmento es una buena muestra. Ellos no comprenden ni antes ni después de los milagros y él los aparta primero de su lado para hacer luego ademán de pasar de largo. Aunque sea momentáneamente, se hace física una distancia que es sobre todo espiritual. Nadie es discípulo de una vez por todas: ni siquiera tras un encuentro verdadero con el Hijo de Dios quedamos libres de ignorancias, resistencias y miedos. Hay que andar toda la vida buscando unos cuantos panes y apartando no pocos fantasmas para sentarse un día en el banquete eterno del Resucitado.

Sábado

DESPUÉS DE EPIFANÍA (f)

1Jn 4,19–5,4
Sal 71. *Se postrarán ante ti, Señor, todos los pueblos de la tierra.*
Lc 4,14-22a

Jesús volvió a Galilea lleno del poder del Espíritu Santo, y su fama se extendía por toda la tierra de alrededor. Enseñaba en la sinagoga de cada lugar, y todos le alababan. Jesús fue a Nazaret, al pueblo donde se había criado. Un sábado entró en la sinagoga, como era su costumbre, y se puso en pie para leer las Escrituras. Le dieron a leer el libro del profeta Isaías, y al abrirlo encontró el lugar donde estaba escrito: "El Espíritu del Señor está sobre mí, porque me ha consagrado para llevar la buena noticia a los pobres; me ha enviado a anunciar libertad a los presos y a dar vista a los ciegos; a poner en libertad a los oprimidos; a anunciar el año favorable del Señor". Luego Jesús cerró el libro, lo dio al ayudante de la sinagoga y se sentó. Todos los presentes le miraban atentamente. Él comenzó a hablar, diciendo: "Hoy mismo se ha cumplido esta Escritura delante de vosotros". Todos hablaban bien de Jesús y estaban admirados de la belleza de su palabra.

Cuando Jesús dice "hoy" –lo hace varias veces en la obra lucana– en realidad está diciendo "yo". Él trae consigo la eternidad de Dios, de suerte que, cuando Él está, irrumpe en la historia el hoy que la trasciende. En Él se cumplen hoy la venida del Mesías, la profecía liberadora de Isaías, la salvación en casa de Zaqueo, la paz sobre Jerusalén, la llegada al paraíso del buen ladrón y el nuevo nacimiento de la resurrección. Sin Él, todo se precipita en un "fue y un será y un es cansado"; con Él, adviene el día del Señor, por el que el hombre puede entrar en el tiempo sin tiempo de Dios. Por eso acuden a Cristo los pobres, presos, ciegos y oprimidos, y cuantos temen desaparecer devorados por la muerte: su reloj marca hoy un yo de mediodía.

11 DOMINGO
ENERO

Is 42,1-4.6-7

Así dice el Señor: "Aquí está mi siervo, a quien sostengo; mi elegido, en quién me deleito. He puesto en él mi espíritu para que traiga la justicia a todas las naciones. No gritará, no levantará la voz, no hará oír su voz en las calles, no acabará de romper la caña quebrada ni apagará la mecha que arde débilmente. Verdaderamente traerá la justicia (...) Yo, el Señor, te llamé y te tomé por la mano, para que seas instrumento de salvación; yo te formé, pues quiero que seas señal de mi pacto con el pueblo, luz de las naciones. Quiero que des vista a los ciegos y saques a los presos de la cárcel, del calabozo donde viven en la oscuridad".

Sal 28. *El Señor bendice a su pueblo con la paz.*

Hch 10,34-38

Pedro comenzó entonces a hablar, diciendo: "Ahora entiendo que verdaderamente Dios no hace diferencia entre una persona y otra. Dios acepta a quienes le reverencian y hacen lo bueno, cualquiera que sea su nación (...). Sabéis que Dios llenó de poder y del Espíritu Santo a Jesús de Nazaret, y que éste anduvo haciendo el bien y sanando a cuantos sufrían bajo el poder del diablo, porque Dios estaba con él".

Mt 3,13-17

En aquel tiempo fue Jesús desde Galilea al río Jordán, a donde estaba Juan, para que éste le bautizase. Al principio, Juan se resistió diciéndole: "Yo tendría que ser bautizado por ti, ¿y tú vienes a mí?". Jesús le contestó: "Déjalo así por ahora, pues es conveniente que cumplamos todo lo que es justo delante de Dios". Entonces Juan consintió. Jesús, una vez bautizado, salió del agua. En esto el cielo se abrió, y Jesús vio que el Espíritu de Dios bajaba sobre él como una paloma. Y se oyó una voz del cielo, que decía: "Éste es mi Hijo amado, a quien he elegido".

El bautismo del Señor sella los primeros compases del misterio de su encarnación (y, por eso, se cierra con él el tiempo litúrgico de Navidad), al tiempo que inaugura su ministerio de salvación en la plaza pública (que veremos desplegarse a lo largo del tiempo ordinario y llegar a cumplimiento en el misterio pascual).

En este sentido, la luz de Belén se proyecta en las aguas del Jordán y desde ellas salta hasta la vida eterna. Según una lectura teológica muy querida de los primeros Padres de la Iglesia, la carne asumida por el Hijo en el nacimiento es ahora ungida por el Espíritu, de suerte que su humanidad queda plenamente abierta para mostrar la gloria divina del Padre que nos salva.

Cristo es así pura transparencia: el amor mismo de Dios expresado sin merma en y por el hombre.

12 ENERO

Lunes

TIEMPO ORDINARIO 1ª SEMANA (f)

1Sa 1,1-8
Sal 115. *Te ofreceré, Señor, un sacrificio de alabanza.*
Mc 1, 14-20

En aquel tiempo, después que metieron a Juan en la cárcel, Jesús fue a Galilea a anunciar las buenas noticias de parte de Dios. Decía: "Ha llegado el tiempo, y el reino de Dios está cerca. Volveos a Dios y aceptad con fe sus buenas noticias". Paseaba Jesús por la orilla del lago de Galilea, cuando vio a Simón y a su hermano Andrés. Eran pescadores y estaban echando la red al agua. Les dijo Jesús: "Seguidme, y os haré pescadores de hombres". Al momento dejaron sus redes y se fueron con él. Un poco más adelante, Jesús vio a Santiago y a su hermano Juan, hijos de Zebedeo, que estaban en una barca reparando las redes. Al punto Jesús los llamó, y ellos, dejando a su padre Zebedeo en la barca con sus ayudantes, se fueron con Jesús".

El arresto de Juan, inmediatamente posterior al inicio del ministerio público de Jesús, pudo haber sido su final. Qué mayor aviso para el nuevo navegante que ver cómo quien lo había bautizado daba con los huesos en la cárcel y, poco después, con la cabeza en la espada. Nada nos dice Marcos del terremoto que pudo desatar esta noticia en el ánimo del pueblo y en el corazón de su Mesías. Ni siquiera la sombra de una muerte injusta proyectada sobre Cristo, anuncio del Calvario, podía opacar la buena nueva de su presencia, que se imponía por encima de cualquier pérdida, de todo mal. Se adelantaba así su victoria definitiva sobre la muerte: Él acercaba el Reino a la tierra para alzar la tierra –con todos los llamados– hasta el mismo Dios.

1Sa 1,9-20
Sal: 1Sa 2,1.4-7. *Mi corazón se regocija por el Señor, mi salvador.*
Mc 1,21-28

Llegaron a Cafarnaún, y el sábado entró Jesús en la sinagoga y comenzó a enseñar. La gente se admiraba de cómo les enseñaba, porque lo hacía con plena autoridad y no como los maestros de la ley. En la sinagoga del pueblo, un hombre que tenía un espíritu impuro gritó: "¿Por qué te metes con nosotros, Jesús de Nazaret? ¿Has venido a destruirnos? Yo te conozco. ¡Sé que eres el Santo de Dios!". Jesús reprendió a aquel espíritu, diciéndole: "¡Cállate y sal de este hombre!". El espíritu impuro sacudió con violencia al hombre, y gritando con gran fuerza salió de él. Todos se asustaron y se preguntaban unos a otros: "¿Qué es esto? ¡Enseña de una manera nueva y con plena autoridad! ¡Hasta a los espíritus impuros da órdenes, y le obedecen!". Muy pronto, la fama de Jesús se extendió por toda la región de Galilea.

El éxito inicial y la fama creciente de Jesús descansan sobre una autoridad plena e inaudita. No es tan extraordinario lo que dice o hace cuanto el fondo de verdad, caridad, soberanía y poder con que habla y actúa. En sus palabras –"enseña de una manera nueva"– y obras –"hasta los espíritus impuros le obedecen"– emerge un lenguaje desconocido, una potestad inesperada. Un modo de ejercer su humanidad incomparable, subversivamente divino. Solo de Dios cabría esperar algo así… pero es un hombre. De ahí que a la atracción le siguieran enseguida el pasmo, el recelo, el rechazo, la burla y la persecución. Jesús fue entonces y es hoy signo de contradicción: o confesamos en Él la autoridad del Padre y nos postramos o solo nos cabe sospechar.

1Sa 3,1-10.19-20
Sal 39. *Aquí estoy, Señor, para hacer tu voluntad.*
Mc 1,29-39

Cuando salieron de la sinagoga, Jesús fue con Santiago y Juan a casa de Simón y Andrés. La suegra de Simón estaba en cama, con fiebre. Se lo dijeron a Jesús, y él se acercó, la tomó de la mano y la levantó. Al momento se le quitó la fiebre y se puso a atenderlos. Al anochecer, cuando ya se había puesto el sol, llevaron ante Jesús a todos los enfermos y endemoniados, y el pueblo entero se reunió a la puerta. Jesús sanó de toda clase de enfermedades a mucha gente y expulsó a muchos demonios; pero no dejaba hablar a los demonios, porque ellos le conocían. De madrugada, cuando todavía estaba oscuro, Jesús se levantó y salió de la ciudad para ir a orar a un lugar apartado. Simón y sus compañeros fueron en busca de Jesús, y cuando lo encontraron le dijeron: "Todos te están buscando". Él les contestó: "Vayamos a otros lugares cercanos a anunciar también allí el mensaje, porque para esto he salido". Así que Jesús andaba por toda Galilea anunciando el mensaje en las sinagogas de cada lugar y expulsando a los demonios.

Los había llamado a pleno sol, a la orilla del lago. Los recogía en aldeas y ciudades, de entre las gentes. Los llevaba consigo por los caminos, a cielo abierto. Pero el encuentro no termina de aquilatarse hasta que el Señor no entra en la propia casa y el propio sufrimiento. Por eso Marcos no abre las puertas del hogar de Andrés y Simón y hasta el lecho de la suegra de este último. En ese espacio de intimidad y vulnerabilidad, Cristo despierta en todos ellos el último resorte necesario para emprender el camino del seguimiento: el del servicio que sucede a la salvación. Ahora ya pueden salir a la intemperie de la vida y atender las necesidades de sus hermanos, llevándolos hasta el Señor, buscándole sin cesar con todos los que le buscan.

Jueves

TIEMPO ORDINARIO 1ª SEMANA (f)

1Sa 4,1-11
Sal 43. *Redímenos, Señor, por tu misericordia.*
Mc 1,40-45

Un hombre enfermo de lepra se acercó a Jesús, y poniéndose de rodillas le dijo: "Si quieres, puedes limpiarme de mi enfermedad". Jesús tuvo compasión de él, le tocó con la mano y dijo: "Quiero. ¡Queda limpio!". Al momento se le quitó la lepra y quedó limpio. Jesús lo despidió en seguida, recomendándole mucho: "Mira, no se lo digas a nadie. Pero ve, preséntate al sacerdote y lleva por tu purificación la ofrenda ordenada por Moisés; así sabrán todos que ya estás limpio de tu enfermedad". Sin embargo, en cuanto se fue, comenzó a contar a todos lo que había pasado. Por eso, Jesús ya no podía entrar abiertamente en ningún pueblo, sino que se quedaba fuera, en lugares donde no había nadie; pero de todas partes acudían a verle.

Este pasaje, humanamente emocionante como todas las curaciones de Jesús, sitúa la voluntad de Cristo en el centro del milagro. Lo vemos en las palabras del leproso, que pone por delante de su necesidad el querer de Jesús –"Si quieres, puedes limpiarme"–; también en el propio Jesús, que comienza el diálogo y la sanación de aquel hombre afirmando su anuencia –"Quiero, queda limpio"–. Las razones personales, sociales y religiosas que hacen deseable la salud de cualquier postrado están aquí pendientes de la voluntad del Hijo del hombre. No porque nuestro bien dependa de su capricho, sino porque se sustenta en el amor mismo de Dios. Las mociones del corazón de Cristo coinciden con las del Padre: con su benevolencia eterna, la única que nos salva.

1Sa 8,4-7.10-22a
Sal 88. *Cantaré eternamente tus misericordias, Señor.*
Mc 2,1-12

Algunos días después volvió Jesús a entrar en Cafarnaún. Al saber que estaba en casa, se juntaron tantos que ni siquiera cabían frente a la puerta (…). Entonces, entre cuatro, le llevaron un paralítico. Pero como (…) no podían llegar hasta Jesús, quitaron parte del techo (…), y por la abertura bajaron en una camilla al enfermo. Cuando Jesús vio la fe que tenían, dijo al enfermo: "Hijo mío, tus pecados quedan perdonados". Algunos maestros de la ley que estaban allí sentados pensaron: "¿Cómo se atreve este a hablar así? Sus palabras son una ofensa contra Dios. Nadie puede perdonar pecados, sino solamente Dios". Pero Jesús se dio cuenta en seguida de lo que estaban pensando y les preguntó: "¿Por qué pensáis así? ¿Qué es más fácil, decir al paralítico: 'Tus pecados quedan perdonados' o decirle: 'Levántate, toma tu camilla y anda'? Pues voy a demostraros que el Hijo del hombre tiene poder en la tierra para perdonar pecados". Entonces dijo al paralítico: "A ti te digo, levántate, toma tu camilla y vete a tu casa". El enfermo se levantó en el acto, y tomando su camilla salió de allí a la vista de todos (…).

Este evangelio y los de días sucesivos están marcados por la controversia creciente alrededor de Jesús y la definición de la identidad de sus discípulos. La relación con los pecadores, con los alimentos y con el respeto del sábado generan escándalo entre los fariseos y permiten identificar algunos elementos de novedad que Cristo introduce y que determinan para los suyos un modo de vivir la fe y de construir la comunidad. En el trasfondo, la autoridad de Cristo para perdonar los pecados y reorientar los preceptos de la Ley, dos prerrogativas que corresponden solo a Dios y que Él ejerce sin reserva. Y en el horizonte, la dignidad filial y fraterna del ser humano como meta y medida de todas las cosas en el camino con Cristo hacia el Padre.

Sábado

San Antonio Abad (MO)

1Sa 9,1-4.17-19; 10,1a
Sal 20. *Señor, el rey se alegra por tu fuerza.*
Mc 2,13-17

Después fue Jesús otra vez a la orilla del lago. La gente se acercaba a él, y él les enseñaba. Al pasar, vio a Leví, hijo de Alfeo, que estaba sentado en el lugar donde cobraba los impuestos para Roma. Jesús le dijo: "Sígueme". Leví se levantó y le siguió. Sucedió que Jesús estaba comiendo en casa de Leví, y muchos cobradores de impuestos y otra gente de mala fama estaban también sentados a la mesa con Jesús y sus discípulos, pues eran muchos los que le seguían. Unos maestros de la ley pertenecientes al partido fariseo, al ver que Jesús comía con todos ellos, preguntaron a los discípulos: "¿Cómo es que vuestro Maestro come con los cobradores de impuestos y con los pecadores?". Jesús los oyó y les dijo: "No necesitan médico los que gozan de buena salud, sino los enfermos. Yo no he venido a llamar a los justos, sino a los pecadores".

En la identificación crasa del pecado con la impureza late una visión fatalista de la naturaleza humana y de los designios divinos. Catalogado por su condición de pecador, nadie es capaz de reconocer en Leví la transformación que desencadena su encuentro con Jesús. No lo reconocen porque no lo conciben: es imposible si no son capaces de ver en él nada más que un hombre impuro. Resulta más sencillo extender un velo de sospecha sobre quien compartir la mesa con el pecador que mirarlo bajo otro prisma y concederle –siquiera como hipótesis– una posibilidad de conversión. Pero la misericordia, como la medicina, no tiene por objeto la miseria, la enfermedad o el pecado en sí mismos, sino al ser humano asediado por el mal que nos aguarda tras él.

Is 49,3.5-6

El Señor me dijo: "Israel, tú eres mi siervo; en ti me mostraré glorioso". He recibido honor delante del Señor mi Dios, pues él ha sido mi fuerza. El Señor, que me formó desde el seno de mi madre para que fuera su siervo, para hacer que Israel, el pueblo de Jacob, se vuelva y se una a él, dice así: "No basta que seas mi siervo solamente para restablecer las tribus de Jacob y hacer volver a los sobrevivientes de Israel; yo haré que seas luz de las naciones, para que lleves mi salvación hasta las partes más lejanas de la tierra".

Sal 39. *Aquí estoy, Señor, para hacer tu voluntad.*

1Co 1,1-3

Pablo, llamado por la voluntad de Dios a ser apóstol de Cristo Jesús, y el hermano Sóstenes, a los hermanos de la Iglesia de Dios que está en la ciudad de Corinto, santificados en Cristo Jesús y llamados a formar parte del pueblo santo junto con todos los que en cualquier otro lugar invocan el nombre de nuestro Señor Jesucristo, Señor de ellos y nuestro. Que Dios nuestro Padre y el Señor Jesucristo derramen sobre vosotros su gracia y su paz.

Jn 1,29-34

Al día siguiente, Juan vio a Jesús que se acercaba a él, y dijo: "¡Mirad, ése es el Cordero de Dios que quita el pecado del mundo! A él me refería yo cuando dije: 'Después de mí viene uno que es más importante que yo, porque existía antes que yo'. Yo mismo no sabía quién era él, pero he venido bautizando con agua precisamente para que el pueblo de Israel le conozca". Juan también declaró: "He visto al Espíritu Santo bajar del cielo como una paloma, y reposar sobre él. Yo aún no sabía quién era él, pero el que me envió a bautizar con agua me dijo: 'Aquel sobre quien veas que el Espíritu baja y reposa, es el que bautiza con Espíritu Santo'. Yo ya le he visto, y soy testigo de que es el Hijo de Dios".

Hay una constante en las vocaciones proféticas y apostólicas que las sitúa más allá de sí. Isaías, el Bautista y Pablo confiesan que su misión los supera histórica y ontológicamente: su vocación, temporal y humana, es fruto de una raíz eterna y divina. "Me formó desde el seno materno", "llamado por la voluntad de Dios", "uno que es más importante que yo": distintas formas de indicar el origen divino y el fin trascendente de su proyecto vital más íntimo.

Reconocer cercanía y distancia entre nuestra historia vocacional y aquel que nos vocaciona es el único modo de vivir con verdad y fidelidad algo que no es definitivamente nuestro aunque nos sea tan propio.

Solo en Jesús, que bautiza con el mismo Espíritu que baja sobre Él, ambos extremos se identifican. Somos testigos: es el Hijo de Dios.

1Sa 15,16-23
Sal 49. *Al que sigue buen camino le haré ver la salvación de Dios.*
Mc 2,18-22

En una ocasión estaban ayunando los seguidores de Juan el Bautista y los de los fariseos. Algunas personas fueron a Jesús y le preguntaron: "Los seguidores de Juan y los de los fariseos ayunan: ¿por qué no ayunan tus discípulos?". Jesús les contestó: "¿Acaso pueden ayunar los invitados a una boda mientras el novio está con ellos? Mientras está presente el novio, no pueden ayunar. Pero vendrá el momento en que se lleven al novio; entonces, cuando llegue ese día, ayunarán. Nadie remienda un vestido viejo con un trozo de tela nueva, porque lo nuevo encoge y tira del vestido viejo, y el desgarrón se hace mayor. Tampoco se echa vino nuevo en odres viejos, porque el vino nuevo hace que revienten los odres y que se pierdan tanto el vino como los odres. Por eso hay que echar el vino nuevo en odres nuevos".

Toda experiencia religiosa auténtica genera una cierta cosmovisión y, con ella, un determinado modo de comprender y ordenar la vida personal, el tiempo, el espacio, las costumbres, los afectos, las relaciones, etc. En todo ello, el hombre trata de adecuarse al Dios que irrumpe en la historia como centro trascendente de la misma. Con todo, el universo de prácticas, ritos y creencias que surge responde a las hechuras humanas de quienes lo establecen. Y bien está que así sea, siempre que el orden humano de las cosas deje la puerta abierta al Dios que se sigue haciendo presente cuando y como quiere. Esa presencia condiciona y da sentido, igual que la compañía del novio suscita y reclama la alegría de los llamados al banquete de la boda.

1Sa 16,1-13
Sal 88. *Encontré a David, mi siervo.*
Mc 2,23-28

Un sábado pasaba Jesús entre los sembrados, y sus discípulos, según iban, comenzaron a arrancar espigas. Los fariseos le preguntaron: "Oye, ¿por qué hacen tus discípulos algo que no está permitido en sábado?". Él les dijo: "¿Nunca habéis leído lo que hizo David en una ocasión en que él y sus compañeros tuvieron necesidad y sintieron hambre? Siendo Abiatar sumo sacerdote, David entró en la casa de Dios y comió los panes consagrados, que solamente a los sacerdotes les estaba permitido comer. Además dio a los que iban con él". Jesús añadió: "El sábado se hizo para el hombre, y no el hombre para el sábado. Así que el Hijo del hombre tiene autoridad también sobre el sábado".

¿Cuántos "sábados" hemos incorporado a nuestro calendario? ¿Cuántos días en que todo queda pausado o postergado para poder dedicarnos a lo más sagrado? ¿Y cuánto de eso "más sagrado" tiene que ver realmente con el hombre y con su salvación? Para que David pudiera tomar los panes del sacrificio y Cristo reorientar el descanso sabático alguien tuvo primero que consagrar esos panes y guardar el sábado. Nadie puede tener autoridad sobre lo que no existe o ya no significa nada para nadie. El *sabbat* se hizo para el hombre pero no sin el hombre. Es hermoso y retador ser zarandeado por quien rasga el velo del templo porque hizo el cielo y la tierra; imposible, sin embargo, si no tenemos ya altar ni jornada para dejar nuestra ofrenda.

21 ENERO

1Sa 17,32-33.37.40-51
Sal 143. *Bendito el Señor, mi Roca.*
Mc 3,1-6

Jesús entró otra vez en la sinagoga. Había allí un hombre que tenía una mano tullida, y espiaban a Jesús para ver si lo sanaría en sábado y tener así algo de qué acusarle. Jesús dijo al hombre de la mano tullida: "Levántate y ponte ahí en medio". Luego preguntó a los demás: "¿Qué está permitido hacer en sábado: el bien o el mal? ¿Salvar una vida o destruirla?". Ellos se quedaron callados. Jesús miró entonces con enojo a los que le rodeaban y, entristecido porque no querían entender, dijo a aquel hombre: "Extiende la mano". El hombre la extendió, y la mano le quedó sana. Pero los fariseos, en cuanto salieron, comenzaron junto con los del partido de Herodes a hacer planes para matar a Jesús.

Lo que comenzó como un simple recelo termina por convertirse en una maniobra de espionaje seguida de una conspiración para acabar con Jesús. Aunque para conseguir tal fin fariseos y herodianos, enemigos declarados, hubieran de unirse en una estrategia común... El odio es un aglutinante sorprendente que hace, como la política, extraños compañeros de cama. Mientras tanto, la vida y sus dolores siguen su curso. Y la benignidad de Dios no cesa de salir a nuestro encuentro. Cristo se enoja y se entristece, haciendo suya la cólera y la desazón del Padre contra el mal. Pero, sobre todo, sigue viendo al hombre por encima de las fuerzas que lo envilecen y subyugan. Aun inmerso en un torbellino de violencia, hace valer su palabra de sanación.

1Sa 18,6-9; 19,1-7
Sal 55. *En Dios confío y no temo.*
Mc 3,7-12

Jesús, seguido por mucha gente de Galilea, se fue con sus discípulos a la orilla del lago. Al oír hablar de las grandes cosas que hacía, acudieron también a verle muchos de Judea, de Jerusalén, de Idumea, del lado oriental del Jordán y de la región de Tiro y Sidón. Por eso, Jesús encargó a sus discípulos que le tuvieran preparada una barca, para evitar que la multitud le apretujara. Porque había sanado a tantos, que todos los enfermos se echaban sobre él para tocarle. Y cuando los espíritus impuros le veían, se ponían de rodillas delante de él y gritaban: "¡Tú eres el Hijo de Dios!". Pero Jesús les ordenaba con severidad que no hablaran de él públicamente.

El de hoy es un evangelio repleto de movimiento. Jesús se desplaza con los suyos de Cafarnaún a la orilla del lago, escenario privilegiado de su ministerio. Y este cambio de paisaje provoca y atrae otros tantos: mucha gente deja sus lugares (varios, paganos) para venir al que ahora habita el Mesías. Los mismos discípulos se apresuran en tener lista una embarcación y hasta los espíritus impuros cambian de postura, arrodillándose delante del que, en una confesión inusitada, reconocen como Hijo de Dios. La vida de fe, como esta página de la Escritura, implica un continuo ir y venir, salir y entrar, disponerse y postrarse. Solo hay que velar para que ese trajín continuo "comience en ti, como en su fuente, y tienda siempre a ti, como a su fin".

1Sa 24,3-21
Sal 56. *Misericordia, Dios mío, misericordia.*
Mc 3,13-19

Después subió Jesús a un cerro y llamó a quienes le pareció conveniente. Una vez reunidos, eligió a doce de ellos para que le acompañasen y para enviarlos a anunciar el mensaje. Los llamó apóstoles y les dio autoridad para expulsar a los demonios. Éstos son los doce que escogió: Simón, a quien puso por nombre Pedro; Santiago y su hermano Juan, hijos de Zebedeo, a los que llamó Boanerges (es decir, "Hijos del Trueno"); Andrés, Felipe, Bartolomé, Mateo, Tomás, y Santiago hijo de Alfeo; Tadeo, Simón el cananeo y Judas Iscariote, el que traicionó a Jesús.

Aun con cierto sabor rudimentario, Marcos se revela por momentos como un narrador muy hábil. Por ejemplo en lo que tiene que ver con el uso de la intriga, las recurrencias y otros recursos que dan coherencia y proyección al relato. El texto de la elección de los Doce puede leerse así. Son ya varias jornadas con Jesús y sus discípulos entre las multitudes. Versículos atrás, ha llamado a Simón, Andrés, Santiago y Juan, y ha ido acogiendo a otros muchos. De pronto, todo se detiene y, en la solemnidad religiosa del monte, asistimos a una escena que parece conocida... pero no: es la misma llamada vocacional pero trae otra carga de profundidad. Ahora son los Doce, como las tribus. Y se les pide una fe capaz de llenar la tierra entera.

2Sa 1,1-4.11-12.19.23-27
Sal 79. *Que brille tu rostro,
Señor, y nos salve.*
Mc 3,20-21

Después entró Jesús en una casa, y se juntó de nuevo tanta gente que ni siquiera podían comer él y sus discípulos. Al saber que estaba allí, los parientes de Jesús acudieron a llevárselo, pues decían que se había vuelto loco.

Son apenas dos versículos, pero de una dureza y una claridad categóricas. Jesús entra en casa y con Él están los extraños: discípulos y multitudes que ha encontrado en la calle y ha unido a su vida mientras iba de camino. Quedan fuera sus familiares, los que forman naturalmente su círculo afectivo de referencia. Aquellos lo buscan para encontrar la salud; estos lo asedian porque lo consideran loco. Y sabemos, sin más explicación, quiénes son los suyos, quiénes pueden habitar su intimidad y su misión: los que creen en Él como fuente de salvación eterna y no los que lo juzgan bajo parámetros de razonabilidad mundana. Sigue ocurriendo hoy: la puerta está abierta para los pecadores esperanzados y cerrada para los lúcidos escépticos.

Is 8,23b–9,3

Al principio, Dios humilló a Galilea, tierra de Zabulón y de Neftalí, región vecina a los paganos, que se extiende desde el otro lado del Jordán hasta la orilla del mar; pero después le concedió mucho honor. El pueblo que andaba en la oscuridad vio una gran luz; una luz ha brillado para los que vivían en tinieblas. (...).

Sal 26. *El Señor es mi luz y mi salvación.*

1Co 1,10-13.17

Hermanos, en el nombre de nuestro Señor Jesucristo os ruego que os pongáis de acuerdo y no estéis divididos. Vivid en armonía, pensando y sintiendo de la misma manera. (...) Cristo no me envió a bautizar, sino a anunciar el evangelio, y esto sin alardes de sabiduría, para no quitar valor a la muerte de Cristo en la cruz.

Mt 4,12-23

Cuando Jesús oyó que Juan estaba en la cárcel, se dirigió a Galilea. Pero no se quedó en Nazaret, sino que se fue a vivir a Cafarnaún, a orillas del lago, en los territorios de Zabulón y de Neftalí. Esto sucedió para que se cumpliera lo que había dicho el profeta Isaías: "Tierras de Zabulón y de Neftalí, más allá del Jordán, a la orilla del mar: Galilea de los paganos. El pueblo que andaba en oscuridad vio una gran luz; una luz iluminó a los que vivían en sombras de muerte". Desde entonces comenzó Jesús a proclamar: "¡Volveos a Dios, porque el reino de los cielos está cerca!". Jesús paseaba por la orilla del lago de Galilea, cuando vio a dos hermanos: a Simón, también llamado Pedro, y a Andrés. Eran pescadores, y estaban echando la red al agua. Jesús les dijo: "Seguidme, y yo os haré pescadores de hombres". Al momento dejaron sus redes y se fueron con él. Un poco más adelante vio Jesús a otros dos hermanos: Santiago y Juan, hijos de Zebedeo, que estaban con su padre en una barca reparando las redes. Jesús los llamó, y al punto, dejando ellos la barca y a su padre, le siguieron. Recorría Jesús toda Galilea enseñando en la sinagoga de cada lugar. Anunciaba la buena noticia del reino y curaba a la gente de toda clase de enfermedades y dolencias.

Alguien que escucha y cambia de rumbo. Una profecía que se cumple. Alguien que alza su voz para proclamar y alumbrar. Una llamada que desbarata la existencia. Alguien que toma una decisión definitiva. Una enseñanza que se difunde. Alguien que anuncia una buena noticia. La salvación.

Todo esto, que palpita en el evangelio de este día, se halla permanentemente en Cristo, Palabra del Padre, y en la Escritura, que lo testimonia para que el mundo crea. Todo esto nos asalta cada vez que abrimos el libro sagrado y dejamos que Cristo hable como y donde quiera.

Hoy reconocemos y festejamos esta verdad al celebrar el Domingo de la Palabra de Dios. En ella recibimos la herencia del pueblo que andaba en tinieblas y vio una gran luz, una gran alegría, una gran riqueza, una gran cosecha. Al Salvador.

2Ti 1,1-8
Sal 95. *Contad las maravillas del Señor a todas las naciones.*
Mc 3,22-30

También los maestros de la ley que habían llegado de Jerusalén decían: "Beelzebú, el propio jefe de los demonios, es quien ha dado a este hombre poder para expulsarlos". Jesús los llamó y les puso un ejemplo, diciendo: "¿Cómo puede Satanás expulsar al propio Satanás? Un país dividido en bandos enemigos no puede mantenerse, y una casa dividida no puede mantenerse. Pues bien, si Satanás se divide y se levanta contra sí mismo, no podrá mantenerse: habrá llegado su fin. Nadie puede entrar en la casa de un hombre fuerte y robarle sus bienes, si antes no lo ata. Solamente así podrá robárselos. Os aseguro que Dios perdonará a los hombres todos los pecados y todo lo malo que digan; pero el que ofenda con sus palabras al Espíritu Santo no tendrá perdón, sino que será culpable para siempre". Esto lo dijo Jesús porque afirmaban que tenía un espíritu impuro.

No se le niega a Jesús la capacidad para expulsar demonios, sino que se cuestiona en virtud de qué o quién lo hace. Esto sugiere, al menos, dos hechos simultáneos: por un lado, la sanación radical de los "endemoniados" por parte de Jesús, tan palmaria que resulta innegable; por otro, el reconocimiento de una fuerza o una presencia en Cristo que lo excede. Entre uno y otro, se introduce una tergiversación según la cual la bondad de los exorcismos que Jesús realiza no se explica por la bondad de Dios Padre que lo sostiene, sino por un espíritu impuro que lo maneja a su antojo. La salvación no se imputa al Señor del bien sino al príncipe del mal. Se trata de un pecado mayor. Y alguna vez entramos también nosotros por senda tan retorcida...

Martes

TIEMPO ORDINARIO 3ª SEMANA (f)

2Sa 6,12b-15.17-19
Sal 23. *¿Quién es ese Rey de la gloria? Es el Señor en persona.*
Mc 3,31-35

Entre tanto, llegaron la madre y los hermanos de Jesús, pero se quedaron fuera y mandaron llamarle. La gente que estaba sentada alrededor de Jesús le avisó: "Tu madre, tus hermanos y tus hermanas están fuera y te buscan". Él les contestó: "¿Quiénes son mi madre y mis hermanos?" Y mirando a los que estaban sentados a su alrededor, añadió: "Éstos son mi madre y mis hermanos. Todo el que hace la voluntad de Dios, ése es mi hermano, mi hermana y mi madre".

La madre y los hermanos de Jesús acuden a su encuentro pero no atraviesan el umbral ("se quedaron fuera"). Desconocemos exactamente por qué lo buscaban, aunque lo hacen en un contexto en que los suyos lo tenían por loco. Tampoco se nos informa de qué es lo que los detiene a la hora de entrar. Pero sí nos es evidente que el contraste, el dramatismo y el sentido de urgencia se extreman: no son ya sus parientes en genérico los que le requieren, sino "la madre y los hermanos" de Jesús. Y se termina de desvelar por boca del mismo Cristo dónde recae realmente el vínculo con Él: la voluntad de Dios es el quicio que marca el paso de la exterioridad a la intimidad, del mero parentesco al discipulado eficaz. ¿Lo está siendo también para nosotros?

2Sa 7,4-17
Sal 88. *Le mantendré eternamente mi favor.*
Mc 4,1-20

Otra vez comenzó Jesús (…) a enseñarles muchas cosas por medio de parábolas. En su enseñanza les decía: "Oíd esto: Un sembrador salió a sembrar. Y al sembrar, una parte de la semilla cayó en el camino, y llegaron las aves y se la comieron. Otra parte cayó entre las piedras, donde no había mucha tierra; aquella semilla brotó pronto, porque la tierra no era profunda; pero el sol, al salir, la quemó, y como no tenía raíz, se secó. Otra parte cayó entre espinos, y los espinos crecieron y la ahogaron, de modo que la semilla no produjo grano. Pero otra parte cayó en buena tierra, y creció y dio una buena cosecha: unas espigas dieron treinta granos por semilla, otras dieron sesenta granos y otras cien". Y añadió Jesús: "Los que tienen oídos, oigan". Después, cuando Jesús se quedó a solas, los que estaban cerca de él y los doce discípulos le preguntaron qué significaba aquella parábola. Les contestó: "A vosotros, Dios os da a conocer el secreto de su reino; pero a los que están fuera se les dice todo por medio de parábolas, para que por mucho que miren no vean, y por mucho que oigan no entiendan; a no ser que se vuelvan a Dios y él los perdone" (…).

Comienza con esta del sembrador un ramillete de parábolas que evoca el misterio último del reino de Dios. Esta enseñanza de Jesús viene espoleada por los muchos que le siguen, dispuestos a conformar con él una familia nueva. La actitud que se presume en esos muchos resulta fundamental para que Dios pueda reinar en ellos y fecundar su vida y misión: solo quienes "oyen" y "aceptan" pueden dar "una buena cosecha". La semilla –pequeña, escondida y de otro– sigue su propia dinámica: solo quienes le dan espacio y acogida, aun sin verla crecer ni controlarla, podrán recoger la espiga en su sazón.

2Sa 7,18-19.24-29
Sal 131. *El Señor Dios le dará el trono de David, su padre.*
Mc 4,21-25

También les dijo: "¿Acaso se trae una lámpara para ponerla debajo de una vasija o debajo de la cama? No, una lámpara se pone en alto, para que alumbre. De la misma manera, no hay nada escondido que no llegue a descubrirse ni nada secreto que no llegue a ponerse en claro. Los que tienen oídos, oigan". También les dijo: "Fijaos en lo que oís. Con la misma medida con que midáis, Dios os medirá a vosotros, y os dará todavía más. Pues al que tiene, se le dará más; pero al que no tiene, hasta lo poco que tiene se le quitará".

U<small></small>n espacio alto, una palabra descubierta, una medida generosa. Si faltan estas condiciones difícilmente podrán crecer en nosotros la luz divina, la voz eterna, el amor infinito. Los bajos fondos, las comunicaciones ocultas y los cálculos tasados no se avienen con un Dios que rasga su cielo, encarna su Palabra y sopla donde quiere. Lo afín se conoce por lo afín. ¿Cómo proclamar la Buena Nueva –luminosa, efusiva, desbordante– con gestos opacos, mensajes crípticos y actitudes raquíticas? Sería inútil y temerario ignorar lo que portamos de miseria, doblez o mezquindad: justamente eso viene Dios a iluminar, enderezar y colmar. Pero se trata, más bien, de no dejar de escuchar al Cristo sobreabundante, implorando en nuestra pobreza su semejanza.

2Sa 11,1-4a.5-10a.13-17
Sal 50. *Misericordia, Señor:
hemos pecado.*
Mc 4,26-34

Jesús dijo también: "Con el reino de Dios sucede como con el hombre que siembra en la tierra: que lo mismo si duerme que si está despierto, lo mismo de noche que de día, la semilla nace y crece sin que él sepa cómo. Y es que la tierra produce por sí misma: primero brota una hierba, luego se forma la espiga y, por último, el grano que llena la espiga. Y cuando el grano ya está maduro, se siega, porque ha llegado el tiempo de la cosecha". También dijo Jesús: "¿A qué se parece el reino de Dios, o con qué podremos compararlo? Es como una semilla de mostaza que se siembra en la tierra. Es la más pequeña de todas las semillas del mundo; pero, una vez sembrada, crece y se hace mayor que cualquier otra planta del huerto, y echa ramas tan grandes que hasta los pájaros pueden anidar a su sombra". De esta manera les enseñaba Jesús el mensaje, por medio de muchas parábolas como éstas y hasta donde podían comprender. No les decía nada sin parábolas, aunque a sus discípulos se lo explicaba todo aparte.

En la autonomía y la potencia de la semilla resuenan bellamente la libertad y el amor de Dios. Él se encarga libérrimamente del fruto y su despliegue, y lo hace crecer sin límite según la anchura de su querer. Ni una cosa ni otra la mide o controla el ser humano, aunque reciba de ellas el mayor beneficio: la cosecha remecida y la sombra hospitalaria. Por eso, la primera señal de que el reinado de Dios ha irrumpido en nosotros y está arraigando como simiente es la gratitud por lo indebido. Somos, a lo sumo –¡y ya es mucho!–, recolectores del trigo ajeno, moradores de la rama insospechada. Miramos a la tierra agradecidos, porque Dios la visita; miramos al cielo confiados, porque Dios nos cobija. Y todo va avanzando: por Él, para nosotros...

Sábado

San Juan Bosco (MO)

2Sa 12,1-7a.10-17
Sal 50. *Oh Dios, crea en mí un corazón puro.*
Mc 4,35-41

Al anochecer de aquel mismo día, Jesús dijo a sus discípulos: "Pasemos a la otra orilla del lago". Entonces despidieron a la gente y llevaron a Jesús en la misma barca en que se encontraba. Otras barcas le acompañaban. De pronto se desató una tormenta; y el viento era tan fuerte, que las olas, cayendo sobre la barca, comenzaron a llenarla de agua. Pero Jesús se había dormido en la parte de popa, apoyado sobre una almohada. Le despertaron y le dijeron: "¡Maestro!, ¿no te importa que nos estemos hundiendo?". Jesús se levantó, dio una orden al viento y le dijo al mar: "¡Silencio! ¡Cállate!". El viento se detuvo y todo quedó completamente en calma. Después dijo Jesús a sus discípulos: "¿Por qué tanto miedo? ¿Todavía no tenéis fe?". Y ellos, muy asustados, se preguntaban unos a otros: "¿Quién es éste, que hasta el viento y el mar le obedecen?".

El mandato de pasar a la otra orilla no es solo un recurso con el que Marcos cose los materiales de su relato. En el pasar hay siempre ecos de la pascua. El miedo y la ceguera de los discípulos prefiguran su dispersión en el Calvario; el alzarse de Cristo y su palabra victoriosa tienen las hechuras de su triunfo sobre la muerte. Como si fuera uno más de los endemoniados que lo interpelaban o uno de sus futuros verdugos, Cristo impreca al mar para acabar con el bramido del mal. Lo sigue haciendo cada vez que pasa por nuestra historia personal o común: siempre que viene –y está viniendo siempre– su voz se levanta contra el infierno y para la vida. Basta estar en su misma barca y no dejar de despertarlo, aun sin ver y entender del todo...

So 2,3; 3,12-13

Buscad al Señor todos vosotros, los humildes de este mundo, los que obedecéis sus mandatos. Actuad con rectitud y humildad, y quizás así encontraréis refugio en el día de la ira del Señor. "Yo dejaré en ti gente humilde y sencilla, que pondrá su confianza en mi nombre. Los sobrevivientes del pueblo de Israel no cometerán injusticias, no dirán mentiras ni llenarán de embustes su boca. Podrán alimentarse y descansar sin miedo alguno".

Sal 145. Dichosos los pobres en el espíritu, porque de ellos es el reino de los cielos.

1Cor 1,26-31

Hermanos, fijaos en que Dios os ha llamado a pesar de que entre vosotros hay pocos sabios según los criterios humanos, y pocos poderosos o pertenecientes a familias importantes. Y es que, para avergonzar a los sabios, Dios ha escogido a los que el mundo tiene por tontos; y para avergonzar a los fuertes ha escogido a los que el mundo tiene por débiles. Dios ha escogido a la gente despreciada y sin importancia de este mundo, es decir, a los que no son nada, para anular a los que son algo. Así nadie podrá presumir delante de Dios. Pero Dios mismo os ha unido a Cristo Jesús, y ha hecho también que Cristo sea nuestra sabiduría, nuestra justicia, nuestra santificación y nuestra liberación. De esta manera, como dicen las Escrituras: "Si alguno quiere gloriarse, que se glorie del Señor".

Mt 5,1-12a

Al ver la multitud, Jesús subió al monte y se sentó. Sus discípulos se le acercaron, y él comenzó a enseñarles diciendo: "Dichosos los que reconocen su pobreza espiritual, porque suyo es el reino de los cielos. Dichosos los que sufren, porque serán consolados. Dichosos los humildes, porque heredarán la tierra que Dios les ha prometido. Dichosos los que tienen hambre y sed de justicia, porque serán satisfechos. Dichosos los compasivos, porque Dios tendrá compasión de ellos. Dichosos los de corazón limpio, porque verán a Dios. Dichosos los que trabajan por la paz, porque Dios los llamará hijos suyos. Dichosos los perseguidos por hacer lo que es justo, porque suyo es el reino de los cielos. Dichosos vosotros, cuando la gente os insulte y os maltrate, y cuando por causa mía digan contra vosotros toda clase de mentiras. ¡Alegraos, estad contentos, porque en el cielo tenéis preparada una gran recompensa!".

Cada vez es más intensa la fuerza de la Palabra frente a la frivolidad de las palabras. Cada vez se hace más necesario llenar el corazón para no convertir la Palabra en algo vacío y sin sentido.

Por eso, atrevernos a llamar bienaventurados a todos aquellos y aquellas que en esta vida lo pasan mal exige que previamente vivamos en el corazón el vaciamiento, la necesidad y la búsqueda del solo Dios… De lo contrario, nuestra bienaventuranza será insultante, porque carece del testimonio y la fuerza de la esperanza en la propia vida.

Todos los débiles son bienaventurados si tú y yo nos comprometemos a hacer nuestra su situación y, en propia carne, vivimos con ellos la búsqueda de Dios.

Mal 3,1-4
Sal 23. *El Señor, Dios de los ejércitos, es el Rey de la gloria.*
Hb 2,14-18
Lc 2,22-40

Cuando se cumplieron los días en que ellos debían purificarse según manda la ley de Moisés, llevaron al niño a Jerusalén para presentarlo al Señor. Lo hicieron así porque en la ley del Señor está escrito: "Todo primer hijo varón será consagrado al Señor". Fueron, pues, a ofrecer en sacrificio lo que manda la ley del Señor: un par de tórtolas o dos pichones. En aquel tiempo vivía en Jerusalén un hombre llamado Simeón. Era un hombre justo (…). El Espíritu Santo estaba con él y le había hecho saber que no moriría sin ver antes al Mesías (…). Y cuando los padres del niño Jesús entraban para cumplir con lo dispuesto por la ley, Simeón lo tomó en brazos, y alabó a Dios diciendo: "Ahora, Señor, tu promesa está cumplida: ya puedes dejar que tu siervo muera en paz. Porque he visto la salvación que has comenzado a realizar ante los ojos de todas las naciones, la luz que alumbrará a los paganos y que será la honra de tu pueblo Israel". (…) También estaba allí una profetisa llamada Ana, (…) y comenzó a dar gracias a Dios y a hablar del niño Jesús a todos los que esperaban la liberación de Jerusalén (…).

El día de la Presentación del Señor nos manifiesta la disposición plena de Jesús encarnado en nuestra historia. Cumple la pertenencia familiar y la costumbre religiosa de su pueblo; cumple los ritos de la vida sabiendo crecer como miembro del pueblo. Ese crecimiento es muy significativo porque es, en realidad, un proceso pedagógico para que todos entendamos los pasos de su encarnación y redención. Celebra la Iglesia, además, el día de la vida consagrada. Una pequeña parcela dentro del pueblo santo de Dios que tiene como única misión intentar vivir el todo para Dios. Son los siempre atentos a la Palabra, los que tienen unción para leer los signos, los que tienen como vocación interpretar la cercanía de Cristo también en este tiempo de la historia.

Martes

TIEMPO ORDINARIO 4ª SEMANA (f)

2Sa 18,9-10.14b.24-25a.30-19,3
Sal 85. *Inclina tu oído, Señor, escúchame.*
Mc 5,21-43

Cuando Jesús regresó en la barca al otro lado del lago, se le reunió mucha gente (…). Llegó entonces uno de los jefes de la sinagoga, llamado Jairo, (…) suplicándole con insistencia: "Mi hija se está muriendo: ven a poner tus manos sobre ella, para que sane y viva". Jesús fue con él, y mucha gente le acompañaba (…). Entre la multitud había una mujer que desde hacía doce años estaba enferma, con hemorragias. (…) Esta mujer, al saber lo que se decía de Jesús, se le acercó por detrás (…) y le tocó la capa. Porque pensaba: "Tan sólo con que toque su capa, quedaré sana". Al momento se detuvo su hemorragia (…). Jesús le dijo: "Hija, por tu fe has sido sanada. Vete tranquila y libre ya de tu enfermedad". Todavía estaba hablando Jesús, cuando llegaron unos (…) a decirle al padre de la niña: "Tu hija ha muerto. ¿Para qué molestar más al Maestro?". Pero Jesús, sin hacer caso de ellos, (…) se dirigió a casa del jefe de la sinagoga. Allí, (…) tomando al padre, a la madre y a los que le acompañaban, entró donde estaba la niña. La tomó de la mano y le dijo: "Talita, cum (que significa: 'Muchacha, a ti te digo: levántate.')" Al momento, la muchacha, que tenía doce años, se levantó y echó a andar (…).

Para entender los signos del Señor es imprescindible cruzar a la otra orilla. Salir del cálculo, de lo convencional y seguro, entrar en la dimensión de la sorpresa de Dios que hace todo posible. La fe limpia, transforma, cura y da nueva vida porque constituye la esencia de una nueva existencia. Nadie está lejos de ella, nadie está excluido de la posibilidad de sanación. Todos pueden entender a la luz de la presencia de Cristo qué aspectos de su vida necesitan curación. Basta una palabra, una súplica, un gesto… basta una nueva disposición del corazón para que brote la nueva vida. Jairo y su hija; la hemorroísa y todo el pueblo, nos hablan de toda una vida (12 años) sin esperanza. Un encuentro basta para recuperar la vida con sentido.

2Sa 24,2.9-17
Sal 31. *Perdona, Señor, mi culpa y mi pecado.*
Mc 6,1-6

Jesús se fue de allí a su propia tierra, y sus discípulos le acompañaron. Cuando llegó el sábado comenzó a enseñar en la sinagoga. La multitud, al oír a Jesús, se preguntaba admirada: "¿Dónde ha aprendido este tantas cosas? ¿De dónde ha sacado esa sabiduría y los milagros que hace? ¿No es éste el carpintero, el hijo de María y hermano de Santiago, José, Judas y Simón? ¿Y no viven sus hermanas también aquí, entre nosotros?". Y no quisieron hacerle caso. Por eso, Jesús les dijo: "En todas partes se honra a un profeta, menos en su propia tierra, entre sus parientes y en su propia casa". No pudo hacer allí ningún milagro, aparte de sanar a unos pocos enfermos poniendo las manos sobre ellos. Y estaba asombrado porque aquella gente no creía en él.

En la vida de fe es conveniente salir de lo convencional para dejarnos sorprender, de nuevo, por la gracia de Dios. Frecuentemente, el peso de la costumbre se cuela en nuestras prácticas religiosas y en nuestra confiada relación con Dios. La vida espiritual se sostiene en lo íntimo, lo misterioso de un Dios que llena de amor los espacios muertos de la vida. Dejarnos emocionar de nuevo nos lleva a reconocer que siempre estamos empezando y que, sin embargo, cada vez es más intensa y palpable la experiencia amorosa con quien, sabemos, nos está esperando. El mayor peligro, en la relación con Jesús, lo padecemos aquellos y aquellas que más creemos conocerlo… porque nuestro Dios siempre es novedad.

Jueves

SANTA ÁGUEDA (MO)

1Re 2,1-4.10-12
Sal: 1Cr 29,10-12. *Tú eres Señor del universo.*
Mc 6,7-13

Jesús recorría las aldeas cercanas, enseñando. Llamó a los doce discípulos y comenzó a enviarlos de dos en dos, dándoles autoridad sobre los espíritus impuros. Les ordenó que, aparte de un bastón, no llevaran nada para el camino: ni pan ni provisiones ni dinero. Podían calzar sandalias, pero no llevar ropa de repuesto. Les dijo: "Cuando entréis en una casa, quedaos en ella hasta que os marchéis del lugar. Y si en algún lugar no os reciben ni quieren escucharos, salid de allí y sacudíos el polvo de los pies para que les sirva de advertencia". Entonces salieron los discípulos a decir a la gente que se volviera a Dios. También expulsaron muchos demonios y sanaron a muchos enfermos ungiéndolos con aceite.

El compromiso evangelizador exige provisionalidad, frugalidad y pobreza. Exige nuestra persona libre de garantías que se apoyan solo en logros humanos. Este principio que tan claro nos resulta es, sin embargo, lo más difícil de asumir y el antitestimonio que más frecuentemente vivimos quienes decimos creer. Acostumbrarnos a un seguimiento de Jesús sin aligerar el confort en el que hemos situado el discipulado termina por apagar y matar la incidencia de la Palabra. Cuanto más evidente sea la opción, la libertad y el contraste, más manifiesta es la fuerza de nuestra fe. Cuanto menos necesitemos asegurarnos, más ágil es la verdad de nuestro corazón. La autoridad del Evangelio necesita la frugalidad de sus mensajeros; la fuerza es Cristo, nunca el poder.

Viernes

Eclo 47,2-13
Sal 17. *Bendito sea mi Dios y Salvador.*
Mc 6,14-29

El rey Herodes oyó hablar de Jesús (...). Pero Herodes decía al oír estas cosas: "Ése es Juan. Yo mandé cortarle la cabeza, pero ha resucitado". Es que Herodes, por causa de Herodías, había mandado apresar a Juan y le había hecho encadenar en la cárcel. Herodías era esposa de Felipe, hermano de Herodes, pero Herodes se había casado con ella. Y Juan le había dicho a Herodes: "No puedes tener por tuya a la mujer de tu hermano". Herodías odiaba a Juan y quería matarlo; pero no podía, porque Herodes le temía y le protegía sabiendo que era un hombre justo y santo (...). Pero Herodías vio llegar su oportunidad cuando Herodes, en su cumpleaños, dio un banquete a sus jefes y comandantes y a las personas importantes de Galilea. La hija de Herodías entró en el lugar del banquete y bailó, y tanto gustó el baile a Herodes y a los que estaban cenando con él, que el rey dijo a la muchacha: "Pídeme lo que quieras y yo te lo daré" (...). Ella salió y preguntó a su madre: "¿Qué puedo pedir?". Le contestó: "Pide la cabeza de Juan el Bautista". (...) El rey se disgustó mucho, pero (...) envió en seguida a un soldado con la orden de traerle la cabeza de Juan. (...) Cuando los seguidores de Juan lo supieron, tomaron el cuerpo y lo pusieron en una tumba.

Juan, el precursor de Jesús, entendió bien su misión: rendir la vida a la verdad del Reino. Es, para nosotros, un modelo muy próximo de cómo ha de ser el seguimiento y cómo han de ser asumidas las consecuencias de ser y querer ser discípulos. No es extraño que ante las circunstancias de la vida intentemos adaptar los valores evangélicos porque nos resulta pesada la cruz. La fuerza de la fe es la que es capaz de dar estabilidad a la existencia en el seguimiento evangélico de Cristo más allá de los inconvenientes e incomprensiones que acarrea. Cuando nos sostiene la fe, encontramos libertad para proclamarla y asumir sus consecuencias; cuando actuamos sin fe, intentamos garantizar la seguridad de nuestra tranquilidad y evitamos el testimonio.

Sábado

Tiempo Ordinario 4ª semana (f)

1Re 3,4-13
Sal 118. *Enséñame, Señor, tus leyes.*
Mc 6,30-34

Después de esto, los apóstoles se reunieron con Jesús y le contaron todo lo que habían hecho y enseñado. Jesús les dijo: "Venid, vosotros solos, a descansar un poco a un lugar apartado". Porque iba y venía tanta gente que ellos ni siquiera tenían tiempo para comer. Así que Jesús y sus apóstoles se fueron en una barca a un lugar apartado. Pero muchos los vieron ir y los reconocieron; entonces, de todos los pueblos, corrieron allá y se les adelantaron. Al bajar Jesús de la barca vio la multitud, y sintió compasión de ellos porque estaban como ovejas que no tienen pastor; y comenzó a enseñarles muchas cosas.

Quien compromete su vida con el Evangelio sabe que, aunque necesita el descanso, su vida está en manos de Aquel a quien sigue, por eso tendrá la mirada limpia y la vida disponible para escuchar, apacentar, socorrer y acompañar, siempre. La vida de quienes somos discípulos está puesta al servicio de la causa de Dios y, por tanto, es una vida ofrecida, entregada y dispuesta. Intentar el seguimiento de Jesús, guardando a la vez la tranquilidad de quien quiere organizar su vida es, sencillamente, imposible. Por eso el seguimiento es radicalidad y libertad. Es felicidad plena. Hay pocas cosas que contraríen más a una persona de nuestro tiempo que la renuncia a sus planes; quien vive para ser discípula o discípulo sabe que sus planes son los de Dios.

Is 58,7-10

Así dice el Señor: "El ayuno que a mí me agrada consiste en esto: en que rompas las cadenas de la injusticia y desates los nudos que aprietan el yugo; en que dejes libres a los oprimidos y acabes con toda tiranía; en que compartas tu pan con el hambriento y recibas en tu casa al pobre sin techo; en que vistas al que no tiene ropa y no dejes de socorrer a tus semejantes. Entonces brillará tu luz como el amanecer y tus heridas sanarán muy pronto. Tu rectitud irá delante de ti y mi gloria te seguirá. Entonces, si me llamas, yo te responderé; si gritas pidiendo ayuda, yo te diré: 'Aquí estoy'. Si haces desaparecer toda opresión, si no insultas a otros ni les levantas calumnias, si te das a ti mismo en servicio del hambriento, si ayudas al afligido en su necesidad, tu luz brillará en la oscuridad, tus sombras se convertirán en luz de mediodía".

Sal 111. *El justo brilla en las tinieblas como una luz.*

1Co 2,1-5

Yo, hermanos, cuando fui a hablaros del designio secreto de Dios no lo hice con palabras cultas y elevadas. Entre vosotros no quise saber de otra cosa que de Jesucristo y, más exactamente, de Jesucristo crucificado. Me presenté ante vosotros débil y temblando de miedo, y cuando os hablé y os prediqué el mensaje no utilicé palabras cultas para convenceros. Al contrario, os convencí por medio del Espíritu y del poder de Dios, para que vuestra fe dependiera del poder de Dios y no de la sabiduría de los hombres.

Mt 5,13-16

En aquel tiempo dijo Jesús a sus discípulos: "Vosotros sois la sal de este mundo. Pero si la sal deja de ser salada, ¿cómo seguirá salando? Ya no sirve para nada, así que se la arroja a la calle y la gente la pisotea. Vosotros sois la luz de este mundo. Una ciudad situada en lo alto de un monte no puede ocultarse; y una lámpara no se enciende para taparla con alguna vasija, sino que se la pone en alto para que alumbre a todos los que están en la casa. Del mismo modo, procurad que vuestra luz brille delante de la gente, para que, viendo el bien que hacéis, alaben todos a vuestro Padre que está en el cielo".

No pocas veces nos falta sentido crítico y no aceptamos que el problema de la transmisión de la fe no es la mala disposición del pueblo, sino la falta de originalidad y frescura; el exceso de reiteración y la poca preparación de lo que ofrecemos.

El mensaje de Dios es sal para el mundo. Pero ha de ser percibido como sal y necesitado como sal. Convertir a Dios en un mensaje que ideologiza es reducir la evangelización a sal que ha perdido sabor.

Hoy es un día importante para preguntarnos, quienes vivimos desde la fe, con qué respuesta y habilidad estamos mostrando el sabernos salvados por Dios. Nuestra palabra, en su nombre, tiene que ser respuesta a lo que la persona necesita; y nuestra propuesta, que es su Palabra, ha de ser expuesta con habilidad para que se perciba su incuestionable actualidad.

1Re 8,1-7.9-13
Sal 131. *Levántate, Señor, ven a tu mansión.*
Mc 6,53-56

Atravesaron el lago y llegaron a la tierra de Genesaret, donde amarraron la barca a la orilla. Tan pronto como bajaron de la barca, la gente reconoció a Jesús. Recorrieron toda aquella región, y comenzaron a llevar enfermos en camillas a donde sabían que estaba Jesús. Y dondequiera que él entraba, ya fueran aldeas, pueblos o campos, ponían a los enfermos en las plazas y le rogaban que les dejara tocar siquiera el borde de su capa. Y todos los que la tocaban quedaban sanados.

Uno de los signos claros de la presencia de Jesús es que en su entorno no suele reunirse el poder, ni la satisfacción. Buscan a Jesús la necesidad y la pobreza. Es imprescindible pasar por la propia existencia este principio para discernir bien cuándo estamos actuando y viviendo desde la fe y cuándo hemos convertido la fe en un principio cultural de nuestra historia personal. Siempre nos encontramos con el rostro de Jesús cuando abrazamos nuestra humildad, cuando sentimos el peso de la impotencia y, a la vez, la fortaleza de quien ha optado por los débiles para ser su fortaleza. Por eso, podemos intentar descubrir a Jesús en la desnudez de nuestra fragilidad, en nuestro propio pecado o temor, en nuestra enfermedad.

1Re 8,22-23.27-30

Sal 83. *¡Qué deseables son tus moradas, Señor de los ejércitos!*

Mc 7,1-13

Se acercaron los fariseos a Jesús, junto con unos maestros de la ley que habían llegado de Jerusalén. Y al ver que algunos discípulos de Jesús comían con las manos impuras, es decir, sin haber cumplido con el rito de lavárselas, los criticaron. (...) Jesús les contestó: "Bien habló el profeta Isaías de lo hipócritas que sois, cuando escribió: 'Este pueblo me honra de labios afuera, pero su corazón está lejos de mí. De nada sirve que me rinda culto, pues sus enseñanzas son mandatos de hombres.' Porque vosotros os apartáis del mandato de Dios para seguir las tradiciones de los hombres". También les dijo: "Vosotros, para mantener vuestras propias tradiciones, pasáis por alto el mandato de Dios. Pues Moisés dijo: 'Honra a tu padre y a tu madre' y 'El que maldiga a su padre o a su madre, será condenado a muerte.' Pero vosotros afirmáis que un hombre puede decirle a su padre o a su madre: 'No puedo socorrerte, porque todo lo que tengo es corbán' (es decir, 'ofrecido a Dios') (...). De esa manera invalidáis el mandato de Dios con tradiciones que os trasmitís unos a otros. Y hacéis otras muchas cosas parecidas".

Siempre, creer que sabes de Dios es un peligro. Cuanto más crees saber, mayor es el impulso a intentar poseerlo, atarlo con leyes, normas y estilos que, sin tener que ver con Dios, llegan a sustituirlo. A los cristianos nos ocurre con alguna frecuencia. Creamos estilos y espacios que terminamos por convertir en el "dios" al que adoramos. Olvidamos así que Dios es la absoluta libertad, que su culto se celebra en la verdad del corazón que provoca actitudes nuevas y siempre liberadoras para los demás. Cuando reducimos a Dios a las leyes y ritos, llegamos a saber, pero nos olvidamos de saborear al verdadero Dios, Aquel que, en verdad, nos libera.

1Re 10,1-10
Sal 36. *La boca del justo expone justicia.*
Mc 7,14-23

En aquel tiempo Jesús llamó a la gente y dijo: "Escuchadme todos y entended: Nada de lo que entra de fuera puede hacer impuro al hombre. Lo que sale del corazón del hombre es lo que le hace impuro". Cuando Jesús dejó a la gente y entró en casa, sus discípulos le preguntaron sobre esta enseñanza. Él les dijo: "¿Así que vosotros tampoco lo entendéis? ¿No comprendéis que ninguna cosa que entra de fuera puede hacer impuro al hombre? Porque no entra en el corazón, sino en el vientre, y después sale del cuerpo". Con esto quiso decir que todos los alimentos son puros, y añadió: "Lo que sale del hombre, eso sí le hace impuro. Porque de dentro, del corazón del hombre, salen los malos pensamientos, la inmoralidad sexual, los robos, los asesinatos, los adulterios, la codicia, las maldades, el engaño, los vicios, la envidia, los chismes, el orgullo y la falta de juicio. Todas estas cosas malas salen de dentro y hacen impuro al hombre".

El catalizador de la verdad de nuestra fe es aquello que proyectamos sobre los demás. Nuestra visión del otro y de cómo intenta seguir el camino de Jesús habla de nuestra propia confianza en Dios. El cristiano no debe intentar convertir su vida en un juicio constante de lo que los demás hacen, sino en un ejercicio convencido de amor hacia aquellos que, con él o con ella, están haciendo el camino de la comunión en la fe. Es imprescindible sanar el corazón para que sienta bien; curar la vista para que aprenda a ver lo bueno; ejercitar el oído para que escuche la verdad; activar los labios para que anuncien esperanza y desarrollar el tacto para expresar la cercanía de Dios.

Jueves

1Re 11,4-13
Sal 105. *Acuérdate de mí,
Señor, por amor a tu pueblo.*
Mc 7,24-30

De allí pasó Jesús a la región de Tiro. Entró en una casa sin querer que se supiera, pero no pudo ocultarlo. Pronto supo de él la madre de una muchacha que tenía un espíritu impuro; y fue y se arrodilló a los pies de Jesús. Era una mujer extranjera, de nacionalidad sirofenicia. Fue, pues, y rogó a Jesús que expulsara de su hija al demonio; pero Jesús le dijo: "Deja que los hijos coman primero, porque no está bien quitar el pan a los hijos y dárselo a los perros". "Sí, Señor –respondió ella–, pero hasta los perros comen debajo de la mesa las migajas que dejan caer los hijos". Jesús le dijo: "Bien has hablado. Puedes irte: el demonio ya ha salido de tu hija". Cuando la mujer llegó a su casa encontró a la niña en la cama; el demonio ya había salido de ella.

Del texto evangélico de hoy lo más significativo no es tanto el milagro, sino sobre quién se realiza. Desde los orígenes, la salvación es la voluntad de Dios para todos los pueblos, todas las culturas y todas las personas. Es importante que en nuestros días subrayemos esto, porque vivimos cierto retraimiento en la acogida y comprensión del diferente, el extranjero o el inmigrante. Abrir la comprensión de Dios haciéndose posible para todos, también para quienes no lo reconocen, llena nuestros pulmones de aire y sentido. Nos ayuda a creer y comprometer la vida en un testimonio que manifiesta a un Dios cercano con aquel que en la vida no tiene las mismas condiciones y posibilidades que, sin mérito, nosotros disfrutamos.

13 FEBRERO

Viernes

1Re 11,29-32; 12,19
Sal 80. *Yo soy el Señor, Dios tuyo: escucha mi voz.*
Mc 7,31-37

Jesús volvió a salir de la región de Tiro y, pasando por Sidón y los pueblos de la región de Decápolis, llegó al lago de Galilea. Allí le llevaron un sordo y tartamudo, y le pidieron que pusiera su mano sobre él. Jesús se lo llevó a un lado, aparte de la gente, le metió los dedos en los oídos y con saliva le tocó la lengua. Luego, mirando al cielo, suspiró y dijo al hombre: "¡Efatá! (es decir, '¡Ábrete!')". Al momento se abrieron los oídos del sordo, su lengua quedó libre de trabas y hablaba correctamente. Jesús les mandó que no se lo dijeran a nadie; pero cuanto más se lo mandaba, tanto más lo contaban ellos. Llenos de asombro, decían: "Todo lo hace bien. ¡Hasta hace oír a los sordos y hablar a los mudos!".

La curación del sordo en la orilla del lago de Galilea nos ayuda a entender que la acción de Dios en la existencia es absolutamente nueva en cada persona. Cada uno de nosotros tiene necesidades diferentes y busca a Dios de manera distinta. Deberíamos entenderlo para no intentar establecer itinerarios cerrados en los que todos y todas debamos encajar. Si Dios busca cada corazón, es imprescindible que cada quien se encuentre con Él en su propia verdad y, desde ella, emprender una vida nueva de anuncio y testimonio de la propia curación. Necesitamos sentir en el interior con aquel lenguaje que entiende nuestra vida: "ábrete"... para empezar a respirar, sentir y actuar como discípulo o discípula.

Hch 13,46-49
Sal 116. *Id al mundo entero y proclamad el Evangelio.*
Lc 10,1-9

Después de esto escogió también el Señor a otros setenta y dos, y los mandó delante de él, de dos en dos, a todos los pueblos y lugares a donde tenía que ir. Les dijo: "Ciertamente la mies es mucha, pero los obreros son pocos. Por eso, pedidle al Dueño de la mies que mande obreros a recogerla. Andad y ved que os envío como a corderos en medio de lobos. No llevéis bolsa ni monedero ni sandalias, y no os detengáis a saludar a nadie en el camino. Cuando entréis en una casa, saludad primero diciendo: 'Paz a esta casa'. Si en ella hay gente de paz, vuestro deseo de paz se cumplirá; si no, no se cumplirá. Y quedaos en la misma casa comiendo y bebiendo lo que tengan, pues el obrero tiene derecho a su salario. No andéis de casa en casa. Al llegar a un pueblo donde os reciban bien, comed lo que os ofrezcan; y sanad a los enfermos del lugar y decidles: 'El reino de Dios ya está cerca de vosotros'".

L o importante es vivir la fe con conciencia de envío, desviviéndonos –literalmente– para que el amor de Dios, a todos, llegue. Nos habla el texto evangélico de este día de un nuevo envío. Personas diferentes, destinos distintos, ministerios diversos… todos con un denominador común, anunciar, curar y testimoniar que Dios está cerca. El contenido del anuncio es siempre la esperanza; la elección para la misión, la esperanza que el Maestro proyecta en cada vida; y el sentido del anuncio, la vida fraterna de la humanidad en una esperanza querida por Dios. Es, por tanto, el contenido de la vocación y su forma. No hay llamada de Dios si no se descubre esa esperanza como estilo de vida. Si todo se reduce a voluntad, se transforma la libertad vocacional en un ejercicio organizativo cansado y sin porvenir.

Eclo 15,16-21

(…) Delante de cada uno están la vida y la muerte, y cada uno recibirá lo que elija (…).

Sal 118. *Dichoso el que camina en la voluntad del Señor.*

1Co 2,6-10

(…). Éstas son las cosas que Dios nos ha manifestado por medio del Espíritu, pues el Espíritu lo examina todo, hasta las cosas más profundas de Dios.

Mt 5,17-37

En aquel tiempo Jesús dijo a sus discípulos: "No penséis que yo he venido a poner fin a la ley de Moisés y a las enseñanzas de los profetas. No he venido a ponerles fin, sino a darles su verdadero sentido. Porque os aseguro que mientras existan el cielo y la tierra no se le quitará a la ley ni un punto ni una coma, hasta que suceda lo que tenga que suceder. (…) Habéis oído que a vuestros antepasados se les dijo: 'No mates, pues el que mata será condenado'. Pero yo os digo que todo el que se enoje con su hermano será condenado; el que insulte a su hermano será juzgado por la Junta Suprema, y el que injurie gravemente a su hermano se hará merecedor del fuego del infierno. Así que, si al llevar tu ofrenda al altar te acuerdas de que tu hermano tiene algo contra ti, deja tu ofrenda allí mismo delante del altar y ve primero a ponerte en paz con tu hermano. Entonces podrás volver al altar y presentar tu ofrenda. (…) Habéis oído que antes se dijo: 'No cometas adulterio'. Pero yo os digo que cualquiera que mira con codicia a una mujer ya cometió adulterio con ella en su corazón. Por tanto, si tu ojo derecho te hace caer en pecado, sácalo y échalo lejos de ti; mejor es que pierdas una sola parte del cuerpo y no que todo tu cuerpo sea arrojado al infierno. Y si tu mano derecha te hace caer en pecado, córtala y échala lejos de ti; mejor es que pierdas una sola parte del cuerpo y no que todo tu cuerpo sea arrojado al infierno. (...) Y el que se casa con una mujer separada también comete adulterio. También habéis oído que se dijo a los antepasados: 'No dejes de cumplir lo que hayas ofrecido bajo juramento al Señor'. Pero yo os digo que no juréis por nada ni por nadie. No juréis por el cielo, porque es el trono de Dios; ni por la tierra, porque es el estrado de sus pies; ni por Jerusalén, porque es la ciudad del gran Rey. Ni siquiera juréis por vuestra propia cabeza, porque no podéis hacer que os salga blanco o negro ni un solo cabello. Si decís 'Sí', que sea sí; y si decís 'No', que sea no. Lo que se aparta de esto, es malo".

De maneras muy diversas afirma Jesús que el corazón de la ley de Dios es el amor. El verdadero cumplimiento, amar sin medida; el discipulado, convertir la vida en una predisposición de amor; la fe, amar. No podemos aprisionar la voluntad de Dios en un ejercicio de mercadeo.

El descubrimiento de Dios como amor nos ayuda a salir de cierta tentación hipócrita en la que podemos sustentar nuestra religión, llegando a pensar que por un lado va nuestra actitud piadosa ante Dios y, por otra, nuestra relación sin misericordia con los otros.

Necesita nuestro Dios que sepamos quiénes somos y, si decimos sí, sea sí; si decimos no, sea no. Necesita nuestro Dios, como culto primero, que de nuestro corazón salga el perdón y el abrazo al hermano o la hermana.

St 1,1-11
Sal 118. *Cuando me alcance tu compasión, viviré, Señor.*
Mc 8,11-13

Llegaron los fariseos y comenzaron a discutir con Jesús. Para tenderle una trampa, le pidieron alguna señal milagrosa que probara que él venía de parte de Dios. Jesús suspiró profundamente y dijo: "¿Por qué pide esta gente una señal milagrosa? Os aseguro que no se les dará ninguna señal". Entonces los dejó, y volviendo a entrar en la barca se fue a la otra orilla del lago.

La debilidad de nuestra fe se hace manifiesta cuando, de alguna manera, ponemos a prueba a Dios. "Demuéstrame", "concédeme", "dame"... nos sorprendemos diciéndole aquello que creemos necesitar para ser felices en el seguimiento. Sabemos, sin embargo, que creer es la actitud humilde y confiada que sostiene la esperanza de la vida sin necesitar pruebas. La entrañable experiencia de saber, vitalmente, que, en todo, Él está contigo, lo vive en ti y acompaña tu caminar. Hoy es una oportunidad excelente para cuidar la confiada esperanza en Quien te regala el don de la vida, para celebrar el misterioso amor con que te sostiene. La fe verdadera te dice que no necesitas más, y encuentras seguridad porque Dios es el que sabe.

St 1,12-18
Sal 93. *Dichoso el hombre a quien tú educas, Señor.*
Mc 8,14-21

Se habían olvidado de llevar algo de comer y solamente tenían un pan en la barca. Jesús les advirtió: "Mirad, guardaos de la levadura de los fariseos y de la levadura de Herodes". Los discípulos comentaban entre sí que no tenían pan. Jesús se dio cuenta de ello y les dijo: "¿Por qué comentáis que no tenéis pan? ¿Todavía no comprendéis ni entendéis nada? ¿Tan embotada tenéis la mente? ¿Tenéis ojos y no veis, y oídos y no oís? ¿Ya no recordáis, cuando repartí los cinco panes entre cinco mil hombres, cuántas canastas llenas de trozos recogisteis?". Ellos contestaron: "Doce". Y cuando repartí los siete panes entre cuatro mil, ¿cuántos cestos llenos recogisteis?". Contestaron: "Siete". Entonces les dijo: "¿Todavía no entendéis?".

Como sabemos, el evangelio de Marcos está compuesto en una época especialmente dura para la comunidad cristiana durante la persecución en Roma. Es, por tanto, una necesidad revitalizar la fuerza de la fe y la autenticidad del seguimiento de Jesús. Nuestro tiempo tiene valores y contravalores como los que vivía la comunidad cristiana de entonces. También ahora está ante nosotros la solución fácil de las cosas, la tentación de la satisfacción inmediata y el consumo... También nosotros necesitamos recordar que la verdadera felicidad no está en tener yo, sino en celebrar los bienes compartidos, la esperanza en la comunión y la fuerza de la solidaridad. El seguimiento de Jesús necesita que descubramos la vida en común, un "nosotros" que viva en esperanza.

Jl 2,12-18
Sal 50. *Misericordia, Señor: hemos pecado.*
2Co 5,20–6,2
Mt 6,1-6.16-18

En aquel tiempo dijo Jesús a sus discípulos: "No practiquéis vuestra religión delante de los demás sólo para que os vean. Si hacéis eso, no obtendréis ninguna recompensa de vuestro Padre que está en el cielo. Por tanto, cuando ayudes a los necesitados no lo publiques a los cuatro vientos, como hacen los hipócritas en las sinagogas y en las calles para que la gente los elogie. Os aseguro que con eso ya tienen su recompensa. Tú, por el contrario, cuando ayudes a los necesitados, no se lo cuentes ni siquiera a tu más íntimo amigo. Hazlo en secreto, y tu Padre, que ve lo que haces en secreto, te dará tu recompensa. Cuando oréis, no seáis como los hipócritas, a quienes les gusta orar de pie en las sinagogas y en las esquinas de las plazas, para que la gente los vea. Os aseguro que con eso ya tienen su recompensa. Pero tú, cuando ores, entra en tu cuarto, cierra la puerta y ora en secreto a tu Padre. Y tu Padre, que ve lo que haces en secreto, te dará tu recompensa. Cuando ayunéis, no pongáis el gesto compungido, como los hipócritas, que aparentan aflicción para que la gente vea que están ayunando. Os aseguro que con eso ya tienen su recompensa. Pero tú, cuando ayunes, lávate la cara y arréglate bien, para que la gente no advierta que estás ayunando. Solamente lo sabrá tu Padre, que está a solas contigo, y él te dará tu recompensa".

Lo de hoy no es un examen, es una oportunidad. No es un juicio, es un reconocimiento. Hoy puede empezar el resto de tu vida con otra profundidad. Es Dios quien te recuerda que habita en ti, quien te reconoce y cree en la verdad de tu entrega. Por eso no necesitas ni reconocimiento, ni admiración social. Te basta sentir con fuerza cómo te acompaña en ese camino de conversión y confianza en el Evangelio. El rastro de la ceniza no es valioso en tu frente, está lleno de vida cuando lo experimentas en el corazón, sabiendo que nadie más, Él y tú, sois conocedores de ese misterio de nueva vida que estás gozando.

Dt 30,15-20

Sal 1. *Dichoso el hombre que ha puesto su confianza en el Señor.*

Lc 9,22-25

En aquel tiempo les decía Jesús: "El Hijo del hombre tendrá que sufrir mucho, y será rechazado por los ancianos, por los jefes de los sacerdotes y por los maestros de la ley. Lo van a matar, pero al tercer día resucitará". Después dijo a todos: "El que quiera ser mi discípulo, olvídese de sí mismo, cargue con su cruz cada día y sígame. Porque el que quiera salvar su vida la perderá; pero el que pierda su vida por causa mía, la salvará. ¿De qué le sirve al hombre ganar el mundo entero, si se pierde o se destruye a sí mismo?".

Seguir a Jesús no es fácil. Nada hay más complejo y concreto que darte cuenta de que Dios no es un "soluciona problemas". Por eso la vida de fe no tiene otra síntesis que ser capaz de cargar con la cruz de cada día y seguir… caminar y confiar, sabiendo que no estás solo o sola. Acecha siempre la tentación de buscar atajos, de salvar el peso de la cruz con compensaciones que, aunque sea por instantes, nos liberen de la responsabilidad de la vida. Sin embargo, hablar de la vida en fe es hablar de la vida verdadera y es llegar a sentir que no puedes conformarte con una vida a medias, porque eres de Dios. Así entiendes que lo tuyo no es asegurarte, sino dejar que Él sea en todo lo que vives.

Is 58,1-9a

Sal 50. *Un corazón quebrantado y humillado, tú, Dios mío, no lo desprecias.*

Mt 9,14-15

Los seguidores de Juan el Bautista se acercaron a Jesús y le preguntaron: "Nosotros y los fariseos ayunamos con frecuencia: ¿Por qué tus discípulos no ayunan?". Jesús les contestó: "¿Acaso pueden estar tristes los invitados a una boda mientras el novio está con ellos? Pero llegará el momento en que se lleven al novio, y entonces ayunarán".

Seguir a Jesús requiere un nuevo culto, en espíritu y verdad. No basta con aquellos sacrificios que sostenían la ley. En ellos la fuerza no estaba tanto en quien salvaba, cuanto en quien era capaz de asumirlos. La verdadera ascesis se sitúa en el corazón cuando nos capacita para querer de verdad, intensamente, vitalmente. Ahí es cuando el ser humano aprende a decirse que no, con sentido, porque está diciendo que sí, plenamente, a quienes son la imagen de Dios, nuestros prójimos. En este tiempo propicio para el sacrificio, no nos conformemos con gestos externos que no toquen el corazón. Cambiemos y aprendamos a amar reconociendo en el otro, en la otra, el rostro de un Dios encarnado en nuestra humanidad.

Sábado

Is 58,9b-14
Sal 85. *Enséñame, Señor, tu camino, para que siga tu verdad.*
Lc 5,27-32

Después de esto, Jesús salió y se fijó en uno de los que cobraban impuestos para Roma. Se llamaba Leví y estaba sentado en el lugar donde cobraba los impuestos. Jesús le dijo: "Sígueme". Entonces Leví se levantó, y dejándolo todo siguió a Jesús. Más tarde, Leví hizo en su casa una gran fiesta en honor de Jesús; y muchos de los que cobraban impuestos para Roma, junto con otras personas, estaban sentados con ellos a la mesa. Pero los fariseos y los maestros de la ley pertenecientes a este partido comenzaron a criticar a los discípulos de Jesús. Les decían: "¿Por qué coméis y bebéis con los cobradores de impuestos y los pecadores?". Jesús les contestó: "Los que gozan de buena salud no necesitan médico, sino los enfermos. Yo no he venido a llamar a los justos, sino a los pecadores, para que se conviertan a Dios".

Quienes tienen más dificultad para reconocer el paso de Dios son los que se tienen por puros o justos. Frecuentemente, estas personas no disfrutan ni celebran; no creen ni confían porque tienen inserto en el propio corazón que Dios no cree en ellos. Por eso arman un estilo religioso cargado de voluntad donde, a base de sacrificios, creen "adquirida" la cercanía de Dios. Pero Jesús es libertad, es amor sin condiciones, elige a quien quiere, como quiere y donde quiere. Es su elección la que nos hace nuevos o grandes; no somos nosotros quienes adquirimos grandeza por creer que tenemos a Dios. Es el ejercicio de la libertad que es vocación; es el misterio de la vocación que nos hace absolutamente originales y queridos por Dios.

Gn 2,7-9; 3,1-7

Entonces Dios el Señor (…) plantó un jardín en la región de Edén, en el oriente, y puso allí al hombre que había formado. (…). Y en medio del jardín puso también el árbol de la vida y el árbol del conocimiento del bien y del mal. La serpiente, que era la más astuta de todos los animales salvajes que Dios el Señor había creado, (…) dijo a la mujer: "No es cierto. No moriréis. Dios sabe muy bien que cuando comáis del fruto de ese árbol podréis saber lo que es bueno y lo que es malo, y que entonces seréis como Dios". La mujer vio que el fruto del árbol era hermoso, y le dieron ganas de comerlo y de llegar a tener entendimiento. Así que tomó uno de los frutos y se lo comió. Luego le dio a su esposo, y él también comió (…).

Sal 50. *Misericordia, Señor: hemos pecado.*

Rm 5,12-19

(…) por la desobediencia de un solo hombre, todos fueron hechos pecadores; y, al contrario, por la obediencia de un solo hombre, todos serán hechos justos.

Mt 4,1-11

En aquel tiempo, el Espíritu llevó a Jesús al desierto para que el diablo le pusiera a prueba. Pasó cuarenta días y cuarenta noches sin comer, y después sintió hambre. Se acercó el diablo a Jesús para ponerle a prueba, y le dijo: "Si de veras eres Hijo de Dios, ordena que estas piedras se conviertan en panes". Pero Jesús le contestó: "La Escritura dice: 'No sólo de pan vivirá el hombre, sino de toda palabra que salga de los labios de Dios'". Luego el diablo lo llevó a la santa ciudad de Jerusalén, lo subió al alero del templo y le dijo: "Si de veras eres Hijo de Dios, échate abajo, porque la Escritura dice: 'Dios mandará a sus ángeles que te cuiden. Te levantarán con sus manos para que no tropieces con ninguna piedra'". Jesús le contestó: "También dice la Escritura: 'No pongas a prueba al Señor tu Dios'". Finalmente el diablo le llevó a un monte muy alto, y mostrándole todos los países del mundo y su grandeza le dijo: "Yo te daré todo esto, si te arrodillas y me adoras". Jesús le contestó: "Vete, Satanás, porque la Escritura dice: 'Adora al Señor tu Dios y sírvele solo a él'". Entonces el diablo se apartó, y unos ángeles acudieron a servirle.

Siempre nos acompaña la tentación. Aquella quimera que nos visita, a veces de manera insistente, afirmando con claridad que todo puede ser más fácil, que otros lo hacen, que tú también puedes, que te lo mereces o tienes derecho. Meditar sobre las tentaciones padecidas por Jesús es meditar sobre nuestra propia soledad y las condiciones desde las que algunas veces queremos vivir la fe.

Descubrimos en Jesús cómo crece y se afirma su convicción; el diálogo tentador propicia que salga la verdad de la vida. En nuestro caso, la tentación siempre nos separa de los demás, nos aparta del discernimiento. Por eso, la tentación necesita ser escuchada y desenmascarada, en el discernimiento, para que aparezca el creyente verdadero que queremos ser.

23 FEBRERO

Lunes

Lv 19,1-2.11-18
Sal 18. *Tus palabras, Señor,
son espíritu y vida.*
Mt 25,31-46

En aquel tiempo dijo Jesús a sus discípulos: "Cuando venga el Hijo del hombre rodeado de esplendor y de todos los ángeles, se sentará en su trono glorioso (…) y él separará a unos de otros como el pastor separa las ovejas de las cabras. Pondrá las ovejas a su derecha y las cabras a su izquierda. Y dirá el Rey a los de su derecha: 'Venid vosotros, los que mi Padre ha bendecido: recibid el reino que se os ha preparado desde la creación del mundo. Porque tuve hambre y me disteis de comer, tuve sed y me disteis de beber, fui forastero y me recibisteis, anduve sin ropa y me vestisteis, caí enfermo y me visitasteis, estuve en la cárcel y vinisteis a verme'. Entonces los justos preguntarán: 'Señor, ¿cuándo te vimos hambriento y te dimos de comer, o sediento y te dimos de beber? ¿O cuándo te vimos forastero y te recibimos, o falto de ropa y te vestimos? ¿O cuándo te vimos enfermo o en la cárcel, y fuimos a verte?'. El Rey les contestará: 'Os aseguro que todo lo que hicisteis por uno de estos hermanos míos más humildes, por mí mismo lo hicisteis'. Luego dirá el Rey a los de su izquierda: 'Apartaos de mí, malditos: id al fuego eterno preparado para el diablo y sus ángeles. (…) Os aseguro que todo lo que no hicisteis por una de estas personas más humildes, tampoco por mí lo hicisteis' (…)".

No hay otro camino para encontrarte con Dios que aquel que te lleva a la vida de los demás. Son ellos quienes constantemente te ofrecen trazos de verdad de quién es, qué quiere y cómo se comunica el Señor de la historia. Por eso, nuestra vida de fe es manifiesta dependiendo de la autenticidad de nuestra relación. Somos para los demás lo que somos para Dios y somos para Dios dependiendo de nuestro ser verdad para los demás. Por eso, el Evangelio nos enseña a tener una comprensión amplia del seguimiento de Jesús y descubrir que Él está siempre presente en la infinidad de gestos de amor y humanidad que se gestan en el corazón del mundo… aunque quienes los hacen digan no tener fe.

Martes

CUARESMA 1ª SEMANA (f)

Is 55,10-11
Sal 33. *El Señor libra de sus angustias a los justos.*
Mt 6,7-15

En aquel tiempo dijo Jesús a sus discípulos: "Al orar no repitas palabras inútilmente, como hacen los paganos, que se imaginan que por su mucha palabrería Dios les hará más caso. No seáis como ellos, porque vuestro Padre sabe lo que necesitáis aun antes de habérselo pedido. Vosotros debéis orar así: 'Padre nuestro que estás en el cielo, santificado sea tu nombre. Venga tu reino. Hágase tu voluntad en la tierra así como se hace en el cielo. Danos hoy el pan que necesitamos. Perdónanos nuestras ofensas como también nosotros perdonamos a quienes nos han ofendido. Y no nos expongas a la tentación, sino líbranos del maligno'. Porque si vosotros perdonáis a los demás el mal que os hayan hecho, vuestro Padre que está en el cielo os perdonará también a vosotros; pero si no perdonáis a los demás, tampoco vuestro Padre perdonará el mal que vosotros hacéis".

Algún día aprenderemos a quedarnos ante Dios en absoluto silencio, exterior e interior. No necesitaremos contar nada, ni relatar nada…, sencillamente descansaremos en Él. Mientras tanto, abusamos de la palabra, construimos relatos eternos en los cuales proyectamos lo que queremos que sea, sin silencios en los cuales le permitamos a Dios decir quién es. Por eso aparece esta sana pedagogía de Jesús: no abuséis de la palabrería. Reconoced a Dios, llamadlo Padre, vividlo en comunidad, dad gracias por el don de cada día, y perdonad y dejaos perdonar siempre. Basta para reconocerte como buscador de Dios y vivir la oración que te devuelve siempre al calor de la comunidad porque ella es el clima de la relación con Dios.

Jon 3,1-10
Sal 50. *Un corazón quebrantado y humillado, tú, Dios mío, no lo desprecias.*
Lc 11,29-32

La multitud seguía juntándose alrededor de Jesús, y él comenzó a decirles: "La gente de este tiempo es malvada. Pide una señal milagrosa, pero no se le dará otra señal que la de Jonás. Porque así como Jonás fue señal para la gente de Nínive, así también el Hijo del hombre será señal para la gente de este tiempo. En el día del juicio, cuando se juzgue a la gente de este tiempo, la reina del Sur se levantará y la condenará; porque ella vino de lo más lejano de la tierra para escuchar la sabiduría de Salomón, y lo que hay aquí es más que Salomón. También los habitantes de Nínive se levantarán en el día del juicio, cuando se juzgue a la gente de este tiempo, y la condenarán; porque los de Nínive se convirtieron a Dios cuando oyeron el mensaje de Jonás, y lo que hay aquí es más que Jonás".

Las señales de Dios son constantes. Las ven y entienden aquellos y aquellas que tienen el corazón libre y limpio. Son invisibles para quienes han hecho de Dios un logro más de su vida. Uno más, pero no el más importante. La Palabra nos recuerda no tanto una condena, cuanto una constatación. Los signos de Dios necesitan corazones que vivan la relación filial con Él, como acontecimiento y no como añadido. Necesitan visiones purificadas y el descubrimiento de la fraternidad y la solidaridad. Porque los milagros más sorprendentes de un "Dios que sigue despierto" son aquellos que nos permiten ver, en cada uno de nosotros, que nuestra relación con Él es verdadera, y sus valores guían nuestro actuar.

Est 4,1.3-5.12-14
Sal 137. *Cuando te invoqué, me escuchaste, Señor.*
Mt 7,7-12

En aquel tiempo dijo Jesús: "Pedid y Dios os dará, buscad y encontraréis, llamad a la puerta y se os abrirá. Porque el que pide recibe, el que busca encuentra y al que llama se le abre. ¿Acaso alguno de vosotros sería capaz de darle a su hijo una piedra cuando le pide pan? ¿O de darle una culebra cuando le pide un pescado? Pues si vosotros, que sois malos, sabéis dar cosas buenas a vuestros hijos, ¡cuánto más vuestro Padre que está en el cielo las dará a quienes se las pidan! Así pues, haced con los demás lo mismo que queréis que los demás hagan con vosotros. Esto es lo que mandan la ley de Moisés y los escritos de los profetas".

La cuestión es saber permanecer, saber esperar y confiar siempre. Ahí es donde la fe adquiere hondura, se hace fuerte y sostiene la existencia. La espera habla de la calidad del amor, la confianza de la certeza de no estar solos, y la súplica de la convicción de sabernos cuidados por Dios. Como las primeras comunidades cristianas, permanecer asiduos en la oración es el triunfo más expresivo de la resurrección y de una nueva vida. Estar con Él y hablarle de la normalidad de la vida, dejar que entre en nuestra historia y nuestro presente, y atrevernos a pedir luz para vivir son los signos de una relación verdadera. Son la manifestación, sencilla y clara, de unos hijos que confían en el cuidado de un Padre.

Ez 18,21-28
Sal 129. *Si llevas cuenta de los delitos, Señor, ¿quién podrá resistir?*
Mt 5,20-26

En aquel tiempo dijo Jesús: "Os digo que si no superáis a los maestros de la ley y a los fariseos en hacer lo que es justo delante de Dios, no entraréis en el reino de los cielos. Habéis oído que a vuestros antepasados se les dijo: 'No mates, pues el que mata será condenado'. Pero yo os digo que todo el que se enoje con su hermano será condenado; el que insulte a su hermano será juzgado por la Junta Suprema, y el que injurie gravemente a su hermano se hará merecedor del fuego del infierno. Así que, si al llevar tu ofrenda al altar te acuerdas de que tu hermano tiene algo contra ti, deja tu ofrenda allí mismo delante del altar y ve primero a ponerte en paz con tu hermano. Entonces podrás volver al altar y presentar tu ofrenda. Si alguien quiere llevarte a juicio, procura ponerte de acuerdo con él mientras aún estés a tiempo, para que no te entregue al juez; porque si no, el juez te entregará a los guardias y te meterán en la cárcel. Te aseguro que no saldrás de allí hasta que pagues el último céntimo".

Algunas personas viven muy preocupadas porque otros han abandonado el culto y la práctica religiosa. Tienen miedo a descubrir el vacío de los templos. No se dan cuenta de que el dato sociológico no es importante, porque lo valioso es que cada persona viva la verdad de su fe y la fraternidad verdadera. No es tan importante la ofrenda del altar cuanto la vida honesta de relación con los demás. Quienes nos reconocemos cristianos deberíamos dedicar tiempo a sanar las relaciones, cuidar las rupturas, restañar las heridas del corazón. No existe antitestimonio más evidente de la fe que una comunidad fragmentada y una fraternidad herida que se acostumbra a un corazón enfermo, con un latido sin ritmo, porque difama y envidia.

Dt 26,16-19
Sal 118. *Dichoso el que canta en la voluntad del Señor.*
Mt 5,43-48

En aquel tiempo dijo Jesús: "También habéis oído que antes se dijo: 'Ama a tu prójimo y odia a tu enemigo'. Pero yo os digo: Amad a vuestros enemigos y orad por los que os persiguen. Así seréis hijos de vuestro Padre que está en el cielo, pues él hace que su sol salga sobre malos y buenos, y envía la lluvia sobre justos e injustos. Porque si amáis solamente a quienes os aman, ¿qué recompensa tendréis? ¡Hasta los que cobran impuestos para Roma se portan así! Y si saludáis solamente a vuestros hermanos, ¿qué hacéis de extraordinario? ¡Hasta los paganos se portan así! Vosotros, pues, sed perfectos, como vuestro Padre que está en el cielo es perfecto".

El don de la fe nos hace extraordinarios. Creer nos capacita para inaugurar nuevos estilos de relación y aceptación de los otros. La relación con Dios, en estricto sentido, rompe la verticalidad para llevarnos a mirar a nuestro entorno, a las relaciones de la vida, a los demás. Es posible salir del círculo que empequeñece y te reduce a estar siempre en lo mismo, con los mismos y con aquellos y aquellas que naturalmente quieres. Ser cristiano abre nuestro corazón a la inmensidad de nuevas relaciones, profundas y sinceras, que reconocen a los demás en su diversidad, haciéndolos hermanos, enviándonos a ellos sin búsqueda alguna de recompensa. Lo que nos hace especiales es entender la vida como donación y libertad… sin calcular a quién nos damos.

Gn 12,1-4a

Un día el Señor dijo a Abram: "Deja tu tierra, tus parientes y la casa de tu padre, para ir a la tierra que yo te mostraré. Con tus descendientes formaré una gran nación; te bendeciré y te haré famoso, y serás una bendición para otros. Bendeciré a los que te bendigan y maldeciré a los que te maldigan; por medio de ti bendeciré a todas las familias del mundo". Abram salió de Harán, tal como el Señor se lo había ordenado.

Sal 32. *Que tu misericordia, Señor, venga sobre nosotros, como lo esperamos de ti.*

2Tm 1,8b-10

Querido hermano, con las fuerzas que Dios te da, acepta tu parte en los sufrimientos por causa del Evangelio. Dios nos ha salvado y nos ha llamado a ser un pueblo santo, no por lo que nosotros hayamos hecho, sino porque ése fue su propósito y porque nos ama en Cristo Jesús. Dios, que nos ama desde antes que el mundo existiera, ha mostrado su amor ahora en Cristo Jesús nuestro Salvador, que ha destruido el poder de la muerte y que, por medio del Evangelio, ha sacado a la luz la vida inmortal.

Mt 17,1-9

Seis días después, Jesús tomó a Pedro y a los hermanos Santiago y Juan, y los llevó aparte a un monte alto. Allí, en presencia de ellos, cambió la apariencia de Jesús. Su rostro brillaba como el sol y sus ropas se volvieron blancas como la luz. En esto vieron a Moisés y Elías conversando con él. Pedro dijo a Jesús: "Señor, ¡qué bien que estemos aquí! Si quieres, haré tres chozas: una para ti, otra para Moisés y otra para Elías". Mientras Pedro hablaba los envolvió una nube luminosa. Y de la nube salió una voz, que dijo: "Éste es mi Hijo amado, a quien he elegido. Escuchadle". Al oír esto, los discípulos se inclinaron hasta el suelo llenos de miedo. Jesús se acercó a ellos, los tocó y les dijo: "Levantaos, no tengáis miedo". Entonces alzaron los ojos y ya no vieron a nadie más que a Jesús. Mientras bajaban del monte, Jesús les ordenó: "No contéis a nadie esta visión, hasta que el Hijo del hombre haya resucitado".

Hemos sido llamados, como Abram, a formar un pueblo santo en la tierra de promisión y escogidos por Jesús para subir al monte Tabor, donde nos espera la teofanía trinitaria. Allí escucharemos la voz del Padre, seremos cegados por la Luz que es Jesús, y el Espíritu Santo nos envolverá.

Moisés y Elías nos invitan a interiorizar esta escena: abandonar la rutina y entrar en el espacio contemplativo de Jesús. Sin nuestro Tabor no seremos testigos ni nuestra misión dará fruto. ¿Qué pasos darás hoy para vivir esta experiencia transformadora y ser luz para los demás?

Dn 9,4b-10
Sal 78. *Señor, no nos trates como merecen nuestros pecados.*
Lc 6,36-38

En aquel tiempo dijo Jesús: "Sed compasivos, como también vuestro Padre es compasivo. No juzguéis a nadie y Dios no os juzgará a vosotros. No condenéis a nadie y Dios no os condenará. Perdonad y Dios os perdonará. Dad a otros y Dios os dará a vosotros: llenará vuestra bolsa con una medida buena, apretada, sacudida y repleta. Dios os medirá con la misma medida con que vosotros midáis a los demás".

Ser "hijos de Dios" no es un título, sino un arte que exige aprender de Él. Dios es compasivo, no juzga, perdona sin medida y da con generosidad. Así actuó Jesús, su imagen perfecta: "quien me ve, ha visto al Padre". Actuar de esta manera nos convierte en reflejo vivo de Dios Abbá, no por perfección, sino por practicar su misericordia y compasión en nuestras vidas. ¿De qué manera podemos hoy ser un reflejo del amor y la compasión de Dios hacia quienes nos rodean?

Is 1,10.16-20
Sal 49. *Al que sigue buen camino le haré ver la salvación de Dios.*
Mt 23,1-12

En aquel tiempo Jesús habló a la gente y a sus discípulos, diciendo: "Los maestros de la ley y los fariseos son los encargados de interpretar la ley de Moisés. Por lo tanto, obedecedlos y haced todo lo que os digan. Pero no sigáis su ejemplo, porque dicen una cosa y hacen otra. Atan cargas pesadas, imposibles de soportar, y las echan sobre los hombros de los demás, mientras que ellos mismos no quieren tocarlas ni siquiera con un dedo. Todo lo hacen para que la gente los vea. Les gusta llevar sobre la frente y en los brazos cajitas con textos de las Escrituras, y vestir ropas con grandes borlas. Desean los mejores puestos en los banquetes, los asientos de honor en las sinagogas, ser saludados con todo respeto en la calle y que la gente los llame maestros. Pero vosotros no os hagáis llamar maestros por la gente, porque todos sois hermanos y uno solo es vuestro Maestro. Y no llaméis padre a nadie en la tierra, porque uno solo es vuestro Padre: el que está en el cielo. Ni os hagáis llamar jefes, porque vuestro único Jefe es Cristo. El más grande entre vosotros debe servir a los demás. Porque el que a sí mismo se engrandece, será humillado; y el que se humilla, será engrandecido".

"¡Haced lo que dicen... no lo que hacen!". Los maestros y fariseos buscaban poder, honores y precedencias, un estilo que sigue presente entre nosotros. La mundanidad nos aleja del verdadero discipulado, que no consiste en grandezas humanas, sino en servir desde la humildad. La enseñanza de Jesús nos llama a ocupar el último lugar, donde también podemos encontrarlo. ¿Estamos dispuestos a dejar atrás el orgullo y convertirnos en verdaderos discípulos que viven con humildad y amor?

Jr 18,18-20
Sal 30. *Sálvame, Señor, por tu misericordia.*
Mt 20,17-28

Yendo camino de Jerusalén llamó Jesús aparte a sus doce discípulos y les dijo: "(...) vamos a Jerusalén. Allí el Hijo del hombre será entregado a los jefes de los sacerdotes y a los maestros de la ley; lo condenarán a muerte y lo entregarán a los extranjeros para que se burlen de él, le golpeen y lo crucifiquen; pero al tercer día resucitará". La madre de los hijos de Zebedeo (...) se arrodilló para pedirle un favor (...): "Manda que estos dos hijos míos se sienten en tu reino uno a tu derecha y el otro a tu izquierda". Jesús contestó: "No sabéis lo que pedís. ¿Podéis beber la copa amarga que voy a beber yo?". Le dijeron:

"Podemos". Jesús les respondió: "Vosotros beberéis esa copa de amargura, pero el sentaros a mi derecha o a mi izquierda no me corresponde a mí darlo. Será para quienes mi Padre lo ha preparado". Cuando los otros diez discípulos oyeron todo esto, se enojaron con los dos hermanos. Pero Jesús los llamó y les dijo: "Sabéis que, entre los paganos, los jefes gobiernan con tiranía a sus súbditos y los grandes descargan sobre ellos el peso de su autoridad. Pero entre vosotros no debe ser así. Al contrario, el que entre vosotros quiera ser grande, que sirva a los demás; y el que entre vosotros quiera ser el primero, que sea vuestro esclavo. Porque, del mismo modo, el Hijo del hombre no ha venido para ser servido, sino para servir y dar su vida en pago de la libertad de todos".

Jesús anuncia que lo condenarán a muerte y lo entregarán para que lo crucifiquen, pero que "al tercer día resucitará". La madre de los Zebedeos le suplica para sus hijos el puesto de honor. Ellos están dispuestos a compartir su cáliz, pero lo demás dependerá de Dios Padre. Se exasperan los demás discípulos. Jesús nos invita a ocupar el puesto de quienes sirven y entregan su vida por amor. ¿De qué manera estás dispuesto a asumir esta llamada en tu vida cotidiana?

Jueves

CUARESMA 2ª SEMANA (f)

Jr 17,5-10
Sal 1. *Dichoso el hombre que ha puesto su confianza en el Señor.*
Lc 16,19-31

(...) dijo Jesús: "Había una vez un hombre rico, que vestía ropas espléndidas y todos los días celebraba brillantes fiestas. Había también un mendigo llamado Lázaro, el cual, lleno de llagas, se sentaba en el suelo a la puerta del rico. Este mendigo deseaba llenar su estómago de lo que caía de la mesa del rico; y los perros se acercaban a lamerle las llagas. Un día murió el mendigo, y los ángeles lo llevaron junto a Abraham, al paraíso. Y el rico también murió, y lo enterraron. El rico, padeciendo en el lugar al que van los muertos, levantó los ojos y vio de lejos a Abraham, y a Lázaro con él. Entonces gritó: '¡Padre Abraham, ten compasión de mí! Envía a Lázaro, a que moje la punta de su dedo en agua y venga a refrescar mi lengua (...)'. Pero Abraham le contestó: 'Hijo, recuerda que a ti te fue muy bien en la vida y que a Lázaro le fue muy mal. Ahora él recibe consuelo aquí, y tú en cambio estás sufriendo. Pero además hay un gran abismo abierto entre nosotros y vosotros; de modo que los que quieren pasar de aquí ahí, no pueden, ni los de ahí tampoco pueden pasar aquí'. El rico dijo: 'Te suplico entonces, padre Abraham, que envíes a Lázaro a casa de mi padre, donde tengo cinco hermanos. Que les hable, para que no vengan también ellos a este lugar de tormento'. Abraham respondió: 'Ellos ya tienen lo que escribieron Moisés y los profetas: ¡que les hagan caso!'. El rico contestó: 'No se lo harán, padre Abraham. En cambio, sí que se convertirán si se les aparece alguno de los que ya han muerto'. Pero Abraham le dijo: 'Si no quieren hacer caso a Moisés y a los profetas, tampoco creerán aunque algún muerto resucite'".

El contraste entre el rico epulón y el mendigo Lázaro es impresionante tanto en esta como en la otra vida. La parábola nos invita a evitar el clasismo y ponernos al nivel de la gente humilde: es cuestión de vida o muerte.

Gn 37,3-4.12-13a.17b-28
Sal 104. *Recordad las maravillas que hizo el Señor.*
Mt 21,33-43.45-46

En aquel tiempo dijo Jesús: "(…) El dueño de una finca plantó una viña, le puso una cerca, construyó un lagar y levantó una torre para vigilarla. Luego la arrendó a unos labradores y se fue de viaje. Llegado el tiempo de la vendimia, mandó unos criados a recibir de los labradores la parte de la cosecha que le correspondía. Pero los labradores echaron mano a los criados: golpearon a uno, mataron a otro y a otro lo apedrearon. El dueño envió otros criados, en mayor número que al principio; pero los labradores los trataron a todos del mismo modo. Por último mandó a su propio hijo (…). Pero cuando vieron al hijo, los labradores se dijeron unos a otros: 'Éste es el heredero; matémoslo y nos quedaremos con la viña'. Así que le echaron mano, lo sacaron de la viña y lo mataron. Pues bien, cuando vuelva el dueño de la viña, ¿qué creéis que hará con aquellos labradores?". Le contestaron: "Matará sin compasión a esos malvados y dará la viña a otros labradores que le entreguen a su debido tiempo la parte de la cosecha que le corresponde". Jesús les dijo: "(…) Por eso os digo que a vosotros se os quitará el reino, y se le dará a un pueblo que produzca los frutos debidos. Los jefes de los sacerdotes y los fariseos, al oír las parábolas que contaba Jesús, comprendieron que se refería a ellos. Quisieron entonces apresarle, pero no se atrevían, porque la gente tenía a Jesús por profeta.

Los viñadores perversos (Mt 21,33–43) desean apropiarse de la viña, que no es suya. Pertenece solo al Amo. ¿A quién pertenece la Iglesia, la diócesis, la parroquia? ¡A Jesús! El autoritarismo clerical puede asemejarnos a los viñadores homicidas. Dios quiere entregar su viña a quienes la cuidan en su nombre y producen frutos. Denunciemos en la Iglesia todo abuso de autoridad. Pues la única autoridad que debe prevalecer es la que lleve el sello del Señor.

Sábado

SANTAS PERPETUA Y FELICIDAD (c)

Miq 7,14-15.18-20
Sal 102. *El Señor es compasivo y misericordioso.*
Lc 15,1-3.11-32

Todos los que cobraban impuestos para Roma, y otras gentes de mala fama, se acercaban a escuchar a Jesús. Y los fariseos y maestros de la ley le criticaban (...). Entonces Jesús les contó esta parábola: "Un hombre tenía dos hijos. El más joven le dijo: 'Padre, dame la parte de la herencia que me corresponde'. Y el padre repartió los bienes entre ellos. Pocos días después, el hijo menor vendió su parte y se marchó lejos, a otro país, donde todo lo derrochó viviendo de manera desenfrenada. Cuando ya no le quedaba nada, vino sobre aquella tierra una época de hambre terrible y él comenzó a pasar necesidad. (...)

Al fin se puso a pensar: '(...) Volveré a la casa de mi padre y le diré: Padre, he pecado contra Dios y contra ti, y ya no merezco llamarme tu hijo: trátame como a uno de tus trabajadores'. Así que se puso en camino y regresó a casa de su padre. Todavía estaba lejos, cuando su padre le vio; y sintiendo compasión de él corrió a su encuentro y le recibió con abrazos y besos (...) ordenó a sus criados: '(...) ¡Vamos a comer y a hacer fiesta, porque este hijo mío estaba muerto y ha vuelto a vivir; se había perdido y le hemos encontrado!'. Y comenzaron, pues, a hacer fiesta. (...) Tanto irritó esto al hermano mayor, que no quería entrar; así que su padre tuvo que salir a rogarle que lo hiciese (...): 'Hijo, tú siempre estás conmigo y todo lo mío es tuyo. Pero ahora debemos hacer fiesta y alegrarnos (...)'".

La parábola del padre y los dos hijos retrata la misericordia: el menor, tras perderlo todo, es recibido con un abrazo y fiesta, sin reproches. El mayor, fiel pero resentido, no entra al banquete, incapaz de comprender la alegría del padre. Este texto invita a los alejados a volver a casa pues el Padre los espera sin condiciones. Y desafía a los "hijos mayores" que se creen con todos los derechos y son incapaces de perdonar como el Padre.

Ex 17,3-7

Pero el pueblo tenía sed; y murmuraron contra Moisés. Decían: "¿Para qué nos hiciste salir de Egipto? ¿Para matarnos de sed, junto con nuestros hijos y nuestros animales?" (…).

Sal 94. *Ojalá escuchéis hoy la voz del Señor: "No endurezcáis vuestro corazón".*

Rm 5,1-2.5-8

(…) Dios prueba que nos ama en que, cuando aún éramos pecadores, Cristo murió por nosotros.

Jn 4,5-42

Llegó así a un pueblo de Samaria llamado Sicar, cerca del terreno que Jacob había dado en herencia a su hijo José. Allí estaba el pozo que llamaban de Jacob. Cerca del mediodía, Jesús, cansado del camino, se sentó junto al pozo. Los discípulos habían ido al pueblo a comprar algo de comer. En esto una mujer de Samaria llegó al pozo a sacar agua, y Jesús le pidió: "Dame un poco de agua". Pero como los judíos no tienen trato con los samaritanos, la mujer le respondió: "¿Cómo tú, que eres judío, me pides agua a mí, que soy samaritana?". Jesús le contestó: "Si supieras lo que Dios da y quién es el que te está pidiendo agua, tú le pedirías a él, y él te daría agua viva". La mujer le dijo: (…) "Señor, dame de esa agua, para que no vuelva yo a tener sed ni haya de venir aquí a sacarla". Jesús le dijo: "Ve a llamar a tu marido y vuelve acá". "No tengo marido" -contestó ella. Jesús le dijo: "Bien dices que no tienes marido, porque has tenido cinco maridos y el que ahora tienes no es tu marido (…)". Al oír esto, le dijo la mujer: "Señor, ya veo que eres un profeta. Nuestros antepasados los samaritanos adoraron a Dios aquí, en este monte, pero vosotros los judíos decís que debemos adorarle en Jerusalén". Jesús le contestó: "Créeme, mujer, llega la hora en que adoraréis al Padre sin tener que venir a este monte ni ir a Jerusalén (...) llega la hora, y es ahora mismo, cuando los que de veras adoran al Padre lo harán conforme al Espíritu de Dios y a la verdad. Pues así quiere el Padre que le adoren (...)". Dijo la mujer: "Yo sé que ha de venir el Mesías (es decir, el Cristo) y que cuando venga nos lo explicará todo". Jesús le dijo: "El Mesías soy yo, que estoy hablando contigo". (...) Muchos de los que vivían en aquel pueblo de Samaria creyeron en Jesús por las palabras de la mujer (...). Se quedó allí dos días, y muchos más fueron los que creyeron por lo que él mismo decía. Por eso dijeron a la mujer: "Ahora ya no creemos sólo por lo que tú nos contaste, sino porque nosotros mismos le hemos oído y sabemos que él es verdaderamente el Salvador del mundo".

Evoquemos nuestro bautismo. Ingresamos en la Iglesia cuando derramaron el agua sobre nuestra cabeza "en nombre del Padre, del Hijo y del Espíritu Santo". Jesús –en el encuentro con la amaritana– le prometió el agua viva que salta hasta la vida eterna.

El agua es el símbolo del Espíritu Santo que todo lo renueva y vivifica. La mujer samaritana se sentía excomulgada. Jesús la recuperó al ofrecerle el agua, para el culto al Dios que es Espíritu y Vida y habita más allá de los templos.

El agua y la Palabra la purificaron de su pecado y se convirtió en una auténtica evangelizadora. Evoquemos nuestro bautismo.

2Re 5,1-15a

Sal 41. *Mi alma tiene sed del Dios vivo: ¿cuándo veré el rostro de Dios?*

Lc 4,24-30

En aquel tiempo Jesús dijo: "Os aseguro que ningún profeta es bien recibido en su propia tierra. Verdaderamente había muchas viudas en Israel en tiempos del profeta Elías, cuando no llovió durante tres años y medio y hubo mucha hambre en todo el país. Sin embargo, Elías no fue enviado a ninguna de las viudas israelitas, sino a una de Sarepta, cerca de la ciudad de Sidón. También había en Israel muchos enfermos de lepra en tiempos del profeta Eliseo, pero ninguno de ellos fue sanado, sino Naamán, que era de Siria". Al oír esto, todos los que estaban en la sinagoga se llenaron de ira. Se levantaron y echaron del pueblo a Jesús. Lo llevaron a lo alto del monte sobre el que se alzaba el pueblo, para arrojarle abajo. Pero Jesús pasó por en medio de ellos y se fue.

"Lo peor no es tener un alma perversa, sino un alma acostumbrada". Los paisanos de Jesús estaban acostumbrados a Él. Fueron incapaces de descubrir aquello que en un determinado contexto –en la sinagoga– les reveló: que Isaías 61 era un texto que hablaba de Él. Sus paisanos lo rechazan. Jesús les recuerda que tanto Naamán como la viuda de Sarepta –dos no israelitas– creyeron a los profetas Eliseo y Elías. Sin embargo, sus paisanos reaccionaron ante él con envidia y hostilidad hasta expulsarlo del pueblo e incluso intentar despeñarlo. Podemos tener la salvación al lado y rechazarla. "Temo que Jesús pase de largo…".

Dn 3,25.34-43
Sal 24. *Señor, recuerda tu misericordia.*
Mt 18,21-35

En aquel tiempo Pedro fue y preguntó a Jesús: "Señor, ¿cuántas veces he de perdonar a mi hermano, si me ofende? ¿Hasta siete?". Jesús le contestó: "No te digo hasta siete veces, sino hasta setenta veces siete. Por eso, el reino de los cielos se puede comparar a un rey que quiso hacer cuentas con sus funcionarios. Había comenzado a hacerlas, cuando le llevaron a uno que le debía muchos millones. Como aquel funcionario no tenía con qué pagar, el rey ordenó que lo vendieran como esclavo (…) a fin de saldar la deuda. El funcionario cayó de rodillas delante del rey, rogándole: 'Señor, ten paciencia conmigo y te lo pagaré todo'. El rey tuvo compasión de él, le perdonó la deuda y lo dejó ir en libertad. Pero al salir, aquel funcionario se encontró con un compañero que le debía una pequeña cantidad. Lo agarró del cuello y lo ahogaba, diciendo: '¡Págame lo que me debes!'. El compañero se echó a sus pies, rogándole: 'Ten paciencia conmigo y te lo pagaré todo'. Pero el otro no quiso, sino que lo hizo meter en la cárcel hasta que pagara la deuda. (…) Tanto se indignó el rey, que ordenó castigarle hasta que pagara toda la deuda". Jesús añadió: "Esto mismo hará con vosotros mi Padre celestial si cada uno no perdona de corazón a su hermano".

¿Cansados de perdonar? El perdón no se niega a nadie, aunque haya que repetirlo setenta veces siete. Solo quien perdona levanta su corazón y purifica sus manos (Sal 24). Quien perdona "camina con ángeles de Dios en medio del fuego" (cf. Dn 3,25). La misericordia y el perdón superan siempre al pecado más horrible. Dios perdona sin limitaciones (Mt 18,22) hasta las deudas más grandes. Quien recibe el perdón y no perdona se ahoga en su propia amargura (Mt 18,35). Seamos testigos de la misericordia de Jesús. No solo pidamos misericordia a Dios, practiquémosla y seremos hijos de Dios.

Dt 4,1.5-9
Sal 147. *Glorifica al Señor, Jerusalén.*
Mt 5,17-19

En aquel tiempo dijo Jesús: "No penséis que yo he venido a poner fin a la ley de Moisés y a las enseñanzas de los profetas. No he venido a ponerles fin, sino a darles su verdadero sentido. Porque os aseguro que mientras existan el cielo y la tierra no se le quitará a la ley ni un punto ni una coma, hasta que suceda lo que tenga que suceder. Por eso, el que quebrante uno de los mandamientos de la ley, aunque sea el más pequeño, y no enseñe a la gente a obedecerlos, será considerado el más pequeño en el reino de los cielos. Pero el que los obedezca y enseñe a otros a hacer lo mismo, será considerado grande en el reino de los cielos".

Jesús no nos dijo que con su venida ¡"borrón y cuenta nueva"! Reconocía la actuación de Dios antes de llegar Él. Jesús supo descubrir la belleza de la historia anterior: la Alianza y la Ley, los Profetas, las instituciones de Israel. Jesús no vino a destruir nada, sino a llevarlo a su plenitud. Todo valor auténtico, toda enseñanza justa sigue vigente en el reino de Dios. Cumplir los mandamientos, vivir el amor y la justicia es el camino para construir una sociedad más humana y un corazón más libre. El Evangelio no es solo historia: es una invitación diaria a renovar nuestra vida y a reconocer que, en cada gesto bueno, Dios sigue actuando hoy.

Jueves

Jr 7,23-28
Sal 94. *Ojalá escuchéis hoy la voz del Señor: "No endurezcáis vuestro corazón".*
Lc 11,14-23

Jesús estaba expulsando un demonio que había dejado mudo a un hombre. Cuando el demonio salió, el mudo comenzó a hablar. La gente se quedó asombrada, aunque algunos dijeron: "Beelzebú, el jefe de los demonios, es quien ha dado a este hombre poder para expulsarlos". Otros, para tenderle una trampa, le pidieron una señal milagrosa del cielo. Pero él, que sabía lo que estaban pensando, les dijo: "Todo país dividido en bandos enemigos se destruye a sí mismo, y sus casas se derrumban una tras otra. Así también, si Satanás se divide contra sí mismo, ¿cómo mantendrá su poder? Digo esto porque afirmáis que yo expulso a los demonios por el poder de Beelzebú. Pues si yo expulso a los demonios por el poder de Beelzebú, ¿quién da a vuestros seguidores el poder para expulsarlos? Por eso, ellos mismos demuestran que estáis equivocados. Pero si yo expulso a los demonios por el poder de Dios, es que el reino de Dios ya ha llegado a vosotros. Cuando un hombre fuerte y bien armado cuida de su casa, lo que guarda en ella está seguro. Pero si otro más fuerte que él llega y le vence, le quita las armas en las que confiaba y reparte sus bienes como botín. El que no está conmigo está contra mí; y el que conmigo no recoge, desparrama".

Jesús hizo hablar a un mudo expulsando de él al demonio que se lo impedía. La gente interpretó que Jesús pudo hacerlo por el poder no de Dios, sino de Beelzebú, el príncipe de los demonios. Pero, ¿cómo?, ¿un demonio expulsando a otro demonio? ¿No sería eso una guerra entre ellos? Jesús replicó: "Expulso a los demonios por el poder de Dios. El reino de Dios ha llegado". El poder del mal ya está amenazado. Dios comienza a reinar por medio de Jesús. ¡Señor, expulsa mis demonios interiores!

13 MARZO

Viernes

CUARESMA 3ª SEMANA (f)

Os 14,2-10
Sal 80. *Yo soy el Señor, Dios tuyo: escucha mi voz.*
Mc 12,28b-34

Uno de los maestros de la ley, que les había oído discutir, se acercó a Jesús y le preguntó: "¿Cuál es el primero de todos los mandamientos?". Jesús le contestó: "El primer mandamiento de todos es: 'Oye, Israel, el Señor nuestro Dios es el único Señor. Ama al Señor tu Dios con todo tu corazón, con toda tu alma, con toda tu mente y con todas tus fuerzas'. Y el segundo es: 'Ama a tu prójimo como a ti mismo'. Ningún mandamiento es más importante que estos". El maestro de la ley dijo: "Muy bien, Maestro. Es verdad lo que dices: Dios es uno solo y no hay otro fuera de él. Y amar a Dios con todo el corazón, con todo el entendimiento y con todas las fuerzas, y amar al prójimo como a uno mismo, vale más que todos los holocaustos y que todos los sacrificios que se queman en el altar". Al ver Jesús que el maestro de la ley había contestado con buen sentido, le dijo: "No estás lejos del reino de Dios". Y ya nadie se atrevió a hacerle más preguntas.

El mandamiento principal es: "¡Escucha! (*Shemá*)". Y es que, cuando Dios habla y es escuchado, enamora. Al sentirnos hijos suyos brota en nosotros un amor intenso y extenso hacia Él: corazón, alma, mente y fuerzas (Mc 12,30–31). La cercanía a Dios nos sana (Os 14,5). El maestro de la ley ya lo sabía: el principal mandamiento es amar a Dios plenamente y al prójimo como a uno mismo (Mc 12,33). Amar no es solo un sentimiento, es una decisión libre, es fidelidad inquebrantable –como los auténticos esposos (Os 14,5)–. Amando así se practica la justicia, la ternura y el servicio. No existe ley mayor.

Os 6,1-6
Sal 50. *Quiero misericordia y no sacrificios.*
Lc 18,9-14

En aquel tiempo Jesús contó esta otra parábola para algunos que se consideraban a sí mismos justos y despreciaban a los demás: "Dos hombres fueron al templo a orar: el uno era fariseo, y el otro era uno de esos que cobran impuestos para Roma. El fariseo, de pie, oraba así: 'Oh Dios, te doy gracias porque no soy como los demás: ladrones, malvados y adúlteros. Ni tampoco soy como ese cobrador de impuestos. Ayuno dos veces por semana y te doy la décima parte de todo lo que gano'. A cierta distancia, el cobrador de impuestos ni siquiera se atrevía a levantar los ojos al cielo, sino que se golpeaba el pecho y decía: '¡Oh Dios, ten compasión de mí que soy pecador!'. Os digo que este cobrador de impuestos volvió a su casa perdonado por Dios; pero no el fariseo. Porque el que a sí mismo se engrandece será humillado, y el que se humilla será engrandecido".

La parábola del fariseo y el publicano (Lc 18,9-14) nos revela que lo que agrada a Dios no es la oración autosuficiente y presuntuosa, sino la oración humilde y compungida. Dios prefiere la misericordia y el reconocimiento sincero de la propia culpa, antes que los sacrificios vacíos (Os 6,1–6). La oración humilde y confiada, como la del publicano, es escuchada por Dios, porque no desprecia un corazón humillado (Sal 50). En cambio, no lo es la oración petulante del fariseo seguro de sí mismo. Pensémoslo, cuando oramos.

1Sa 16,1b.6-7.10-13a

(…) Samuel tomó el cuerno del aceite, y en presencia de sus hermanos consagró como rey al joven, que se llamaba David. A partir de aquel momento, el espíritu del Señor se apoderó de él.

Sal 22. *El Señor es mi pastor, nada me falta.*

Ef 5,8-14

Antes vivíais en la oscuridad, pero ahora, estando unidos al Señor, vivís en la luz. Conducíos como quienes pertenecen a la luz, pues la luz produce toda una cosecha de bondad, rectitud y verdad (…).

Jn 9,1-41

Yendo de camino vio Jesús a un hombre que había nacido ciego. Los discípulos le preguntaron: "Maestro, ¿por qué nació ciego este hombre? (…)". Jesús les contestó: "Ni por su propio pecado ni por el de sus padres, sino para que en él se demuestre el poder de Dios. (…) Mientras estoy en este mundo, soy la luz del mundo". Dicho esto, Jesús escupió en el suelo, hizo con la saliva un poco de lodo y untó con él los ojos del ciego. Luego le dijo: "Ve a lavarte al estanque de Siloé (que significa: 'Enviado')". El ciego fue y se lavó, y al regresar ya veía. (…) El día en que Jesús hizo lodo y dio la vista al ciego, era sábado. Por eso llevaron ante los fariseos al que había sido ciego, y ellos le preguntaron cómo era que podía ver. Les contestó: "Me puso lodo sobre los ojos, me lavé y ahora veo". Algunos fariseos dijeron: "El que hizo eso no puede ser de Dios, porque no respeta el sábado". Pero otros decían: "¿Cómo puede alguien, siendo pecador, hacer esas señales milagrosas?". De manera que estaban divididos. Volvieron a preguntar al que había sido ciego: "Puesto que te ha dado la vista, ¿qué dices tú de ese hombre?". (…) Él les contestó: "Yo no sé si es pecador o no. Lo único que sé es que yo era ciego y ahora veo. (...) Bien sabemos que Dios no escucha a los pecadores, sino solamente a quienes le adoran y hacen su voluntad (...) si este hombre no viniera de Dios, no podría hacer nada". (...) Y lo expulsaron de la sinagoga. Jesús se enteró de que habían expulsado de la sinagoga a aquel ciego. Cuando se encontró con él le preguntó: "¿Tú crees en el Hijo del hombre?". Él le dijo: "Señor, dime quién es, para que crea en él". Le contestó Jesús: "Ya le has visto. Soy yo, con quien estás hablando". El hombre le respondió: "Creo, Señor" (...). Dijo Jesús: "Yo he venido a este mundo para hacer juicio, para que los ciegos vean y los que ven se vuelvan ciegos". Al oír esto, algunos fariseos que estaban reunidos con él le preguntaron: "¿Acaso nosotros también somos ciegos?". Jesús les contestó: "Si fuerais ciegos, no tendríais la culpa de vuestros pecados; pero como decís que veis, sois culpables".

El bautismo ha sido siempre interpretado por la Iglesia como "iluminación". Jesús, Luz del mundo, realiza en cada uno de nosotros el milagro del ciego de nacimiento. Jesús lo eligió y le pidió: "Ve a lavarte al estanque de Siloé (que significa: 'Enviado')": él obedeció, se lavó y al regresar ya veía; después dio testimonio de Jesús.

Nosotros hemos sido bautizados e iluminados con la Luz del mundo. No pertenecemos a las tinieblas. ¡Qué pena, sin embargo, que los fariseos –aferrados a la ley– no reconocieran su ceguera! Donde hay oscuridad, anida la corrupción. Donde hay luz, allí está el Señor.

16 MARZO

Lunes

CUARESMA 4ª SEMANA (f)

Is 65,17-21
Sal 29. *Te ensalzaré, Señor, porque me has librado.*
Jn 4,43-54

Dos días más tarde salió Jesús de Samaria y continuó su viaje a Galilea. Porque, como él mismo afirmaba, a ningún profeta lo honran en su propia tierra. Al llegar a Galilea fue bien recibido por los galileos, porque también ellos habían estado en Jerusalén en la fiesta de la Pascua y habían visto todo lo que él hizo entonces. Jesús regresó a Caná de Galilea, donde había convertido el agua en vino. Se encontraba allí un alto oficial del rey, que tenía un hijo enfermo en Cafarnaún. Cuando este oficial supo que Jesús había llegado de Judea a Galilea, fue a verle y le rogó que bajase a su casa a sanar a su hijo, que se estaba muriendo. Jesús le contestó: "No creeréis, si no veis señales y milagros". Pero el oficial insistió: "Señor, ven pronto, antes que mi hijo muera". Jesús le dijo entonces: "Vuelve a casa. Tu hijo vive". El hombre creyó lo que Jesús le había dicho, y se fue. Mientras regresaba a casa, sus criados salieron a su encuentro y le dijeron: "¡Tu hijo vive!". Les preguntó a qué hora había comenzado a sentirse mejor su hijo, y le contestaron: "Ayer, a la una de la tarde, se le quitó la fiebre". El padre se dio cuenta entonces de que a esa misma hora le había dicho Jesús: "Tu hijo vive". Y él y toda su familia creyeron en Jesús (...).

Nuestro Dios es creador y restaurador de su creación. Así lo expresa Isaías cuando anuncia "cielos y tierra nuevos, donde abundan alegría y vida, sin llanto ni muerte prematura". En Jerusalén los galileos quedaron maravillados por las obras que allí Jesús realizó. En Galilea lo acogen calurosamente. En Caná curó a distancia al hijo de un oficial y toda su familia creyó en Jesús, porque "la voz del Señor da fuerza y paz a su pueblo" (Sal 29). Confiemos en el poder restaurador de Dios: Él renueva y fortalece nuestra fe. En cada milagro nos muestra cuánto nos ama.

Ez 47,1-9.12
Sal 45. *El Señor de los ejércitos está con nosotros, nuestro alcázar es el Dios de Jacob.*
Jn 5,1-16

Algún tiempo después celebraban los judíos una fiesta, por lo que Jesús regresó a Jerusalén. En Jerusalén, cerca de la puerta llamada de las Ovejas, hay un estanque llamado en hebreo Betzatá. Tiene cinco pórticos, en los que, echados en el suelo, se encontraban muchos enfermos (...). Había entre ellos un hombre enfermo desde hacía treinta y ocho años. Cuando Jesús lo vio (...), le preguntó: "¿Quieres recobrar la salud?". El enfermo le contestó: "Señor, no tengo a nadie que me meta en el estanque cuando se remueve el agua. Para cuando llego, ya se me ha adelantado otro". Jesús le dijo: "Levántate, recoge tu camilla y anda". En aquel momento el hombre recobró la salud (...). Pero como era sábado, los judíos dijeron al que había sido sanado: "Hoy es sábado; no te está permitido llevar tu camilla". El hombre les contestó: "El que me devolvió la salud me dijo: 'Recoge tu camilla y anda'". (...) Pero el hombre no sabía quién le había curado, porque Jesús había desaparecido entre la multitud. Después, en el templo, Jesús se encontró con él y le dijo: "Mira, ahora que ya has recobrado la salud no vuelvas a pecar, no sea que te pase algo peor". (...) Por eso los judíos perseguían a Jesús, porque hacía tales cosas en sábado.

El profeta Ezequiel anunció un agua que sana y da vida, anticipando la acción salvadora de Jesús. En el estanque de los cinco pórticos Jesús se acercó a un hombre enfermo desde hacía treinta y ocho años y le preguntó: "¿Quieres recobrar la salud?". Al escuchar la respuesta del hombre, le dijo: "Levántate, toma tu camilla y anda". El hombre fue sanado y caminó, pero los líderes religiosos lo reprendieron por hacerlo en sábado. Jesús luego lo animó a no pecar más. Este milagro muestra que en Jesús hallamos sanación y refugio, tal como proclama el salmo 45: "El Señor de los ejércitos está con nosotros, nuestro alcázar es el Dios de Jacob".

Is 49,8-15
Sal 144. *El Señor es clemente y misericordioso.*
Jn 5,17-30

En aquel tiempo Jesús les dijo: "Mi Padre no cesa de trabajar y yo también trabajo". Por eso los judíos tenían aún más ganas de matarle, porque (...) se hacía igual a Dios al decir que Dios era su propio Padre. Jesús les dijo: "Os aseguro que el Hijo de Dios no puede hacer nada por su propia cuenta; sólo hace lo que ve hacer al Padre. Todo lo que el Padre hace, lo hace igualmente el Hijo. Porque el Padre ama al Hijo y le muestra todo lo que hace; y le mostrará cosas aún más grandes, que os dejarán asombrados. Pues así como el Padre resucita a los muertos y les da vida, también el Hijo da vida a quienes quiere dársela. Y el Padre no juzga a nadie, sino que ha dado a su Hijo todo el poder de juzgar, para que todos den al Hijo la misma honra que dan al Padre. (...) Os aseguro que viene la hora, y es ahora mismo, en que los muertos oirán la voz del Hijo de Dios; y los que la oigan vivirán. Porque así como el Padre tiene vida en sí mismo, así también ha hecho que el Hijo tenga vida en sí mismo, y le ha dado autoridad para juzgar, por cuanto que es el Hijo del hombre. (...) Yo no puedo hacer nada por mi propia cuenta. Juzgo según el Padre me ordena, y mi juicio es justo, porque no trato de hacer mi voluntad sino la voluntad del Padre, que me ha enviado".

El evangelio de hoy tiene un encanto especial. Jesús nos invita a contemplar los rasgos de Dios Padre. Y resalta los siguientes: la actividad creadora: "Mi Padre no cesa de trabajar"; su amor al Hijo: "el Padre ama al Hijo"; su poder para dar vida y resucitar: "el Padre levanta a los muertos... así también el Hijo da vida"; y su autoridad judicial delegada: "el Padre... todo el juicio lo ha entregado al Hijo". Jesús cumple la voluntad del Padre, imitando sus acciones y buscando su voluntad. Así, Jesús es la imagen perfecta del Padre, y creer en Él nos da vida eterna y nos libra de la condenación.

2Sa 7,4-5a.12-14a.16
Sal 88. *Su linaje será perpetuo.*
Rm 4,13.16-18.22
Mt 1,16.18-21.24a

Jacob fue padre de José, el marido de María, y ella fue la madre de Jesús, a quien llamamos el Mesías. El nacimiento de Jesucristo fue así: María, su madre, estaba comprometida para casarse con José; pero antes de vivir juntos se encontró encinta por el poder del Espíritu Santo. José, su esposo, que era un hombre justo y no quería denunciar públicamente a María, decidió separarse de ella en secreto. Ya había pensado hacerlo así, cuando un ángel del Señor se le apareció en sueños y le dijo: "José, descendiente de David, no tengas miedo de tomar a María por esposa, porque el hijo que espera es obra del Espíritu Santo. María tendrá un hijo y tú le pondrás por nombre Jesús. Se llamará así porque salvará a su pueblo de sus pecados". Cuando José despertó, hizo lo que el ángel del Señor le había ordenado.

José, figura fascinante y discreta, fue testigo de la infancia de Jesús, representando una paternidad cariñosa y responsable. Para María, fue un esposo fiel y compañero en su misión; para Jesús, reflejo del Padre celestial, guía amorosa y fuerte. Su vida estuvo marcada por sueños inspirados por ángeles, que lo guiaron en decisiones llenas de fe y humildad. José se enfrentó a los desafíos con confianza, siendo modelo de justicia y obediencia a la voluntad divina, aceptando su misión sin reservas, abrazando el silencio y la grandeza de servir con amor a su familia y al propósito celestial.

Sab 2,1a.12-22
Sal 33. *El Señor está cerca de los atribulados.*
Jn 7,1-2.10.25-30

Algún tiempo después andaba Jesús por la región de Galilea, pues no quería seguir en Judea porque los judíos lo buscaban para matarlo. Se acercaba la fiesta de las Enramadas, una de las fiestas de los judíos. Cuando ya se habían ido sus hermanos, también Jesús fue a la fiesta, aunque no lo hizo públicamente sino casi en secreto. Algunos de los que vivían en Jerusalén empezaron entonces a preguntar: "¿No es a éste a quien andan buscando para matarle? Pues ahí está, hablando en público, y nadie le dice nada. ¿Será que verdaderamente las autoridades creen que este hombre es el Mesías? Pero nosotros sabemos de dónde viene; en cambio, cuando venga el Mesías, nadie sabrá de dónde viene". Al oír esto, Jesús, que estaba enseñando en el templo, dijo con voz fuerte: "¡Así que vosotros me conocéis y sabéis de dónde vengo! Pues yo no he venido por mi propia cuenta, sino enviado por aquel que es digno de confianza y a quien vosotros no conocéis. Yo le conozco, porque vengo de él y él me ha enviado". Entonces quisieron apresarle, pero nadie le echó mano porque todavía no había llegado su hora.

La lectura, el salmo y el evangelio de hoy revelan un drama eterno: el justo rechazado por un mundo ciego. Jesús sube a Jerusalén entre sombras, pero enseña con audacia en el templo, enfrentando la muerte. Lo cuestionan, dudan... ¿Cómo puede ser Mesías quien rompe los esquemas tradicionales del pueblo de Dios? Él revela su origen divino, pero muchos prefieren los prejuicios a la luz. Jesús, como el justo perseguido, confía en el Padre. El salmo nos grita: "Confiad, Él no abandona". ¿Vives entre dudas o abrazas su verdad, aunque sacuda tu vida? La elección es hoy.

Jr 11,18-20
Sal 7. *Señor, Dios mío, a ti me acojo.*
Jn 7,40-53

Entre la gente se encontraban algunos que al oír a Jesús hablar dijeron: "Seguro que este hombre es el profeta". Otros decían: "Éste es el Mesías". Pero otros decían: "No, porque el Mesías no puede venir de Galilea. La Escritura dice que el Mesías ha de ser descendiente del rey David y que procederá de Belén, del mismo pueblo de David". Así que la gente se dividió por causa de Jesús. Algunos querían apresarle, pero nadie llegó a ponerle las manos encima. Los guardias del templo volvieron a donde estaban los fariseos y los jefes de los sacerdotes, que les preguntaron: "¿Por qué no lo habéis traído?". Contestaron los guardias: "¡Nadie ha hablado nunca como él!". Los fariseos les dijeron entonces: "¿También vosotros os habéis dejado engañar? ¿Acaso ha creído en él alguno de nuestros jefes o de los fariseos? Pero esta gente que no conoce la ley está maldita". Nicodemo, el fariseo que en una ocasión había ido a ver a Jesús, les dijo: "Según nuestra ley, no podemos condenar a un hombre sin antes haberle oído para saber lo que ha hecho". Le contestaron: "¿También tú eres galileo? Estudia las Escrituras y verás que ningún profeta ha venido de Galilea". Y cada uno se fue a su casa.

Jeremías, traicionado por los suyos, clama a Dios defendiendo su inocencia, mientras Jesús afronta el rechazo de los fariseos que despreciaban incluso a los guardias que quedaron cautivados por sus palabras. Jeremías, el salmista y Jesús comparten una verdad eterna: el justo es incomprendido, pero Dios es su refugio. Jeremías se abandona al juicio divino, el salmista suplica protección y Jesús sigue fiel a su misión. Ayer y hoy, el mundo se resiste a la verdad, pero quien confía en Dios, aun perseguido, jamás será abandonado.

22 DOMINGO
MARZO

Ez 37,12-14

Esto dice el Señor: "Pueblo mío, voy a abrir vuestras tumbas; os sacaré de ellas y os haré volver a la tierra de Israel (…)".

Sal 129. *Del Señor viene la misericordia, la redención copiosa.*

Rm 8,8-11

(…) si el Espíritu de aquel que resucitó a Jesús vive en vosotros, el mismo que resucitó a Cristo dará nueva vida a vuestros cuerpos mortales por medio del Espíritu de Dios que vive en vosotros.

Jn 11,1-45

Un hombre llamado Lázaro había caído enfermo. Era natural de Betania, el pueblo de María y de su hermana Marta. Esta María, hermana de Lázaro, fue la que derramó perfume sobre los pies del Señor y los secó con sus cabellos. Así que las dos hermanas enviaron a decir a Jesús: "Señor, tu amigo está enfermo". Jesús dijo al oírlo: "Esta enfermedad no va a terminar en muerte, sino que ha de servir para mostrar la gloria de Dios y también la gloria del Hijo de Dios". Jesús quería mucho a Marta, a su hermana y a Lázaro; sin embargo, cuando le dijeron que Lázaro estaba enfermo, se quedó dos días más en el lugar donde se encontraba. Después dijo a sus discípulos: (…) "Lázaro ha muerto. Y me alegro de no haber estado allí, porque así es mejor para vosotros, para que creáis. Pero vayamos a verle". (…) Jesús, al llegar, se encontró con que ya hacía cuatro días que habían sepultado a Lázaro. (…) Marta dijo a Jesús: "Señor, si hubieras estado aquí, mi hermano no habría muerto. Pero aun ahora yo sé que Dios te dará cuanto le pidas". (…) Jesús le dijo entonces: "Yo soy la resurrección y la vida. El que cree en mí, aunque muera, vivirá; y ninguno que esté vivo y crea en mí morirá jamás. ¿Crees esto?". Ella le dijo: "Sí, Señor (...)". Después de esto, Marta fue a llamar a su hermana María (...). Cuando María llegó a donde estaba Jesús, se puso de rodillas a sus pies, diciendo: "Señor, si hubieras estado aquí, mi hermano no habría muerto". (...) Y Jesús lloró. (...) Jesús, otra vez muy conmovido, se acercó al sepulcro (...) dijo: "Quitad la piedra". (...) Quitaron la piedra, y Jesús, mirando al cielo, dijo: "Padre, te doy gracias porque me has escuchado. Yo sé que siempre me escuchas, pero digo esto por el bien de los que están aquí, para que crean que tú me has enviado (...) ¡Lázaro, sal de ahí!". Y el muerto salió, atadas las manos y los pies con vendas y envuelta la cara en un lienzo. Jesús les dijo: "Desatadlo y dejadle ir".

Lázaro, rostro de la fragilidad humana, yace en la tumba mientras Marta y María enfrentan el duelo. Marta, decidida, busca a Jesús, expresando tanto dolor como fe incipiente; María, en su recogimiento, abraza el silencio del sufrimiento.

Jesús, ante la muerte y la tristeza, se conmueve profundamente, revelando su humanidad con lágrimas. Sin embargo, va más allá: llama a Marta a creer en Él como "la resurrección y la vida", desafiando el poder de la muerte. Con su voz, rompe las tinieblas y devuelve la vida, anticipando la victoria definitiva. Nos invita a confiar en que quien cree en Él, vivirá para siempre.

23 MARZO

Lunes

CUARESMA 5ª SEMANA (f)

Dn 13,1-9.15-17.19-30.33-62
Sal 22. *Aunque camine por cañadas oscuras, nada temo, porque tú vas conmigo.*
Jn 8,1-11

En aquel tiempo Jesús se dirigió al monte de los Olivos, y al día siguiente, al amanecer, volvió al templo. La gente se le acercó, y él, sentándose, comenzó a enseñarles. Los maestros de la ley y los fariseos llevaron entonces a una mujer que había sido sorprendida en adulterio. La pusieron en medio de todos los presentes y dijeron a Jesús: "Maestro, esta mujer ha sido sorprendida en el acto mismo del adulterio. En nuestra ley, Moisés ordena matar a pedradas a esta clase de mujeres. Y tú, ¿qué dices?". Preguntaron esto para ponerle a prueba y tener algo de qué acusarle, pero Jesús se inclinó y se puso a escribir en la tierra con el dedo. Luego, como seguían preguntándole, se enderezó y les respondió: "El que de vosotros esté sin pecado, que le arroje la primera piedra". Volvió a inclinarse y siguió escribiendo en la tierra. Al oír esto, uno tras otro fueron saliendo, empezando por los más viejos. Cuando Jesús se encontró solo con la mujer, que se había quedado allí, se enderezó y le preguntó: "Mujer, ¿dónde están? ¿Ninguno te ha condenado?". Contestó ella: "Ninguno, Señor". Jesús le dijo: "Tampoco yo te condeno. Vete y no vuelvas a pecar".

Ante la mujer sorprendida en adulterio, Jesús desconcierta a los acusadores escribiendo en la tierra y respondiendo con: "El que esté sin pecado, que tire la primera piedra". Así, desenmascara la hipocresía y abre un camino de misericordia y nueva vida. Sin condenarla, ni Él ni ellos, su gesto transforma y libera, mostrando un amor que no juzga, sino que desarma la violencia y revela la grandeza de su compasión.

Nm 21,4-9
Sal 101. *Señor, escucha mi oración, que mi grito llegue hasta ti.*
Jn 8,21-30

Jesús les volvió a decir: "Yo me voy, y vosotros me buscaréis, pero moriréis en vuestro pecado. A donde yo voy vosotros no podéis ir". Los judíos decían: "¿Acaso estará pensando en matarse y por eso dice que no podemos ir a donde él va?". Jesús añadió: "Vosotros sois de aquí abajo, pero yo soy de arriba. Vosotros sois de este mundo, pero yo no soy de este mundo. Por eso os he dicho que moriréis en vuestros pecados: porque si no creéis que yo soy, moriréis en vuestros pecados".

Entonces le preguntaron: "¿Quién eres tú?". Jesús les respondió: "En primer lugar, ¿por qué he de hablar con vosotros? Tengo mucho que decir y juzgar de vosotros; pero el que me ha enviado dice la verdad, y lo que yo digo al mundo es lo mismo que le he oído decir a él". Pero ellos no entendieron que les hablaba del Padre. Por eso les dijo: "Cuando levantéis en alto al Hijo del hombre, reconoceréis que yo soy y que no hago nada por mi propia cuenta. Solamente digo lo que el Padre me ha enseñado. El que me ha enviado está conmigo: no me ha dejado solo, porque yo siempre hago lo que le agrada". Al decir Jesús estas cosas, muchos creyeron en él.

En Jn 8,21–30, Jesús se enfrenta a la incomprensión de los judíos al revelar su origen divino: "Vosotros sois de aquí abajo, yo soy de allá arriba". Su afirmación genera tensión y la pregunta "¿Quién eres tú?" refleja su falta de fe. Jesús responde: "Cuando levantéis en alto al Hijo del hombre, sabréis que Yo soy", indicando que su identidad divina será revelada en la cruz. Este acto de entrega será el signo definitivo de su misión. Sorprendentemente, muchos, al escuchar sus palabras, comenzaron a creer en Él.

Is 7,10-14; 8,10
Sal 39. *Aquí estoy, Señor, para hacer tu voluntad.*
Hb 10,4-10
Lc 1,26-38

En aquel tiempo envió Dios al ángel Gabriel (...) a visitar a una joven virgen llamada María que estaba comprometida para casarse con un hombre llamado José (...). El ángel entró donde ella estaba, y le dijo: "¡Te saludo, favorecida de Dios! El Señor está contigo". Cuando vio al ángel, se sorprendió de sus palabras, y se preguntaba qué significaría aquel saludo. El ángel le dijo: "María, no tengas miedo, pues tú gozas del favor de Dios. Ahora vas a quedar encinta: tendrás un hijo y le pondrás por nombre Jesús. Será un gran hombre, al que llamarán Hijo del Dios altísimo: y Dios el Señor lo hará rey, como a su antepasado David, y reinará por siempre en la nación de Israel. Su reinado no tendrá fin". María preguntó al ángel: "¿Cómo podrá suceder esto, si no vivo con ningún hombre?". El ángel le contestó: "El Espíritu Santo se posará sobre ti y el poder del Dios altísimo se posará sobre ti como una nube. Por eso, el niño que va a nacer será llamado Santo e Hijo de Dios. También tu parienta Isabel, a pesar de ser anciana, va a tener un hijo; la que decían que no podía tener hijos está encinta desde hace seis meses. Para Dios no hay nada imposible". Entonces María dijo: "Soy la esclava del Señor. ¡Que Dios haga conmigo como me has dicho!". Con esto, el ángel se fue.

La proclamación de María como "Theotokos" –Madre de Dios– afirma que el hijo nacido de ella es verdadero Dios y hombre. Su maternidad es humana: concibe, da a luz y nombra a Jesús, transmitiéndole vida, herencia y afectos. Fue una maternidad arriesgada, amenazada y vivida en fe profunda, colaborando con la Trinidad. Los evangelios destacan que Jesús es "hijo de María" y que José no interviene en la concepción, signo de un nacimiento único, obra del Espíritu. Así, la maternidad de María actúa como puente entre lo humano y lo divino: misterio, signo y don.

Gn 17,3-9
Sal 104. *El Señor se acuerda de su alianza eternamente.*
Jn 8,51-59

En aquel tiempo dijo Jesús: "Os aseguro que quien hace caso a mi palabra no morirá". Los judíos le dijeron: "Ahora estamos seguros de que tienes un demonio. Abraham y todos los profetas murieron, y tú dices: 'Quien hace caso a mi palabra no morirá'. ¿Acaso eres tú más que nuestro padre Abraham? Él murió, y murieron también los profetas. ¿Quién te has creído que eres?". Jesús contestó: "Si yo me honrase a mí mismo, mi honra no valdría nada. Pero el que me honra es mi Padre, el mismo que decís que es vuestro Dios. Pero vosotros no le conocéis. Yo sí le conozco, y si dijera que no le conozco sería tan mentiroso como vosotros. Pero, ciertamente, le conozco y hago caso a su palabra. Abraham, vuestro antepasado, se alegró porque iba a ver mi día: y lo vio, y se llenó de gozo". Los judíos preguntaron a Jesús: "Si todavía no tienes cincuenta años, ¿cómo dices que has visto a Abraham?". Jesús les contestó: "Os aseguro que yo existo desde antes que existiera Abraham". Entonces ellos cogieron piedras para arrojárselas, pero Jesús se escondió y salió del templo.

En el evangelio Jesús promete: "Quien hace caso a mi palabra no morirá". Sus oyentes, confundidos, lo acusan de estar poseído, pues Abraham y los profetas murieron. Pero Jesús no se refiere a la muerte física, sino a la eterna: quien recibe su palabra ya participa de la vida divina. Él afirma que su autoridad proviene del Padre, a quien conoce íntimamente. Su declaración culminante –"antes de que Abraham existiera, yo soy"– revela su identidad divina y eterna. Ante tal afirmación, los presentes intentan apedrearlo, incapaces de aceptar el misterio frente a ellos.

Jr 20,10-13
Sal 17. *En el peligro invoqué al Señor, y me escuchó.*
Jn 10,31-42

En aquel tiempo los judíos volvieron a coger piedras para tirárselas, pero Jesús les dijo: "Por el poder de mi Padre he hecho muchas cosas buenas delante de vosotros: ¿por cuál de ellas me vais a apedrear?". Los judíos le contestaron: "No vamos a apedrearte por ninguna cosa buena que hayas hecho, sino porque tus palabras son una ofensa contra Dios (...), te haces Dios a ti mismo". Jesús les respondió: "En vuestra ley está escrito: '(...) Dios llamó dioses a aquellas personas a quienes dirigió su mensaje. Y si Dios me apartó a mí y me envió al mundo, ¿cómo podéis decir que le he ofendido por haber dicho que soy Hijo de Dios? Si no hago las obras que hace mi Padre, no me creáis. Pero si las hago, creed en ellas aunque no creáis en mí, para que de una vez por todas sepáis que el Padre está en mí y yo en el Padre". De nuevo quisieron apresarle, pero Jesús se escapó de sus manos. Regresó Jesús al lado oriental del Jordán, y se quedó allí, en el lugar donde Juan había estado antes bautizando. Muchos fueron a verle y decían: "Ciertamente, aunque Juan no hizo ninguna señal milagrosa, todo lo que decía de este hombre era verdad". Muchos creyeron en Jesús en aquel lugar.

Jeremías, traicionado, afirma: "El Señor está conmigo como un héroe". El salmo 17 responde: "En el peligro invoqué al Señor, y Él me escuchó", un canto de fe ante la adversidad. En Jn 10,31-42, Jesús, rechazado por proclamar su unidad con el Padre, insiste: "Creed en las obras... el Padre está en mí". Este mensaje resplandece en su paradoja: la confianza en Dios puede llevar a la incomprensión, pero también a la verdadera libertad. Jeremías denuncia, el salmo consuela, Jesús cumple: "Yo y el Padre somos uno". La Cuaresma nos desafía: ¿creemos solo en lo evidente o también en el misterio de la entrega?

Sábado

CUARESMA 5ª SEMANA (f)

Ez 37,21-28
Sal: Jr 31,10-13. *El Señor nos guardará como un pastor a su rebaño.*
Jn 11,45-57

Al ver lo que Jesús había hecho, creyeron en él muchos de los judíos que habían ido a acompañar a María. (…) Entonces los fariseos y los jefes de los sacerdotes, reunidos con la Junta Suprema, dijeron: "¿Qué haremos? Este hombre está haciendo muchas señales milagrosas. Si le dejamos seguir así, todos van a creer en él, y las autoridades romanas vendrán y destruirán nuestro templo y nuestra nación". (…) Caifás, sumo sacerdote aquel año, les dijo: "(…) No os dais cuenta de que es mejor para vosotros que muera un solo hombre por el pueblo y no que toda la nación sea destruida". Pero Caifás no habló así por su propia cuenta, sino que (…) dijo proféticamente que Jesús había de morir por la nación judía, y no sólo por esta nación, sino también para reunir a todos los hijos de Dios que se hallaban dispersos. Desde aquel día, las autoridades judías tomaron la decisión de matar a Jesús. Por eso, Jesús ya no andaba públicamente entre los judíos, sino que se marchó de la región de Judea a un lugar cercano al desierto, a un pueblo llamado Efraín. (…) Los fariseos y los jefes de los sacerdotes habían dado orden de que, si alguien sabía dónde estaba Jesús, lo dijera, para poder apresarle.

El sumo sacerdote Caifás propone a la Junta Suprema una drástica solución: que Jesús muera para evitar la destrucción de la nación y del templo. Sus palabras se convierten en profecía: Jesús entregará su vida para reunir a los hijos de Dios dispersos. Ante el peligro inminente, Jesús se retira con sus discípulos a un lugar cercano al desierto, mientras los fariseos y los líderes religiosos conspiran para prenderlo. Este momento nos invita a reflexionar: ¿vivimos como un pueblo unido en Cristo o seguimos dispersos en la indiferencia? La decisión de Caifás marca el inicio de un camino de entrega y redención.

Is 50,4-7

(…) El Señor es quien me ayuda: por eso no me hieren los insultos; por eso me mantengo firme como una roca, pues sé que no quedaré en ridículo.

Sal 21. *Dios mío, Dios mío, ¿por qué me has abandonado?*

Flp 2,6-11

Cristo Jesús, aunque era de naturaleza divina, no se aferró al hecho de ser igual a Dios, sino que renunció a lo que le era propio y tomó naturaleza de siervo (…).

Mt 26,14–27,66

(…) Mientras cenaban, Jesús tomó en sus manos el pan, y habiendo dado gracias a Dios lo partió y se lo dio a los discípulos, diciendo: "Tomad, comed, esto es mi cuerpo". Luego tomó en sus manos una copa, y habiendo dado gracias a Dios la pasó a ellos, diciendo: "Bebed todos de esta copa, porque esto es mi sangre, con la que se confirma el pacto, la cual es derramada en favor de muchos para perdón de sus pecados. (…)". Después de cantar los salmos se fueron al monte de los Olivos. Y Jesús les dijo: "Esta noche, todos vais a perder vuestra confianza en mí. (…) Pero cuando resucite, iré a Galilea antes que vosotros". (…) Todavía estaba hablando Jesús, cuando (…) echaron mano a Jesús y lo apresaron. (…) Entonces le escupieron en la cara y le golpearon. Otros le daban de bofetadas y decían: "Tú, que eres el Mesías, ¡adivina quién te ha pegado!". (…) Al amanecer, todos los jefes de los sacerdotes y los ancianos de los judíos se pusieron de acuerdo para matar a Jesús. Lo condujeron atado y lo entregaron a Pilato, el gobernador romano. (…) Entonces Pilato (…) mandó azotar a Jesús y lo entregó para que lo crucificaran. (…) Y hasta los bandidos que estaban crucificados con él, le insultaban. (…) A eso de las tres, Jesús gritó con fuerza: "Elí, Elí, ¿lema sabaqtaní?". (es decir, "Dios mío, Dios mío, ¿por qué me has abandonado?".) (…) Jesús dio otra vez un fuerte grito, y murió. (…) Cuando el centurión y los que con él vigilaban a Jesús vieron el terremoto y todo lo que estaba pasando, dijeron aterrados: "¡Verdaderamente este hombre era Hijo de Dios!". Estaban allí, mirando de lejos, muchas mujeres que habían seguido a Jesús (…). Entre ellas se encontraban María Magdalena, María la madre de Santiago y de José, y la madre de los hijos de Zebedeo. Al anochecer llegó un hombre rico llamado José, natural de Arimatea, (…) tomó el cuerpo, lo envolvió en una sábana de lino, limpia, y lo puso en un sepulcro nuevo, de su propiedad (…). Después de tapar la entrada del sepulcro con una gran piedra, se fue. María Magdalena y la otra María se quedaron sentadas frente al sepulcro. (…)

Jesús entra en Jerusalén como un rey humilde, cumpliendo la profecía de Zacarías: llega como portador de paz y liberación. La multitud lo aclama como el "hijo de David", pero este acto desencadena su condena.

Jesús, fortalecido por su comunión con el Padre, enfrenta la incomprensión y la violencia con obediencia y confianza absoluta. Pablo desvela el misterio de su entrega: siendo de "condición divina", se humilló hasta la servidumbre y por ello fue exaltado. En su entrada triunfal, el Hijo del Hombre es condenado injustamente por proclamar su identidad. Este profundo drama nos invita a reflexionar: ¿vemos al juez divino en el rey humilde que trae paz al mundo?

30 MARZO

Is 42,1-7
Sal 26. *El Señor es mi luz y mi salvación.*
Jn 12,1-11

Seis días antes de la Pascua fue Jesús a Betania, donde vivía Lázaro, a quien había resucitado. Allí hicieron una cena en honor de Jesús. Marta servía, y Lázaro era uno de los que estaban a la mesa comiendo con él. María, tomando unos trescientos gramos de perfume de nardo puro, muy caro, perfumó los pies de Jesús y luego los secó con sus cabellos. Toda la casa se llenó del aroma del perfume. Entonces Judas Iscariote, uno de los discípulos, aquel que iba a traicionar a Jesús, dijo: "¿Por qué no se ha vendido este perfume por trescientos denarios, para ayudar a los pobres?". Pero Judas no dijo esto porque le importasen los pobres, sino porque era ladrón y, como tenía a su cargo la bolsa del dinero, robaba del que allí ponían. Jesús le dijo: "Déjala, porque ella estaba guardando el perfume para el día de mi entierro. A los pobres siempre los tendréis entre vosotros, pero a mí no siempre me tendréis". Muchos judíos, al enterarse de que Jesús estaba en Betania, fueron allá, no sólo por Jesús, sino también por ver a Lázaro, a quien Jesús había resucitado. Entonces los jefes de los sacerdotes decidieron matar también a Lázaro, porque por causa suya muchos judíos se separaban de ellos y creían en Jesús.

Jesús llega a Betania y celebra una cena significativa antes de su entrega. Marta atiende mientras María unge sus pies con nardo puro, un acto que Judas critica como desperdicio, pero Jesús aclara: "Ella lo guardaba para mi sepultura". El aroma llena la casa, donde Lázaro, símbolo de la victoria sobre la muerte, está presente. Este gesto de amor y fe prepara al Maestro para el camino final que transformará el destino humano. ¿Con qué personaje me identifico?

Martes

MARTES SANTO (f)

Is 49,1-6
Sal 70. *Mi boca contará tu salvación, Señor.*
Jn 13,21-33.36-38

Habiendo dicho estas cosas, Jesús, profundamente conmovido, añadió con toda claridad: "Os aseguro que uno de vosotros me va a traicionar". Los discípulos comenzaron a mirarse unos a otros, sin saber a quién se refería. Uno de sus discípulos, (…) acercándose más a Jesús, le preguntó: "Señor, ¿quién es?". "Voy a mojar un trozo de pan -le contestó Jesús-, y a quien se lo dé, ése es". En seguida mojó un trozo de pan y se lo dio a Judas, hijo de Simón Iscariote. Tan pronto como Judas tomó el pan, Satanás entró en su corazón. Jesús le dijo: "Lo que vas a hacer, hazlo pronto". Pero ninguno de los que estaban cenando a la mesa entendió por qué se lo había dicho. (…) Después de haber salido Judas, Jesús dijo: "(…) Hijitos míos, ya no estaré mucho tiempo con vosotros. Me buscaréis, pero lo mismo que dije a los judíos os digo ahora a vosotros: No podréis ir a donde yo voy". Simón Pedro preguntó a Jesús: "Señor, ¿a dónde vas?". "A donde yo voy -le contestó Jesús- no puedes seguirme ahora, pero me seguirás después". Pedro le dijo: "Señor, ¿por qué no puedo seguirte ahora? ¡Estoy dispuesto a dar mi vida por ti!". Jesús le respondió: "¿De veras estás dispuesto a dar tu vida por mí? Pues te aseguro que antes de que cante el gallo me negarás tres veces".

El Siervo de Dios fue llamado para ser luz de las naciones y, aunque su camino parezca estéril, Dios expande su misión más allá de lo imaginable (Is 49,1–6). Jesús, consciente de la traición de Judas y la negación de Pedro, mantiene su amor sin retractarse. La luz del Siervo continúa brillando incluso cuando la noche humana parece apagarla. Dios no abandona ni a quien lo traiciona ni a quien cae; su gracia basta y su esperanza prevalece. En esta tensión entre vocación y fragilidad, ¿somos capaces de reconocer nuestro papel en la historia de redención que continúa escribiéndose en cada acto de amor y fe?

Is 50,4-9a

Sal 68. *Señor, que me escuche tu gran bondad el día de tu favor.*

Mt 26,14-25

Uno de los doce discípulos, el llamado Judas Iscariote, fue a ver a los jefes de los sacerdotes y les preguntó: "¿Cuánto me daréis, si os entrego a Jesús?". Ellos señalaron el precio: treinta monedas de plata. A partir de entonces, Judas empezó a buscar una ocasión oportuna para entregarles a Jesús. El primer día de la fiesta en que se comía el pan sin levadura, los discípulos se acercaron a Jesús y le preguntaron: "¿Dónde quieres que te preparemos la cena de Pascua?". Él les contestó: "Id a la ciudad, a casa de Fulano, y decidle: 'El Maestro dice: Mi hora está cerca, y voy a tu casa a celebrar la Pascua con mis discípulos'". Los discípulos hicieron como Jesús les había mandado y prepararon la cena de Pascua. Al llegar la noche, Jesús se había sentado a la mesa con los doce discípulos; y mientras cenaban les dijo: "Os aseguro que uno de vosotros me va a traicionar". Ellos, llenos de tristeza, comenzaron a preguntarle uno tras otro: "Señor, ¿acaso soy yo?". Jesús les contestó: "Uno que moja el pan en el mismo plato que yo, va a traicionarme. El Hijo del hombre ha de recorrer el camino que dicen las Escrituras, pero ¡ay de aquel que le traiciona! ¡Más le valdría no haber nacido!". Entonces Judas, el que le estaba traicionando, le preguntó: "Maestro, ¿acaso soy yo?". "Tú lo has dicho" -contestó Jesús.

Seis veces, como seis mazazos, resuena en el evangelio de hoy el verbo "entregar" (*paradídōmi*). Mateo insiste así, de comienzo a fin, en el peso de nuestras decisiones. Dios no las cohonesta, pero tampoco es impotente frente a ellas. Le tocará escribir recto con las líneas más torcidas de la historia, trazadas por hombres, no por un ciego destino. Le tocará extremar su amor inefable y su justicia creadora donde ha llegado al extremo la injusticia humana. Le tocará proclamar la verdad con el letrero más irónico de la historia, mandado escribir y clavar por Pilato: "Jesús Nazareno, rey de los judíos". Donde abundó el pecado sobreabundó la gracia.

Jueves

JUEVES SANTO

Ex 12,1-8.11-14
Sal 115. *El cáliz de la bendición es comunión con la sangre de Cristo.*
1Co 11,23-26
Jn 13,1-15

Era la víspera de la fiesta de la Pascua. (...) Durante la cena, (...) se levantó de la mesa, se quitó la ropa exterior y se puso una toalla a la cintura. Luego vertió agua en una palangana y comenzó a lavar los pies de los discípulos y a secárselos con la toalla que llevaba a la cintura. Cuando iba a lavar los pies a Simón Pedro, éste le dijo: "Señor, ¿vas tú a lavarme los pies?". Jesús le contestó: "Ahora no entiendes lo que estoy haciendo, pero más tarde lo entenderás". Pedro dijo: "¡Jamás permitiré que me laves los pies!". Respondió Jesús: "Si no te los lavo no podrás ser de los míos". Simón Pedro le dijo: "¡Entonces, Señor, no sólo los pies, sino también las manos y la cabeza!". (...) Después de lavarles los pies, Jesús volvió a ponerse la ropa exterior, se sentó de nuevo a la mesa y les dijo: "¿Entendéis lo que os he hecho? Vosotros me llamáis Maestro y Señor, y tenéis razón porque lo soy. Pues si yo, el Maestro y Señor, os he lavado los pies, también vosotros debéis lavaros los pies unos a otros. Os he dado un ejemplo para que vosotros hagáis lo mismo que yo os he hecho".

En esta noche santa reciben los discípulos (y con ellos nosotros) dos dones y dos mandatos. Primer don: la autoentrega de Jesús simbolizada en el pan partido y el cáliz ofrecido; primer mandato: "Haced esto en memoria mía". Segundo don: el gesto del lavatorio de los pies; segundo mandato: "lavaos los pies unos a otros", "amaos unos a otros". Ambos dones y mandatos están íntimamente unidos: la Eucaristía no es rito de solitarios ni manjar para solitarios; es un banquete fraterno. En él comemos el cuerpo entregado de Cristo para ser cuerpo de Cristo y cuidar con amor de cada miembro del cuerpo de Cristo. Recibir el sacramento del amor nos capacita para cumplir el precepto del amor… y también dejar que el hermano lo cumpla con nosotros.

3

Viernes

Is 52,13–53,12
Sal 30. *Padre, a tus manos encomiendo mi espíritu.*
Hb 4,14-16; 5,7-9
Jn 18,1-19,42

(…) Jesús pasó con sus discípulos al otro lado del arroyo de Cedrón (…). Así que Judas se presentó con una tropa de soldados y con algunos guardias del templo (…). Llevaron a Jesús de la casa de Caifás al palacio del gobernador romano. (…) Pilato volvió a entrar en el palacio, llamó a Jesús y le preguntó: "¿Eres tú el Rey de los judíos?". (…) Jesús le contestó: "Mi reino no es de este mundo. Si lo fuese, mis servidores habrían luchado para que yo no fuera entregado a los judíos. Pero mi reino no es de aquí". Le preguntó entonces Pilato: "¿Así que tú eres rey?". Jesús le contestó: "Tú lo has dicho: soy rey. Yo nací y vine al mundo para decir lo que es la verdad. Y todos los que pertenecen a la verdad, me escuchan". (…) Pilato dijo a los judíos: "¡Aquí tenéis a vuestro Rey!". (…) Y los jefes de los sacerdotes le contestaron: "¡No tenemos más rey que el césar!". Entonces Pilato les entregó a Jesús para que lo crucificaran, y ellos se lo llevaron. (…) Pilato mandó poner sobre la cruz un letrero que decía: "Jesús de Nazaret, Rey de los judíos". Muchos judíos leyeron aquel letrero, porque el lugar donde crucificaron a Jesús se hallaba cerca de la ciudad, y el letrero estaba escrito en hebreo, latín y griego. Jesús bebió el vino agrio y dijo: "Todo está cumplido". Luego inclinó la cabeza y murió (…).

Al entrar Jesús en Jerusalén fue aclamado rey. Ahora, en la pasión, se declara rey ante Pilato y así lo presenta el procurador a los judíos. El reo-rey cargará con la cruz "regiamente". Entronizado en ella, ejercerá una realeza salvífica, que se extiende a toda la humanidad, como indican las lenguas del letrero. Hoy veneramos la cruz y adoramos al Crucificado. Quedó desfigurado para que recobráramos nuestra belleza, tomó sobre sí nuestra historia para redimirla de su oscuridad y pesadumbre, cargó con el pecado del mundo para elevar el mundo a su reino de gracia y santidad, dio su vida para que tuviéramos vida, amó hasta el extremo para volvernos capaces de amar.

Gn 1,1–2,2
Sal 103. *Envía tu espíritu, Señor, y repuebla la faz de la tierra.*
Ex 14,15–15,1
Sal: Ex 15,1-6.17-18. *Cantaré al Señor, sublime es su victoria.*
Rm 6,3-11
Mt 28,1-10

Pasado el sábado, al amanecer el primer día de la semana, María Magdalena y la otra María fueron a ver el sepulcro. De pronto hubo un fuerte temblor de tierra, porque un ángel del Señor bajó del cielo y, acercándose al sepulcro, quitó la piedra que lo cerraba y se sentó sobre ella. El ángel brillaba como un relámpago y su ropa era blanca como la nieve. Al verle, los soldados temblaron de miedo y se quedaron como muertos. El ángel dijo a las mujeres: "No os asustéis. Sé que estáis buscando a Jesús, el crucificado, pero no está aquí; ha resucitado, como dijo. Venid a ver el lugar donde lo pusieron. Id aprisa y decid a sus discípulos: 'Ha resucitado y va a ir a Galilea antes que vosotros. Allí le veréis'. Esto es lo que yo tenía que deciros". Las mujeres se alejaron a toda prisa del sepulcro, asustadas pero, a la vez, con mucha alegría, y corrieron a llevar la noticia a los discípulos. En esto, Jesús se presentó ante ellas y las saludó. Ellas, acercándose a Jesús, le abrazaron los pies y le adoraron. Él les dijo: "No tengáis miedo. Id a decir a mis hermanos que se dirijan a Galilea, y que allí me verán".

El centro de la escena lo ocupa el anuncio "No está aquí: ha resucitado"; esa es la fuente de la alegría de las mujeres, que les hará decirse: "El Señor ha resucitado… y yo con estos pelos revueltos de plañidera. Tendré muchas razones para quejarme de la vida, pero, si Él ha resucitado, a la postre no tengo razón". El centro de la escena lo ocupa el encuentro, nueva fuente de la alegría; ahí, en el saludo pascual de Jesús y en la sobria ebriedad del encuentro con él (sobria: aquí siempre se vive en la distancia), se ahogan las penas y se atisba el misterio inabarcable de su Pascua. Y el centro de la escena lo ocupa el envío, tercera fuente de alegría, que brota cuando comunicas a los hermanos la buena y gozosa noticia.

5 DOMINGO
ABRIL

Hch 10,34a.37-43

En aquel tiempo Pedro comenzó entonces a hablar, diciendo: "Vosotros ya sabéis lo que pasó en toda la tierra de los judíos (…). Sabéis que Dios llenó de poder y del Espíritu Santo a Jesús de Nazaret, y que éste anduvo haciendo el bien y sanando a cuantos sufrían bajo el poder del diablo, porque Dios estaba con él. Y nosotros somos testigos de todo lo que hizo en la región de Judea y en Jerusalén. Después lo mataron colgándolo de una cruz; pero Dios le resucitó al tercer día e hizo que se nos apareciera a nosotros (…)".

Sal 117. *Éste es el día en que actuó el Señor: sea nuestra alegría y nuestro gozo.*

Col 3,1-4

Hermanos, ya que habéis sido resucitados con Cristo, buscad las cosas del cielo, donde está Cristo sentado a la derecha de Dios. Pensad en las cosas del cielo, no en las de la tierra. Pues vosotros habéis muerto, y ahora vuestra vida está escondida con Cristo en Dios. Cristo es vuestra vida. Cuando él aparezca, vosotros también apareceréis con él y tendréis parte en su gloria.

Jn 20,1-9

El primer día de la semana, María Magdalena fue al sepulcro muy temprano, cuando todavía estaba oscuro, y vio quitada la piedra que tapaba la entrada. Corrió entonces a donde estaban Simón Pedro y el otro discípulo, aquel a quien Jesús quería mucho, y les dijo: "¡Se han llevado del sepulcro al Señor y no sabemos dónde lo han puesto!". Pedro y el otro discípulo salieron y fueron al sepulcro. Los dos iban corriendo juntos, pero el otro corrió más que Pedro y llegó primero al sepulcro. Se agachó a mirar y vio allí las vendas, pero no entró. Detrás de él llegó Simón Pedro, que entró en el sepulcro. Él también vio allí las vendas, y vio además que la tela que había servido para envolver la cabeza de Jesús no estaba junto a las vendas, sino enrollada y puesta aparte. Entonces entró también el otro discípulo, el que había llegado primero al sepulcro, y vio lo que había pasado y creyó. Y es que todavía no habían entendido lo que dice la Escritura, que él tenía que resucitar.

Un sepulcro. A él se dirige María Magdalena, y comprueba que la losa está quitada; a él acuden Pedro y el discípulo amado, y comprueban que está vacío; quedan unas vendas y un sudario. Ninguno de los dos discípulos habla, la escena está envuelta en el silencio.

Sepulcro, vendas y sudario son un lenguaje discreto del acontecimiento ocurrido. Pero el discípulo amado sabe leer ese testimonio mudo y accede a la fe en el misterio: ¡Jesús ha resucitado! Su fe pascual nace ahí, en ese espacio único, en esa oquedad oscura en que la muerte ha sido vencida, en esas entrañas de la tierra de las que ha surgido el que vive para siempre.

"Todas las galaxias del universo no tienen otra razón de ser que la de señalar una piedra sepulcral bajo la que estuvo Jesús yacente" (L. Bloy).

Hch 2,14.22-33
Sal 15. *Protégeme, Dios mío, que me refugio en ti.*
Mt 28,8-15

Las mujeres se alejaron a toda prisa del sepulcro, asustadas pero, a la vez, con mucha alegría, y corrieron a llevar la noticia a los discípulos. En esto, Jesús se presentó ante ellas y las saludó. Ellas, acercándose a Jesús, le abrazaron los pies y le adoraron. Él les dijo: "No tengáis miedo. Id a decir a mis hermanos que se dirijan a Galilea, y que allí me verán". Mientras las mujeres iban de camino, algunos soldados de la guardia llegaron a la ciudad y contaron a los jefes de los sacerdotes todo lo que había sucedido. Estos jefes se reunieron con los ancianos para, de común acuerdo, dar mucho dinero a los soldados y advertirles: "Decid que durante la noche, mientras dormíais, los discípulos de Jesús vinieron y robaron el cuerpo. Y si el gobernador se entera de esto, nosotros le convenceremos y os evitaremos dificultades". Los soldados tomaron el dinero e hicieron como se les había dicho. Y ésa es la explicación que hasta el día de hoy circula entre los judíos.

"La verdad padece, pero no perece". Esta sentencia halla cierto reflejo en el relato evangélico. Dejando a un lado los detalles de Mateo, cabe señalar varias formas de herir a la verdad: se dan como hechos ciertos meras hipótesis no controladas y se escamotean otros; se tacha lo que no interesa porque cuestiona el propio punto de vista; se tapa la boca a los testigos incómodos y se soborna a gente venal; se generan estados de opinión erróneos: un infundio se convierte hábilmente en un estado de opinión gracias a la propaganda. Ya no estamos ante un error inocente, sino ante un pecado contra la luz. Señor, no permitas que caigamos en ese pecado, aunque nos duela y cueste reconocer nuestros errores.

Martes

OCTAVA DE PASCUA

Hch 2,36-41
Sal 32. *La misericordia del Señor llena la tierra.*
Jn 20,11-18

María se quedó fuera, junto al sepulcro, llorando. Y llorando como estaba, se agachó a mirar dentro y vio dos ángeles vestidos de blanco, sentados donde había estado el cuerpo de Jesús, uno a la cabecera y el otro a los pies. Los ángeles le preguntaron: "Mujer, ¿por qué lloras?". Ella les dijo: "Porque se han llevado a mi Señor y no sé dónde lo han puesto". Apenas dicho esto, volvió la cara y vio allí a Jesús, aunque no sabía que fuera él. Jesús le preguntó: "Mujer, ¿por qué lloras? ¿A quién buscas?". Ella, pensando que era el que cuidaba el huerto, le dijo: "Señor, si tú te lo has llevado, dime dónde lo has puesto, para que yo vaya a buscarlo". Jesús entonces le dijo: "¡María!" Ella se volvió y le respondió en hebreo: "¡Rabuni! (que quiere decir 'Maestro')". Jesús le dijo: "Suéltame, porque todavía no he ido a reunirme con mi Padre. Pero ve y di a mis hermanos que voy a reunirme con el que es mi Padre y vuestro Padre, mi Dios y vuestro Dios". Entonces fue María Magdalena y contó a los discípulos que había visto al Señor, y también lo que él le había dicho.

A la Magdalena se le paró el reloj la tarde del Viernes Santo, y aquel primer domingo de la historia no podía sincronizarlo con el de Jesús. Era como barco encallado en un bajío; pasa a menudo: un suceso traumático te atrapa en su remolino, y no ves escape. Ella echa de menos al que tiene delante y le pregunta, y solo sale del ensimismamiento, la rumia interior y el duelo al escuchar su nombre con el timbre y tono personal de Jesús. Su búsqueda, sincera y descaminada, ha recibido la gracia del encuentro del Hombre nuevo y una mujer nueva. Luego sigue gozosa la dinámica que de por sí lleva del encuentro al anuncio. En su mensaje a los discípulos conocen estos su estatuto de "hermanos" de Jesús; será también nuestro estatuto.

Hch 3,1-10
Sal 104. *Que se alegren los que buscan al Señor.*
Lc 24,13-35

Dos de los discípulos se dirigían aquel mismo día a un pueblo llamado Emaús, a unos once kilómetros de Jerusalén. (...) Mientras conversaban y discutían, Jesús mismo se les acercó y se puso a caminar a su lado. Pero, aunque le veían, algo les impedía reconocerle. Jesús les preguntó: "¿De qué venís hablando por el camino?" (...) Le dijeron: "Lo de Jesús de Nazaret, que era un profeta poderoso en hechos y palabras delante de Dios y de todo el pueblo. (...) Algunos de nuestros compañeros fueron después al sepulcro y lo encontraron todo como las mujeres habían dicho, pero no vieron a Jesús". Jesús (...) se puso a explicarles todos los pasajes de las Escrituras que hablaban de él (...). Al llegar al pueblo adonde se dirigían, Jesús hizo como si fuera a seguir adelante; pero ellos le obligaron a quedarse, diciendo: "Quédate con nosotros, porque ya es tarde y se está haciendo de noche". Entró, pues, Jesús, y se quedó con ellos. Cuando estaban sentados a la mesa, tomó en sus manos el pan, y habiendo dado gracias a Dios, lo partió y se lo dio. En ese momento se les abrieron los ojos y reconocieron a Jesús; pero él desapareció (...).

A los de Emaús les pasa lo que a la Magdalena: la crucifixión de Jesús, a los cinco días de la entrada "triunfal" en Jerusalén, les causa un hondo desengaño. Él emplea otro método para traerlos a la verdad completa de su Pascua: la pedagogía de la escucha (una especie de logoterapia), la pedagogía de la palabra (la Escritura y su historia personal se descifran mutuamente), el gesto de partir el pan. No se hace ninguna referencia a manos traspasadas; los discípulos reconocen a Jesús por un gesto personalísimo e inconfundible. Es una presentación luminosa: hay reserva ante toda alusión anatómica y fuerte énfasis en la acción y expresividad del Resucitado, que les resucita la memoria y les hace desandar el camino.

Jueves

OCTAVA DE PASCUA

Hch 3,11-26

Sal 8. *Señor, dueño nuestro, ¡qué admirable es tu nombre en toda la tierra!*

Lc 24,35-48

Ellos contaron lo que les había pasado en el camino, y cómo reconocieron a Jesús al partir el pan. Todavía estaban hablando de estas cosas, cuando Jesús se puso en medio de ellos y los saludó diciendo: "Paz a vosotros". Ellos, sobresaltados y muy asustados, pensaron que estaban viendo un espíritu. Pero Jesús les dijo: "¿Por qué estáis tan asustados y por qué tenéis esas dudas en vuestro corazón? Ved mis manos y mis pies: ¡soy yo mismo! Tocadme y mirad: un espíritu no tiene carne ni huesos como veis que yo tengo" (...). Pero como ellos no acababan de creerlo, a causa de la alegría y el asombro que sentían, Jesús les preguntó: "¿Tenéis aquí algo de comer?". Le dieron un trozo de pescado asado (...). Luego les dijo: "A esto me refería cuando (...) os anuncié que todo lo que está escrito acerca de mí (...) tenía que cumplirse". Entonces les abrió la mente para que comprendieran las Escrituras, y les dijo: "Está escrito que el Mesías tenía que morir y que resucitaría al tercer día; y que en su nombre, y comenzando desde Jerusalén, hay que anunciar a todas las naciones que se vuelvan a Dios, para que él les perdone sus pecados. Vosotros sois testigos de estas cosas".

Con la aparición a Pedro y el relato de los de Emaús el ambiente está preparado para el encuentro de Jesús con los suyos. No del todo: hay primero un fuerte bandazo del espanto al júbilo, y ese mundo emocional necesita sosegarse para dar paso al encuentro y la fe. Y, así, tras adueñarse Jesús de zona tan delicada y cerciorarlos de que no ven visiones, podrá pasar a señorearse del área de la inteligencia: deben comprender que todo lo sucedido entraba en el designio divino y saber que Dios es capaz de enmendar la plana a los poderes de este mundo. Ahora puede ya resucitarles el dinamismo misionero y lanzarlos a los cuatro vientos del orbe. ¿Cuántas zonas quedan, Señor, por evangelizar en mí?

Hch 4,1-12
Sal 117. *La piedra que desecharon los arquitectos es ahora la piedra angular.*
Jn 21,1-14

Después de esto, Jesús se apareció otra vez a sus discípulos, a orillas del lago de Tiberias. (...) Simón Pedro les dijo: "Me voy a pescar". Ellos contestaron: "Nosotros también vamos contigo". Fueron, pues, y subieron a una barca; pero aquella noche no pescaron nada. Cuando comenzaba a amanecer, Jesús se apareció en la orilla, (...) les dijo: "Echad la red a la derecha de la barca y pescaréis". Así lo hicieron, y luego no podían sacar la red por los muchos peces que habían cogido. Entonces aquel discípulo a quien Jesús quería mucho le dijo a Pedro: "¡Es el Señor!" (...). Los otros discípulos llegaron a la playa con la barca, arrastrando la red llena de peces, pues estaban a cien metros escasos de la orilla. Al bajar a tierra encontraron un fuego encendido, con un pez encima, y pan. (...) Jesús les dijo: "Venid a comer". Ninguno de los discípulos se atrevía a preguntarle quién era, porque sabían que era el Señor. Jesús se acercó, tomó en sus manos el pan y se lo dio; y lo mismo hizo con el pescado. Ésta fue la tercera vez que Jesús se apareció a sus discípulos después de haber resucitado.

En esta aparición se entreveran el reconocimiento y la misión. Pero surge un nuevo momento: la donación. El que lavara los pies a los suyos les ha preparado ahora la comida. Reparemos en este momento, pues quizá caemos más de una vez en la tentación de reducir nuestra vida a trabajar por Cristo, servir a su causa, ser jornaleros en su viña, movernos azacanados de acá para allá como si el porvenir de la fe y de la Iglesia dependiera de nosotros. Y no es eso. Recordemos a Teresa de Jesús: "Si queréis que esté holgando, quiero por amor holgar". Necesitamos tiempo para holgar, para acoger la donación que él nos hace. Tú eres, Jesús, el patrón del barco y el anfitrión. Queremos bregar a tu servicio y sentarnos con gozo a tu mesa.

Sábado

Hch 4,13-21
Sal 117. *Te doy gracias, Señor, porque me escuchaste.*
Mc 16,9-15

Jesús, después de resucitado, al amanecer el primer día de la semana, se apareció primero a María Magdalena, de la que había expulsado siete demonios. Ella fue y lo comunicó a los que habían andado con Jesús, que entonces estaban tristes y llorando. Al oírla decir que Jesús vivía y que ella le había visto, no la creyeron. Después se apareció Jesús, bajo otra forma, a dos de ellos que caminaban dirigiéndose al campo. Éstos fueron y lo comunicaron a los demás, pero tampoco a ellos les creyeron. Más tarde se apareció Jesús a los once discípulos, mientras estaban sentados a la mesa. Los reprendió por su falta de fe y su terquedad, porque no habían creído a los que le habían visto resucitado. Y les dijo: "Id por todo el mundo y anunciad a todos la buena noticia".

El evangelio de hoy es un apéndice tardío añadido al relato de Marcos. Mc 16,1-8 era un final demasiado brusco y parecía pedir un complemento. Este apéndice es para nosotros, en cierto modo, una recapitulación de los relatos leídos a lo largo de la semana: los encuentros con María Magdalena y los dos de Emaús, la casi empecinada resistencia de los discípulos a creer, la misión universal. Volver sobre lo vivido, repasar lo leído, reconsiderar lo pensado y ejercitarse en el recuerdo no son actividades ociosas. Es bueno ejercitar la memoria y la inteligencia, cada una por su lado y las dos en su relación recíproca. Recapitular nos ayuda a ir a lo esencial y dar más unidad a la vida; reflexionar contribuye a darle más hondura.

Hch 2,42-47

(...) Los que habían creído estaban muy unidos y compartían sus bienes entre sí; vendían sus propiedades, todo lo que tenían, y repartían el dinero según las necesidades de cada uno (...).

Sal 117. *Dad gracias al Señor porque es bueno, porque es eterna su misericordia.*

1Pe 1,3-9

(...) creyendo en él sin haberle visto, os alegráis al haber alcanzado la salvación de vuestras almas, que es la meta de vuestra fe; y esa alegría vuestra es tan grande y gloriosa que no podéis expresarla con palabras.

Jn 20,19-31

Al llegar la noche de aquel mismo día, primero de la semana, los discípulos estaban reunidos y tenían las puertas cerradas por miedo a los judíos. Jesús entró y, poniéndose en medio de los discípulos, los saludó diciendo: "¡Paz a vosotros!". Dicho esto, les mostró las manos y el costado. Y ellos se alegraron de ver al Señor. Luego Jesús dijo de nuevo: "¡Paz a vosotros! Como el Padre me envió a mí, también yo os envío a vosotros". Dicho esto, sopló sobre ellos y añadió: "Recibid el Espíritu Santo. A quienes perdonéis los pecados, les quedarán perdonados; y a quienes no se los perdonéis, les quedarán sin perdonar". Tomás, uno de los doce discípulos, al que llamaban el Gemelo, no estaba con ellos cuando llegó Jesús. Después le dijeron los otros discípulos: "Hemos visto al Señor". Tomás les contestó: "Si no veo en sus manos las heridas de los clavos, y si no meto mi dedo en ellas y mi mano en su costado, no lo creeré". Ocho días después se hallaban los discípulos reunidos de nuevo en una casa, y esta vez también estaba Tomás. Tenían las puertas cerradas, pero Jesús entró, y poniéndose en medio de ellos los saludó diciendo: "¡Paz a vosotros!". Luego dijo a Tomás: "Mete aquí tu dedo y mira mis manos, y trae tu mano y métela en mi costado. ¡No seas incrédulo, sino cree!". Tomás exclamó entonces: "¡Mi Señor y mi Dios!". Jesús le dijo: "¿Crees porque me has visto? ¡Dichosos los que creen sin haber visto!". Jesús hizo otras muchas señales milagrosas delante de sus discípulos, las cuales no están escritas en este libro. Pero éstas se han escrito para que creáis que Jesús es el Mesías, el Hijo de Dios, y para que creyendo tengáis vida en él".

Jesús ensaya una primera aproximación a Tomás a través del testimonio de los compañeros. Estos no hacen teologías; ni siquiera declaran: "El Señor ha resucitado". Testimonian sobriamente: "Hemos visto al Señor". Él no se fía, pone condiciones. El Resucitado, en un nuevo ensayo, se expone indefenso a las exigencias de comprobación del discípulo. Este las retira y se entrega rendidamente en una densa confesión de fe.

Del Señor dice santa Teresa: "Hácese a nuestra medida"; hoy se nos invita a no poner condiciones; no es lo nuestro. Que no es lo mismo pedir con humildad y confianza que poner condiciones.

Él ofrece muchas mediaciones de su presencia y autodonación y llama a vivir en el régimen de una fe hecha de claroscuro, confianza y entrega. Lo demás corre de su cuenta.

Hch 4,23-31
Sal 2. *Dichosos los que se refugian en ti, Señor.*
Jn 3,1-8

Un fariseo llamado Nicodemo, hombre importante entre los judíos, fue de noche a visitar a Jesús. Le dijo: "Maestro, sabemos que has venido de parte de Dios a enseñarnos, porque nadie puede hacer los milagros que tú haces si Dios no está con él". Jesús le dijo: "Te aseguro que el que no nace de nuevo no puede ver el reino de Dios". Nicodemo le preguntó: "Pero ¿cómo puede nacer un hombre que ya es viejo? ¿Acaso puede entrar otra vez dentro de su madre para volver a nacer?". Jesús le contestó: "Te aseguro que el que no nace del agua y del Espíritu no puede entrar en el reino de Dios. Lo que nace de padres humanos es humano; lo que nace del Espíritu es espíritu. No te extrañes si te digo: 'Tenéis que nacer de nuevo.' El viento sopla donde quiere y, aunque oyes su sonido, no sabes de dónde viene ni a dónde va. Así son todos los que nacen del Espíritu".

Jesús no es un maestro al uso, y tampoco un taumaturgo, sin más; esas descripciones de su verdad son muy someras. Él es el Revelador y va a iniciar a Nicodemo en una realidad que no pertenece al orden de fenómenos del mundo físico ni a procesos puramente intrahistóricos. Esa realidad es el reino de Dios; tiene un origen arcano (viene de lo alto) y para entrar en él hay que nacer de nuevo. Para este nacimiento se precisa de la criatura del agua, principio de vida en la naturaleza; pero es el Espíritu Santo el poder que convierte en hijo de Dios al que se ha sumergido en la fuente bautismal; es el Espíritu del Resucitado el que hace de nosotros criaturas nuevas, presentes en el mundo pero ajenas a los cánones de "este mundo".

Hch 4,32-37
Sal 92. *El Señor reina, vestido de majestad.*
Jn 3,7b-15

Jesús le dijo a Nicodemo: "Tenéis que nacer de nuevo. El viento sopla donde quiere y, aunque oyes su sonido, no sabes de dónde viene ni a dónde va. Así son todos los que nacen del Espíritu". Nicodemo volvió a preguntarle: "¿Cómo puede ser eso?". Jesús le contestó: "¿Tú, que eres el maestro de Israel, no sabes estas cosas? Te aseguro que nosotros hablamos de lo que sabemos y somos testigos de lo que hemos visto; pero no creéis lo que os decimos. Si no me creéis cuando os hablo de las cosas de este mundo, ¿cómo vais a creerme si os hablo de las cosas del cielo? Nadie ha subido al cielo sino el que bajó del cielo, el Hijo del hombre. Y así como Moisés levantó la serpiente en el desierto, así también el Hijo del hombre ha de ser levantado, para que todo el que cree en él tenga vida eterna".

El Hijo del hombre, cuya subida al cielo celebramos en el tiempo pascual, no había bajado del cielo a darse un paseo por este planeta. Vino como testigo de la verdad que había contemplado en su condición de Hijo vuelto al seno del Padre; y vino para que tuviéramos vida, no una vida cualquiera, sino vida eterna. Los signos espléndidos que realizó, las palabras (todas con peso propio) que pronunció, su historia entera con nosotros, su gloriosa muerte y resurrección no tenían otro objeto. La fe consiste en abrir la mente y el corazón para acoger ese don único y doble, que viene de lo más alto e irradia desde Jesús sobre todos para entrañarse en lo más hondo; para rescatar esta historia de su tiniebla, desamor y violencia.

Hch 5,17-26
Sal 33. *Si el afligido invoca al Señor, él lo escucha.*
Jn 3,16-21

En aquel tiempo dijo Jesús a Nicodemo: "Tanto amó Dios al mundo, que dio a su Hijo único, para que todo aquel que cree en él no muera, sino que tenga vida eterna. Porque Dios no envió a su Hijo al mundo para condenar al mundo, sino para salvarlo. El que cree en el Hijo de Dios no está condenado; pero el que no cree, ya ha sido condenado por no creer en el Hijo único de Dios. Los que no creen ya han sido condenados, pues, como hacían cosas malas, cuando la luz vino al mundo prefirieron la oscuridad a la luz. Todos los que hacen lo malo odian la luz, y no se acercan a ella para que no se descubra lo que están haciendo. Pero los que viven conforme a la verdad, se acercan a la luz para que se vea que sus acciones están de acuerdo con la voluntad de Dios".

"Tanto amó Dios al mundo que le dio a su Hijo único". "Tanto" y "al mundo": hay que ponderar alternativamente y luego conjuntamente los dos aspectos: la intensidad del amor y su extensión y alcance, la calidad de ese amor y la totalidad que abarca; son directamente proporcionales. No cabe amor más grande ni amplitud mayor. El don de Dios fue su Hijo único: la medida del don es el don sin medida (su propio Hijo) y el grado del amor se revela en la categoría del don. ¿Qué más pudo darnos? La fe es un camino recorrido en el asombro y en el reconocimiento de esta dádiva. No será una fe barata: reclama amar la luz, realizar la verdad, obrar según Dios, todo lo cual viene a ser una misma cosa: vivir en el orden del don.

Hch 5,27-33
Sal 33. *Si el afligido invoca al Señor, él lo escucha.*
Jn 3,31-36

En aquel tiempo dijo Jesús: "El que viene de arriba está sobre todos. El que es de la tierra es terrenal y habla de las cosas de la tierra. En cambio, el que viene del cielo está sobre todos y habla de lo que ha visto y oído. Sin embargo, nadie cree lo que él dice. Pero el que lo cree, confirma con ello que Dios dice la verdad; pues el que ha sido enviado por Dios habla las palabras de Dios, porque Dios da abundantemente su Espíritu. El Padre ama al Hijo y le ha dado poder sobre todas las cosas. El que cree en el Hijo tiene vida eterna; pero el que no quiere creer en el Hijo no tendrá esa vida, sino que recibirá el terrible castigo de Dios".

La palabra de Jesús no es hojarasca verbal; Él no habla por hablar, para decir lugares comunes, sentencias triviales, tapar con ruidos un silencio incómodo, amontonar discursos vacíos que el viento hace bien en llevarse. Y tampoco pronuncia frases ingeniosas, como esta: "creemos en la reencarnación: hemos reciclado al 100 x 100 el producto X". La de Jesús es la palabra del Revelador. ¡Como que uno de sus nombres es precisamente "la Palabra"! Y es portadora de vida. Por nuestra parte, para acogerla bien importa apetecerla, no sufrir anorexia voluntaria; y luego acogerla y mecerla en el silencio del corazón, dejando que se vuelva fecunda en nosotros, se encarne en nuestro vivir cotidiano y nos vuelva así fecundos.

17 ABRIL

Hch 5,34-42
Sal 26. *Una cosa pido al Señor: habitar en su casa.*
Jn 6,1-15

En aquel tiempo, Jesús se fue a la otra orilla del lago de Galilea (…). Mucha gente le seguía (…). Al levantar la vista y ver la mucha gente que le seguía, Jesús dijo a Felipe: "¿Dónde vamos a comprar comida para toda esta gente?". Pero lo dijo por ver qué contestaría Felipe, porque Jesús mismo sabía bien lo que había de hacer. Felipe le respondió: "Ni siquiera doscientos denarios de pan bastarían para que cada uno recibiese un poco". Entonces otro de sus discípulos, Andrés, el hermano de Simón Pedro, le dijo:

"Aquí hay un niño que tiene cinco panes de cebada y dos peces, pero ¿qué es esto para tanta gente?". Jesús respondió: "Haced que todos se sienten". Había mucha hierba en aquel lugar, y se sentaron. Eran unos cinco mil hombres. Jesús tomó en sus manos los panes, y después de dar gracias a Dios los repartió entre los que estaban sentados. Hizo lo mismo con los peces, dándoles todo lo que querían. Cuando estuvieron satisfechos, Jesús dijo a sus discípulos: "Recoged los trozos sobrantes, para que no se desperdicie nada". Ellos los recogieron, y llenaron doce canastas con los trozos que habían sobrado de los cinco panes de cebada (…).

Jesús no reclama fe "porque sí", "porque tú lo digas". Remite a sus obras y a tantos testimonios que deponen en su favor. Hoy se nos relata una de esas obras. El narrador pondera con números, como debe hacer todo buen cálculo, la desproporción entre la necesidad que Jesús se propone atender y la escasez de los recursos; y vuelve a contar la cantidad sobrante tras haber comido todos a satisfacción. Es Jesús quien ha tomado la iniciativa, ha dado luego gracias por adelantado (como al resucitar a Lázaro) y ha repartido con sus manos el pan y los peces a los comensales. El relato ilustra una de las leyes del reino de Dios hecho presente con Jesús: la ley de la abundancia y el exceso, porque "la mano de Dios no es mezquina" (Nm 11,23).

Sábado

PASCUA 2ª SEMANA (f)

Hch 6,1-7
Sal 32. *Que tu misericordia,
Señor, venga sobre nosotros,
como lo esperamos de ti.*
Jn 6,16-21

Al llegar la noche, los discípulos de Jesús bajaron al lago, subieron a una barca y comenzaron a cruzarlo en dirección a Cafarnaún. Era completamente de noche, y Jesús todavía no había regresado. En esto se levantó un fuerte viento que alborotó el lago. Ellos, cuando ya habían recorrido unos cinco o seis kilómetros, vieron a Jesús que se acercaba a la barca andando sobre el agua y se llenaron de miedo. Él les dijo: "¡Soy yo, no tengáis miedo!" Entonces quisieron recibirle en la barca, y en un momento llegaron a la orilla adonde iban.

El signo de la alimentación de la multitud se ha realizado, pero la vida sigue, con sus riesgos, incertidumbres y sorpresas. El signo no traslada a un lugar encantado y libre de azares; la historia continúa en medio de la oscuridad y de nuestros esfuerzos, a veces especialmente penosos. Todo parece confabularse contra los discípulos: la noche cerrada, el mar encrespado, el viento contrario, el bulto indiscernible. Son las circunstancias propicias para que irrumpa el miedo. Recordemos otra escena: es de noche, el día siguiente al sábado, las puertas están cerradas por miedo a los judíos. Jesús se presenta en medio de ellos, les dice: "La paz con vosotros" y sopla sobre ellos el don del Espíritu; se disipa todo miedo.

19 DOMINGO
ABRIL

Hch 2,14.22-23

(...) a ese hombre, que fue entregado conforme a los planes y propósitos de Dios, vosotros lo matasteis, crucificándolo por mano de hombres malvados".

Sal 15. *Señor, me enseñarás el sendero de la vida.*

1Pe 1,17-21

(...) Por medio de Cristo, vosotros creéis en Dios, el cual le resucitó y le glorificó; así, vuestra fe y vuestra esperanza están puestas en Dios.

Lc 24,13-35

Dos de los discípulos se dirigían aquel mismo día a un pueblo llamado Emaús, (...) hablando de todo lo que había pasado. (...) Jesús mismo se les acercó y se puso a caminar a su lado. Pero, (...), algo les impedía reconocerle. Jesús les preguntó: "¿De qué venís hablando por el camino?". (...) "Seguramente tú eres el único que, habiendo estado en Jerusalén, no sabe lo que allí ha sucedido estos días". Les preguntó: "¿Qué ha sucedido?". Le dijeron: "Lo de Jesús de Nazaret, que era un profeta poderoso en hechos y palabras delante de Dios y de todo el pueblo. Los jefes de los sacerdotes y nuestras autoridades lo entregaron para que lo condenaran a muerte y lo crucificaran. Nosotros teníamos la esperanza de que él fuese el libertador de la nación de Israel, pero ya han pasado tres días desde entonces. Sin embargo, algunas de las mujeres que están con nosotros (...) fueron de madrugada al sepulcro y no encontraron el cuerpo; y volvieron a casa contando que unos ángeles se les habían aparecido y les habían dicho que Jesús está vivo. (...)". Jesús les dijo entonces: "¡Qué faltos de comprensión sois y cuánto os cuesta creer todo lo que dijeron los profetas! ¿Acaso no tenía que sufrir el Mesías estas cosas antes de ser glorificado?".

Luego se puso a explicarles todos los pasajes de las Escrituras que hablaban de él, comenzando por los libros de Moisés y siguiendo por todos los libros de los profetas. Al llegar al pueblo adonde se dirigían, Jesús hizo como si fuera a seguir adelante; pero ellos le obligaron a quedarse, diciendo: "Quédate con nosotros, porque ya es tarde y se está haciendo de noche". Entró, pues, Jesús, y se quedó con ellos. Cuando estaban sentados a la mesa, tomó en sus manos el pan, y habiendo dado gracias a Dios, lo partió y se lo dio. En ese momento se les abrieron los ojos y reconocieron a Jesús; pero él desapareció. Se dijeron el uno al otro: "¿No es cierto que el corazón nos ardía en el pecho mientras nos venía hablando por el camino y nos explicaba las Escrituras? Sin esperar a más, se pusieron en camino y regresaron a Jerusalén, (...).

Ahí tenemos una historia bien narrada. Parte de una carencia, ¡y vaya carencia! Jesús está ante sus ojos y, viéndolo, no lo ven; el pensamiento está atascado en los últimos días; y el corazón, no digamos: presa harto fácil de la desesperanza.

Jesús los resucita espacio a espacio: unge el pensamiento con palabras de la Escritura, remueve del corazón la ya fría ceniza, reeduca la mirada con los gestos clásicos. ¿Y nosotros? Expertos en quejas, quizá le contamos desilusiones personales, desencantos eclesiales, desalientos sociales, cansancios teologales.

No nos quedemos atascados ahí; escuchemos su palabra todo el tiempo que sea preciso. Quizá señale nuestra torpeza, ceguera, indiferencia. Que haga su obra, retire de los ojos el velo que impide ver sus signos y resucite el deseo.

Hch 6,8-15
Sal 118. *Dichoso el que camina en la voluntad del Señor.*
Jn 6,22-29

Al día siguiente, la gente que permanecía en la otra orilla del lago advirtió que los discípulos se habían ido en la única barca que allí había, y que Jesús no iba con ellos. Mientras tanto, otras barcas llegaron de la ciudad de Tiberias a un lugar cerca de donde habían comido el pan después de que el Señor diera gracias. Así que, al no ver allí a Jesús ni a sus discípulos, la gente subió a las barcas y se dirigió en busca suya a Cafarnaún.

Al llegar a la otra orilla del lago, encontraron a Jesús y le preguntaron: "Maestro, ¿cuándo has venido aquí?". Jesús les dijo: "Os aseguro que vosotros no me buscáis porque hayáis visto las señales milagrosas, sino porque habéis comido hasta hartaros. No trabajéis por la comida que se acaba, sino por la comida que permanece y os da vida eterna. Ésta es la comida que os dará el Hijo del hombre, porque Dios, el Padre, ha puesto su sello en él". Le preguntaron: "¿Qué debemos hacer para que nuestras obras sean las obras de Dios?". Jesús les contestó: "La obra de Dios es que creáis en aquel que él ha enviado".

¿Por qué buscamos a Jesús? ¿Cuáles son nuestros motivos reales? En el discurso del pan de vida comienza él por despejar el terreno y descartar móviles bastardos. No ha venido a empezar nuestra actividad e inventiva terrena y ahorrarnos los quehaceres con que atendemos a necesidades más o menos perentorias de esta vida temporal; menos aún a dar pan, circo y bienestar a una sociedad del entretenimiento. Pero tampoco viene a imponernos una ascesis que rinda a Dios y lo obligue a darnos Dios sabe qué premios. Introduce en nuestro vivir otro "afán", otra dinámica que trasciende el tiempo: la dinámica de la fe, la de una vida teologal que tiene su eje en Él como el enviado de Dios, que lo acoge a Él como el gran don de Dios.

Martes

PASCUA 3ª SEMANA (f)

Hch 7,51–8,1a
Sal 30. *A tus manos, Señor, encomiendo mi espíritu.*
Jn 6,30-35

En aquel tiempo dijeron los judíos a Jesús: "¿Y qué señal puedes darnos para que, al verla, te creamos? ¿Cuáles son tus obras? Nuestros antepasados comieron el maná en el desierto, como dice la Escritura: 'Dios les dio a comer pan del cielo.'" Jesús les contestó: "Os aseguro que no fue Moisés quien os dio el pan del cielo. ¡Mi Padre es quien os da el verdadero pan del cielo! Porque el pan que Dios da es aquel que ha bajado del cielo y da vida al mundo". Ellos le pidieron: "Señor, danos siempre ese pan". Y Jesús les dijo: "Yo soy el pan que da vida. El que viene a mí, nunca más tendrá hambre, y el que en mí cree, nunca más tendrá sed".

Está bien hacer memoria de las obras de Dios en el pasado, y la tradición se había encargado de ponderarlas: el pan mandado desde el cielo era un pan "lleno de toda delicia y grato a cualquier gusto" (Sab 16,20). Pero aquel don era solo una imagen que no debe eclipsar la realidad del don presente, del verdadero pan del cielo que Dios está dando; y el reducido círculo de destinatarios de otro tiempo (nuestros padres) no debe equipararse con la amplitud de destinatarios de este pan verdadero: el mundo, la humanidad entera; y la memoria no debe ser pantalla que oculta la revelación y donación de Dios que está teniendo lugar ante de ellos. Jesús dice, por fin y a las claras, cuál es el verdadero pan que colma: Él en persona.

Hch 8,1b-8
Sal 65. *Aclamad al Señor, tierra entera.*
Jn 6,35-40

En aquel tiempo Jesús dijo: "Yo soy el pan que da vida. El que viene a mí, nunca más tendrá hambre, y el que en mí cree, nunca más tendrá sed. Pero, como ya os dije, vosotros no creéis aunque me habéis visto. Todos los que el Padre me da vienen a mí, y a los que vienen a mí no los echaré fuera. Porque no he venido del cielo para hacer mi propia voluntad, sino para hacer la voluntad de mi Padre, que me ha enviado. Y la voluntad del que me ha enviado es que yo no pierda a ninguno de los que me ha dado, sino que los resucite el día último. Porque la voluntad de mi Padre es que todo aquel que ve al Hijo de Dios y cree en él tenga vida eterna, y yo le resucitaré en el día último".

Ir a Jesús y creer en Él: Pedro, en nombre de los discípulos que se quedan con Jesús, encarna esta conducta en la confesión que pronuncia al cierre del discurso del pan de vida: "Señor, ¿a quién iremos? […]. Nosotros creemos […] que tú eres el Santo de Dios" (Jn 6,68-69). Los discípulos son un don que Jesús ha recibido del Padre y que es el don mayor que el Padre le puede hacer, fuera del propio Padre y del Espíritu. Él guardará cada uno de estos dones personales y no dejará que se le pierda ni uno solo; cada uno es precioso. Y Él es a su vez el don mayor que pueden recibir los discípulos, don que sacia el deseo de vida que los habita. Quiere agradar al Padre en todo y cumplir su voluntad, dándose por entero y para siempre.

Jueves

Hch 8,26-40
Sal 65. *Aclamad al Señor, tierra entera.*
Jn 6,44-51

Jesús les dijo: "Nadie puede venir a mí si no lo trae el Padre, que me ha enviado; y yo lo resucitaré el día último. En los libros de los profetas se dice: 'Dios instruirá a todos.' Así que todos los que escuchan al Padre y aprenden de él vienen a mí. No es que alguien haya visto al Padre. El único que ha visto al Padre es el que ha venido de Dios. Os aseguro que quien cree tiene vida eterna. Yo soy el pan que da vida. Vuestros antepasados comieron el maná en el desierto, y sin embargo murieron; pero yo hablo del pan que baja del cielo para que quien coma de él no muera. Yo soy el pan vivo que ha bajado del cielo; el que coma de este pan vivirá para siempre. El pan que yo daré es mi propio cuerpo. Lo daré por la vida del mundo".

Y a ayer apuntaba Jesús que Él resucitará a los que el Padre le ha dado y creen en Él. Hoy aclara que ir a Él no es iniciativa que toma por sí y ante sí quien se le acerca; es iniciativa y don del Padre, una instrucción del Padre que la persona escucha, acoge y secunda. Jesús insiste luego en el contraste entre el maná y el pan que es Él mismo y entre el alcance y efecto vital de aquella comida y el de la comida que Él da: aquella la daba Dios a los padres para que no perecieran todos antes de llegar al destino de su éxodo; esta la da Él para que nuestro éxodo, cruzado el Jordán de la muerte, culmine en la patria eterna y bienaventurada. Creer es participar en la vida misma de Dios, una vida que, por definición, es inmune a la muerte.

24 ABRIL

Hch 9,1-20
Sal 116. *Id al mundo entero y proclamad el Evangelio.*
Jn 6,52-59

Los judíos se pusieron a discutir unos con otros: "¿Cómo puede éste darnos a comer su propio cuerpo?". Jesús les dijo: "Os aseguro que si no coméis el cuerpo del Hijo del hombre y no bebéis su sangre, no tendréis vida. El que come mi cuerpo y bebe mi sangre tiene vida eterna; y yo le resucitaré el día último. Porque mi cuerpo es verdadera comida, y mi sangre verdadera bebida. El que come mi cuerpo y bebe mi sangre vive unido a mí, y yo vivo unido a él. El Padre, que me ha enviado, tiene vida, y yo vivo por él. De la misma manera, el que me coma vivirá por mí. Hablo del pan que ha bajado del cielo. Este pan no es como el maná que comieron vuestros antepasados, que murieron a pesar de haberlo comido. El que coma de este pan, vivirá para siempre". Jesús enseñó estas cosas en la reunión de la sinagoga en Cafarnaún.

Hoy se desarrolla una revelación anticipada ayer: el pan que da Jesús es su mismo cuerpo. Y lo dice con crudeza: se trata de comer "su carne". (El Prólogo empleaba el mismo término: "La Palabra se hizo carne"). No da una sombra o un reflejo de su cuerpo, una entelequia; ese cuerpo tiene sustancia y sabor de vida y resurrección: es el cuerpo del Viviente, del Resucitado. Había asumido nuestra condición corpórea frágil y mortal, se manifestó en ella y derramó su sangre en la cruz; ahora su humanidad glorificada es mediadora de salvación en el banquete eucarístico, donde se hace presente por la efusión del Espíritu sobre el pan y el vino. La Eucaristía es verdadero alimento que genera comunión con Cristo y entre los comensales.

Sábado

San Marcos, evangelista (F)

1Pe 5,5b-14
Sal 88. *Cantaré eternamente tus misericordias, Señor.*
Mc 16,15-20

En aquel tiempo dijo Jesús a sus discípulos: "Id por todo el mundo y anunciad a todos la buena noticia. El que crea y sea bautizado, será salvo; pero el que no crea será condenado. Y estas señales acompañarán a los que creen: en mi nombre expulsarán demonios; hablarán nuevas lenguas; cogerán serpientes con las manos; si beben algún veneno, no les dañará; pondrán las manos sobre los enfermos, y los sanarán". Después de hablarles, el Señor Jesús fue elevado al cielo y se sentó a la derecha de Dios. Los discípulos salieron por todas partes a anunciar el mensaje, y el Señor los ayudaba, y confirmaba el mensaje acompañándolo con señales milagrosas.

El texto evangélico pertenece al final canónico de Marcos. Contiene la misión universal dada por el Resucitado a los discípulos y la promesa de salvación para los creyentes y bautizados. Detalla luego señales que acompañarán a estos, como expresión del poder de la fe. Son señales acreditativas narradas en testimonios de la Iglesia primitiva. La fe no es un narcótico, un inhibidor de la acción, una escapada lejos de la historia a un mundo de ensueños y quimeras; por el poder del Espíritu y la compañía del Resucitado se ejercita en empeños por tener a raya fuerzas hostiles, en dar gloria a Dios, en curar heridas, en humanizar la vida cotidiana. Prolonga la práctica de Jesús en los orígenes y ofrece anticipos del mundo futuro al que caminamos.

Hch 2,14a.36-41

En aquel tiempo Pedro, puesto en pie junto con los otros once apóstoles, dijo: "Sepa, pues, todo el pueblo de Israel, con toda seguridad, que
a este mismo Jesús a quien vosotros crucificasteis, Dios le ha hecho
Señor y Mesías". Cuando los allí reunidos oyeron esto, se afligieron
profundamente y preguntaron a Pedro y a los demás apóstoles: "Hermanos, ¿qué debemos hacer?". Pedro les contestó: "Volveos a Dios y
bautizaos cada uno en el nombre de Jesucristo, para que Dios os perdone vuestros pecados y recibáis el don del Espíritu Santo (…)". Así
pues, los que hicieron caso de su mensaje fueron bautizados, y aquel
día se agregaron a los creyentes unas tres mil personas.

Sal 22. *El Señor es mi pastor, nada me falta.*

1Pe 2,20b-25

Hermanos, si sufrís por haber hecho el bien, y soportáis con paciencia el sufrimiento, eso es bueno delante de Dios. Para esto os ha llamado Dios, ya que Cristo sufrió por vosotros dándoos un ejemplo para
que sigáis sus pasos. (…) Cristo fue herido para que vosotros fuerais
sanados. Antes andabais como ovejas extraviadas, pero ahora habéis
vuelto a Cristo, que os cuida como un pastor y vela por vosotros.

Jn 10,1-10

Jesús añadió: "Os aseguro que el que no entra por la puerta en el
redil de las ovejas, sino que se mete por otro lado, es ladrón y salteador.
El que entra por la puerta, ése es el pastor que cuida las ovejas. El
guarda le abre la puerta, y el pastor llama a cada oveja por su nombre
y las ovejas reconocen su voz. Él las saca del redil, y cuando ya han
salido todas, va delante de ellas, y las ovejas le siguen porque recono-

cen su voz. En cambio no siguen a un extraño, sino que huyen de él porque no conocen la voz de los extraños". Jesús les puso esta comparación, pero ellos no entendieron lo que les quería decir. Volvió Jesús a decirles: "Os aseguro que yo soy la puerta por donde entran las ovejas. Todos los que vinieron antes de mí fueron ladrones y salteadores, pero las ovejas no les hicieron caso. Yo soy la puerta: el que por mí entra será salvo; entrará y saldrá, y encontrará pastos. El ladrón viene solamente para robar, matar y destruir; pero yo he venido para que tengan vida y la tengan en abundancia".

Jesús es la puerta. Quien entre por Él se salva; como cuando la puerta cierra el paso a depredadores y pone a salvo ovejas y gentes. Él cierra, y nadie puede abrir; es puerta más fuerte que las "puertas del abismo", más que tanto poder que aplasta y hunde.

Él es la puerta: abre y deja paso libre. No confina en un espacio laberíntico y sin salida. Pertenecerle no encadena, vincula; te permite entrar en comunión con todo: por Él accedes al Padre; por su Palabra, a la verdad que salva, da sentido y trae gozo; por su justicia, a la rehabilitación y a la dignidad de hijo; por su costado herido, a los sacramentos; por su cuerpo entregado, a la vida reconciliada y fraterna.

No te sientas atado, encogido, sino seguro, ante un horizonte que dilata la mirada, ensancha el deseo y mueve a la acción.

Hch 11,1-18
Sal 41. *Mi alma tiene sed de ti, Dios vivo.*
Jn 10,11-18

Yo soy el buen pastor. El buen pastor da su vida por las ovejas; pero el que trabaja solamente por el salario, cuando ve venir al lobo deja las ovejas y huye, porque no es el pastor ni son suyas las ovejas. Entonces el lobo ataca a las ovejas y las dispersa en todas direcciones. Ese hombre huye porque lo único que le importa es el salario, no las ovejas. "Yo soy el buen pastor. Como mi Padre me conoce y yo conozco a mi Padre, así conozco a mis ovejas y ellas me conocen a mí. Yo doy mi vida por las ovejas. También tengo otras ovejas que no son de este redil, y también a ellas debo traer. Ellas me obedecerán, y habrá un solo rebaño y un solo pastor. "El Padre me ama porque yo doy mi vida para volverla a recibir. Nadie me quita la vida, sino que la doy por mi propia voluntad. Tengo el derecho de darla y de volverla a recibir. Esto es lo que me ordenó mi Padre."

Proponernos este evangelio en el tiempo pascual es del todo pertinente, como lo fue la elección del discurso del pan de vida. Nos enseña que, para darse, hay que poseerse y que, para darse por entero, hay que poseerse por entero. Poseerse así es lo que permite a Jesús darse y expropiarse sin reservas. Dueño de su vida, la da en una entrega sin vuelta. Recobrarla no significa retractarse de haberla dado, sino haberla depositado en las manos del Padre que lo ama, al que está unido con total confianza y obediencia y de cuyo poder participa. El Padre le ha mandado que entregue su vida y Él obedece. Por ese camino de una obediencia que aferraba todo su ser se convertirá en Vencedor de la muerte.

Martes

PASCUA 4ª SEMANA (f)

ABRIL
28

Hch 11,19-26
Sal 86. *Alabad al Señor,
todas las naciones.*
Jn 10,22-30

Era invierno, y en Jerusalén celebraban la fiesta en que se conmemoraba la dedicación del templo. Jesús estaba en el templo, paseando por el pórtico de Salomón. Los judíos le rodearon y le preguntaron: "¿Hasta cuándo nos vas a tener en dudas? Si tú eres el Mesías, dínoslo de una vez". Jesús les contestó: "Ya os lo he dicho y no me habéis creído. Las cosas que yo hago con la autoridad de mi Padre lo demuestran claramente; pero vosotros no creéis porque no sois de mis ovejas. Mis ovejas reconocen mi voz, y yo las conozco y ellas me siguen. Yo les doy vida eterna y jamás perecerán ni nadie me las quitará. Lo que el Padre me ha dado es más grande que todo, y nadie se lo puede quitar. El Padre y yo somos uno solo".

Durante su ministerio, Jesús dio una explicación clara de la contundente eficacia de sus exorcismos; se valió de la comparación entre el hombre fuerte que guarda su palacio y el más fuerte que lo asalta, le quita las armas, lo expolia y reparte el botín (cf. Lc 11,21-22). Ahora podemos escuchar las palabras del diálogo de hoy con los judíos como brotadas de labios del Señor glorioso y vencedor: nadie podrá arrebatar de su mano llagada y poderosa las ovejas que el Padre le ha confiado, que le pertenecen y lo siguen. Son su riqueza inestimable. Ha dado la vida por ellas y, glorificado, les da vida eterna, una vida de conocimiento y amor que colma todo deseo, y las hace participar de su victoria sobre la muerte.

1Jn 1,5–2,2
Sal 102. *Bendice, alma mía, al Señor.*
Mt 11,25-30

Por aquel tiempo, Jesús dijo: "Te alabo, Padre, Señor del cielo y de la tierra, porque has mostrado a los sencillos las cosas que ocultaste a los sabios y entendidos. Sí, Padre, porque así lo has querido. Mi Padre me ha entregado todas las cosas.

Nadie conoce realmente al Hijo, sino el Padre; y nadie conoce realmente al Padre, sino el Hijo y aquellos a quienes el Hijo quiera darlo a conocer. Venid a mí todos los que estáis cansados y agobiados, y yo os haré descansar. Aceptad el yugo que os impongo, y aprended de mí, que soy paciente y de corazón humilde; así encontraréis descanso. Porque el yugo y la carga que yo os impongo son ligeros".

Catalina de Siena es doctora de la Iglesia. La instruía su Esposo y maestro interior. Este tiempo litúrgico es apropiado para comprobar en qué medida se reproduce en ella el esquema de las experiencias pascuales: del encuentro con el Resucitado brota el impulso misionero. Catalina, a los 23 años (ahí sitúan su matrimonio espiritual con Cristo), se lanzó a una intensa misión eclesial y de pacificación social. Es un señalado exponente de lo que el filósofo Bergson decía sobre los místicos representativos de la religión abierta: el estado místico se culmina en una acción ejemplar, en una humildad creadora, en palabras que son semillas. "El amor, cuando es crecido, no puede estar sin obrar" (Teresa de Jesús).

Hch 13,13-25
Sal 88. *Cantaré eternamente tus misericordias, Señor.*
Jn 13,16-20

En aquel tiempo dijo Jesús: "Os aseguro que ningún sirviente es más que su señor y ningún enviado es más que el que lo envía. Dichosos vosotros si entendéis estas cosas y las ponéis en práctica. No me estoy refiriendo a todos vosotros: yo sé a quiénes he escogido. Pero tiene que cumplirse lo que dice la Escritura: 'El que come conmigo se ha vuelto contra mí.' Os digo esto de antemano, para que, cuando suceda, creáis que yo soy. Os aseguro que quien recibe al que yo envío me recibe a mí, y quien me recibe a mí recibe al que me ha enviado".

Estas palabras pertenecen a la instrucción de Jesús a los discípulos después de lavarles los pies y darles el mandato de seguir su ejemplo. Lavar los pies es un servicio de esclavos; en una sociedad organizada según jerarquías y rangos y en una Iglesia contagiada de mundanidad, tal conducta implicaría una pérdida de estatus, pero la otra cara de esta pérdida es la "ganancia en comunión" (Theissen). La comunión: esa es la dicha que trae cumplir el mandato del Señor. Y, sí, el enviado no es más que el que lo envía, pero quien recibe al enviado recibe nada menos que al que lo envía, que viene a identificarse con su enviado. ¿Se puede aspirar a un estatus mayor? ¿Y se puede aspirar a un honor mayor que el de recibir a ese enviado?

Viernes

Gn 1,26–2,3
Sal 89. *Haz prósperas, Señor, las obras de nuestras manos.*
Mt 13,54-58

En aquel tiempo Jesús fue a su propia tierra, donde comenzó a enseñar en la sinagoga del lugar. La gente, admirada, decía: "¿De dónde ha sacado éste todo lo que sabe? ¿Cómo puede hacer tales milagros? ¿No es éste el hijo del carpintero? Y su madre, ¿no es María? ¿No son sus hermanos Santiago, José, Simón y Judas, y no viven sus hermanas también aquí, entre nosotros? ¿De dónde ha sacado todo esto?". Y no quisieron hacerle caso. Por eso, Jesús les dijo: "En todas partes se honra a un profeta, menos en su propia tierra y en su propia casa". Y no hizo allí muchos milagros, porque aquella gente no creía en él.

El milagro de lo cotidiano no parece demasiado milagroso. La cercanía de quienes están cada día a nuestro alrededor no facilita la admiración. Los prejuicios impiden la sorpresa. Si pensáramos que cada ser humano es irrepetible, único y maravilloso en su diferencia, no seríamos tan rápidos a la hora de juzgarnos, y dejaríamos el suficiente espacio en nuestro corazón para la sorpresa permanente. Jesús es el hijo del carpintero y de María, de sobra conocido como para creer en Él. Hay veces que el control de las situaciones hace que nos perdamos lo mejor. Sus paisanos se perdieron la palabra de Jesús, pero nosotros aún no hemos agotado su mirada hacia nuestra vida que produce un milagro siempre nuevo. Dios no se agota, aunque creamos saber todo de Él.

Hch 13,44-52
Sal 97. *Los confines de la tierra han contemplado la victoria de nuestro Dios.*
Jn 14,7-14

En aquel tiempo dijo Jesús: "Si me conocéis, también conoceréis a mi Padre; y desde ahora ya le conocéis y le estáis viendo". Felipe le dijo entonces: "Señor, déjanos ver al Padre y con eso nos basta". Jesús le contestó: "Felipe, ¿tanto tiempo hace que estoy con vosotros y todavía no me conoces? El que me ve a mí ve al Padre: ¿por qué me pides que os deje ver al Padre? ¿No crees que yo estoy en el Padre y el Padre en mí? Las cosas que yo os digo no las digo por mi propia cuenta. El Padre, que vive en mí, es el que hace su propia obra. Creedme que yo estoy en el Padre y el Padre en mí; si no, creed al menos por las propias obras. Os aseguro que el que cree en mí hará también las obras que yo hago; y hará otras todavía más grandes, porque yo voy al Padre. Y todo lo que pidáis en mi nombre yo lo haré, para que por el Hijo se manifieste la gloria del Padre. Yo haré cualquier cosa que me pidáis en mi nombre".

El único camino transitable para conocer a Dios es conocer a Jesucristo, escuchar su Palabra, seguir sus pasos, creer en Él... Jesús hace visible el cómo actúa y ama su Padre. Mirando a Jesús, es posible que también nosotros podamos mostrar el rostro de Dios. El resultado de nuestras vidas, palabras y acciones, nos sorprenderá a nosotros mismos. Eso sí, hay que cumplir una condición: olvidarnos del protagonismo para acercarnos permanentemente al Mensajero, orar para no cubrir su Palabra con otras pretensiones que le son ajenas. Para hablar de Dios, de Jesucristo y del Padre, es necesario haber escuchado el silencio, y haber pedido en nombre de Jesús que su mano nos siga guiando.

3 DOMINGO

MAYO

Hch 6,1-7

(...) El mensaje de Dios iba extendiéndose, y el número de los creyentes aumentaba mucho en Jerusalén. Incluso muchos sacerdotes judíos aceptaban la fe.

Sal 32. Que tu misericordia, Señor, venga sobre nosotros, como lo esperamos de ti.

1 Pe 2,4-9

(...) Pero vosotros sois una familia escogida, un sacerdocio al servicio del Rey, una nación santa, un pueblo adquirido por Dios, destinado a anunciar las obras maravillosas de Dios, que os llamó a salir de la oscuridad y entrar en su luz maravillosa.

Jn 14,1-12

En aquel tiempo dijo Jesús: "No os angustiéis: creed en Dios y creed también en mí. En la casa de mi Padre hay muchos lugares donde vivir; si no fuera así, no os habría dicho que voy a prepararos un lugar. Y después de ir y prepararos un lugar, vendré otra vez para llevaros conmigo, para que vosotros también estéis donde yo voy a estar. Ya sabéis el camino que lleva a donde yo voy". Tomás dijo a Jesús: "Señor, no sabemos a dónde vas: ¿cómo vamos a saber el camino?". Jesús le contestó: "Yo soy el camino, la verdad y la vida. Solamente por mí se puede llegar al Padre. Si me conocéis, también conoceréis a mi Padre; y desde ahora ya le conocéis y le estáis viendo". Felipe le dijo entonces: "Señor, déjanos ver al Padre y con eso nos basta". Jesús le contestó: "Felipe, ¿tanto tiempo hace que estoy con vosotros y todavía no me conoces? El que me ve a mí ve al Padre: ¿por qué me pides que os deje ver al Padre? ¿No crees que yo estoy en el Padre y el Padre en mí? Las cosas que yo os digo no las digo por mi propia cuenta. El Padre, que vive en mí, es el que hace su propia obra. Creedme que yo estoy en el Padre y el Padre en mí; si no, creed al menos por las propias obras. Os aseguro que el que cree en mí hará también las obras que yo hago; y hará otras todavía más grandes, porque yo voy al Padre".

A Jesús le gustaba estar con los suyos. Hoy habla de preparar un lugar de encuentro y de intimidad. La experiencia de seguir a Cristo no es solo el resultado del esfuerzo de la voluntad, hay que afirmar también la disposición a creer en el bienestar, ese que Dios procura y que los creyentes también podemos ofrecer.

U n espacio de intimidad es un lugar seguro, donde quien te admite te deja ser como eres, no exige nada, procura tu felicidad y te da seguridad para que te encuentres como en la casa del Padre, que ama sin contrapartida. Pero no es tan fácil encontrar ese hogar. Jesús se nos ofrece como guía. Nos pone en camino no solo a fuerza de verdad, sino con la rica unión del vivir con el pensar y el actuar.

U n cristianismo solo de ideas es un cristianismo empobrecido. Se necesita que la vida y los hechos garanticen las verdades de la fe que profesamos. Esas son las obras de Dios, semejantes a las que hizo Jesús sembrando su Reino en la tierra, y que nosotros también podemos hacer realidad.

Hch 14,5-18
Sal 113B. *No a nosotros,
Señor, no a nosotros, sino a
tu nombre da la gloria.*
Jn 14,21-26

En aquel tiempo dijo Jesús: "El que recibe mis mandamientos y los obedece, demuestra que me ama. Y mi Padre amará al que me ama, y yo también le amaré y me mostraré a él". Judas (no el Iscariote) le preguntó: "Señor, ¿por qué vas a mostrarte a nosotros y no a la gente del mundo?". Jesús le contestó: "El que me ama hace caso a mi palabra; y mi Padre le amará, y mi Padre y yo vendremos a vivir con él. El que no me ama no hace caso a mis palabras. Las palabras que estáis escuchando no son mías, sino del Padre, que me ha enviado. Os he dicho todo esto mientras permanezco con vosotros; pero el Espíritu Santo, el defensor que el Padre enviará en mi nombre, os enseñará todas las cosas y os recordará todo lo que os he dicho".

La acción del Espíritu Santo es misteriosa: conforta, anima, alienta y recuerda las palabras y los hechos de Jesús. Por nosotros mismos no podríamos unir nuestra vida a la de Dios, pero si dejamos espacio a la acción del Espíritu de Jesús, entonces somos capaces de reflejar la vida de Dios como esperanza para nuestro mundo. Vivir con Dios y con Jesucristo no es el resultado de un esfuerzo, es el Espíritu de Jesús quien hace posible que la historia actual no esté dejada de la mano de Dios y sea un tiempo propicio para que el amor no se apague. Los continuadores del Dios de Jesús somos nosotros, su Iglesia creyente y viva.

Hch 14,19-28
Sal 144. *Que tus fieles, Señor, proclamen la gloria de tu reinado.*
Jn 14,27-31a

En aquel tiempo dijo Jesús: «Os dejo la paz. Mi paz os doy, pero no como la dan los que son del mundo. No os angustiéis ni tengáis miedo. Ya me oísteis decir que me voy, y que vendré para estar otra vez con vosotros. Si de veras me amaseis os habríais alegrado al saber que voy al Padre, porque él es más que yo. Os digo esto de antemano para que, cuando suceda, creáis. Ya no hablaré mucho con vosotros, porque viene el que manda en este mundo. Él no tiene ningún poder sobre mí, pero así ha de ser, para que el mundo sepa que yo amo al Padre y que hago lo que él me ha encargado».

¿Quién es ese personaje que manda en este mundo? Es enigmático, diabólico, pero parece que tiene que ver con el ruido y la violencia. La paz no hace ruido. Es como la nieve que cubre el paisaje, y transforma hasta lo más feo en algo bello. La palabra puede ser también así, un manto de belleza, aunque también puede convertirse en ruido y vacío que oculta la verdad del mundo. El silencio de Dios y de Jesús se cubre con nuestra palabra, meditada en la paz, entregada como una medicina para que el mundo salga de la enfermedad y del dominio del ruido y del mal.

Hch 15,1-6
Sal 121. *Vamos alegres a la casa del Señor.*

Jn 15,1-8

En aquel tiempo dijo Jesús: "Yo soy la vid verdadera y mi Padre es el viñador. Si uno de mis sarmientos no da fruto, lo corta; pero si da fruto, lo poda y lo limpia para que dé más. Vosotros ya estáis limpios por las palabras que os he hablado. Seguid unidos a mí como yo sigo unido a vosotros. Un sarmiento no puede dar fruto por sí mismo si no está unido a la vid. De igual manera, vosotros no podéis dar fruto si no permanecéis unidos a mí. Yo soy la vid y vosotros sois los sarmientos. El que permanece unido a mí y yo unido a él, da mucho fruto; pues sin mí nada podéis hacer. El que no permanece unido a mí será echado fuera, y se secará como los sarmientos que se recogen y se queman en el fuego. Si permanecéis unidos a mí, y si sois fieles a mis enseñanzas, pedid lo que queráis y se os dará. Mi Padre recibe honor cuando vosotros dais mucho fruto y llegáis así a ser verdaderos discípulos míos".

En un mundo como el actual en el que prima lo individual, la autoafirmación y la conciencia de sí mismo, las palabras de Jesús nos invitan a unirnos a Él como verdadera fuerza para sentirnos vivos. Hacer desde otro es dejar que ese otro nos fecunde y que nuestra vida interior sea el resultado de su fuerza. Exige solo pedir que su savia fluya por nuestras venas. La sequedad del alma aparece cuando uno cree que todo depende de sí. Los frutos del alma son un injerto en la vida de Dios, los regala gratuitamente sin el más mínimo esfuerzo. Tan solo se necesita creer que Dios obra en nosotros silenciosamente haciendo crecer nuestra vid.

Jueves

PASCUA 5ª semana (f)

MAYO 7

Hch 15,7-21
Sal 95. *Contad las maravillas
del Señor a todas las
naciones.*
Jn 15,9-11

En aquel tiempo dijo Jesús: "Yo os amo como el Padre me ama a mí; permaneced, pues, en el amor que os tengo. Si obedecéis mis mandamientos, permaneceréis en mi amor, como yo obedezco los mandamientos de mi Padre y permanezco en su amor. Os hablo así para que os alegréis conmigo y vuestra alegría sea completa".

Nuestra búsqueda de la felicidad solo llegará a buen fin si el motor es el amor. Jesús encuentra en Dios el centro de su vida y de su obra; un Dios que ama por encima de cualquier situación al ser humano que ha creado a su imagen. Quien ama está vacunado contra la tristeza, pues tiene una certeza profunda: "Nada ni nadie podrá separarnos del amor de Dios", este mensaje es el centro de lo que Jesús manifestó y entregó a la humanidad. Es la salvación para que nadie se sienta dejado de la mano de Dios. La alegría de la salvación salta ante cualquier dificultad, es una certeza serena, porque en cualquier situación siempre seremos amados por Dios.

8 MAYO

Viernes

PASCUA 5ª SEMANA (f)

Hch 15,22-31
Sal 56. *Te daré gracias ante los pueblos, Señor.*
Jn 15,12-17

En aquel tiempo dijo Jesús: "Mi mandamiento es éste: Que os améis unos a otros como yo os he amado. No hay amor más grande que el que a uno le lleva a dar la vida por sus amigos. Vosotros sois mis amigos si hacéis lo que os mando. Ya no os llamo siervos, porque el siervo no sabe lo que hace su amo; os llamo amigos, porque os he dado a conocer todo lo que mi Padre me ha dicho. Vosotros no me escogisteis a mí, sino que yo os he escogido a vosotros y os he encargado que vayáis y deis mucho fruto, y que ese fruto permanezca. Así el Padre os dará todo lo que le pidáis en mi nombre. Esto es, pues, lo que os mando: Que os améis unos a otros".

Jesús nos coloca a su lado como amigos. No hay nada en la propuesta del Evangelio que subordine un ser humano a otro. El amor no genera diferencia ni distancia. Los amigos son cómplices, se conocen uno a otro. Así experimentaron los discípulos a Jesús: aquel que les llamaba por su nombre, e incluso por el apodo cariñoso que les había puesto; Jesús, siempre cercano, dispuesto a dar la vida por ellos y por nosotros. La lógica de la amistad es el compromiso de buscar lo mejor para los que queremos, dar la vida, poco a poco, para que nadie se sienta solo ni abandonado. Así es el Dios de Jesús que se nos ha dado a conocer.

Hch 16,1-10
Sal 99. *Aclama al Señor, tierra entera.*
Jn 15,18-21

En aquel tiempo dijo Jesús: "Si el mundo os odia, sabed que a mí me odió primero. Si fuerais del mundo, la gente del mundo os amaría como ama a los suyos. Pero yo os escogí de entre los que son del mundo, y por eso el mundo os odia, porque ya no sois del mundo. Acordaos de lo que os dije: 'Ningún sirviente es más que su amo.' Si a mí me han perseguido, también a vosotros os perseguirán; y si han hecho caso a mi palabra, también harán caso a la vuestra. Todo esto van a haceros por mi causa, porque no conocen al que me envió".

Nuestro destino está unido al de Jesús porque Él propugna una visión del hombre que ha cambiado sus coordenadas habituales. El mundo rechaza el Evangelio porque lo considera irrealizable, pero todos hacemos apuestas por paraísos artificiales y algo absurdos que no procuran la felicidad. La tensión entre los que creemos que otro mundo mejor es posible y los que se contentan con el mundo, tal cual es, es inevitable. Pero aceptar lo inhumano como algo normal lleva a la desesperación, al odio y al egoísmo resignado. Hay que estar preparados para un choque de intereses entre los que aman y los que odian. ¿Sera el destino de Jesús también el nuestro…?

Hch 8,5-8.14-17

Felipe, uno de ellos, se dirigió a la principal ciudad de Samaria y comenzó a hablarles de Cristo. La gente se reunía y escuchaba con atención lo que decía Felipe, viendo las señales milagrosas que hacía. De muchas personas salían gritando los espíritus impuros, y muchos paralíticos y cojos eran sanados. Por esta causa hubo gran alegría en aquella ciudad. Cuando los apóstoles que estaban en Jerusalén supieron que los de Samaria habían aceptado el mensaje de Dios, enviaron allá a Pedro y a Juan. Al llegar oraron por los creyentes de Samaria, para que recibiesen el Espíritu Santo. Porque todavía no había venido el Espíritu Santo sobre ninguno de ellos; solamente se habían bautizado en el nombre del Señor Jesús. Pedro y Juan les impusieron entonces las manos, y recibieron el Espíritu Santo.

Sal 65. *Aclamad al Señor, tierra entera.*

1Pe 3,15-18

Honrad a Cristo, como Señor, en vuestros corazones. Estad siempre preparados para responder a cualquiera que os pida razón de la esperanza que tenéis, pero hacedlo con humildad y respeto (...).

Jn 14,15-21

En aquel tiempo dijo Jesús: "Si me amáis, obedeceréis mis mandamientos. Y yo pediré al Padre que os envíe otro defensor, el Espíritu de la verdad, para que esté siempre con vosotros. Los que son del mundo no lo pueden recibir, porque no lo ven ni lo conocen; pero vosotros lo conocéis, porque él está con vosotros y permanecerá siempre en vosotros. No voy a dejaros abandonados: volveré para estar con vosotros. Dentro de poco, los que son del mundo ya no me verán; pero vosotros me veréis, y viviréis porque yo vivo. En aquel día os daréis cuenta de que yo estoy en mi Padre, y que vosotros estáis en mí y yo en vosotros. El que recibe mis mandamientos y los obedece, demuestra que me ama. Y mi Padre amará al que me ama, y yo también le amaré y me mostraré a él".

Cualquier época de la humanidad es un tiempo propicio para que se manifieste la obra de Dios. La acción del Espíritu Santo garantiza que las palabras y las obras de los creyentes, y de la Iglesia, repitan y actualicen las palabras y las obras de Jesús. Podemos afirmar, con en el evangelio de hoy, que Dios está siempre con nosotros. Aún más, que permanecerá siempre con nosotros, sean como sean las circunstancias de la vida.

Por nuestra parte, se trata de abrir los ojos a las múltiples posibilidades del corazón, que nos hace ver a los que nos rodean como hermanos de Cristo. Para quienes no son capaces de amar, o siembran la maldad, el testimonio cristiano será siempre una provocación que desenmascara el egoísmo y el mal.

La posibilidad del sufrimiento se abre ante la confrontación entre el amor y el desamor. Sin embargo, a los creyentes nos mueve una certeza para afrontar esta lucha constante: el mal no triunfará, porque Jesucristo está de nuestro lado, y Él ya venció al mal para siempre, muriendo en la cruz y resucitando a la nueva vida.

Hch 16,11-15
Sal 149. *El Señor ama a su pueblo.*
Jn 15,26–16,4a

En aquel tiempo dijo Jesús: "Pero cuando venga el defensor, el Espíritu de la verdad, que yo enviaré de parte del Padre, él será mi testigo. Y también vosotros seréis mis testigos, porque habéis estado conmigo desde el principio. Os digo estas cosas para que no perdáis vuestra fe en mí. Os expulsarán de las sinagogas, e incluso llegará el momento en que cualquiera que os mate creerá que le está prestando un servicio a Dios. Eso lo harán porque no nos han conocido ni al Padre ni a mí. Os digo esto para que, cuando llegue el momento, os acordéis de que ya os lo había dicho".

Las historias de los mártires muestran que la fe es una mezcla de resistencia y sumisión. Resistencia a los poderes del mal, sumisión a la voluntad de Dios por encima de cualquier tiranía o injusticia. Los testigos de Jesucristo, hombre y mujeres valientes, no estaban solos, el Espíritu de Jesús les daba fortaleza, y les confortaba para perdonar a los que "no saben lo que hacen". Es el Espíritu de Jesús el que nos hace así, resistentes ante la mentira y las componendas, un acto de valor para la situación actual en la que la verdad se suele ocultar con máscaras de poder y engaño.

Hch 16,22-34
Sal 137. *Señor, tu derecha me salva.*
Jn 16,5-11

En aquel tiempo dijo Jesús: "Ahora me voy para estar con el que me envió, y ninguno de vosotros me pregunta a dónde voy; al contrario, os habéis puesto muy tristes porque os he dicho estas cosas. Pero os digo la verdad: es mejor para vosotros que me vaya. Porque si no me voy, el defensor no vendrá a vosotros; pero si me voy, os lo enviaré. Cuando él venga, mostrará claramente a la gente del mundo dónde está la culpa, dónde la inocencia y dónde el juicio. La culpa la mostrará en ellos, porque no creen en mí; la inocencia, en mí, porque voy al Padre y ya no me veréis; y el juicio, en el que manda en este mundo, porque ya ha sido condenado".

¡Una extraña despedida, esta, en la que quien se va parece alegrarse, aunque estén tristes sus amigos! La despedida de Jesús no lo es tal, pues su Espíritu habitará en quienes crean en Él y en su Iglesia. Jesús deja fiada su obra a sus seguidores con la certeza de que nunca se encontrarán solos y serán, además, defendidos de todo mal. La conciencia lúcida de la acción del Espíritu Santo en la Iglesia nos garantiza el que la obra de Dios sigue adelante. Cada uno de nosotros puede ayudar a repetir esa historia de salvación para quienes nos rodean copiando la vida y los hechos del mismo Jesucristo. Esa voz será una crítica que desenmascara la maldad de los que condenan al mundo a un destino de egoísmo y dolor.

13 MAYO

Miércoles

Pascua 6ª semana (f)

Hch 17,15.22–18,1
Sal 148. *Llenos están el cielo y la tierra de tu gloria.*
Jn 16,12-15

En aquel tiempo dijo Jesús: "Tengo mucho más que deciros, pero en este momento sería demasiado para vosotros. Cuando venga el Espíritu de la verdad, os guiará a toda la verdad, porque no hablará por su propia cuenta, sino que dirá todo lo que oye y os hará saber las cosas que van a suceder. Él me honrará, porque recibirá de lo que es mío y os lo dará a conocer. Todo lo que tiene el Padre, también es mío; por eso os he dicho que el Espíritu recibirá de lo que es mío y os lo dará a conocer".

Saber qué es verdadero es un proceso que exige estar despiertos y vigilantes. En nuestra actualidad, donde la post-verdad se impone, ocultando la diferencia entre la apariencia y la realidad profunda, es cada día más necesaria una luz por la que guiarse en la vida. Para encontrar esa iluminación necesitamos orar, que el Espíritu de Jesús nos ayude a diferenciar lo verdadero de lo falso. Que nadie nos confunda con las apariencias o el éxito. Buscar la verdad es un grito creyente que desenmascara las mentiras que nos pueden acechar. Necesitamos implorar la acción del Espíritu para que venga en nuestra ayuda, cuando la confusión nos aceche o las tinieblas parezcan triunfar sobre la luz. El Espíritu nos hará "saber las cosas que van a suceder…".

Jueves

San Matías, apóstol (F)

Hch 1,15-17.20-26
Sal 112. *El Señor lo sentó con los príncipes de su pueblo.*
Jn 15,9-17

En aquel tiempo, Jesús dijo a los discípulos: "Yo os amo como el Padre me ama a mí; permaneced, pues, en el amor que os tengo. Si obedecéis mis mandamientos, permaneceréis en mi amor, como yo obedezco los mandamientos de mi Padre y permanezco en su amor. Os hablo así para que os alegréis conmigo y vuestra alegría sea completa. Mi mandamiento es éste: Que os améis unos a otros como yo os he amado. No hay amor más grande que el que a uno le lleva a dar la vida por sus amigos. Vosotros sois mis amigos si hacéis lo que os mando. Ya no os llamo siervos, porque el siervo no sabe lo que hace su amo; os llamo amigos, porque os he dado a conocer todo lo que mi Padre me ha dicho. Vosotros no me escogisteis a mí, sino que yo os he escogido a vosotros y os he encargado que vayáis y deis mucho fruto, y que ese fruto permanezca. Así el Padre os dará todo lo que le pidáis en mi nombre. Esto es, pues, lo que os mando: Que os améis unos a otros".

Dios no quiere esclavos sino hijos. Jesús rompe cualquier imagen de Dios que apabulle a los seres humanos. Jesús, al presentar el amor como el único mandamiento, nos revela la realidad de Dios como proximidad, cercanía, cariño y cuidado. Jesús comparte nuestra humanidad en un plano de igualdad, nos considera sus amigos para que la alegría reine entre quienes le siguen. Jesús nos lo pone fácil, no nos complica la vida con normas extrañas e imposibles, sino que coloca su programa y el nuestro en una actividad única: amar a los demás, regalar la vida para recibirla recogiendo frutos de cambio y salvación. El mandamiento es sencillo, pero solo es posible cuando reconocemos a los demás como hermanos, a los que les gusta ser amados como a nosotros mismos.

15 MAYO

Viernes

San Isidro, labrador (MO)

Hch 18,9-18
Sal 46. *Dios es el rey del mundo.*
Jn 16,20-23a

En aquel tiempo dijo Jesús: "Os aseguro que vosotros lloraréis y estaréis tristes, mientras que la gente del mundo se alegrará. Sin embargo, aunque estéis tristes, vuestra tristeza se convertirá en alegría. Cuando una mujer va a dar a luz, se angustia, porque le ha llegado la hora; pero cuando ya ha nacido la criatura, la madre se olvida del dolor a causa de la alegría de que un niño haya venido al mundo. Así también, vosotros os angustiáis ahora, pero yo volveré a veros y entonces vuestro corazón se llenará de alegría, de una alegría que nadie os podrá quitar. Aquel día ya no me preguntaréis nada".

¡Una alegría que nadie nos pueda quitar! Todos pagaríamos el más alto precio por tener ese regalo. Esa alegría nos salvaría del miedo y de la angustia. Para vivir ese don hay que tener la paciencia de ir gestando el fruto, como una madre que sabe que la criatura llegará a buen fin, nota su presencia y tiene una esperanza fundada en el fruto de su vientre. Nacer para la alegría es una lucha cotidiana ante la tristeza, la desesperanza y el desánimo. Solo la fuerza de la convicción de que Dios no nos abandona hace que el parto sea sin dolor y una apuesta por la vida nueva que ningún derrotismo podrá destruir.

Hch 18,23-28
Sal 46. *Dios es el rey del mundo*
Jn 16,23b-28

En aquel tiempo dijo Jesús: "Os aseguro que el Padre os dará todo lo que le pidáis en mi nombre. Hasta ahora no habéis pedido nada en mi nombre: pedid y recibiréis, para que vuestra alegría sea completa. Os he dicho estas cosas por medio de comparaciones, pero viene la hora en que ya no usaré de comparaciones, sino que os hablaré claramente acerca del Padre. Aquel día le pediréis en mi nombre, y no os digo que yo rogaré por vosotros al Padre, porque el Padre mismo os ama. Os ama porque vosotros me amáis a mí y habéis creído que he venido de Dios. Salí del Padre para venir a este mundo, y ahora dejo el mundo para volver al Padre".

Nosotros amamos a Jesucristo y el Padre nos ama en el Hijo. La historia de Dios es la del cariño por la humanidad. Nada hay que nos pueda poner tan tristes para hacernos sentir abandonados y dejados de su mano. Cuando Jesús habla de que podemos pedir cualquier cosa, nos está diciendo que el amor de Dios nunca nos faltará, incluso aunque nos consideremos los mayores pecadores. Todo se vuelve más nítido para quien cree, porque se abre siempre la puerta de la esperanza de que el mal y el pecado no son la última palabra, tan solo accidentes en el camino de la felicidad que serán superados por la fuerza de la gracia.

Hch 1,1-11

(...) Dicho esto, mientras ellos le estaban mirando, Jesús fue llevado arriba; una nube lo envolvió y no volvieron a verle. En tanto ellos miraban fijamente cómo Jesús subía al cielo, se les aparecieron dos hombres vestidos de blanco que les dijeron: "Galileos, ¿qué hacéis ahí, mirando al cielo? Este mismo Jesús que estuvo entre vosotros y que ha sido llevado al cielo, vendrá otra vez de la misma manera que le habéis visto ir allá".

Sal 46. *Dios asciende entre aclamaciones; el Señor, al son de trompetas.*

Ef 1,17-23

Pido al Dios de nuestro Señor Jesucristo, al Padre glorioso, que os dé sabiduría espiritual para entender su revelación y conocerle mejor. Pido a Dios que ilumine vuestra mente para que sepáis cuál es la esperanza a la que habéis sido llamados, cuán gloriosa y rica es la herencia que Dios da a los que pertenecen a su pueblo y cuán grande y sin límites es su poder, el cual actúa en nosotros los creyentes. Este poder es el mismo que Dios mostró con tanta fuerza y potencia cuando resucitó a Cristo y lo hizo sentar a su derecha en el cielo, poniéndolo por encima de todo poder, autoridad, dominio y señorío, y por encima de todo lo que existe tanto en este mundo como en el venidero. Sometió todas las cosas bajo los pies de Cristo, y a Cristo mismo lo dio a la Iglesia como cabeza de todo. Pues la Iglesia es el cuerpo de Cristo, la plenitud de Cristo, que es quien lleva todas las cosas a su plenitud.

Mt 28,16-20

En aquel tiempo los once discípulos fueron a Galilea, al monte que Jesús les había indicado. Y al ver a Jesús, le adoraron, aunque algunos dudaban. Jesús se acercó a ellos y les dijo: "Dios me ha dado toda autoridad en el cielo y en la tierra. Id, pues, y haced mis discípulos a todos los habitantes del mundo; bautizadlos en el nombre del Padre, del Hijo y del Espíritu Santo y enseñadles a cumplir todo lo que os he mandado. Y sabed que yo estaré con vosotros todos los días, hasta el fin del mundo".

La fiesta de la Ascensión del Señor es muy rica en significados. El primero de todos tiene que ver con el mensaje pascual y la resurrección. El triunfo de la vida sobre la muerte abre los cielos a la humanidad de Cristo. Se abren los cielos para la humanidad: el camino que todos recorreremos hasta el encuentro con Dios Padre.

El segundo significado tiene que ver con la fe. Creer en Jesucristo significa abrir los ojos a una realidad diferente: la transformación del mundo según el amor de Dios. Desde la Ascensión hasta nuestros días, el mensaje de Jesús ha quedado fiado a nuestras manos.

Los creyentes somos quienes podemos repetir esa historia de transformación y de salvación de la humanidad. No hay momentos más propicios que otros, todo momento es favorable para creer si se tiene la certeza de que Jesucristo no nos ha dejado huérfanos.

Hch 19,1-8
Sal 67. *Reyes de la tierra, cantad a Dios.*
Jn 16,29-33

Entonces dijeron sus discípulos: "Ahora estás hablando con claridad, sin usar comparaciones. Ahora vemos que sabes todas las cosas y que no es necesario que nadie te haga preguntas. Por esto creemos que has venido de Dios". Jesús les contestó: "¿Así que ahora creéis? Pues llega la hora, y ya es ahora mismo, cuando os dispersaréis cada uno por su lado, y me dejaréis solo. Aunque no estoy solo, puesto que el Padre está conmigo. Os digo todo esto para que encontréis paz en vuestra unión conmigo. En el mundo habréis de sufrir, pero tened valor, yo he vencido al mundo".

La soledad hace mella cotidiana en el ser humano. Jóvenes, mayores, niños, mujeres…, se sienten solos, porque cada cual va a lo suyo. Jesús también experimentó esa soledad en la incomprensión de quienes le rodeaban y la falta de entendimiento de sus palabras y sus hechos. Sin embargo, Él se ofrece como consuelo y paz porque siente la cercanía de Dios a su lado. Cuando el dolor de la soledad se nos haga presente, miremos a Jesús, está a nuestro lado, callado, y entregándonos la paz y la certeza de que nunca nos abandonará.

Hch 20,17-27
Sal 67. *Reyes de la tierra, cantad a Dios.*
Jn 17,1-11a

Habiendo dicho estas cosas, Jesús miró al cielo y dijo: "Padre, la hora ha llegado. Glorifica a tu Hijo, para que también tu Hijo te glorifique a ti. Pues tú has dado a tu Hijo autoridad sobre todos los hombres, para que dé vida eterna a los que le confiaste. Y la vida eterna consiste en que te conozcan a ti, el único Dios verdadero, y a Jesucristo, a quien tú enviaste. Yo te he glorificado aquí en el mundo, pues he terminado lo que me encargaste que hiciera. Ahora pues, Padre, dame en tu presencia la misma gloria que yo tenía contigo desde antes que existiera el mundo. A los que del mundo escogiste para confiármelos, les he hecho saber quién eres. Eran tuyos, y tú me los confiaste y han hecho caso a tu palabra. Ahora saben que todo lo que me confiaste viene de ti, pues les he dado el mensaje que me diste y lo han aceptado. Han comprendido que en verdad he venido de ti, y han creído que tú me enviaste. Te ruego por ellos. No ruego por los que son del mundo, sino por los que me confiaste, porque son tuyos. Todo lo mío es tuyo y lo tuyo es mío; y mi gloria se hace visible en ellos. Yo no voy a seguir en el mundo, pero ellos sí van a seguir en el mundo, mientras que yo voy para estar contigo".

Jesús dice al Padre: misión cumplida. Ha enseñado a la humanidad cómo es Dios, cómo nos quiere Dios y cómo, mediante el amor de unos a otros, podemos llegar al corazón de Dios. Ahora es nuestra la misión de testimoniar esa salvación. Pero el creer no nos ahorra el caminar en el mundo como cualquier otro ser humano. En el fondo de nuestro corazón está la certeza de que Jesús ora por nosotros, nos protege para que no perdamos nunca la esperanza en la victoria sobre la muerte. Somos los suyos, dispuestos a procurar una nueva humanidad redimida del dolor y del mal.

20 MAYO

Miércoles

PASCUA 7ª SEMANA (f)

Hch 20,28-38
Sal 67. *Reyes de la tierra, cantad a Dios.*
Jn 17,11b-19

En aquel tiempo dijo Jesús: "Padre santo, cuídalos con el poder de tu nombre, el nombre que me has dado, para que estén completamente unidos, como tú y yo. Cuando estaba con ellos en este mundo, los cuidaba y los protegía con el poder de tu nombre, el nombre que me has dado. Y ninguno de ellos se perdió, sino aquel que ya estaba perdido, para que se cumpliera lo que dice la Escritura. Ahora voy a ti; pero digo estas cosas mientras estoy en el mundo, para que ellos se llenen de la misma perfecta alegría que yo tengo. Yo les he comunicado tu palabra; pero el mundo los odia porque no son del mundo, como tampoco yo soy del mundo. No te pido que los saques del mundo, sino que los protejas del mal. Así como yo no soy del mundo, tampoco ellos son del mundo. Conságralos a ti por medio de la verdad: tu palabra es la verdad. Como me enviaste a mí al mundo, así yo los envío. Y por causa de ellos me consagro a mí mismo, para que también ellos sean consagrados por medio de la verdad".

El cuidado de los demás es el ejemplo central de Jesús. Cuidó a todo el que se cruzó en su camino. Preguntó qué quería cada cual: la mujer, el enfermo, el buscador, el arrepentido y el que se consideraba imperdonable, etc. El cuidado de los demás produce la alegría profunda, la que brota de la generosidad sin límites y combate el cálculo, la tacañería y la reserva de quien se aísla en su soledad y egoísmo. Las personas generosas generalmente no gustan a la opinión pública pues pasan por incautas. Pero quien da sabe que esta es la única manera de cambiar las cosas y sacar del corazón la certeza de que ganar es perder.

Hch 22,30; 23,6-11
Sal 15. *Protégeme, Dios mío, que me refugio en ti.*
Jn 17,20-26

En aquel tiempo dijo Jesús: "No té ruego solamente por éstos, sino también por los que han de creer en mí al oír el mensaje de ellos. Te pido que todos ellos estén unidos; que como tú, Padre, estás en mí y yo en ti, también ellos estén en nosotros, para que el mundo crea que tú me enviaste. Les he dado la misma gloria que tú me diste, para que sean una sola cosa como tú y yo somos una sola cosa: yo en ellos y tú en mí, para que lleguen a ser perfectamente uno y así el mundo sepa que tú me enviaste y que los amas como me amas a mí. Padre, tú me los confiaste, y quiero que estén conmigo donde yo voy a estar, para que vean mi gloria, la gloria que me has dado; porque me has amado desde antes de la creación del mundo. Padre justo, los que son del mundo no te conocen; pero yo te conozco, y éstos también saben que tú me enviaste. Les he dado a conocer quién eres, y seguiré haciéndolo, para que el amor que me tienes esté en ellos, y yo mismo esté en ellos".

E l testimonio más claro de los creyentes es nuestro amor mutuo. La unidad de los corazones es un signo de que el mundo de las relaciones humanas puede ser de otra manera. Cuando prima la competitividad, la violencia y la agresividad, que haya hombres y mujeres que se consideran hermanos, y que están dispuestos a ayudarse, es una transformación de la maldad dominante desde el corazón. Conocer así a Jesús es conocer a Dios, que es Padre de todos, una visión anticipada de la gloria de Dios que puede hacerse posible en algunos lugares de la historia cuando hay mujeres y hombres buenos.

Hch 25,13-21
Sal 102. *El Señor puso en el cielo su trono.*
Jn 21,15-19

Cuando ya habían comido, Jesús preguntó a Simón Pedro: "Simón, hijo de Juan, ¿me amas más que estos?". Pedro le contestó: "Sí, Señor, tú sabes que te quiero". Jesús le dijo: "Apacienta mis corderos". Volvió a preguntarle: "Simón, hijo de Juan, ¿me amas?". Pedro le contestó: "Sí, Señor, tú sabes que te quiero". Jesús le dijo: "Apacienta mis ovejas". Por tercera vez le preguntó: "Simón, hijo de Juan, ¿me quieres?". Pedro, entristecido porque Jesús le preguntaba por tercera vez si le quería, le contestó: "Señor, tú lo sabes todo: tú sabes que te quiero". Jesús le dijo: "Apacienta mis ovejas. Te aseguro que cuando eras más joven te vestías para ir a donde querías; pero cuando seas viejo, extenderás los brazos y otro te vestirá y te llevará a donde no quieras ir". Al decir esto, Jesús estaba dando a entender de qué manera Pedro había de morir, y cómo iba a glorificar a Dios con su muerte. Después le dijo: "¡Sígueme!".

E l seguimiento de Jesús nos puede llevar a situaciones de vida inesperadas: paisajes que no habíamos soñado ver y que aparecen ante nuestros ojos como los lugares donde la felicidad es posible. La lógica del amor hace posible la transformación de la realidad, un mundo posible donde no domine el mal. Jesús le hace a Pedro una pregunta descarada: ¿Me amas…? Nos enseña que, preguntar eso, es el primer paso para unirse. Si tenemos la valentía de decir que sí, el matrimonio será posible; el cuidado de los demás, una realidad; el sacerdocio, servicio; la soledad, un lugar de armonía y de paz.

Hch 28,16-20.30-31
Sal 10. *Los buenos verán tu rostro, Señor.*
Jn 21,20-25

Pedro se volvió y vio que detrás de él venía el discípulo a quien Jesús quería mucho, el mismo que en la cena había estado junto a él y le había preguntado: "Señor, ¿quién es el que va a traicionarte?". Cuando Pedro le vio, preguntó a Jesús: "Señor, ¿y qué hay de este?". Jesús le contestó: "Si yo quiero que permanezca hasta mi regreso, ¿qué te importa a ti? Tú sígueme". Por esto corrió entre los hermanos el rumor de que aquel discípulo no moriría. Pero Jesús no había dicho que no moriría, sino: "Si yo quiero que permanezca hasta mi regreso, ¿qué te importa a ti?". Éste es el mismo discípulo que da testimonio de estas cosas y lo ha escrito. Y sabemos que dice la verdad. Jesús hizo otras muchas cosas. Tantas que, si se escribieran una por una, creo que en todo el mundo no cabrían los libros que podrían escribirse.

L a vida y la obra de Jesús son inagotables. Quien se acerca asiduamente al Evangelio se da cuenta de que no es una lectura para solo el conocimiento erudito. Se trata de leer para vivir, conocer para poner en práctica, escuchar para orar. Las palabras y los hechos de Jesús son ricos en significado, interpelan a la situación en la que cada uno está. Ser un testigo viviente del Evangelio hace que la buena noticia de la salvación se expanda y no se quede encerrada en el fervor individual, sino que contribuya a que la tierra se parezca cada día un poquito a lo que Dios quiere de ella.

24 DOMINGO
MAYO

Hch 2,1-11

Cuando llegó la fiesta de Pentecostés, todos los creyentes se encontraban reunidos en un mismo lugar. De pronto, un gran ruido que venía del cielo, como de un viento fuerte, resonó en toda la casa donde estaban. Y se les aparecieron lenguas como de fuego, repartidas sobre cada uno de ellos. Todos quedaron llenos del Espíritu Santo, y comenzaron a hablar en otras lenguas según el Espíritu les daba que hablasen (…).

Sal 103. *Envía tu Espíritu, Señor, y repuebla la faz de la tierra.*

1Co 12,3b-7.12-13

Tampoco puede decir nadie: "¡Jesús es Señor!"., si no está hablando por el poder del Espíritu Santo. Los dones que recibimos son diversos, pero el que los concede es un mismo Espíritu. Hay diversas maneras de servir, pero todas lo son por encargo de un mismo Señor. Y hay diversos poderes para actuar, pero es un mismo Dios el que lo realiza todo en todos. Dios da a cada uno alguna prueba de la presencia del Espíritu, para provecho de todos. El cuerpo humano, aunque está formado por muchas partes, es un solo cuerpo. Así también Cristo. De la misma manera, todos nosotros, judíos o no judíos, esclavos o libres, fuimos bautizados para formar un solo cuerpo por medio de un solo Espíritu; y a todos se nos dio a beber de ese mismo Espíritu.

Jn 20,19-23

Al llegar la noche de aquel mismo día, primero de la semana, los discípulos estaban reunidos y tenían las puertas cerradas por miedo a los judíos. Jesús entró y, poniéndose en medio de los discípulos, los saludó diciendo: "¡Paz a vosotros!". Dicho esto, les mostró las manos y el costado. Y ellos se alegraron de ver al Señor. Luego Jesús dijo de nuevo: "¡Paz a vosotros! Como el Padre me envió a mí, también yo os envío a vosotros". Dicho esto, sopló sobre ellos y añadió: "Recibid el Espíritu Santo. A quienes perdonéis los pecados, les quedarán perdonados; y a quienes no se los perdonéis, les quedarán sin perdonar".

Pentecostés es la inversión de lo que sucedió en la torre de Babel. El Espíritu une los corazones de los creyentes, forma la Iglesia sobre la base de una lengua común: el mensaje de la salvación de Dios ofrecido por Cristo Jesús.

El Espíritu unifica un cuerpo, donde cada uno de los que creemos somos una parte esencial de la Iglesia, y donde nadie es prescindible. Todos bebemos del mismo Espíritu, significa que Dios se sigue revelando en la Iglesia en nuestras vidas, actúa en el mundo la salvación, para que nada ni nadie nos pueda separar del amor de Dios.

Ahora que en el mundo es ya casi posible hablar la misma lengua, gracias a la tecnología, nos queda el paso más decisivo: hablar la misma lengua del amor de Dios con nuestros hechos y nuestras palabras. Este es un largo curso de idiomas, pero los que creemos lo hacemos posible con el Espíritu de Jesús que realiza aprendizajes increíbles.

Hch 1,12-14

Sal 86. *¡Qué pregón tan glorioso para ti, ciudad de Dios!*

Jn 19,25-34

Junto a la cruz de Jesús estaban su madre y la hermana de su madre, María, esposa de Cleofás, y María Magdalena. Cuando Jesús vio a su madre y junto a ella al discípulo a quien él quería mucho, dijo a su madre: "Mujer, ahí tienes a tu hijo". Luego dijo al discípulo: "Ahí tienes a tu madre". Desde entonces, aquel discípulo la recibió en su casa. Después de esto, como Jesús sabía que ya todo se había cumplido, y para que se cumpliera la Escritura, dijo: "Tengo sed". Había allí una jarra llena de vino agrio. Empaparon una esponja en el vino, la ataron a una rama de hisopo y se la acercaron a la boca. Jesús bebió el vino agrio y dijo: "Todo está cumplido". Luego inclinó la cabeza y murió. Era el día de la preparación de la Pascua. Los judíos no querían que los cuerpos quedasen en las cruces durante el sábado, pues precisamente aquel sábado era muy solemne. Por eso pidieron a Pilato que ordenara quebrar las piernas a los crucificados y quitar de allí los cuerpos. Fueron entonces los soldados y quebraron las piernas primero a uno y luego al otro de los crucificados junto a Jesús. Pero al acercarse a Jesús vieron que ya había muerto. Por eso no le quebraron las piernas. Sin embargo, uno de los soldados le atravesó el costado con una lanza, y al momento salió sangre y agua.

María ofrece en la escena de la muerte de Jesús el último salto de la fe. Acepta que el grano de trigo muera para que la salvación pueda dar fruto. Es la Madre que, entregada al discípulo amado, desde ese momento es Madre de la Iglesia. La comunidad nace del acto de fe de María, confiada en que el Espíritu de su Hijo no nos abandonará jamás. La Iglesia nace del acto de fe de quien se fía de Dios ante un final tan desastroso. Y nacerá de Ella como el cuerpo de Cristo resucitado para toda la humanidad. Hoy nos miramos en Ella para pedir su intercesión por todos los que aún compartimos este valle de lágrimas.

1Pe 1,10-16
Sal 97. *El Señor da a conocer su victoria.*
Mc 10,28-31

Pedro comenzó a decirle: "Nosotros hemos dejado todo lo que teníamos y te hemos seguido". Jesús respondió: "Os aseguro que todo el que por mi causa y por causa del evangelio deje casa, hermanos, hermanas, madre, padre, hijos o tierras, recibirá ya en este mundo cien veces más en casas, hermanos, hermanas, madres, hijos y tierras, aunque con persecuciones; y en el mundo venidero recibirá la vida eterna. Pero muchos que ahora son los primeros serán los últimos; y muchos que ahora son los últimos serán los primeros".

La generosidad tiene un efecto multiplicador. ¿Quién no ha experimentado que cuanto más se da más se recibe? Esta es una lógica desconocida para quien acapara o es avaricioso con sus bienes, con su tiempo o su vida. Quien entrega su vida se ve recompensado con sorpresas, amigos, regalos imprevisibles con los que no se había contado… La mejor inversión, porque invierte la realidad, es la generosidad; al final siempre es rentable. Colocarse así en una posición de pérdida, ser el último, puede desencadenar una reacción en quienes nos observan con envidia, porque, al fin y al cabo, no tenemos nada que perder y siempre algo que ganar.

1Pe 1,18-25
Sal 147. *Glorifica al Señor, Jerusalén.*
Mc 10,32-45

Se dirigían a Jerusalén y Jesús caminaba delante de los discípulos. (...) Santiago y Juan, hijos de Zebedeo, se acercaron a Jesús y le dijeron: "Maestro, queremos que nos hagas el favor que vamos a pedirte. (...) Concédenos que en tu reino glorioso nos sentemos el uno a tu derecha y el otro a tu izquierda". Jesús les contestó: "No sabéis lo que pedís. ¿Acaso podéis beber esa copa amarga que voy a beber yo, y recibir el bautismo que yo voy a recibir?". Ellos contestaron: "Podemos". Jesús les dijo: "Vosotros beberéis esa copa amarga y recibiréis el bautismo que yo voy a recibir, pero el que os sentéis a mi derecha o a mi izquierda no me corresponde a mí darlo. Les será dado a aquellos para quienes está preparado". Cuando los otros diez discípulos oyeron todo esto, se enojaron con Santiago y Juan. Pero Jesús los llamó y les dijo: "Sabéis que entre los paganos hay jefes que creen tener el derecho de gobernar con tiranía a sus súbditos, y sobre estos descargan los grandes el peso de su autoridad. Pero entre vosotros no debe ser así. Al contrario, el que quiera ser grande entre vosotros, que sirva a los demás; y el que entre vosotros quiera ser el primero, que sea esclavo de todos. Porque tampoco el Hijo del hombre ha venido para ser servido, sino para servir y dar su vida en pago de la libertad de todos".

No es extraño que los discípulos se desconcertaran con las palabras de Jesús. Hoy en día siguen siendo un escándalo y una provocación. ¿Quién se puede creer que el grande es el que se hace pequeño...? El mundo nos dice: "las cosas no funcionan así". Y es cierto: así las cosas verdaderamente no funcionan, el ser humano destruye a los demás, se aprovecha, genera muerte y destrucción. Gracias a Dios hay muchas personas que hacen realidad todo lo contario: el servicio a los pequeños, la caridad, la entrega son las únicas propuestas reales de transformación de un mundo inhumano.

Gn 22,9-18
Sal 39. *Aquí estoy, Señor, para hacer tu voluntad.*
Mt 26,36-42

Luego fue Jesús con sus discípulos a un lugar llamado Getsemaní, y les dijo: "Sentaos aquí mientras yo voy más allá a orar". Se llevó a Pedro y a los dos hijos de Zebedeo, y comenzó a sentirse muy triste y angustiado. Les dijo: "Siento en mi alma una tristeza de muerte. Quedaos aquí y permaneced despiertos conmigo". Y adelantándose unos pasos, se inclinó hasta el suelo y oró, diciendo: "Padre mío, si es posible, líbrame de esta copa amarga; pero no se haga lo que yo quiero, sino lo que quieres tú". Luego volvió adonde estaban los discípulos y los encontró dormidos. Dijo a Pedro: "¿Ni siquiera una hora habéis podido permanecer despiertos conmigo? Permaneced despiertos y orad para no caer en tentación. Tenéis buena voluntad, pero vuestro cuerpo es débil". Por segunda vez se fue, y oró así: "Padre mío, si no es posible evitar que yo sufra esta prueba, hágase tu voluntad".

El mundo de los sentimientos es libre. En esta escena Jesús muestra su lado más humano: la experiencia de la tristeza, la angustia y la falta de compañía. El texto muestra un Jesús solidario con todas las personas que experimentan cada día la depresión, el desánimo y la soledad. Nada de nuestra humanidad le fue ajeno a Jesús; sin embargo, su abandono en Dios era la prueba de su confianza de que en ninguna situación adversa el Padre le abandonaría. Poner nuestra confianza en Dios, cuando todo está oscuro, es un acto de fe en el amor de Dios que nunca nos faltará.

29 MAYO

Viernes

TIEMPO ORDINARIO 8ª SEMANA (f)

1Pe 4,7-13
Sal 95. *Llega el Señor a regir la tierra.*
Mc 11,11-26

Entró Jesús en Jerusalén y se dirigió al templo. Miró por todas partes y luego se fue a Betania con los doce discípulos, porque ya era tarde. Al día siguiente, cuando salían de Betania, Jesús sintió hambre. Vio de lejos una higuera que tenía hojas y se acercó a ver si también tenía fruto; pero no encontró más que las hojas, porque no era tiempo de higos. Entonces dijo a la higuera: "¡Nunca más coma nadie de tu fruto!". Sus discípulos lo oyeron. Después que llegaron a Jerusalén, entró Jesús en el templo y comenzó a expulsar a los que allí estaban vendiendo y comprando. (...) Se puso a enseñar, diciendo: "Las Escrituras dicen: 'Mi casa será casa de oración para todas las naciones', pero vosotros la habéis convertido en una cueva de ladrones". (...) A la mañana siguiente, pasando junto a la higuera, vieron que se había secado de raíz. Entonces Pedro (...) dijo a Jesús: "Maestro, mira, la higuera que maldijiste se ha secado". Jesús les contestó: "Tened fe en Dios. Os aseguro que si alguien dice a ese monte: '¡Quítate de ahí y arrójate al mar!', y no lo hace con dudas, sino creyendo que ha de suceder lo que dice, entonces sucederá. Por eso os digo que todo lo que pidáis en oración, creed que ya lo habéis conseguido y lo recibiréis. Y cuando estéis orando, perdonad lo que tengáis contra otro, para que también vuestro Padre que está en el cielo os perdone vuestros pecados".

Orar siempre es una apuesta por Dios. Tener fe significa referir la vida y los acontecimientos a la voluntad que Dios tiene para cada uno de nosotros. Pero cualquier oración pasa por la mirada a los acontecimientos, la valoración de lo que vale o no vale la pena, y la apertura de la mirada hacia el prójimo. No se puede orar con un corazón estéril, es como una higuera sin fruto, oprimida por la sequedad del rencor o la enemistad. Jesús quiere hacer revivir esa fe, ser nueva savia para la planta de nuestra existencia, para que no la sequen ni se seque.

Sábado

SAN FERNANDO (ML)

Jud 17.20b-25
Sal 62. *Mi alma está sedienta de ti, Señor, Dios mío.*
Mc 11,27-33

Después de esto regresaron a Jerusalén, y mientras Jesús andaba por el templo se acercaron a él los jefes de los sacerdotes, los maestros de la ley y los ancianos, y le preguntaron: "¿Con qué autoridad haces estas cosas? ¿Quién te ha dado la autoridad para hacerlas?". Jesús les contestó: "Yo también os voy a hacer una pregunta: ¿Quién envió a Juan a bautizar: Dios o los hombres? Contestadme. Si me dais la respuesta, yo os diré con qué autoridad hago estas cosas". Ellos se pusieron a discutir unos con otros: "Si respondemos que lo envió Dios, va a decir: 'Entonces, ¿por qué no le creísteis?' ¿Y cómo vamos a decir que le enviaron los hombres?". Y es que tenían miedo de la gente, pues todos creían que Juan era verdaderamente un profeta. Así que respondieron a Jesús: "No lo sabemos". Entonces Jesús les contestó: "Pues tampoco yo os digo con qué autoridad hago estas cosas".

La displicente respuesta final del texto de hoy nos muestra a un Jesús inteligente. Muchas veces parece que la vida cristiana fuera una renuncia a pensar. Un cristiano consciente de su opción no renuncia al debate con quienes niegan su fe. No todo el mundo ha de seguir ese camino de defensa, pero no es malo pensar que nuestro Maestro no se acobardaba ante los prepotentes y altaneros. Su fuerza surgía de la autoridad de quien era el Hijo de Dios. Venía de lo alto, y nos ha prometido que nosotros podemos hacer lo que Él hizo y aun cosas mayores.

Ex 34,4b-6.8-9

Al día siguiente, muy temprano, tomó las dos tablas de piedra y subió al monte Sinaí, tal como el Señor se lo había ordenado. Entonces el Señor bajó en una nube y estuvo allí con Moisés, y pronunció su propio nombre. Pasó delante de Moisés, diciendo en voz alta: "¡El Señor! ¡El Señor! ¡Dios tierno y compasivo, paciente y grande en amor y verdad!". Rápidamente Moisés se inclinó hasta tocar el suelo con la frente, y adoró al Señor diciendo: "¡Señor! ¡Señor!, si en verdad me he ganado tu favor, acompáñanos. Esta gente es realmente muy terca, pero perdónanos nuestros pecados y maldad, y acéptanos como tu pueblo".

Sal: Dn 3,52-56. *A ti gloria y alabanza por los siglos.*

2Co 13,11-13

Termino, hermanos, deseando que viváis felices y que busquéis la perfección en vuestra vida. Animaos y vivid en armonía y paz, y el Dios de amor y de paz estará con vosotros. Saludaos los unos a los otros con un beso santo. Todos los hermanos en la fe os mandan saludos. Que la gracia del Señor Jesucristo, el amor de Dios y la participación del Espíritu Santo estén con todos vosotros.

Jn 3,16-18

En aquel tiempo dijo Jesús a Nicodemo: "Tanto amó Dios al mundo, que dio a su Hijo único, para que todo aquel que cree en él no muera, sino que tenga vida eterna. Porque Dios no envió a su Hijo al mundo para condenar al mundo, sino para salvarlo. El que cree en el Hijo de Dios no está condenado; pero el que no cree, ya ha sido condenado por no creer en el Hijo único de Dios".

¡Señor!, ¡Señor, acompáñanos! La bella súplica de Moisés se ha hecho realidad con la cercanía de Jesús, sus palabras, sus milagros, etc. Él nos ha regalado el amor de Dios, la armonía y la paz: el beso de Dios al género humano que lo salva.

La fuente de la vida es el conocimiento de Cristo. De ella mana optimismo y esperanza. La fe no procura tristeza o miedo a la condenación y al juicio divino; si fuera así, no habrían merecido la pena todas las palabras y las obras de Jesús, mucho menos su muerte.

Él nos ha regalado el mensaje de que Dios quiere que todos los seres humanos se salven y lleguen al conocimiento de la verdad. Entonces, ¡ánimo! Nada nos puede separar del amor de Dios; además su Espíritu sopla en nosotros, nos va llevando por caminos inesperados y sorprendentes de amor y paz.

2Pe 1,1-7
Sal 90. *Dios mío, confío en ti.*
Mc 12,1-12

Jesús comenzó a hablarles por medio de parábolas. Les dijo: "Un hombre plantó una viña, le puso una cerca, construyó un lagar y levantó una torre para vigilarlo todo. Luego la arrendó a unos labradores y se fue de viaje. A su debido tiempo mandó un criado a pedir a los labradores la parte de cosecha que le correspondía. Pero ellos le echaron mano, le golpearon y lo enviaron con las manos vacías. Entonces el dueño mandó otro criado, pero a éste lo hirieron en la cabeza y lo insultaron. Mandó otro, y a éste lo mataron. Después mandó otros muchos, pero a unos los golpearon y a otros los mataron. Todavía le quedaba uno: su propio hijo, a quien quería mucho. A él lo mandó el último, pensando: 'Sin duda, respetarán a mi hijo.' Pero los labradores se dijeron unos a otros: 'Éste es el heredero; matémoslo y la viña será nuestra.' Así que lo cogieron, lo mataron y arrojaron su cuerpo fuera de la viña. ¿Qué hará el dueño de la viña? Pues irá, matará a aquellos labradores y dará la viña a otros. (...)". Quisieron entonces apresar a Jesús, porque sabían que la parábola iba contra ellos. Pero como tenían miedo de la gente, le dejaron y se fueron.

Controversias, en Galilea, al inicio de su predicación. Controversias, en Jerusalén, cuando el final está cerca. Controversias, y siempre con aquellos que creen saber tanto sobre Dios que no se dejan sorprender por su presencia. ¡Qué difícil la conversión de aquellos que, por creerse buenos, se sienten dueños del don de Dios! Y Jesús, nuevamente, habla en parábolas. Y ellos entienden: han usurpado el lugar de Dios en medio del pueblo y se sienten acusados.... Y, por eso, en el centro de la parábola, el actuar de Dios: con entrañable misericordia insiste una y otra vez; y en su amorosa insistencia envía finalmente a su propio Hijo... Pero no hay renuncia al propio poder, querer e interés... ¿Dejaré que Dios sorprenda mi vida?

Martes

TIEMPO ORDINARIO 9ª SEMANA (f)

2Pe 3,12-15a.17-18
Sal 89. *Señor, tú has sido nuestro refugio de generación en generación.*
Mc 12,13-17

Enviaron a Jesús a unos de los fariseos y del partido de Herodes, para sorprenderle en alguna palabra y acusarle. Estos fueron y le dijeron: "Maestro, sabemos que tú siempre dices la verdad, sin dejarte llevar por lo que dice la gente, porque no juzgas a los hombres por su apariencia. Tú enseñas a vivir como Dios ordena. ¿Estamos nosotros obligados a pagar impuestos al césar, o no? ¿Debemos o no debemos pagarlos?". Pero Jesús, que conocía su hipocresía, les dijo: "¿Por qué me tendéis trampas? Traedme un denario, que lo vea". Se lo llevaron y Jesús les dijo: "¿De quién es esta imagen y el nombre aquí escrito?". Le contestaron: "Del césar". Entonces Jesús les dijo: "Pues dad al césar lo que es del césar, y a Dios lo que es de Dios". Esta respuesta los dejó admirados.

La "autoridad" que el pueblo ha otorgado a Jesús –aclamado al entrar en Jerusalén– es puesta en cuestión, como siempre, por aquellos que no se dejan sorprender por Dios. Y, por eso, su pregunta no es búsqueda, sino calculada oportunidad para condenar a Jesús. Porque la pregunta es difícil, conflictiva: siempre ha sido, y será difícil discernir la adecuada relación entre fe y política. Y la respuesta de Jesús: "dad al César… y a Dios…" causa admiración porque es sumamente exigente: se puede estar contra el César sin estar, por ello, de parte de Dios. Y, sobre todo, ¿no le corresponderá a la parte de Dios la defensa del afligido, del pobre, del explotado… del privado de su dignidad? Estar al lado de los pobres, ser la voz de los que no tienen voz, ¿será meterse en política?, ¿o dar a Dios lo que es de Dios?

2Tm 1,1-3.6-12
Sal 122. *A ti, Señor, levanto mis ojos.*
Mc 12,18-27

Entonces algunos saduceos acudieron a ver a Jesús. Los saduceos niegan la resurrección de los muertos y por eso le plantearon este caso: "Maestro, Moisés nos dejó escrito que si un hombre casado muere sin haber tenido hijos con su mujer, el hermano del difunto deberá tomar por esposa a la viuda para dar hijos al hermano que murió. Pues bien, había una vez siete hermanos, el primero de los cuales se casó, pero murió sin dejar hijos. Entonces el segundo se casó con la viuda, pero él también murió sin dejar hijos. Lo mismo le pasó al tercero y así hasta los siete, ninguno de los cuales dejó hijos. Finalmente murió también la mujer. Pues bien, en la resurrección, cuando resuciten, ¿cuál de ellos la tendrá por esposa, si los siete estuvieron casados con ella?". Jesús les contestó: "Estáis equivocados porque no conocéis las Escrituras ni el poder de Dios. Cuando los muertos resuciten, los hombres y las mujeres no se casarán, sino que serán como los ángeles que están en el cielo. Y en cuanto a que los muertos resucitan, ¿no habéis leído en el libro de Moisés el pasaje de la zarza ardiendo cuando Dios dijo a Moisés: 'Yo soy el Dios de Abraham, de Isaac y de Jacob?' ¡Y Dios no es Dios de muertos, sino de vivos! Así que estáis muy equivocados".

Los saduceos son un grupo de poder con capacidad de imponer sus intereses a los representantes religiosos del pueblo. Su intención es dejar en ridículo a Jesús para quebrar su autoridad. Pero su respuesta: "serán como ángeles…" vuelve a causar admiración. Se trata de la verdad que ha dado sentido a su vida y que tiene que dar sentido a la nuestra: "¡Dios no es un Dios de muertos, sino de vivos!". La respuesta habla de Dios. Y lo que anuncia es claro: el Dios capaz de recrear todo lo creado nunca permitirá que su alianza con el ser humano sea vencida por la muerte. Dios quiere nuestra vida y ha entregado a su Hijo para que tengamos vida y vida abundante: amor que vence a la muerte.

Jueves

Tiempo Ordinario 9ª semana (f)

2Tm 2,8-15
Sal 24. *Señor, enséñame tus caminos.*
Mc 12,28b-34

Al ver lo bien que Jesús había contestado a los saduceos, uno de los maestros de la ley, que les había oído discutir, se acercó a él y le preguntó: "¿Cuál es el primero de todos los mandamientos?". Jesús le contestó: "El primer mandamiento de todos es: 'Oye, Israel, el Señor nuestro Dios es el único Señor. Ama al Señor tu Dios con todo tu corazón, con toda tu alma, con toda tu mente y con todas tus fuerzas.' Y el segundo es: 'Ama a tu prójimo como a ti mismo.' Ningún mandamiento es más importante que estos". El maestro de la ley dijo: "Muy bien, Maestro. Es verdad lo que dices: Dios es uno solo y no hay otro fuera de él. Y amar a Dios con todo el corazón, con todo el entendimiento y con todas las fuerzas, y amar al prójimo como a uno mismo, vale más que todos los holocaustos y que todos los sacrificios que se queman en el altar". Al ver Jesús que el maestro de la ley había contestado con buen sentido, le dijo: "No estás lejos del reino de Dios". Y ya nadie se atrevió a hacerle más preguntas.

Pero el Dios de la vida insiste, no deja de insistir y, a veces, el corazón de esos que creen saberlo todo sobre Dios se deja sorprender por su don. Y, entonces, se busca el querer de Dios. Y es bello constatar que las palabras de Jesús y las palabras del maestro de la ley son intercambiables. Y empezamos a entender que el culmen de la mística cristiana es la obediencia a la Palabra: hospedar en nuestro corazón las palabras de Jesús, descentrarnos de nuestro yo y centrarnos en Dios "con toda el alma, con toda la mente, con todas las fuerzas". ¿Y cómo saber si nuestro corazón está centrado en Dios? El criterio es claro: amar con gratuidad al prójimo, al próximo: "esto vale más que todos los holocaustos y sacrificios". Y la vida humana se acerca al reino de Dios... Y las controversias terminan.

2Tm 3,10-17
Sal 118. *Mucha paz tienen los que aman tus leyes, Señor.*
Mc 12,35-37

Jesús estaba enseñando en el templo y preguntó: "¿Por qué dicen los maestros de la ley que el Mesías desciende de David? David mismo, inspirado por el Espíritu Santo, dijo: 'El Señor dijo a mi Señor: Siéntate a mi derecha hasta que yo ponga a tus enemigos debajo de tus pies.' Pero, ¿cómo puede el Mesías descender de David, si David mismo le llama Señor?". La gente, que era mucha, escuchaba con gusto a Jesús.

Y "la gente, que era mucha, escuchaba con gusto a Jesús". Escuchar, no solo oír. Escuchar, no solo hacer. Escuchar, no solo buscar. Porque quizá en la paciente escucha, que deja el hacer (autoafirmación) y el buscar (desde el propio querer e interés) y comienza a esperar el don se abre la oportunidad de reconocer al Dios de la vida como único Señor de la vida y de reconocer, también, a su Hijo, Jesús, el Cristo, como cuerpo que revela su presencia. Y el corazón humano, ese corazón que está llamado a descansar en Dios, se va configurando desde su voluntad. Porque quizá cuando dejamos de hacer y de buscar y comenzamos a esperar con esperanza inquebrantable (pasividad mística) el don de Dios, la vida humana, esperando todo de Dios, empieza a entender de verdadera fidelidad.

2Tm 4,1-8
Sal 70. *Mi boca contará tu salvación, Señor.*
Mc 12,38-44

Jesús decía en su enseñanza: "Guardaos de los maestros de la ley, pues les gusta andar con ropas largas y que los saluden con todo respeto en la calle. Buscan los asientos de honor en las sinagogas y los mejores puestos en los banquetes, y so pretexto de hacer largas oraciones devoran las casas de las viudas. ¡Esos recibirán mayor castigo!".

Jesús, sentado en una ocasión frente a las arcas de las ofrendas, miraba cómo la gente echaba dinero en ellas. Muchos ricos echaban mucho dinero, pero en esto llegó una viuda pobre que echó en una de las arcas dos monedas de cobre de muy poco valor. Entonces Jesús llamó a sus discípulos y les dijo: "Os aseguro que esta viuda pobre ha dado más que ninguno de los que echan dinero en el arca; pues todos dan de lo que les sobra, pero ella, en su pobreza, ha dado todo lo que tenía para su sustento".

Las controversias han terminado. Es tiempo de hospedar con humildad la sabiduría de Dios. Desconfiemos de las voces que nos invitan al tener, al éxito, al exceso de saber, a la propia autoafirmación… Y hagamos nuestra la actitud de esa viuda que, porque puso toda su confianza en Dios, fue capaz de entregar "todo lo que tenía para su sustento". Y en este quedarse solo a solas con Dios dejemos que Él haga su obra. Nuestra vida, entonces, será luz, luminosa luz, y la fidelidad será lo que está llamada a ser: no carga pesada, sino camino de auténtica felicidad. Dejemos alguna vez nuestro yo y sus deseos de autoafirmación y, entregando todo, confiemos en el hacer de Dios.

Dt 8,2-3.14b-16a

Acordaos de todo el camino que el Señor vuestro Dios os hizo recorrer en el desierto durante cuarenta años (...), a fin de conocer vuestros pensamientos y saber si ibais a cumplir o no sus mandamientos. Y aunque os hizo sufrir y pasar hambre, después os alimentó con maná, comida que ni vosotros ni vuestros antepasados habíais conocido, para haceros saber que no sólo de pan vive el hombre, sino de todo lo que sale de los labios del Señor. (...).

Sal 147. *Glorifica al Señor, Jerusalén.*

1Co 10,16-17

Beber de la copa bendita por la cual bendecimos a Dios, ¿no es comunión con la sangre de Cristo? Y comer del pan que partimos, ¿no es comunión con el cuerpo de Cristo? Uno solo es el pan, y nosotros, aunque somos muchos, formamos un solo cuerpo al compartir el mismo pan.

Jn 6,51-58

En aquel tiempo dijo Jesús: "Yo soy el pan vivo que ha bajado del cielo; el que coma de este pan vivirá para siempre. El pan que yo daré es mi propio cuerpo. Lo daré por la vida del mundo". Los judíos se pusieron a discutir unos con otros: "¿Cómo puede éste darnos a comer su propio cuerpo?". Jesús les dijo: "Os aseguro que si no coméis el cuerpo del Hijo del hombre y no bebéis su sangre, no tendréis vida. El que come mi cuerpo y bebe mi sangre tiene vida eterna; y yo le resucitaré el día último. Porque mi cuerpo es verdadera comida, y mi sangre verdadera bebida. El que come mi cuerpo y bebe mi sangre vive unido a mí, y yo vivo unido a él. El Padre, que me ha enviado, tiene vida, y yo vivo por él. De la misma manera, el que me coma vivirá por mí. Hablo del pan que ha bajado del cielo. Este pan no es como el maná que comieron vuestros antepasados, que murieron a pesar de haberlo comido. El que coma de este pan, vivirá para siempre".

El pueblo de Israel y Jesús aprenden en el desierto la gran fidelidad que exige el Dios de la vida: "no solo de pan vive el hombre, sino de toda palabra que sale de la boca de Dios". Pero esta exigencia nunca podrá ser respondida si el mismo Dios de la vida no alimenta la vida humana.

Por eso, Dios da de comer a su pueblo y nos otorga la gracia, en la plenitud de los tiempos, de que su Hijo, ya resucitado, se quede como "alimento" para que la respuesta humana sea posible. Y desde entonces no tenemos que esperar que venga del "cielo" la palabra, el agua, el aceite, el pan y el vino... Se trata de hospedar con generosidad su entrega, de vivir en común-unión, comunión, con ese Cuerpo que siempre engendró encuentro, curación, verdad, libertad y amor.

Haciéndonos con-corpóreos y con-sanguíneos con Jesús el Cristo, será posible dar testimonio luchando por construir comunidades fraternas desde ese amor que habita en la comunión eucarística porque "aunque somos muchos, formamos un solo cuerpo al compartir el mismo pan".

8 JUNIO

Lunes

TIEMPO ORDINARIO 10ª SEMANA (f)

1Re 17,1-6
Sal 120. *Nuestro auxilio es el nombre del Señor, que hizo el cielo y la tierra.*
Mt 5,1-12

Al ver la multitud, Jesús subió al monte y se sentó. Sus discípulos se le acercaron, y él comenzó a enseñarles diciendo: "Dichosos los que reconocen su pobreza espiritual, porque suyo es el reino de los cielos. Dichosos los que sufren, porque serán consolados. Dichosos los humildes, porque heredarán la tierra que Dios les ha prometido. Dichosos los que tienen hambre y sed de justicia, porque serán satisfechos. Dichosos los compasivos, porque Dios tendrá compasión de ellos. Dichosos los de corazón limpio, porque verán a Dios. Dichosos los que trabajan por la paz, porque Dios los llamará hijos suyos. Dichosos los perseguidos por hacer lo que es justo, porque suyo es el reino de los cielos. Dichosos vosotros, cuando la gente os insulte y os maltrate, y cuando por causa mía digan contra vosotros toda clase de mentiras. ¡Alegraos, estad contentos, porque en el cielo tenéis preparada una gran recompensa! Así persiguieron también a los profetas que vivieron antes que vosotros".

Siempre que se proclaman las bienaventuranzas, siempre, el mismo sentimiento: ¡es imposible! ¡Es una locura! Pero quizá –y espero que esta verdad compartida no sea excusa para rechazar la exigencia del Sermón del Monte– la pretensión de Jesús es, precisamente, que experimentemos la impotencia, que experimentemos, de verdad, la radical humildad del "yo no puedo vivir así" para que la fidelidad, saboreando la auténtica pobreza, descubra su verdadero fundamento: sin ti, Dios de la vida, nada puedo. En ti, Dios de la vida, y solo en ti, lo puedo todo. Es la verdadera oración de petición donde el yo en desasimiento, en radical pobreza, todo lo espera de Dios. Y la impotencia deja paso a la buena esperanza, porque la Palabra es clara: "Bienaventurados". Y seguimos caminando, confiando no en el poder de nuestro yo sino en la entrañable misericordia de nuestro Dios.

1Re 17,7-16

Sal 4. *Haz brillar sobre nosotros, Señor, la luz de tu rostro.*

Mt 5,13-16

En aquel tiempo dijo Jesús: "Vosotros sois la sal de este mundo. Pero si la sal deja de ser salada, ¿cómo seguirá salando? Ya no sirve para nada, así que se la arroja a la calle y la gente la pisotea. Vosotros sois la luz de este mundo. Una ciudad situada en lo alto de un monte no puede ocultarse; y una lámpara no se enciende para taparla con alguna vasija, sino que se la pone en alto para que alumbre a todos los que están en la casa. Del mismo modo, procurad que vuestra luz brille delante de la gente, para que, viendo el bien que hacéis, alaben todos a vuestro Padre que está en el cielo".

Cuando el yo asume que no puede responder a la exigencia evangélica y no cae en el desánimo porque sabe poner toda su confianza en Dios entonces, solo entonces, se convierte en testigo, luz y sal, del Amor que da sentido a la vida humana. Perdonado para perdonar, con-sentido para con-sentir, amado para amar, es la bella experiencia que proclama la Buena Nueva. Y, así, Dios, no nuestro yo, podrá ser conocido, servido y alabado por todos. No olvidemos: la santa pobreza, que quiebra nuestra soberbia, nuestro orgullo, que nos descentra de nuestro yo, será siempre la raíz del verdadero testimoniar. Así fue en la vida de Jesús, así tiene que ser en nuestras vidas.

10 JUNIO

Miércoles

1Re 18,20-39
Sal 15. *Protégeme, Dios mío, que me refugio en ti.*
Mt 5,17-19

En aquel tiempo dijo Jesús: "No penséis que yo he venido a poner fin a la ley de Moisés y a las enseñanzas de los profetas. No he venido a ponerles fin, sino a darles su verdadero sentido. Porque os aseguro que mientras existan el cielo y la tierra no se le quitará a la ley ni un punto ni una coma, hasta que suceda lo que tenga que suceder. Por eso, el que quebrante uno de los mandamientos de la ley, aunque sea el más pequeño, y no enseñe a la gente a obedecerlos, será considerado el más pequeño en el reino de los cielos. Pero el que los obedezca y enseñe a otros a hacer lo mismo, será considerado grande en el reino de los cielos".

A veces la vida humana necesita salir de la seguridad que concede la ley, la costumbre, la tradición, el "siempre se ha hecho así". Pero ¡ay de aquel que sintiendo esta bella necesidad se atreve a cuestionar, sin más, la sabia tradición que los más fieles legaron! Porque no se trata de negar, de quebrantar sin más las sabias tradiciones, sino de llevarlas a su verdadero sentido, a su cumplimiento máximo. Sí, necesitamos ser críticos, necesitamos, a veces, reconquistar espacios para la libertad, pero que esta bella necesidad sea siempre motivo, impulso, para amar más y mejor, porque solo así podremos ser "considerados grandes en el reino de los cielos". Amar más y mejor en la vida cotidiana: la mejor herencia de nuestra sabia tradición.

Jueves

SAN BERNABÉ, APÓSTOL (MO)

Hch 11,21b-26; 13,1-3
Sal 97. *El Señor revela a las naciones su justicia.*
Mt 5,20-26

En aquel tiempo dijo Jesús: "Porque os digo que si no superáis a los maestros de la ley y a los fariseos en hacer lo que es justo delante de Dios, no entraréis en el reino de los cielos. Habéis oído que a vuestros antepasados se les dijo: 'No mates, pues el que mata será condenado.' Pero yo os digo que todo el que se enoje con su hermano será condenado; el que insulte a su hermano será juzgado por la Junta Suprema, y el que injurie gravemente a su hermano se hará merecedor del fuego del infierno. Así que, si al llevar tu ofrenda al altar te acuerdas de que tu hermano tiene algo contra ti, deja tu ofrenda allí mismo delante del altar y ve primero a ponerte en paz con tu hermano. Entonces podrás volver al altar y presentar tu ofrenda. Si alguien quiere llevarte a juicio, procura ponerte de acuerdo con él mientras aún estés a tiempo, para que no te entregue al juez; porque si no, el juez te entregará a los guardias y te meterán en la cárcel. Te aseguro que no saldrás de allí hasta que pagues el último céntimo".

Y Jesús otra vez con su radical exigencia... Tenemos que reconocer que, a veces, cumplimos, pero no llevamos a cumplimiento el deseo de Dios. ¡Qué difícil es poner en sintonía nuestras liturgias, nuestros rezos... con la vida cotidiana! ¡Cuántas veces olvidamos que la oración cristiana tiene su verdadero comienzo, mística de ojos abiertos, mística "entre pucheros", cuando la vida cotidiana se abre con su belleza, sus problemas y sus retos! "El Señor revela a las naciones su justicia" y, por eso, la vida humana tiene que "ajustarse", hacer carne la verdadera justicia, fidelidad en la vida cotidiana al perdón y a la reconciliación, fidelidad a la senda del amor. No se trata de grandes sacrificios, sino de repuesta delicada y elegante en el pequeño detalle cotidiano: sensibilidad para encontrar la llamada de Dios en todas las cosas.

12 JUNIO

Viernes

Dt 7,6-11

Sal 102. *La misericordia del Señor dura siempre, para los que cumplen sus mandatos.*

1Jn 4,7-16

Mt 11,25-30

Por aquel tiempo, Jesús dijo: "Te alabo, Padre, Señor del cielo y de la tierra, porque has mostrado a los sencillos las cosas que ocultaste a los sabios y entendidos. Sí, Padre, porque así lo has querido. Mi Padre me ha entregado todas las cosas. Nadie conoce realmente al Hijo, sino el Padre; y nadie conoce realmente al Padre, sino el Hijo y aquellos a quienes el Hijo quiera darlo a conocer. Venid a mí todos los que estáis cansados y agobiados, y yo os haré descansar. Aceptad el yugo que os impongo, y aprended de mí, que soy paciente y de corazón humilde; así encontraréis descanso. Porque el yugo y la carga que yo os impongo son ligeros".

"**V**enid a mí todos los que estáis cansados y agobiados…". Parar, parar tantas cosas, tantas búsquedas, tantos trabajos y problemas y descansar en el corazón paciente y humilde de Jesús. Hoy no hay exigencia, hoy no hay compromisos, hoy no hay llamadas a la conversión. O, quizá, sí: el recuerdo de que el descansar dejándonos consentir por Dios, gozo de la gracia, es también exigencia, gran exigencia, en el camino de la santidad. Sin el "santo descanso" la luz se pierde, la mirada se enturbia, la paciencia se quiebra… y el camino del amor, ese camino que se encarna en su Sagrado Corazón, se abandona. Atrevámonos a asumir el riesgo de descansar, de recuperarnos en su Sagrado Corazón, porque experimentaremos, es promesa que se cumple, la confianza que renueva esa inquebrantable esperanza que lucha siempre contra todo mal, contra todo signo de muerte. Descansemos en su corazón para seguir amando de verdad.

Sábado

INMACULADO CORAZÓN DE MARÍA (MO)

Is 61,9-11
Sal 70. *Mi boca contará tu salvación.*
Lc 2,41-51

(...) cuando Jesús cumplió doce años, fueron todos allá, como era costumbre en esa fiesta. Pero pasados aquellos días, cuando volvían a casa, el niño Jesús se quedó en Jerusalén sin que sus padres se dieran cuenta. Pensando que Jesús iba entre la gente hicieron un día de camino (...). Así que regresaron a Jerusalén para buscarlo allí. Al cabo de tres días lo encontraron en el templo, sentado entre los maestros de la ley, escuchándolos y haciéndoles preguntas. Y todos los que le oían se admiraban de su inteligencia y de sus respuestas. Cuando sus padres le vieron, se sorprendieron. Y su madre le dijo: "Hijo mío, ¿por qué nos has hecho esto? Tu padre y yo te hemos estado buscando llenos de angustia". Jesús les contestó: "¿Por qué me buscabais? ¿No sabéis que tengo que ocuparme en las cosas de mi Padre?". Pero ellos no entendieron lo que les decía. Jesús volvió con ellos a Nazaret, donde vivió obedeciéndolos en todo. Su madre guardaba todo esto en el corazón.

La clave secreta de la fidelidad al reino de los cielos: "guardar todo en el corazón". Preocupados solo por el recto pensar (ortodoxia: fidelidad a la verdad) y por el recto hacer (ortopraxis: fidelidad a la norma moral), corremos el riesgo de olvidar que la vida se juega en el recto sentir (ortopatía: orden en la vida sentimental), porque "allí donde está tu corazón, allí está tu tesoro". Y María también tuvo que aprender a ordenar con paciencia su vida sentimental –muchas veces, quizá la mayoría, sin entender–, para responder con fidelidad a su vocación materna: entrañas puestas al servicio del reino de Dios. Corazón sin mancha porque sabe guardar y esperar la Luz para entender. Corazón sin mancha porque no anticipa respuestas, paciencia, sin antes dar cabida al querer de Dios. Corazón sin mancha porque no deja de esperar que el Dios de la Vida responda a su promesa de engendrar la nueva humanidad.

Ex 19,2-6a

(…) Moisés subió a encontrarse con Dios, pues el Señor le llamó desde el monte y le dijo: "Anuncia estas mismas palabras a los descendientes de Jacob, a los israelitas: '(…) si me obedecéis en todo y cumplís mi pacto, seréis mi pueblo preferido entre todos los pueblos, (…)'" [revisa aquí el doble cierre de comillas simples y dobles].

Sal 99. *Somos su pueblo y ovejas de su rebaño.*

Rm 5,6-11

Como nosotros éramos incapaces de salvarnos, Cristo, en el momento oportuno, murió por los malos. No es fácil que una persona se deje matar en lugar de otra. Ni siquiera en lugar de una persona justa, aunque quizás alguno estaría dispuesto a morir por una persona verdaderamente buena. Pero Dios prueba que nos ama en que, cuando aún éramos pecadores, Cristo murió por nosotros (…).

Mt 9,36–10,8

Viendo a la gente, Jesús sentía compasión, porque estaban angustiados y desvalidos como ovejas que no tienen pastor. Dijo entonces a sus discípulos: "Ciertamente la mies es mucha, pero los obreros son pocos. Por eso, pedid al Dueño de la mies que mande obreros a recogerla". Jesús llamó a sus doce discípulos y les dio autoridad para expulsar a los espíritus impuros y para curar toda clase de enfermedades y dolencias. Éstos son los nombres de los doce apóstoles: primero Simón, llamado también Pedro, y su hermano Andrés; Santiago y su hermano Juan, hijos de Zebedeo; Felipe y Bartolomé; Tomás y Mateo, el que cobraba impuestos para Roma; Santiago, hijo de Alfeo, y Tadeo; Simón el cananeo, y Judas Iscariote, el que traicionó a Jesús.

Jesús envió a estos doce con las siguientes instrucciones: "No os dirijáis a las regiones de los paganos ni entréis en los pueblos de Samaria; id más bien a las ovejas perdidas del pueblo de Israel. Id y anunciad que el reino de los cielos está cerca. Sanad a los enfermos, resucitad a los muertos, limpiad de su enfermedad a los leprosos y expulsad a los demonios. Gratis habéis recibido este poder: dadlo gratis".

Llamados a la misión… y solo podremos responder con fidelidad si nos dejamos traspasar, compasión, por los gritos de los angustiados y desvalidos que Dios pone en nuestros caminos.

Porque este "santo dolor", que debe anidar en lo más íntimo de nuestro corazón, resituará siempre el contenido y el sentido de nuestra misión: no solo enseñar, no solo predicar, no solo… sino, ante todo, compartir con esperanza inquebrantable la lucha de los seres humanos contra todo signo de muerte, contra todo mal: "y les dio autoridad para expulsar espíritus impuros y curar enfermedades y dolencias…". Sin olvidar que esta autoridad se concede gratuitamente: no hay mérito y, por eso, no hay poder. No hay propiedad y, por eso, queda excluida toda reclamación. Solo gracia…

Llamados a ser testigos de la gracia divina: donación generosa de vida, llamada vocacional, para que todos gocen de esa vida que Dios, al crear, amó y que seguirá amando en la nueva creación. Gracia y amor: los signos de la buena misión.

15 JUNIO

Lunes

1Re 21,1-16
Sal 5. *Atiende a mis gemidos, Señor.*
Mt 5,38-42

En aquel tiempo dijo Jesús: "Habéis oído que antes se dijo: 'Ojo por ojo y diente por diente.' Pero yo os digo: No resistáis a quien os haga algún daño. Al contrario, si alguien te pega en la mejilla derecha, ofrécele también la otra. Si alguien te demanda y te quiere quitar la túnica, déjale también la capa. Y si alguien te obliga a llevar carga una milla, ve con él dos. Al que te pida algo, dáselo; y no le vuelvas la espalda a quien te pida prestado".

Hoy, en el decir de Jesús, encontramos una fuerte invitación a quebrar los círculos de violencia que caracterizan nuestra historia. Si se responde a la violencia con violencia, la historia humana perderá para siempre el camino de la paz. El seguidor de Jesús, desde la dignidad que nace de la verdadera libertad, es invitado, dura pero bella exigencia, a ser testigo de esa paz que nace de un corazón que sabe de perdón y reconciliación. Acoger en nuestras vidas la fuerte provocación de Jesús abrirá en la historia la posibilidad de vislumbrar sendas de paz. Ojalá que la fuerte provocación no caiga en saco roto.

1Re 21,17-29
Sal 50. *Misericordia, Señor: hemos pecado.*
Mt 5,43-48

En aquel tiempo dijo Jesús: "También habéis oído que antes se dijo: 'Ama a tu prójimo y odia a tu enemigo.' Pero yo os digo: Amad a vuestros enemigos y orad por los que os persiguen. Así seréis hijos de vuestro Padre que está en el cielo, pues él hace que su sol salga sobre malos y buenos, y envía la lluvia sobre justos e injustos. Porque si amáis solamente a quienes os aman, ¿qué recompensa tendréis? ¡Hasta los que cobran impuestos para Roma se portan así! Y si saludáis solamente a vuestros hermanos, ¿qué hacéis de extraordinario? ¡Hasta los paganos se portan así! Vosotros, pues, sed perfectos, como vuestro Padre que está en el cielo es perfecto".

Y la provocación de Jesús continúa. Si amáis a los que os aman, ¿qué mérito tenéis? ¿No hacen también eso los que no creen? Y si prestáis a los que os prestan, ¿qué mérito tenéis? ¿No hacen eso también los que no creen?... "Los paganos se portan así...". Vosotros sois hijos e hijas del Dios de la gratuidad "que hace salir el sol sobre buenos y malos y envía la lluvia sobre justos e injustos". Sed como Él, perfectos, es decir, no soñéis con extrañas perfecciones que siempre suelen buscar la autoafirmación del propio yo, sino procurad configurar vuestra vida de tal manera que siempre sea signo eficaz, sacramento, de la gracia y bondad de vuestro "Padre que está en el cielo". Y así la gratuidad se abrirá camino en la vida humana.

17 JUNIO

Miércoles

TIEMPO ORDINARIO 11ª SEMANA (f)

2Re 2,1.6-14
Sal 30. *Sed fuertes y valientes de corazón, los que esperáis en el Señor.*
Mt 6,1-6.16-18

En aquel tiempo dijo Jesús: "No practiquéis vuestra religión delante de los demás sólo para que os vean. Si hacéis eso, no obtendréis ninguna recompensa de vuestro Padre que está en el cielo. Por tanto, cuando ayudes a los necesitados no lo publiques a los cuatro vientos, como hacen los hipócritas en las sinagogas y en las calles para que la gente los elogie. Os aseguro que con eso ya tienen su recompensa. Tú, por el contrario, cuando ayudes a los necesitados, no se lo cuentes ni siquiera a tu más íntimo amigo. Hazlo en secreto, y tu Padre, que ve lo que haces en secreto, te dará tu recompensa. Cuando oréis, no seáis como los hipócritas, a quienes les gusta orar de pie en las sinagogas y en las esquinas de las plazas, para que la gente los vea. Os aseguro que con eso ya tienen su recompensa. Pero tú, cuando ores, entra en tu cuarto, cierra la puerta y ora en secreto a tu Padre. Y tu Padre, que ve lo que haces en secreto, te dará tu recompensa. (…) Pero tú, cuando ayunes, lávate la cara y arréglate bien, para que la gente no advierta que estás ayunando. Solamente lo sabrá tu Padre, que está a solas contigo, y él te dará tu recompensa".

En la calidad de nuestro amor nos jugamos el "ser como Dios", la auténtica perfección. Y el verdadero amor no es jactancioso, no se envanece, no busca la alabanza; es siempre delicado, sutil, callado porque busca la felicidad del otro, el bien del otro, la alegría del otro… Delicadeza del corazón que ha aprendido en el silencio, en el "secreto del cuarto", que todo es gracia, que todo es don, y que, por eso, la vida donada es lo que siempre agrada a Dios. Solo a solas con Dios aprendemos la bella llamada del verdadero amor: "vida oculta", como la del grano de trigo, que va entregándose, vaciándose, para engendrar vida verdadera, buena y bella.

Eclo 48,1-15
Sal 96. *Alegraos, justos, con el Señor.*
Mt 6,7-15

En aquel tiempo dijo Jesús: "Y al orar no repitas palabras inútilmente, como hacen los paganos, que se imaginan que por su mucha palabrería Dios les hará más caso. No seáis como ellos, porque vuestro Padre sabe lo que necesitáis aun antes de habérselo pedido. Vosotros debéis orar así: 'Padre nuestro que estás en el cielo, santificado sea tu nombre. Venga tu reino. Hágase tu voluntad en la tierra así como se hace en el cielo. Danos hoy el pan que necesitamos. Perdónanos nuestras ofensas como también nosotros perdonamos a quienes nos han ofendido. Y no nos expongas a la tentación, sino líbranos del maligno.' Porque si vosotros perdonáis a los demás el mal que os hayan hecho, vuestro Padre que está en el cielo os perdonará también a vosotros; pero si no perdonáis a los demás, tampoco vuestro Padre perdonará el mal que vosotros hacéis".

Otra vez los paganos... otra vez la actitud de aquellos que, al no aceptar el señorío de Dios sobre sus vidas, buscan siempre ser señores de todo y de todos... Por eso, no entienden ni de silencio, ni de generosidad, ni de confianza, ni de donación... Necesitan siempre el ruido de las grandes palabras, el brillo de las grandes acciones... Y, por eso, Jesús nos enseña, nos tiene que enseñar el verdadero sentido de la vida de oración, donde se juega, lo sabemos, el fundamento de nuestra fidelidad: reconocimiento del señorío de Dios: "hágase tu voluntad"; reconocimiento de que todo en la vida es don: "danos hoy el pan que necesitamos"; reconocimiento de que solo el perdón y la reconciliación vencen los signos de muerte, los signos del maligno: porque "nosotros perdonamos a quienes nos han ofendido". Y sigamos en camino orando como el mismo Jesús nos enseñó.

19 JUNIO

Viernes

TIEMPO ORDINARIO 11ª SEMANA (f)

2Re 11,1-4.9-18.20
Sal 131. *El Señor ha elegido a Sión, ha deseado vivir en ella.*
Mt 6,19-23

En aquel tiempo dijo Jesús: "No acumuléis riquezas en la tierra, donde la polilla destruye y las cosas se echan a perder, y donde los ladrones entran a robar. Acumulad más bien vuestras riquezas en el cielo, donde la polilla no destruye, ni las cosas se echan a perder, ni los ladrones entran a robar. Porque donde esté tu riqueza, allí estará también tu corazón. Los ojos son como la lámpara del cuerpo. Si tus ojos son buenos, todo tu cuerpo será luminoso; pero si tus ojos son malos, todo tu cuerpo será oscuridad. Y si la luz que hay en ti resulta ser oscuridad, ¡qué negra no será la propia oscuridad!".

"Donde esté tu riqueza, allí estará tu corazón…". Y, a veces, es difícil, muy difícil, saber dónde está nuestro corazón. O, quizá, lo difícil es acabar de reconocer que nuestro corazón no está en lo que le agrada a Dios. Y Jesús nos ofrece una enseñanza cargada de gran sabiduría: ¿quieres que tu corazón lata de manera nueva? Pues aprende a mirar, a mirar con profundidad, porque si miras con ojos limpios podrás llegar a descubrir al Creador en las criaturas y todo se convertirá en el camino de la vida en sacramento del amor de Dios. Y, entonces, la luz, la verdadera luz, iluminará con fuerza la senda por la que caminar.

Sábado

2Cr 24,17-25
Sal 88. *Le mantendré eternamente en mi favor.*
Mt 6,24-34

En aquel tiempo dijo Jesús: "Nadie puede servir a dos amos, porque odiará a uno y querrá al otro, o será fiel a uno y despreciará al otro. No se puede servir a Dios y al dinero. Por tanto, os digo: No estéis preocupados por lo que habéis de comer o beber para vivir, ni por la ropa con que habéis de cubrir vuestro cuerpo. ¿No vale la vida más que la comida y el cuerpo más que la ropa? (…) Y de todos modos, por mucho que uno se preocupe, ¿cómo podrá prolongar su vida ni siquiera una hora? (…) No estéis, pues, preocupados y preguntándoos: '¿Qué vamos a comer?' o '¿Qué vamos a beber?' o '¿Con qué nos vamos a vestir?' Los que no conocen a Dios se preocupan por todas esas cosas, pero vosotros tenéis un Padre celestial que ya sabe que las necesitáis. Por lo tanto, buscad primeramente el reino de los cielos y el hacer lo que es justo delante de Dios, y todas esas cosas se os darán por añadidura. No estéis, pues, preocupados por el día de mañana, porque mañana ya habrá tiempo de preocuparse. A cada día le basta con sus propios problemas".

Parece que Jesús no quiere a su lado discípulos agobiados, estresados, al límite del infarto. Quiere corazones liberados, porque sabe que el exceso de preocupación quiebra, siempre, la verdadera ocupación: la disponibilidad para el anuncio de la Buena Noticia, para el anuncio de un Buen Dios que cuida de la vida humana. Y también sabe que, cuando el exceso de preocupación configura la vida humana, se corre el peligro de buscar seguridades (riquezas) que quiebran la única seguridad, la única confianza que puede dar sentido a la vida humana: la fe en el Dios que sabe lo que necesitamos. Abandonemos, pues, las preocupaciones y ocupémonos de lo importante, desde la radical confianza de saber que el Buen Dios cuida de la vida humana.

Jr 20,10-13

Puedo oír que la gente cuchichea: "¡Hay terror por todas partes!". Dicen: "¡Venid, vamos a acusarle!". Incluso mis amigos esperan que yo dé un paso en falso. (..) ¡Cantad al Señor, alabad al Señor!, pues él salva al afligido del poder de los malvados.

Sal 68. *Que me escuche tu gran bondad, Señor.*

Rm 5,12-15

Así pues, por medio de un solo hombre entró el pecado en el mundo, y por el pecado la muerte, y la muerte pasó a todos porque todos pecaron. (...) Pero el delito de Adán no puede compararse con el don que hemos recibido de Dios. Pues por el delito de un solo hombre murieron todos; pero el don que hemos recibido gratuitamente de Dios por medio de un solo hombre, Jesucristo, es mucho mayor y para el bien de todos.

Mt 10,26-33

En aquel tiempo dijo Jesús a sus apóstoles: "No tengáis, pues, miedo a la gente. Porque nada hay secreto que no llegue a descubrirse ni nada oculto que no llegue a conocerse. Lo que os digo en la oscuridad, decidlo a la luz del día; lo que os digo en secreto, proclamadlo desde las azoteas de las casas. No tengáis miedo a quienes pueden matar el cuerpo, pero no pueden matar el alma; temed más bien a aquel que puede destruir el cuerpo y el alma en el infierno. ¿No se venden dos pajarillos por una pequeña moneda? Sin embargo, ni uno de ellos cae a tierra sin que vuestro Padre lo permita. En cuanto a vosotros, hasta los cabellos de la cabeza los tenéis contados uno por uno. Así que no tengáis miedo: vosotros valéis más que muchos pajarillos. Si alguien se declara a favor mío delante de los hombres, también yo me declararé a favor suyo delante de mi Padre que está en el cielo; pero al que me niegue delante de los hombres, también yo le negaré delante de mi Padre que está en el cielo".

"No tengáis miedo...". E insiste una y otra vez. El miedo –lo contrario a la confianza, a la fe– quiebra siempre esa esperanza que impulsa a soñar y a encarnar caminos de vida. El miedo atenaza, paraliza, solo sabe de rigidez y, por eso, no entiende de libertad, de esa libertad que Jesús, con su entrega, quiso ganar para sus seguidores: "para ser libres, nos liberó el Señor".

Frente a este miedo paralizante, el "santo temor" que llama a la vigilancia continua para mantener la verdadera fidelidad: temed todo aquello que pueda secar vuestra alma, temed todo aquello que pueda endurecer vuestro corazón, temed todo aquello que os impida experimentar la entrañable providencia de vuestro Dios.

Porque solo manteniendo vivo el principio de la vida, el alma; porque solo manteniendo vivo el principio del auténtico sentir, el corazón; y porque solo confiando en el Dios de la vida podremos declararnos delante de los hombres, con autenticidad, a favor de Jesús, el Cristo... Y su promesa se cumplirá: Él y solo Él será el garante de nuestras vidas delante de Dios.

22 JUNIO

Lunes

2Re 17,5-8.13-15a.18
Sal 59. *Que tu mano salvadora,
Señor, nos responda.*
Mt 7,1-5

En aquel tiempo dijo Jesús: "No juzguéis a nadie, para que Dios no os juzgue a vosotros. Pues Dios os juzgará de la misma manera que vosotros juzguéis a los demás; y con la misma medida con que midáis, Dios os medirá a vosotros. ¿Por qué miras la paja que tu hermano tiene en su ojo y no te fijas en el tronco que tú tienes en el tuyo? Y si tú tienes un tronco en el tuyo, ¿cómo podrás decirle a tu hermano: 'Déjame sacarte la paja que tienes en el ojo'? ¡Hipócrita!, sácate primero el tronco de tu propio ojo, y así podrás ver bien para sacar la paja del ojo de tu hermano".

Dice la más antigua sabiduría que los que juzgan al prójimo, generalmente censores apresurados y severos –porque ¿quién conoce en profundidad el corazón humano? –, caen en esa desfachatez porque no conservan el recuerdo y la preocupación constante de sus propios pecados... Juzgar a los demás es usurpar sin vergüenza una prerrogativa divina: querer robar a Dios su señorío. Por eso, estamos llamados a configurar nuestra vida desde la benevolencia sensata: justificar siempre la intención del prójimo y estar siempre dispuestos, con prontitud, a reconocer y alabar sus buenas obras.

2Re 19,9b-11.14-21.31-35a.36
Sal 47. *Dios ha fundado su ciudad para siempre.*
Mt 7,6.12-14

En aquel tiempo dijo Jesús: "No deis las cosas sagradas a los perros, no sea que se revuelvan contra vosotros y os hagan pedazos. Y no echéis vuestras perlas a los cerdos, para que no las pisoteen. Así pues, haced con los demás lo mismo que queréis que los demás hagan con vosotros. Esto es lo que mandan la ley de Moisés y los escritos de los profetas. Entrad por la puerta estrecha. Porque la puerta y el camino que conducen a la perdición son anchos y espaciosos, y muchos entran por ellos; pero la puerta y el camino que conducen a la vida son estrechos y difíciles, y pocos los encuentran".

Y cuando me dejo tocar por este texto, o textos con un mensaje similar, siempre pienso que Jesús también tuvo que madurar en la senda de la misericordia: ¡demasiada dureza! Pero también he de reconocer que tiene razón: que el camino del Evangelio, a veces, se manifiesta como puerta y camino estrechos y difíciles. Y, al final, le pido a Dios que la exigencia evangélica nunca endurezca mi corazón y me lleve siempre por la senda de la verdad, de la justicia y del amor.

24 JUNIO

Miércoles

NATIVIDAD DE SAN JUAN BAUTISTA (S)

Is 49,1-6
Sal 138. *Te doy gracias, porque me has plasmado portentosamente.*
Hch 13,22-26
Lc 1,57-66.80

Al cumplirse el tiempo en que Isabel había de dar a luz, tuvo un hijo. Sus vecinos y parientes fueron a felicitarla cuando supieron que el Señor había sido tan bueno con ella. A los ocho días llevaron a circuncidar al niño, y querían ponerle el nombre de su padre, Zacarías. Pero la madre dijo: "No. Tiene que llamarse Juan". (…) Entonces preguntaron por señas al padre del niño, para saber qué nombre quería ponerle. El padre pidió una tabla para escribir, y escribió: "Su nombre es Juan". Y todos se quedaron admirados. En aquel mismo momento, Zacarías recobró el habla y comenzó a alabar a Dios. Todos los vecinos estaban asombrados, (…) se preguntaban a sí mismos: "¿Qué llegará a ser este niño?". Porque ciertamente el Señor mostraba su poder en favor de él. El niño crecía y se hacía fuerte espiritualmente, y vivió en lugares desiertos hasta el día en que se dio a conocer a los israelitas.

Cuando dejamos de confiar en las promesas que encierra la Palabra; cuando no prolongamos en nuestras vidas la actitud de María: "hágase en mí según tu Palabra", perdemos, como Zacarías, nuestra palabra para alabar y dar a conocer al Señor de nuestras vidas. Por eso, la solemnidad de hoy es una fuerte llamada a abandonarnos con confianza en el misterio de Dios. Si nos sumergimos en Él, experimentaremos su cercanía, sentiremos que su entrañable misericordia mantiene nuestra fragilidad y nos hace vivir. Y, sobre todo, dispondremos nuestras vidas para que su poder amoroso recree nuestra esterilidad, como la de Isabel, en fuente de vida. Dios en nosotros y con nosotros a favor de la vida. Dios en nosotros y con nosotros llamándonos a engendrar vida. Que la solemnidad de hoy sea una invitación a disponer nuestras entrañas, lo más íntimo de nuestro ser, a la acción del Dios de la Vida.

Jueves

2Re 24,8-17
Sal 78. *Líbranos, Señor, por el honor de tu nombre.*
Mt 7,21-29

En aquel tiempo dijo Jesús: "No todos los que me dicen 'Señor, Señor' entrarán en el reino de los cielos, sino solo los que hacen la voluntad de mi Padre celestial. Aquel día muchos me dirán: 'Señor, Señor, nosotros hablamos en tu nombre, y en tu nombre expulsamos demonios, y en tu nombre hicimos muchos milagros.' Pero yo les contestaré: 'Nunca os conocí. ¡Apartaos de mí, malhechores!' Todo el que oye mis palabras y hace caso a lo que digo es como un hombre prudente que construyó su casa sobre la roca. Vino la lluvia, crecieron los ríos y soplaron los vientos contra la casa; pero no cayó, porque tenía sus cimientos sobre la roca. Pero todo el que oye mis palabras y no hace caso a lo que digo, es como un tonto que construyó su casa sobre la arena. Vino la lluvia, crecieron los ríos y soplaron los vientos, y la casa se derrumbó. ¡Fue un completo desastre!". Cuando Jesús acabó de hablar, la gente estaba admirada de cómo les enseñaba, porque lo hacía con plena autoridad y no como sus maestros de la ley.

Jesús hablaba con "autoridad"; sus palabras, así sintieron las gentes de su tiempo, eran fuente de vida. Y la comunidad cristiana supo desde el principio que "cielo y tierra pasarán, pero sus palabras no pasarán". Por eso, el evangelio de hoy nos advierte, seria advertencia, que la fidelidad al Maestro se fundamenta en la escucha atenta y la puesta en práctica de su Palabra. Solo así, como personas sensatas, construiremos sobre roca y podremos resistir las tentaciones que quiebran nuestra vida testimonial: desconfianza, desesperanza y ausencia de amor. Pidamos luz para penetrar en la Palabra y fortaleza para responder con generosidad a sus exigencias. Nuestras vidas, entonces, se levantarán sobre fundamento sólido, sobre firme roca.

26 JUNIO

Viernes

TIEMPO ORDINARIO 12ª SEMANA (f)

2Re 25,1-12
Sal 136. *Que se me pegue la lengua al paladar si no me acuerdo de ti.*
Mt 8,1-4

Cuando Jesús bajó del monte, le seguía mucha gente. En esto se le acercó un hombre enfermo de lepra, que se puso de rodillas delante de él y le dijo: "Señor, si quieres, puedes limpiarme de mi enfermedad". Jesús lo tocó con la mano, y dijo: "Quiero. ¡Queda limpio!". Al momento, el leproso quedó limpio de su enfermedad. Jesús añadió: "Mira, no se lo digas a nadie. Pero ve, preséntate al sacerdote y lleva la ofrenda ordenada por Moisés; así sabrán todos que ya estás limpio de tu enfermedad".

La escena, no conviene acostumbrarse, es insólita. Jesús cercano, muy cercano, a la suciedad, a la impureza, a la exclusión social y religiosa que la enfermedad, la lepra, genera. Y los "sabios y entendidos" en las cosas de Dios no entienden. Pero Jesús se deja traspasar por la humilde oración de petición: "si quieres, puedes limpiarme"; y concede el don: "quiero, queda limpio". Y ordena, curiosamente, la presencia ante los "sabios y entendidos" para que la vida humana quede restituida. Y una humilde petición viene espontáneamente a nuestros labios: Señor, límpiame, si quieres puedes hacerlo, para que pueda ser, yo también, signo del Dios de la vida, del Dios del amor.

Sábado

Tiempo Ordinario 12ª semana (f)

Lm 2,2.10-14.18-19
Sal 73. *No olvides sin remedio la vida de tus pobres.*
Mt 8,5-17

Al entrar en Cafarnaún, un centurión romano se le acercó para hacerle un ruego. Le dijo: "Señor, mi asistente está en casa enfermo, paralítico, sufriendo terribles dolores". Jesús le respondió: "Iré a sanarlo". "Señor -le contestó el centurión-, yo no merezco que entres en mi casa. Basta que des la orden y mi asistente quedará sanado. Porque yo mismo estoy bajo órdenes superiores, y a la vez tengo soldados bajo mi mando. Cuando a uno de ellos le digo que vaya, va; cuando a otro le digo que venga, viene; y cuando ordeno a mi criado que haga algo, lo hace". Al oír esto, Jesús se quedó admirado y dijo a los que le seguían: "Os aseguro que no he encontrado a nadie en Israel con tanta fe como este hombre. (...)". Luego Jesús dijo al centurión: "Vete a tu casa y que se haga tal como has creído". En aquel mismo momento, el criado quedó sanado. Jesús fue a casa de Pedro, donde encontró a la suegra de éste en cama, con fiebre. Le tocó Jesús la mano y la fiebre desapareció. Luego se levantó y se puso a atenderlos. Al anochecer llevaron a Jesús muchas personas endemoniadas. Con una sola palabra expulsó a los espíritus malos, y también curó a todos los enfermos. Esto sucedió para que se cumpliera lo que había dicho el profeta Isaías: "Él tomó nuestras debilidades y cargó con nuestras enfermedades".

Y curó al asistente del centurión... Y curó a la suegra de Pedro... Y todo sucede para que entendamos y vivamos la bella profecía de Isaías: "Él tomó nuestras debilidades y cargó con nuestras enfermedades". Y, si entendemos y vivimos, derrotaremos la tentación de la desesperanza: esa tristeza que bloquea nuestras vidas y nos impide luchar contra todo signo de mal. Y, si entendemos y vivimos, nuestra confianza en el Dios de la vida quedará renovada: el amor iluminará nuestro caminar y el Señor podrá volver a admirarse y repetir con gozo: ¡os aseguro que no he encontrado a nadie con tanta fe!

2Re 4,8-11.14-16a

Un día en que Eliseo pasaba por Sunem, una mujer importante de la ciudad le invitó con mucha insistencia a que entrara a comer; y desde entonces, siempre que Eliseo pasaba por allí se quedaba a comer. Una vez, ella dijo a su marido: "Mira, yo sé que este hombre que siempre que pasa nos visita es un santo profeta de Dios. Vamos a construir en la azotea un cuarto para él. (...)". Una vez en que él llegó para quedarse a dormir en aquel cuarto, (...) le dijo: "Para el año que viene, por este tiempo, tendrás un hijo en tus brazos".

Sal 88. *Cantaré eternamente las misericordias del Señor.*

Rm 6,3-4.8-11

¿No sabéis que, al quedar unidos a Cristo Jesús por el bautismo, quedamos unidos a su muerte? Pues por el bautismo fuimos sepultados con Cristo, y morimos para ser resucitados y vivir una vida nueva, así como Cristo fue resucitado por el glorioso poder del Padre. Si hemos muerto con Cristo, confiamos en que también viviremos con él. Sabemos que Cristo, habiendo resucitado, no volverá a morir. La muerte ya no tiene poder sobre él. Pues Cristo, al morir, murió de una vez por siempre respecto al pecado; pero al vivir, vive para Dios. Así también, vosotros consideraos muertos respecto al pecado, pero vivos para Dios en unión con Cristo Jesús.

Mt 10,37-42

¿No sabéis que, al quedar unidos a Cristo Jesús por el bautismo, quedamos unidos a su muerte? Pues por el bautismo fuimos sepultados con Cristo, y morimos para ser resucitados y vivir una vida nueva, así como Cristo fue resucitado por el glorioso poder del Padre. Si hemos muerto con Cristo, confiamos en que también viviremos con él. Sabemos que Cristo, habiendo resucitado, no volverá a morir. La muerte ya no tiene poder sobre él. Pues Cristo, al morir, murió de una vez por siempre respecto al pecado; pero al vivir, vive para Dios. Así también, vosotros consideraos muertos respecto al pecado, pero vivos para Dios en unión con Cristo Jesús.

Insistir en la entrañable misericordia de nuestro Dios, en su amor incondicional, nunca podrá ser excusa para crearnos un dios que permita cualquier estilo de vida, un dios al servicio de nuestro propio querer e interés. O, acaso, "¿no sabéis que, al quedar unidos a Cristo Jesús por el bautismo, quedamos unidos a su muerte?".

No hay verdadero seguimiento sin cruz. Sí, por supuesto, no se trata de buscar "cruces" en la vida, pero sí de mantener la fidelidad del crucificado cuando la experiencia de cruz acontezca en el seno de la vida. Vivimos en una cultura caracterizada por lo *light* y la gran tentación es imaginar un Evangelio sin un Dios exigente que conduce a unos seres humanos sin pecado hacia un reino sin juicio por medio de un Cristo sin cruz.

Derrotemos nuestra acomodaticia imaginación y hospedemos la radicalidad: "quien trate de salvar su vida la perderá; en cambio, el que pierda su vida por causa mía, la salvará".

Hch 12,1-11
Sal 33. *El Señor me libró de todas mis ansias.*
2Tm 4,6-8.17-18
Mt 16,13-19

Cuando Jesús llegó a la región de Cesarea de Filipo preguntó a sus discípulos: "¿Quién dice la gente que es el Hijo del hombre?". Ellos contestaron: "Unos dicen que Juan el Bautista; otros, que Elías, y otros, que Jeremías o algún profeta". "Y vosotros, ¿quién decís que soy?". –les preguntó. Simón Pedro le respondió: "Tú eres el Mesías, el Hijo del Dios viviente". Entonces Jesús le dijo: "Dichoso tú, Simón, hijo de Jonás, porque ningún hombre te ha revelado esto, sino mi Padre que está en el cielo. Y yo digo que tú eres Pedro, y sobre esta piedra voy a edificar mi Iglesia; y el poder de la muerte no la vencerá. Te daré las llaves del reino de los cielos: lo que ates en este mundo, también quedará atado en el cielo; y lo que desates en este mundo, también quedará desatado en el cielo".

Y Jesús, desbordante de alegría, proclama dichoso a Simón porque ha sabido escuchar, acoger y testimoniar la revelación del "Padre que está en el cielo". Y, por eso, porque con docilidad supo responder, es llamado al servicio de autoridad: cuidar y animar la fe de sus hermanos. Y la Iglesia empieza a configurarse… Pero tendrá que aprender que sus fronteras están más allá de Jerusalén. Y Pablo, por gracia, es derribado de su caballo y, después de ser curado por la comunidad, pone su vida al servicio del Resucitado. Y la donación generosa de ambos enseñará a la comunidad primitiva a pasar de una religión de autoridad a una religión de la llamada. Y la Iglesia, después, irá aprendiendo a responder al reino de Dios y su justicia… No importan las caídas. Sí, como en la vida de Pedro y de Pablo, la actitud de conversión. Una conversión que, bajo el signo de la unidad: la autoridad servicial de Pedro, todos debemos alentar, porque solo es digna de Jesús una Iglesia en reforma continua para responder con fidelidad a los designios de Dios.

Martes

Tiempo Ordinario 13ª semana (f)

Am 3,1-8; 4,11-12
Sal 5. *Señor, guíame con tu justicia.*
Mt 8,23-27

Jesús subió a la barca, y sus discípulos le acompañaron. De pronto se desató sobre el lago una tempestad tan fuerte que las olas cubrían la barca. Pero Jesús se había dormido. Sus discípulos fueron a despertarle, diciendo: "¡Señor, sálvanos! ¡Nos estamos hundiendo!". Él les contestó: "¿Por qué tanto miedo? ¡Qué poca es vuestra fe!". Dicho esto se levantó, dio una orden al viento y al mar, y todo quedó completamente en calma. Ellos, asombrados, se preguntaban: "¿Quién es éste, que hasta los vientos y el mar le obedecen?".

"¿Por qué tanto miedo? ¡Qué poca es vuestra fe!". Una y otra vez la misma verdad: el miedo que atenaza la vida humana es el signo más claro de que la confianza, la fiducia, la fe se ha quebrado. Y cuando la confianza se quiebra, la esperanza se desvanece y la fidelidad al amor se torna imposible. Jesús no está dormido, está vivo acompañando nuestras vidas. Y si Él está a nuestro favor, ¿qué o quién nos podrá derrotar? Recuperemos la confianza, la verdadera confianza, la fe y todo volverá a estar en calma. Y el señorío de Jesús asombrará nuestras vidas.

1
JULIO

Miércoles

TIEMPO ORDINARIO 13ª SEMANA (f)

Am 5,14-15.21-24
Sal 49. *Al que sigue buen camino le haré ver la salvación De Dios.*
Mt 8,28-34

Cuando llegó Jesús a la otra orilla del lago, a la tierra de Gadara, salieron dos endemoniados de entre las tumbas y se acercaron a él. Eran tan feroces que nadie podía pasar por aquel camino. Y se pusieron a gritar: "¡No te metas con nosotros, Jesús, Hijo de Dios! ¿Has venido aquí para atormentarnos antes de tiempo?". A cierta distancia estaba comiendo una gran piara de cerdos, y los demonios rogaron a Jesús: "Si nos expulsas, déjanos entrar en aquellos cerdos". "Id"–les dijo Jesús. Los demonios salieron de los hombres y entraron en los cerdos, y al momento todos los cerdos echaron a correr pendiente abajo hasta el lago, y se ahogaron. Los que cuidaban de los cerdos salieron huyendo, y al llegar al pueblo contaron lo sucedido, todo lo que había pasado con los endemoniados. Entonces salieron los del pueblo al encuentro de Jesús, y al verle le rogaron que se fuera de aquellos lugares.

Dos endemoniados que viven entre los muertos increpan a Jesús presumiendo de su fuerza. Reaccionan con ira, se protegen violentamente; quieren que Él se aleje. Parecen firmes, pero están inseguros. En su enajenación solo piensan en hacer daño, en morir matando, en destruir. Jesús no paga con la misma moneda, simplemente habla con autoridad. Su presencia rompe el vértigo agresivo y evita males mayores. Una sola palabra suya, el monosílabo "id", cambia la escena consiguiendo que el mal se ahogue en su propio veneno. Mientras la maldad, el ruido de diablos y la rabia desatada destruyen y trastornan, la acción discreta y pacificadora de Jesús es sanadora, restaura vínculos y permite empezar de nuevo.

Jueves

Tiempo Ordinario 13ª semana (f)

Am 7,10-17

Sal 18. *Los mandamientos del Señor son verdaderos y enteramente justos.*

Mt 9,1-8

En aquel tiempo Jesús subió a una barca, pasó al otro lado del lago y llegó a su propio pueblo. Allí le llevaron un paralítico acostado en una camilla; y al ver Jesús la fe de aquella gente, dijo al enfermo: "Ánimo, hijo, tus pecados quedan perdonados". Algunos maestros de la ley pensaron: "Lo que éste dice es una ofensa contra Dios". Pero como Jesús sabía lo que estaban pensando, les preguntó: "¿Por qué tenéis tan malos pensamientos? ¿Qué es más fácil, decir: 'Tus pecados quedan perdonados', o decir: 'Levántate y anda'? Pues voy a demostraros que el Hijo del hombre tiene poder en la tierra para perdonar pecados". Entonces dijo al paralítico: "Levántate, toma tu camilla y vete a tu casa". El paralítico se levantó y se fue a su casa. Al ver esto, la gente tuvo miedo y alabó a Dios por haber dado tal poder a los hombres.

No basta con sanar el espíritu. Tampoco basta con curar y cuidar el cuerpo. La acción terapéutica de Jesús alcanza a la totalidad de la persona. Por ello, el milagro de curación afecta al paralítico en su centro vital, su conciencia, "tus pecados quedan perdonados", y en sus miembros externos, "levántate y anda". Lo psíquico y lo corporal están tan unidos en el ser humano que la intervención bondadosa de Dios nunca consiste en tranquilizar el alma dejando inmovilizado el cuerpo. Su acción dinamiza a la persona por entero, transformándola en un nuevo ser que se levanta, que toma la iniciativa, que actúa y camina en libertad, que en su fragilidad se siente amado.

3

JULIO

Viernes

SANTO TOMÁS, APÓSTOL (F)

Ef 2,19-22
Sal 116. *Id al mundo entero y proclamad el Evangelio.*
Jn 20,24-29

En aquellos días Tomás, uno de los doce discípulos, al que llamaban el Gemelo, no estaba con ellos cuando llegó Jesús. Después le dijeron los otros discípulos: "Hemos visto al Señor". Tomás les contestó: "Si no veo en sus manos las heridas de los clavos, y si no meto mi dedo en ellas y mi mano en su costado, no lo creeré". Ocho días después se hallaban los discípulos reunidos de nuevo en una casa, y esta vez también estaba Tomás. Tenían las puertas cerradas, pero Jesús entró, y poniéndose en medio de ellos los saludó diciendo: "¡Paz a vosotros!". Luego dijo a Tomás: "Mete aquí tu dedo y mira mis manos, y trae tu mano y métela en mi costado. ¡No seas incrédulo, sino cree!". Tomás exclamó entonces: "¡Mi Señor y mi Dios!". Jesús le dijo: "¿Crees porque me has visto? ¡Dichosos los que creen sin haber visto!".

Tomás no estaba. Tomás exige pruebas. Tomás no tiene paz. Tomás no puede creer. No estar; exigir sin dar ni esperar; dejarse devorar por la inquietud; y, finalmente, resistirse a creer. Tomás personifica la situación en que viven muchas personas que, aun necesitando a Dios, no suelen estar donde Él se hace presente (en medio de la comunidad); no ponen en duda su modo de ver (son reivindicativas de espíritu); no van al interior (se conforman con la fachada); no dejan que Jesús, llevando la mano a sus llagas, les ayude a creer. Tomás somos tú y yo si, en el momento de reconocer que Jesús es Señor y Dios, nos conformamos con el corto horizonte que alcanza a ver nuestra mirada miope.

Am 9,11-15
Sal 84. *Dios anuncia la paz a su pueblo.*
Mt 9,14-17

Los seguidores de Juan el Bautista se acercaron a Jesús y le preguntaron: "Nosotros y los fariseos ayunamos con frecuencia: ¿Por qué tus discípulos no ayunan?". Jesús les contestó: "¿Acaso pueden estar tristes los invitados a una boda mientras el novio está con ellos? Pero llegará el momento en que se lleven al novio, y entonces ayunarán. Nadie remienda un vestido viejo con un trozo de tela nueva, porque lo nuevo encoge y tira del vestido viejo, y el desgarrón se hace mayor. Tampoco se echa vino nuevo en odres viejos, porque los odres revientan, y tanto el vino como los odres se pierden. Por eso hay que echar el vino nuevo en odres nuevos, para que se conserven ambas cosas".

Mirar a la realidad con ojos capaces de captar sus contrastes; contemplarla con un corazón que se deja asombrar; abrirse a la acción del Espíritu con flexibilidad interior; creer que es posible no solo aceptar la novedad, sino nacer de nuevo. He aquí algunos efectos que se originan en nuestro corazón y en nuestras estructuras cuando las llenamos con el vino nuevo de la Palabra de Dios. La Palabra es espada de doble filo que hace discernir, es lluvia fresca que repara, es odre nuevo capaz de regalar energía, es paño recién tejido que cubre la desnudez y embellece. La Palabra no destruye, enseña a actuar de manera sabia; no encierra, pone en camino; no bloquea ni enquista, desanuda y libera.

Za 9,9-10

¡Alégrate mucho, ciudad de Sión! ¡Canta de alegría, ciudad de Jerusalén! Tu rey viene a ti, justo y victorioso, pero humilde ¡Alégrate mucho, ciudad de Sión! ¡Canta de alegría, ciudad de Jerusalén! Tu rey viene a ti, justo y victorioso, pero humilde, montado en un asno, en un burrito, cría de una asna. Él destruirá los carros de Efraín, los caballos de Jerusalén y los arcos de guerra. Anunciará paz a las naciones y gobernará de mar a mar, del Éufrates al último rincón del mundo.

Sal 144. *Bendeciré tu nombre por siempre, Dios mío, mi rey.*

Rm 8,9.11-13

Vosotros ya no vivís conforme a los deseos de la débil condición humana, sino conforme al Espíritu, si es que realmente el Espíritu de Dios vive en vosotros. El que no tiene el Espíritu de Cristo, no es de Cristo. Y si el Espíritu de aquel que resucitó a Jesús vive en vosotros, el mismo que resucitó a Cristo dará nueva vida a vuestros cuerpos mortales por medio del Espíritu de Dios que vive en vosotros. Así pues, hermanos, tenemos un deber, que no es el de vivir conforme a los deseos de la débil condición humana. Porque si vivís conforme a esos deseos, moriréis; pero si los hacéis morir por medio del Espíritu, viviréis.

Mt 11,25-30

Por aquel tiempo, Jesús dijo: "Te alabo, Padre, Señor del cielo y de la tierra, porque has mostrado a los sencillos las cosas que ocultaste a los sabios y entendidos. Sí, Padre, porque así lo has querido. Mi Padre me ha entregado todas las cosas. Nadie conoce realmente al Hijo, sino el Padre; y nadie conoce realmente al Padre, sino el Hijo y aquellos a quienes el Hijo quiera darlo a conocer. Venid a mí todos los que estáis cansados y agobiados, y yo os haré descansar. Aceptad el yugo que os impongo, y aprended de mí, que soy paciente y de corazón humilde; así encontraréis descanso. Porque el yugo y la carga que yo os impongo son ligeros".

¿Dónde está el Padre? ¿Perdido en los debates de sabios y entendidos, u oculto en los gestos de los humildes? ¿Cómo interviene? ¿Ciñéndose al papel asignado por las normas y tradiciones, o siguiendo la libertad en el Espíritu? Jesús afirma que esos interrogantes solo puede responderlos quien conoce al Padre: quien está cerca del Hijo.

Dios no es un traje hecho a medida; se le descubre mirando a Jesús, escuchando lo que Él dice y actuando como Él actúa. Se revela en lo cotidiano, lo lento, lo pequeño, lo callado, lo simple, lo modesto, lo marginal, lo humilde y lo sencillo.

Así lo enseña el Maestro. Por ello, su carga es llevadera y sus propuestas no pesan como un tributo forzoso. Jesús no abruma con lastres y prohibiciones. Quien se encuentra con Él experimenta la liberación y el gozo.

Os 2,16.17b-18.21-22
Sal 144. *El Señor es clemente y misericordioso.*
Mt 9,18-26

Mientras Jesús les estaba hablando, llegó un jefe de los judíos, se arrodilló ante él y le dijo: "Mi hija acaba de morir, pero si tú vienes y pones tu mano sobre ella, volverá a la vida". Jesús se levantó, y acompañado de sus discípulos se fue con él. Entonces una mujer que desde hacía doce años estaba enferma, con hemorragias, se acercó a Jesús por detrás y tocó el borde de su capa. Porque pensaba: "Con solo tocar su capa quedaré sana". Pero Jesús, volviéndose, vio a la mujer y le dijo: "Ánimo, hija, por tu fe has quedado sanada". Y desde aquel momento quedó sana. Cuando Jesús llegó a casa del jefe de los judíos, y vio a los músicos que estaban preparados para el entierro y a la gente que lloraba a gritos, les dijo: "Salid de aquí. La muchacha no está muerta, sino dormida". La gente se burlaba de Jesús, pero él los hizo salir; luego entró, tomó de la mano a la muchacha y ella se levantó. Y por toda aquella región corrió la noticia de lo sucedido.

Si vienes, "si pones tu mano", dice el padre de la niña difunta. Si voy, "si toco su manto", piensa la mujer cuando ve a Jesús. El padre y la mujer confían en Jesús. Él actúa con gestos tan simples como mirar y tomar la mano. Venir, ir, mirar, tomar, creer: cinco movimientos diferentes. Dos salen del hombre en forma de súplica (ir y mirar); dos vienen de Dios hacia nosotros (venir y tomar). El quinto expresa la clave de comprensión: creer en Jesús es vida y da vida. Él aporta aún más pruebas a favor de su credibilidad: escucha, se compadece, dialoga, no teme a la muerte, detiene el flujo que desangra a la mujer enferma y transfunde nueva savia a la niña inerte. A su paso, todo cambia de aspecto; se abre camino la esperanza.

Os 8,4-7.11-13
Sal 113. *Israel confía en el Señor.*
Mt 9,32-38

Mientras los ciegos salían, algunas personas trajeron a Jesús un mudo que estaba endemoniado. Jesús expulsó al demonio, y en seguida el mudo comenzó a hablar. La gente, asombrada, decía: "¡Nunca se ha visto cosa igual en Israel!". Pero los fariseos decían: "El propio jefe de los demonios es quien ha dado a este el poder de expulsarlos". Jesús recorría todos los pueblos y aldeas enseñando en las sinagogas de cada lugar. Anunciaba la buena noticia del reino y curaba toda clase de enfermedades y dolencias. Viendo a la gente, sentía compasión, porque estaban angustiados y desvalidos como ovejas que no tienen pastor. Dijo entonces a sus discípulos: "Ciertamente la mies es mucha, pero los obreros son pocos. Por eso, pedid al Dueño de la mies que mande obreros a recogerla".

Mientras unos se sorprenden y buscan explicaciones, y otros critican juzgando con arrogancia, Jesús se concentra en servir y caminar anunciando el Reino. Lo hace aproximándose a pobres y enfermos con compasión y ternura; preocupándose por quien está mal y sosteniendo a quien vacila. Convoca a otros a hacer lo mismo y, para ello, invita en nombre de Dios a crear un nuevo pueblo. Me pregunto y te pregunto, ¿dónde nos situamos tú y yo? ¿En el cómodo ámbito de quien pide cuentas y busca razones que expliquen lo evidente y justifiquen la indiferencia? O más bien, ¿en la tierra nueva de la entrega, la disponibilidad y el compromiso callado a favor de quien necesita una palabra o anhela una mirada?

Os 10,1-3.7-8.12
Sal 104. *Buscad continuamente el rostro del Señor.*
Mt 10,1-7

Jesús llamó a sus doce discípulos y les dio autoridad para expulsar a los espíritus impuros y para curar toda clase de enfermedades y dolencias. Éstos son los nombres de los doce apóstoles: primero Simón, llamado también Pedro, y su hermano Andrés; Santiago y su hermano Juan, hijos de Zebedeo; Felipe y Bartolomé; Tomás y Mateo, el que cobraba impuestos para Roma; Santiago, hijo de Alfeo, y Tadeo; Simón el cananeo, y Judas Iscariote, el que traicionó a Jesús. Jesús envió a estos doce con las siguientes instrucciones: "No os dirijáis a las regiones de los paganos ni entréis en los pueblos de Samaria; id más bien a las ovejas perdidas del pueblo de Israel. Id y anunciad que el reino de los cielos está cerca".

Toda persona llamada por Jesús tiene nombre propio y un rostro con rasgos definidos. Es alguien que, en su historia personal, ha tenido la suerte de dejarse tocar por el Evangelio. Jesús no excluye a nadie de su convocatoria. En el grupo de sus seguidores está representada una humanidad tan bañada de luz como tentada por la tiniebla. Él habla al corazón de cada persona pidiéndole que acepte la llamada; proponiéndole que reciba un nombre nuevo y viva de modo distinto, anunciando sin miedo la irrupción del tiempo del Reino. Jesús te sigue convocando hoy; te invita a crear una realidad distinta y a apostar por un modo de vivir transformado. Hoy también pronuncia tu nombre. Cuenta contigo.

Os 11,1-4.8c-9
Sal 79. *Que brille tu rostro,
Señor, y nos salve.*
Mt 10,7-15

En aquel tiempo dijo Jesús a los apóstoles: "Id y anunciad que el reino de los cielos está cerca. Sanad a los enfermos, resucitad a los muertos, limpiad de su enfermedad a los leprosos y expulsad a los demonios. Gratis habéis recibido este poder: dadlo gratis. No llevéis oro ni plata ni cobre ni provisiones para el camino. No llevéis ropa de repuesto ni sandalias ni bastón, pues el obrero tiene derecho a su sustento. Cuando lleguéis a un pueblo o aldea, buscad a alguien digno de confianza y quedaos en su casa hasta que salgáis de allí. Al entrar en la casa, saludad a los que viven en ella. Si la gente de la casa lo merece, la paz de vuestro saludo quedará en ella; si no lo merece, volverá a vosotros. Y si no os reciben ni quieren escucharos, salid de la casa o del pueblo y sacudíos el polvo de los pies. Os aseguro que en el día del juicio el castigo de ese pueblo será más duro que el de los habitantes de la región de Sodoma y Gomorra".

Envío. Anuncio. Sanación. Resurrección. Purificación. Dignificación. Gratuidad. Sencillez. Pobreza. Acogida. Confianza. Receptividad. Saludo. Paz. Agradecimiento. No es una mera cadena de palabras, sino la lista de los elementos que forman el poliedro de la misión al estilo de Jesús. El testimonio es tan importante como el contenido de la predicación. Jesús instruye a los suyos en un modo de ser, no en una doctrina. No espera que sus seguidores actúen como un ejército dispuesto para la batalla, bien pertrechado con argumentos y armas de todo tipo. Simplemente quiere que, con obras y palabras, testimonien la irrupción de la Buena Nueva. Del resto se encarga Dios, pues la misión es suya.

10 JULIO

Viernes

Os 14,2-10
Sal 50. *Mi boca proclamará tu alabanza, Señor.*
Mt 10,16-23

En aquel tiempo dijo Jesús a los apóstoles: "Ved que os envío como a ovejas en medio de lobos. Sed, pues, astutos como serpientes, aunque también sencillos como palomas. Tened cuidado, porque os entregarán a las autoridades, os golpearán en las sinagogas y hasta os conducirán ante gobernadores y reyes por causa mía; así podréis dar testimonio de mí ante ellos y ante los paganos. Pero cuando os entreguen a las autoridades, no os preocupéis por lo que habéis de decir o por cómo decirlo, porque en aquel momento os dará Dios las palabras. No seréis vosotros quienes habléis, sino que el Espíritu de vuestro Padre hablará por vosotros. Los hermanos entregarán a la muerte a sus hermanos, y los padres a sus hijos; y los hijos se levantarán contra sus padres, y los matarán. Todo el mundo os odiará por causa mía, pero el que permanezca firme hasta el fin, será salvo. Cuando os persigan en una ciudad huid a otra, pues os aseguro que el Hijo del hombre vendrá antes que hayáis recorrido todas las ciudades de Israel".

"Ovejas en medio de lobos". ¿Acaso no nos identificamos muchas veces con estas palabras de Jesús? Hoy no se suele atentar contra el cuerpo. No obstante, es habitual que los creyentes sufran desprecios, burlas y rechazos. Se repite con frecuencia que creer es cosa del pasado. El sutil desprestigio de las comunidades de fe es moneda común. Un error es imperdonable; mil aciertos no significan nada. Jesús no sitúa el anuncio del Evangelio en contextos idílicos, ni promete a los suyos honores y halagos. Ahora bien, Él no envía a la misión a un grupo de héroes solitarios. Confía su mensaje a hermanos en comunión, sostenidos por la fuerza de su Espíritu y el don de la fraternidad.

Pr 2,1-9
Sal 33. *Bendigo al Señor en todo momento.*
Mt 19,27-29

En aquel tiempo Pedro dijo: "Nosotros, que hemos dejado cuanto teníamos y te hemos seguido, ¿qué vamos a recibir?". Jesús le respondió: "Os aseguro que cuando llegue el tiempo de la renovación de todas las cosas, cuando el Hijo del hombre se siente en su trono glorioso, vosotros, que me habéis seguido, os sentaréis también en doce tronos para juzgar a las doce tribus de Israel. Y todos los que por causa mía hayan dejado casa, hermanos, hermanas, padre, madre, hijos o tierras, recibirán cien veces más, y también recibirán la vida eterna".

"No anteponer nada al amor de Cristo". Con estas palabras, san Benito invitaba a los monjes a asumir la escala de valores del Evangelio, relativizando otros amores y poniendo en segundo plano cuanto distrae del servicio a Dios y al hermano. Ser monje no es optar por aislarse, sino hacer de la soledad un espacio habitado, donde Cristo es norma, maestro y compañero de vida. En la soledad se descubre la fuerza interior, se llega al conocimiento de sí, se aprende a discernir, se reconoce la fragilidad, se abre la puerta a la humildad, se empieza a crecer sobre raíces sólidas… La soledad acompañada por Cristo es un camino de vida en el que se recibe "cien veces más y la vida eterna".

Is 55,10-11

Así dice el Señor: "(...) la palabra que sale de mis labios no vuelve a mí sin producir efecto, sino que hace lo que yo quiero y cumple la orden que le doy".

Sal 64. *La semilla cayó en tierra buena y dio fruto.*

Rm 8,18-23

(...) Sufrimos intensamente esperando el momento en que Dios nos adopte como hijos, con lo cual serán liberados nuestros cuerpos.

Mt 13,1-23

Aquel mismo día salió Jesús de casa y (...) se puso a hablarles de muchas cosas por medio de parábolas. Les dijo: "Un sembrador salió a sembrar (...), una parte de la semilla cayó en el camino, y llegaron las aves y se la comieron. Otra parte cayó entre las piedras, donde no había mucha tierra; aquella semilla brotó pronto, porque la tierra no era profunda; pero el sol, al salir, la quemó, y como no tenía raíz, se secó. Otra parte cayó entre espinos, y los espinos crecieron y la ahogaron. Pero otra parte cayó en buena tierra y dio una buena cosecha: unas espigas dieron cien granos por semilla, otras dieron sesenta y otras treinta. Los que tienen oídos, oigan". Los discípulos se acercaron a Jesús (...). Jesús les contestó: "(...) Los que oyen el mensaje del reino y no lo entienden, son como la semilla que cayó en el camino; viene el maligno y les quita el mensaje sembrado en su corazón. La semilla que cayó entre las piedras representa a los que oyen el mensaje y al pronto lo reciben con gusto, pero, como no tienen raíces, no pueden permanecer firmes: cuando por causa del mensaje sufren pruebas o persecución, fracasan en su fe. La semilla sembrada entre espinos representa a los que oyen el mensaje, pero los negocios de este mundo les preocupan demasiado y el amor a las riquezas los engaña: todo eso ahoga el mensaje y no le deja dar fruto en ellos. Pero la semilla sembrada en buena tierra representa a los que oyen el mensaje y lo entienden, y dan una buena cosecha: son como las espigas que dieron cien, sesenta o treinta granos por semilla".

¿Con que parábolas hablaría Jesús hoy? ¿Cómo se daría a entender? ¿Cómo traduciría a nuestro lenguaje sus palabras de vida eterna? Son cuestiones que no se pueden responder imaginando fábulas. No caigamos tampoco en el error de repetir fórmulas hechas. Miremos más bien el modo de actuar del sembrador, su opción por derrochar semillas de luz y vida.

Ahora bien, como discípulos podemos preguntar al Maestro qué semillas sembraría hoy. Es posible que nos invite a actualizar su cercanía a los humildes, a aprender el arte de perforar lo cotidiano, a mirar con atención, a reproducir su inagotable talento para resignificar lo insignificante… Él es la semilla inmortal, la que crece en cualquier tierra y vence toda aspereza, toda aridez y toda muerte.

Is 1,10-17
Sal 49. *Al que sigue buen camino le haré ver la salvación de Dios.*
Mt 10,34–11,1

En aquel tiempo dijo Jesús a los apóstoles: "No penséis que yo he venido a traer paz al mundo: no he venido a traer paz, sino guerra. He venido a causar discordia: a poner al hombre contra su padre, a la hija contra su madre y a la nuera contra su suegra; de modo que los enemigos de uno serán sus propios familiares. El que ama a su padre o a su madre más que a mí, no es digno de mí; el que ama a su hijo o a su hija más que a mí, no es digno de mí; y el que no toma su cruz y me sigue, no es digno de mí. El que trate de salvar su vida, la perderá; en cambio, el que pierda su vida por causa mía, la salvará. El que os recibe a vosotros, me recibe a mí; y el que me recibe a mí, recibe al que me envió. El que recibe a un profeta por ser profeta, recibirá la recompensa que merece un profeta; y el que recibe a un justo por ser justo, recibirá la recompensa que merece un justo. Y cualquiera que dé, aunque sólo sea un vaso de agua fresca al más humilde de mis discípulos por ser mi discípulo, os aseguro que no quedará sin recompensa" (...).

El Evangelio no es una mercancía, un producto cuya adquisición otorga derechos de propiedad. El seguimiento de Jesús no es un género en liquidación de existencias; tampoco un objeto de lujo en el escaparate de una tienda exclusiva. Jesús no es un mercader, ni su Palabra una moneda de cambio. El núcleo de su mensaje es la gracia: la vida en plenitud, sin precio; apreciada, no depreciada. El anuncio del Evangelio rompe el círculo diabólico del interés y genera un nuevo modo de vivir. Un estilo tan contrastante como positivo, exigente y personalizador, serio y alegre a la vez. El compromiso se convierte en amor y en fuente de gozo, el sacrificio en simiente de vida, la entrega en camino de sentido y la generosidad en don multiplicado.

Martes

Tiempo Ordinario 15ª semana (f)

Is 7,1-9
Sal 47. *Dios ha fundado su ciudad para siempre.*
Mt 11,20-24

Entonces comenzó Jesús a reprender a los pueblos donde había hecho la mayor parte de sus milagros, porque la gente no se había convertido a Dios. Decía Jesús: "¡Ay de ti, Corazín! ¡Ay de ti, Betsaida! Porque si en Tiro y Sidón se hubieran hecho los milagros que se han hecho entre vosotras, ya hace tiempo que su gente se habría convertido a Dios, cubierta de ropas ásperas y de ceniza. Por eso os digo que, en el día del juicio, vuestro castigo será más duro que el de la gente de Tiro y Sidón. Y tú, Cafarnaún, ¿crees que van a levantarte hasta el cielo? ¡Hasta lo más hondo del abismo serás arrojada! Porque si en Sodoma se hubieran hecho los milagros que se han hecho en ti, esa ciudad habría permanecido hasta el día de hoy. Por eso te digo que, en el día del juicio, tu castigo será más duro que el de los habitantes de la región de Sodoma".

¡Ay de mí! ¡Ay de ti! Que oímos la Palabra, pero no la escuchamos. Que conocemos a Jesús, pero vivimos como si supiéramos muy poco de Él. Que cada día leemos el Evangelio, pero neutralizamos su mensaje en cuanto cerramos el libro. Que nos llamamos seguidores de Jesús, pero incurrimos en incoherencias que desdicen de nuestra condición de discípulos. Que alardeamos del talante humanizador de Jesús, pero pasamos indiferentes ante quien reclama un gesto amable, una palabra o un poco de ayuda. Que predicamos con la boca, pero regateamos el testimonio. Que anunciamos la conversión, pero seguimos inmóviles e impasibles. Permitidme preguntar, ¿cuál será nuestra suerte en el día del juicio?

15 JULIO

Miércoles

SAN BUENAVENTURA (MO)

Is 10,5-7.13-16
Sal 93. *El Señor no rechaza a su pueblo.*
Mt 11,25-27

Por aquel tiempo, Jesús dijo: "Te alabo, Padre, Señor del cielo y de la tierra, porque has mostrado a los sencillos las cosas que ocultaste a los sabios y entendidos. Sí, Padre, porque así lo has querido. Mi Padre me ha entregado todas las cosas. Nadie conoce realmente al Hijo, sino el Padre; y nadie conoce realmente al Padre, sino el Hijo y aquellos a quienes el Hijo quiera darlo a conocer".

¿En qué consiste la sabiduría de los sencillos? ¿Puede ser sabio alguien que vive en su pequeño mundo, sin acceso al conocimiento? ¿Qué significa que el Padre revele "sus cosas" a los humildes? Más aún, ¿por qué María canta al Dios que derriba del trono a los poderosos y despide vacíos a los ricos? ¿Por qué el servir es un criterio innegociable en la comunidad de discípulos? No son cuestiones fáciles de responder. El Evangelio no contesta a estos interrogantes. Solo expone la elección de Dios, es decir, su modo de mostrar sus preferencias y revelar su identidad. Dios elige al más pequeño de los pueblos, se complace en el pobre, se identifica con el siervo; y, en el Hijo, ama hasta el extremo despojándose y haciéndose obediente.

Jueves

NUESTRA SEÑORA DEL CARMEN (MO)

JULIO 16

Is 26,7-9.12.16-19
Sal 101. *El Señor desde el cielo se ha fijado en la tierra.*
Mt 11,28-30

Por aquel tiempo, Jesús dijo: "Venid a mí todos los que estáis cansados y agobiados, y yo os haré descansar. Aceptad el yugo que os impongo, y aprended de mí, que soy paciente y de corazón humilde; así encontraréis descanso. Porque el yugo y la carga que yo os impongo son ligeros".

Te propongo dos preguntas. ¿Ha habido algún momento en que hayas vivido la fe como una carga y el seguimiento como una desgracia? ¿Has sentido que tu vida cristiana no pasaba de ser un conjunto de obligaciones impuestas, imposibles de soportar? No serías el único en sentirte así. Ya algunos contemporáneos de Jesús decían estar tan aplastados por el peso de la vida como abrumados por el lastre de los preceptos religiosos. Jesús se aleja de la imagen del Dios fiscalizador. Es el Buen Pastor que repara las fuerzas, cuya misericordia no tiene medida. Es paciente, humilde y cercano; da oportunidades. Solo pone una condición para seguirle: la de dejarse uncir con el yugo ligero del amor sin medida.

Is 38,1-6.21-22.7-8
Sal: Is 38,10-16. *Señor, detuviste mi alma ante la tumba vacía.*

Mt 12,1-8

Por aquel tiempo, Jesús caminaba un sábado entre los sembrados. Sus discípulos sintieron hambre y comenzaron a arrancar espigas y a comer los granos. Los fariseos, al verlo, dijeron a Jesús: "Mira, tus discípulos hacen algo que no está permitido en sábado". Él les contestó: "¿No habéis leído lo que hizo David en una ocasión en que él y sus compañeros tuvieron hambre? Entró en la casa de Dios y comió los panes consagrados, que no les estaba permitido comer ni a él ni a sus compañeros, sino solamente a los sacerdotes. ¿O no habéis leído en la ley de Moisés que los sacerdotes en el templo no cometen pecado por trabajar los sábados? Pues os digo que aquí hay algo más importante que el templo. Vosotros no habéis entendido qué significan estas palabras de la Escritura: 'Quiero que seáis compasivos, y no que me ofrezcáis sacrificios'. Si lo hubierais entendido, no condenaríais a quienes no han cometido falta alguna. Pues bien, el Hijo del hombre tiene autoridad sobre el sábado".

Cuando todo se reduce a distinguir entre lo permitido y lo prohibido, la vida pierde su encanto y, poco a poco, se vacía de sentido. Desaparecen la libertad, la iniciativa, la frescura del sano atrevimiento y la gracia de la misericordia. Todo se simplifica, codificándose con detalle. Los márgenes están tan delimitados que hasta el río deja de cantar; es una corriente domesticada y previsible. Junto al agua, savia revitalizadora, no crece nada nuevo. Jesús previene a sus discípulos contra esa deriva. No porque les proponga una rebeldía arbitraria, sino porque su palabra no está encadenada. El mensaje de Dios es ante todo creador, igualmente alejado de la destrucción gratuita como de la parálisis y el anquilosamiento.

Miq 2,1-5
Sal 9. *No te olvides de los humildes, Señor.*
Mt 12,14-21

En aquel tiempo los fariseos, al salir, comenzaron a hacer planes para matar a Jesús. Jesús, al saberlo, se marchó de allí; mucha gente le seguía, y él sanaba a todos los enfermos, pero les ordenaba que no hablaran de él públicamente. Esto sucedió para que se cumpliese lo que había dicho el profeta Isaías: "Este es mi siervo, a quien he escogido, mi amado, en quien me deleito. Pondré sobre él mi Espíritu y proclamará justicia a las naciones. No disputará ni gritará; nadie oirá su voz en las calles. No romperá la caña quebrada ni apagará el pábilo que humea, hasta que haga triunfar la justicia. Y las naciones pondrán en él su esperanza".

El siervo elegido y amado no grita ni discute; solo cuenta con las armas de la Palabra de vida y la gracia de devolver la salud. Está movido por el Espíritu y promueve la justicia; no se impone, su voz no es un clamor en las calles. El siervo es misericordioso, confía y espera; con su sola presencia, repara a quien está quebrado, sostiene a quien vacila. El siervo es débil, pero no es un vasallo; es pequeño, pero no insignificante; es discreto, pero no se esconde ni huye. El siervo es Jesús, el Hijo: el que, además de amar sin límites, respeta sin reservas la libertad del hombre. Sin embargo, le tienen miedo porque es capaz de transformarlo todo, abriendo caminos de esperanza y rompiendo la inercia destructiva del dominio y el poder.

Sab 12,13.16-19

No existe ningún dios, fuera de ti, que tenga todo bajo su cuidado (…).

Sal 85. *Tú, Señor, eres bueno y clemente.*

Rm 8,26-27

El Espíritu (…) mismo ruega a Dios por nosotros con gemidos que no pueden expresarse con palabras (…).

Mt 13,24-43

Jesús les contó esta otra parábola: "El reino de los cielos puede compararse a un hombre que sembró buena semilla en su campo; pero mientras todos estaban durmiendo, llegó un enemigo que sembró mala hierba entre el trigo, y se fue. Cuando creció el trigo y se formó la espiga, apareció también la mala hierba. Entonces los labradores fueron a decirle al dueño: 'Señor, si la semilla que sembraste en el campo era buena, ¿cómo es que ha salido mala hierba?' El dueño les dijo: 'Un enemigo ha hecho esto.' Los labradores le preguntaron: '¿Quieres que vayamos a arrancar la mala hierba?' Pero él les dijo: 'No, porque al arrancar la mala hierba podéis arrancar también el trigo. Es mejor dejarlos crecer juntos, hasta la siega; entonces mandaré a los segadores a recoger primero la mala hierba y atarla en manojos, para quemarla, y que luego guarden el trigo en mi granero'". Jesús les contó también esta parábola: "El reino de los cielos se puede comparar a una semilla de mostaza que un hombre siembra en su campo. Es sin duda la más pequeña de todas las semillas, pero cuando ha crecido es más grande que las otras plantas del huerto; llega a hacerse como un árbol entre cuyas ramas van a anidar los pájaros". También les contó esta parábola: "El reino de los cielos se puede comparar a la levadura que una mujer mezcla con tres medidas de harina para que toda la masa fermente". Jesús habló de todo esto a la gente por medio de parábolas (...). Jesús habló de todo esto a la gente por medio de parábolas, y sin parábolas no les hablaba, para que se cumpliera lo que había dicho el profeta: "Hablaré por medio de parábolas; diré cosas que han estado en secreto desde la creación del mundo". Jesús despidió a la gente y entró en la casa. Sus discípulos se acercaron a él y le pidieron que les explicase la parábola de la mala hierba en el campo. Él les respondió: "El que siembra la buena semilla es el Hijo del hombre, y el campo es el mundo. La buena semilla representa a los que son del reino; la mala hierba, a los que son del maligno; (...) aquellos que cumplen lo ordenado por Dios brillarán como el sol en el reino de su Padre. Los que tienen oídos, oigan".

Las parábolas se inspiran en realidades que evocan procesos de transformación y subrayan la fuerza de lo invisible. Se centran en lo pequeño, lo escondido; no descartan lo ambiguo y lo enigmático. Por medio de parábolas, Jesús mostraba la cara oculta de las cosas; esa que solo Dios conoce pues solo Él capta sus gemidos inenarrables.

Atender, mirar, descifrar y discernir siempre ha sido necesario. Preguntarse por el sentido profundo del mensaje de Jesús es obligado también hoy. Todo ello convierte nuestra vida cristiana en una búsqueda y un diálogo; un ejercicio cotidiano de escucha y atención esmerada. Se trata de una aventura digna de vivirse, que hace sintonizar el corazón humano con los signos de Dios en el mundo.

Este es el primer paso para cumplir la Palabra.

Miq 6,1-4.6-8

Sal 49. *Al que sigue buen camino le haré ver la salvación De Dios.*

Mt 12,38-42

Algunos de los fariseos y maestros de la ley dijeron entonces a Jesús: "Maestro, queremos verte hacer alguna señal milagrosa". Jesús les contestó: "Esta gente malvada e infiel pide una señal milagrosa, pero no se le dará más señal que la del profeta Jonás. Porque así como Jonás estuvo tres días y tres noches en el vientre del gran pez, así también el Hijo del hombre estará tres días y tres noches dentro de la tierra. Los habitantes de Nínive se levantarán en el día del juicio, cuando se juzgue a la gente de este tiempo, y la condenarán; porque los de Nínive se convirtieron a Dios cuando oyeron el mensaje de Jonás, y lo que hay aquí es más que Jonás. También en el día del juicio, cuando se juzgue a la gente de este tiempo, la reina del Sur se levantará y la condenará; porque ella vino de lo más lejano de la tierra para escuchar la sabiduría de Salomón, y lo que hay aquí es más que Salomón".

Pedimos señales. Queremos que Dios responda a nuestras inquietudes y confiamos que se incline a conceder nuestros deseos. Decimos que Él hace un milagro cuando se cumple nuestra voluntad. Sin embargo, Jesús recordaba a sus contemporáneos que el verdadero milagro consiste en que nosotros hagamos la voluntad de Dios. Hoy, como ayer, es más fácil convertir a Dios en un instrumento manejable, ajustado a nuestras expectativas, que buscarlo en medio de la complejidad de la vida. La purificación de la fe exige no decir el nombre de Dios en vano. El verdadero creyente sabe que creer no es un acto mágico; por ello, no pide evidencias aplastantes, solo espera con paciencia que Dios se revele donde y como quiera.

Martes

TIEMPO ORDINARIO 16ª SEMANA (f)

Miq 7,14-15.18-20
Sal 84. *Muéstranos, Señor, tu
misericordia.*
Mt 12,46-50

Todavía estaba Jesús hablando a la gente, cuando acudieron su madre y sus hermanos, que querían hablar con él. Como se quedaron fuera, alguien avisó a Jesús: "Tu madre y tus hermanos están ahí fuera, y quieren hablar contigo". Pero él contestó al que le llevó el aviso: "¿Quién es mi madre y quiénes son mis hermanos?". Y señalando a sus discípulos, añadió: "Estos son mi madre y mis hermanos. Porque todo el que hace la voluntad de mi Padre que está en el cielo, ése es mi hermano, mi hermana y mi madre".

Sabemos poco de la parentela de Jesús. Los evangelios dan pocos detalles sobre ella. Aun así, aclaran que en el reino de Dios, cuya irrupción Jesús anuncia e inaugura, los vínculos familiares se reharán sobre bases nuevas. El criterio que articula a la nueva familia de Jesús no es el de mantener el honor del clan, sino el de hacer la voluntad divina. El padre no encarna un poder incuestionable; es el cuidador, el labrador que poda los buenos sarmientos para que den más fruto. La madre no garantiza pasivamente la continuidad en la carne y la sangre; es, más bien, la mujer activa que escucha y cumple la Palabra. Cuando cesan las relaciones de poder y control, se abre paso la fraternidad en el Espíritu, la familia del Reino.

Cnt 3,1-4b
Sal 62. *Mi alma está sedienta de ti, Dios mío.*
Jn 20,1-2.11-18

El primer día de la semana, María Magdalena fue al sepulcro muy temprano, cuando todavía estaba oscuro, y vio quitada la piedra que tapaba la entrada. María se quedó fuera, junto al sepulcro, llorando. Y llorando como estaba, se agachó a mirar dentro y vio dos ángeles vestidos de blanco, sentados donde había estado el cuerpo de Jesús, uno a la cabecera y el otro a los pies. Los ángeles le preguntaron: "Mujer, ¿por qué lloras?". Ella les dijo: "Porque se han llevado a mi Señor y no sé dónde lo han puesto". Apenas dicho esto, volvió la cara y vio allí a Jesús, aunque no sabía que fuera él. Jesús le preguntó: "Mujer, ¿por qué lloras? ¿A quién buscas?". Ella, pensando que era el que cuidaba el huerto, le dijo: "Señor, si tú te lo has llevado, dime dónde lo has puesto, para que yo vaya a buscarlo". Jesús entonces le dijo: "¡María!". Ella se volvió y le respondió en hebreo: "¡Rabuni! (que quiere decir 'Maestro')". Jesús le dijo: "(...) ve y di a mis hermanos que voy a reunirme con el que es mi Padre y vuestro Padre (...)". Entonces fue María Magdalena y contó a los discípulos que había visto al Señor, y también lo que él le había dicho.

Magdalena llora: "se han llevado a mi Señor y no sé dónde lo han puesto". Hoy entendemos bien su llanto. No acertamos a identificar qué o quién ha provocado el eclipse de Dios en que vivimos. Tampoco sabemos dónde buscarlo en un mundo que lo relega al espacio de la nada. Por si fuera poco, no atinamos a hacer el duelo y nos invaden las dudas. La inquietud de Magdalena coincide con la nuestra, pero su reacción es distinta. Ella no se muestra pasiva ni resignada; parece no dudar. No se detiene; confía y busca, pregunta y espera, ve y cree. Cuando, finalmente, experimenta que Jesús está vivo, se apresura a anunciarlo con sencillez y persuasión; discreta y firme a la vez. Por eso, le llamamos la "apóstola".

Jueves

SANTA BRÍGIDA DE SUECIA, PATRONA DE EUROPA (F)

Ga 2,19-20
Sal 33. *Bendigo al Señor en todo momento.*
Jn 15,1-8

En aquel tiempo Jesús dijo: "Yo soy la vid verdadera y mi Padre es el viñador. Si uno de mis sarmientos no da fruto, lo corta; pero si da fruto, lo poda y lo limpia para que dé más. Vosotros ya estáis limpios por las palabras que os he hablado. Seguid unidos a mí como yo sigo unido a vosotros. Un sarmiento no puede dar fruto por sí mismo si no está unido a la vid. De igual manera, vosotros no podéis dar fruto si no permanecéis unidos a mí. Yo soy la vid y vosotros sois los sarmientos. El que permanece unido a mí y yo unido a él, da mucho fruto; pues sin mí nada podéis hacer. El que no permanece unido a mí será echado fuera, y se secará como los sarmientos que se recogen y se queman en el fuego. Si permanecéis unidos a mí, y si sois fieles a mis enseñanzas, pedid lo que queráis y se os dará. Mi Padre recibe honor cuando vosotros dais mucho fruto y llegáis así a ser verdaderos discípulos míos".

Permanecer o no permanecer. He ahí un dilema de nuestro tiempo. Hoy se privilegia lo caduco, la mirada corta, el momento fugaz, el presente aislado, la obsolescencia programada, el proyecto temporal, el compromiso sin continuidad. Afirmar esto no es recurrir a un lugar común; es simplemente reconocer la irrupción de una nueva mentalidad que convierte la fragilidad en una fácil excusa para la inconstancia. El Evangelio nos da una clave de permanencia que nada tiene que ver con la testarudez, la intolerancia, la obstinación o la inflexibilidad. Jesús reconoce nuestra inconsistencia, sabe que somos barro, pero nos propone asumir vitalmente una tarea ilusionante: la de arraigarnos en su Palabra y discernir confiando en Él. ¿Te animas?

Jr 3,14-17
Sal: Jr 31,10-13. *El Señor nos guardará como un pastor a su rebaño.*
Mt 13,18-23

En aquel tiempo dijo Jesús: "Oíd, pues, lo que significa la parábola del sembrador: Los que oyen el mensaje del reino y no lo entienden son como la semilla que cayó en el camino; viene el maligno y les quita el mensaje sembrado en su corazón. La semilla que cayó entre las piedras representa a los que oyen el mensaje y al pronto lo reciben con gusto, pero, como no tienen raíces, no pueden permanecer firmes: cuando por causa del mensaje sufren pruebas o persecución, fracasan en su fe. La semilla sembrada entre espinos representa a los que oyen el mensaje, pero los negocios de este mundo les preocupan demasiado y el amor a las riquezas los engaña: todo eso ahoga el mensaje y no le deja dar fruto en ellos. Pero la semilla sembrada en buena tierra representa a los que oyen el mensaje y lo entienden, y dan una buena cosecha: son como las espigas que dieron cien, sesenta o treinta granos por semilla".

Todo labrador elige buena simiente y la siembra con gran cuidado. Sabe que de ello depende el éxito de la cosecha. Nunca dejaría que una sola semilla se perdiera al borde del camino o cayera entre los espinos. El sembrador de la parábola, por el contrario, derrocha la semilla, dejándola caer incluso allí donde no cabe esperar que produzca fruto. Desde el punto de vista humano es un contrasentido; desde la perspectiva de Dios se trata de una prodigalidad sin límites. Él no se cansa de sembrar. ¿Qué os parece si al leer esta parábola no nos fijamos tanto en la respuesta del receptor de la semilla, siempre insuficiente, cuanto en la actitud del que regala la simiente a fondo perdido?

Sábado

Santiago, apóstol (S)

Hch 4,33; 5,12.27-33; 12,2
Sal 66. *Oh Dios, que te alaben los pueblos, que todos los pueblos te alaben.*
2Co 4,7-15
Mt 20,20-28

La madre de los hijos de Zebedeo se acercó con ellos a Jesús, y se arrodilló para pedirle un favor. Jesús le preguntó: "¿Qué quieres?". Ella le dijo: "Manda que estos dos hijos míos se sienten en tu reino uno a tu derecha y el otro a tu izquierda". Jesús contestó: "No sabéis lo que pedís. ¿Podéis beber la copa amarga que voy a beber yo?". Le dijeron: "Podemos". Jesús les respondió: "Vosotros beberéis esa copa de amargura, pero el sentaros a mi derecha o a mi izquierda no me corresponde a mí darlo. Será para quienes mi Padre lo ha preparado". Cuando los otros diez discípulos oyeron todo esto, se enojaron con los dos hermanos. Pero Jesús los llamó y les dijo: "Sabéis que, entre los paganos, los jefes gobiernan con tiranía a sus súbditos y los grandes descargan sobre ellos el peso de su autoridad. Pero entre vosotros no debe ser así. Al contrario, el que entre vosotros quiera ser grande, que sirva a los demás; y el que entre vosotros quiera ser el primero, que sea vuestro esclavo. Porque, del mismo modo, el Hijo del hombre no ha venido para ser servido, sino para servir y dar su vida en pago de la libertad de todos".

Jesús está a las puertas de Jerusalén. Según la narración de Mateo, acaba de hacer el tercer anuncio de su Pasión. Habría llegado, pues, el momento de recoger los frutos de su enseñanza a los discípulos. Cabría suponer que al menos ellos comprenden el núcleo de su mensaje; pero no es así. La madre de Santiago y Juan, dos de los apóstoles más cercanos al Maestro, reclama para sus hijos seguridades, poder, dinero y honores. Justo lo contrario de lo que Jesús ofrece. Asombra saber que, mientras Jesús camina hacia el abismo de la Pasión, sus seguidores más cercanos están pendientes de asegurar sus prerrogativas. ¿Y si nosotros no fuéramos tan distintos de ellos? ¿Cuál es nuestra verdadera motivación para estar con Jesús?

1Re 3,5.7-12

Una noche, en Gabaón, el Señor se apareció en sueños a Salomón y le dijo: "Pídeme lo que quieras, y yo te lo daré". "Tú, Señor y Dios mío, me has puesto para que reine en lugar de David, mi padre, aunque yo soy un muchacho joven y sin experiencia. (...) Dame, pues, un corazón atento para gobernar a tu pueblo y para distinguir entre lo bueno y lo malo (...)". Al Señor le agradó que Salomón le hiciera tal petición (...).

Sal 118. *¡Cuánto amo tu voluntad, Señor!*

Rm 8,28-30

Sabemos que Dios dispone todas las cosas para el bien de quienes le aman, de quienes él ha llamado de acuerdo con su propósito. A los que de antemano Dios había conocido, los destinó desde un principio a ser como su Hijo, para que su Hijo fuera el mayor entre muchos hermanos. Y a los que Dios destinó desde un principio, también los llamó; y a los que llamó los hizo justos; y a los que hizo justos les dio parte en su gloria.

Mt 13,44-52

En aquel tiempo dijo Jesús a la gente: "El reino de los cielos se puede comparar a un tesoro escondido en un campo. Un hombre encuentra el tesoro, y vuelve a esconderlo allí mismo; lleno de alegría, va, vende todo lo que posee y compra aquel campo. También se puede comparar el reino de los cielos a un comerciante que anda buscando perlas finas; cuando encuentra una de gran valor, va, vende todo lo que posee y compra la perla. Puede compararse también el reino de los cielos a una red echada al mar, que recoge toda clase de peces. Cuando la red está llena, los pescadores la arrastran a la orilla y se sientan a escoger los peces: ponen los buenos en canastas y tiran los malos. Así sucederá al fin del mundo: saldrán los ángeles a separar a los malos de los buenos, y arrojarán a los malos al horno encendido, donde llorarán y les rechinarán los dientes". Jesús preguntó: "¿Entendéis todo esto?". Ellos contestaron: "Sí, Señor". Entonces Jesús añadió: "Cuando un maestro de la ley está instruido acerca del reino de los cielos, se parece a un padre de familia que de lo que tiene guardado saca cosas nuevas y cosas viejas".

El Reino es riqueza, es un tesoro y una perla preciosa. El Reino contiene un dinamismo interno que remueve el ser, desalojando toda indiferencia y pasividad. El Reino es alegría, quien lo encuentra relativiza lo que posee y replantea sus necesidades. El Reino es como una red que arrastra y contiene peces de todos los tamaños. Nadie queda excluido, el Reino es un ámbito de acogida universal.

El Reino es una síntesis de lo antiguo y lo nuevo, nada se destruye, todo se integra en una dinámica de escucha y atención. El Reino es un camino que acerca al manantial de la existencia, poniendo su agua pura al alcance de todos. El Reino es el regalo de una vida nueva que limpia, refresca y purifica; que desintoxica y sana; que despierta y ayuda a discernir; que anima y reconstruye.

El Reino es Jesús.

Jr 13,1-11
Sal: Dt 32,18-21.
Despreciaste a la Roca que te engendró.
Mt 13,31-35

Jesús les contó también esta parábola: "El reino de los cielos se puede comparar a una semilla de mostaza que un hombre siembra en su campo. Es sin duda la más pequeña de todas las semillas, pero cuando ha crecido es más grande que las otras plantas del huerto; llega a hacerse como un árbol entre cuyas ramas van a anidar los pájaros". También les contó esta parábola: "El reino de los cielos se puede comparar a la levadura que una mujer mezcla con tres medidas de harina para que toda la masa fermente". Jesús habló de todo esto a la gente por medio de parábolas, y sin parábolas no les hablaba, para que se cumpliera lo que había dicho el profeta: "Hablaré por medio de parábolas; diré cosas que han estado en secreto desde la creación del mundo".

La fuerza de la semilla sorprende. La levadura transforma en pan jugoso una masa densa y apelmazada. Fermento y simiente evocan el modo de actuar de un Dios que no tiene prisa, se toma su tiempo, no llama la atención, no espera resultados inmediatos; a veces, procede de modo imperceptible; otras, se disuelve como un fermento liviano, casi volátil. Nosotros estamos infectados por los virus del control, la rapidez y la rentabilidad inmediata. El presentismo nos lleva a quererlo todo pronto, rápido y sin esfuerzo. Dios confía su obra a un pueblo vulnerable, como es Israel; a una mujer humilde, como María; a un hijo que esperará décadas para empezar a realizar sus signos. ¿Te has preguntado seriamente qué quiere decirnos?

Martes

TIEMPO ORDINARIO 17ª SEMANA (f)

Jr 14,17-22
Sal 78. *Líbranos, Señor, por el honor de tu nombre.*
Mt 13,36-43

Jesús despidió a la gente y entró en la casa. Sus discípulos se acercaron a él y le pidieron que les explicase la parábola de la mala hierba en el campo. Él les respondió: "El que siembra la buena semilla es el Hijo del hombre, y el campo es el mundo. La buena semilla representa a los que son del reino; la mala hierba, a los que son del maligno; y el enemigo que sembró la mala hierba es el diablo. La siega representa el fin del mundo, y los segadores son los ángeles. Así como se recoge la mala hierba y se la quema en una hoguera, así sucederá al fin del mundo. El Hijo del hombre mandará sus ángeles a recoger de su reino a todos los que hacen pecar a otros y a los que practican el mal. Los arrojarán al horno encendido, donde llorarán y les rechinarán los dientes. Entonces, aquellos que cumplen lo ordenado por Dios brillarán como el sol en el reino de su Padre. Los que tienen oídos, oigan".

¿Quién tendrá la última palabra, el trigo o la cizaña? Planteamos esta pregunta cuando surgen conflictos en las relaciones, cuando nos duele la injusticia sobre los débiles o nos interpela una situación de abuso. Inconscientemente, todo lo englobamos en los binomios perder-ganar, dominar-someterse, tener o no la razón. Pensamos quizá que la vida es un juego en el que inexorablemente unos ríen y otros lloran, pero todos bailan al ritmo de un destino fatal. Para Jesús no se trata de una lucha, de perder o ganar, sino de acertar o de errar; es decir, de elegir el camino que lleva a la muerte u optar por el que conduce hacia la vida. A fin de cuentas, la disyuntiva estaría entre servir a Dios y al hermano o servirse de ellos. ¿Tú que eliges?

Jr 15,10.16-21
Sal 58. *Dios es mi refugio en el peligro.*
Jn 11,19-27

Muchos judíos habían ido a visitar a Marta y María, para consolarlas por la muerte de su hermano. Cuando Marta supo que Jesús estaba llegando, salió a recibirle; pero María se quedó en la casa. Marta dijo a Jesús: Señor, si hubieras estado aquí, mi hermano no habría muerto. Pero aun ahora yo sé que Dios te dará cuanto le pidas. Jesús le contestó: Tu hermano volverá a vivir. Marta le dijo: Sí, ya sé que volverá a vivir cuando los muertos resuciten, en el día último. Jesús le dijo entonces: Yo soy la resurrección y la vida. El que cree en mí, aunque muera, vivirá; y ninguno que esté vivo y crea en mí morirá jamás. ¿Crees esto? Ella le dijo: Sí, Señor, yo creo que tú eres el Mesías, el Hijo de Dios, el que tenía que venir al mundo.

Marta, María y Lázaro son amigos de Jesús. La familia formaba parte del amplio grupo de discípulos en la distancia: los que creían en Jesús, quienes simpatizaban con Él, algunas mujeres que le ayudaban con sus bienes... Hoy celebramos la memoria de todos ellos. De tantas Marías, maestras del amor gratuito y la escucha atenta. De tanta Martas, expertas en la acogida y el servicio. De tantos Lázaros, conscientes de haber dejado las sombras de la muerte gracias a Jesús. El nivel de implicación en la comunidad cristiana no es igual para todos. Hay modos distintos de estar con Jesús y de seguirle. Lo importante es que, sea cual sea el grado de compromiso, cada uno deje que, día tras día, el encuentro con el Maestro transforme su vida.

Jueves

San Ignacio de Loyola (MO)

Jr 18,1-6
Sal 145. *Dichoso a quien auxilia el Dios de Jacob.*
Mt 13,47-53

En aquel tiempo dijo Jesús: "Puede compararse también el reino de los cielos a una red echada al mar, que recoge toda clase de peces. Cuando la red está llena, los pescadores la arrastran a la orilla y se sientan a escoger los peces: ponen los buenos en canastas y tiran los malos. Así sucederá al fin del mundo: saldrán los ángeles a separar a los malos de los buenos, y arrojarán a los malos al horno encendido, donde llorarán y les rechinarán los dientes". Jesús preguntó: "¿Entendéis todo esto?". "Sí, Señor" –contestaron ellos. Entonces Jesús añadió: "Cuando un maestro de la ley está instruido acerca del reino de los cielos, se parece a un padre de familia que de lo que tiene guardado saca cosas nuevas y cosas viejas". Cuando Jesús terminó de contar estas parábolas se fue de allí.

La red era la herramienta de trabajo de los pescadores que siguieron a Jesús. La red es también un símbolo de nuestro tiempo. Si ellos vivían de la red, nosotros vivimos en red. A pesar de la distancia temporal y cultural, Jesús sigue haciendo la misma propuesta: la de "desenredarse". A los apóstoles les sugiere primero que dejen las redes y después que no hagan de ellas un instrumento de captura avara, sin límites. A nosotros nos pide que abramos los ojos para mirar más allá del enredo de la red; que aprendamos de lo nuevo y lo antiguo; que no nos dejemos atrapar por la maraña de espejismos que alejan de la realidad y sus interpelaciones. Entonces como ahora, la conclusión es semejante: cuanto más enredados, menos libres y felices.

Jr 26,1-9
Sal 68. *Que me escuche tu gran bondad, Señor.*
Mt 13,54-58

En aquel tiempo Jesús llegó a su propia tierra, donde comenzó a enseñar en la sinagoga del lugar. La gente, admirada, decía: "¿De dónde ha sacado éste todo lo que sabe? ¿Cómo puede hacer tales milagros? ¿No es éste el hijo del carpintero? Y su madre, ¿no es María? ¿No son sus hermanos Santiago, José, Simón y Judas, y no viven sus hermanas también aquí, entre nosotros? ¿De dónde ha sacado todo esto?". Y no quisieron hacerle caso. Por eso, Jesús les dijo: "En todas partes se honra a un profeta, menos en su propia tierra y en su propia casa". Y no hizo allí muchos milagros, porque aquella gente no creía en él.

Sorprende la insistencia de Ignacio de Loyola en el "todo". En el ofrecimiento de obras, pide entregar "todo" a Dios. Al final de sus Ejercicios, invita a amar y servir en "todo". Ignacio se inspira en Jesús. Nada queda fuera de la órbita de Dios. "Todo" debe expresar la firme voluntad de servirle. Al dejar Nazaret, Jesús cambia su pequeño mundo por el amplio "todo" del servicio divino, el amor fraterno y la alegría del Evangelio. Vuelve a Nazaret para proclamar el año de gracia del Señor, el tiempo profético. Sus paisanos no lo aceptan. Están tan empeñados en defender la estrechez de su "nada" que no dejan lugar para la profecía y la misión. Su ingratitud encoge el horizonte, anula la vida, niega el milagro, hace que el "todo" sea "nada".

Jr 26,11-16.24
Sal 68. *Escúchame, Señor, el día de tu favor.*
Mt 14,1-12

Por aquel mismo tiempo, Herodes, que gobernaba en Galilea, oyó hablar de Jesús y dijo a los que tenía a su servicio: "Ése es Juan el Bautista. Ha resucitado, y por eso tiene poderes milagrosos". Es que Herodes había hecho apresar a Juan, y lo había encadenado en la cárcel. Fue a causa de Herodías, esposa de su hermano Filipo, pues Juan decía a Herodes: "No puedes tenerla por mujer". Herodes quería matar a Juan, pero temía a la gente, porque todos tenían a Juan por profeta. En el cumpleaños de Herodes, la hija de Herodías salió a bailar delante de los invitados, y le gustó tanto a Herodes que prometió bajo juramento darle cualquier cosa que le pidiera. Ella entonces, aconsejada por su madre, le dijo: "Dame en una bandeja la cabeza de Juan el Bautista". Esto entristeció al rey Herodes, pero como había hecho un juramento en presencia de sus invitados, mandó que se la dieran (…).

Es difícil el destino de los profetas. Están seguros de su llamada. Saben que han sido enviados a proclamar un mensaje. Con frecuencia es el suyo un mensaje crítico con respecto a los poderosos, tanto en la dimensión religiosa, como en la dimensión política y social. Sucede que les quita la paz. Denuncian los abusos. La respuesta por parte del poder es la venganza y la violencia. El Bautista es un profeta especial que promueve un movimiento de conversión y preparación para los tiempos mesiánicos. Se fija y explora las necesidades del pueblo de Dios a la luz de las promesas. Tiene discípulos. A Herodías le molestan las palabras y gestos de Juan. Denuncian su inmoralidad. Y se venga. Pide la cabeza del precursor. El destino de muerte le acecha también a Jeremías cuando profetiza contra el templo. ¿Cómo me afectan a mí las críticas sobre la Iglesia, sobre mi forma de sentir y vivir y creer?

Is 55,1-3

Así dice el Señor: "Todos los que tenéis sed, venid a beber agua; los que no tenéis dinero, venid, y de balde adquirid trigo, y comed (...)".

Sal 144. *Abres tú la mano, Señor, y nos sacias de favores.*

Rm 8,35.37-39

¿Quién podrá separarnos del amor de Cristo? ¿El sufrimiento, la angustia, la persecución, el hambre, la desnudez, el peligro, la muerte violenta...? (...) ¡Nada podrá separarnos del amor que Dios nos ha mostrado en Cristo Jesús, nuestro Señor!

Mt 14,13-21

Cuando Jesús recibió aquella noticia, se fue de allí, él solo, en una barca, a un lugar apartado. Pero la gente, al saberlo, salió de los pueblos para seguirle por tierra. Al bajar Jesús de la barca, viendo a la multitud, sintió compasión de ellos y sanó a los que estaban enfermos. Como se hacía de noche, los discípulos se acercaron a él y le dijeron: "Ya es tarde y éste es un lugar solitario. Despide a la gente, para que vayan a las aldeas y se compren comida". Jesús les contestó: "No es necesario que vayan. Dadles vosotros de comer". Respondieron: "No tenemos aquí más que cinco panes y dos peces". Jesús les dijo: "Traédmelos". Mandó entonces a la multitud que se recostara sobre la hierba. Luego tomó en sus manos los cinco panes y los dos peces y, mirando al cielo, dio gracias a Dios, partió los panes, se los dio a los discípulos y ellos los repartieron entre la gente. Todos comieron hasta quedar satisfechos, y todavía llenaron doce canastas con los trozos sobrantes. Los que comieron eran unos cinco mil hombres, sin contar las mujeres y los niños.

La noticia de la trágica muerte de Juan hace reaccionar a Jesús. Se aleja a un lugar desconocido. Pero incluso allí le sigue la gente. Jesús tiene un corazón muy compasivo. Se fija en los necesitados y empatiza con ellos. Siente fuerte la ternura y solidaridad. Él está seguro de su vocación, su mensaje y su misión. Se conmueve en sus entrañas ante las necesidades de las personas sencillas. Y se plantea la tarea descabellada de dar de comer a la multitud.

Jesús cree en la solidaridad. Y la suscita entre los discípulos y la multitud. Y surge el milagro, lo sorprendente; hay abundancia de alimentos para todos. Y sobran. Jesús muestra cómo lo compartido se multiplica. El que da, en realidad, recibe. Este signo de Jesús muestra la eficacia de la palabra de bendición y gratitud en sus labios. En lo sucesivo Jesús trata de hacer pasar del interés por el alimento del pan al interés por el reino de Dios.

¿Qué vivo yo hoy al escuchar esta narración? ¿Soy consciente de que se dirige a mí? ¿Qué relación veo entre mis intereses personales y la solidaridad con el reino de Dios?

3

AGOSTO

Jr 28,1-17
Sal 118. *Instrúyeme, Señor, en tus leyes.*
Mt 14,22-36

(…) Jesús hizo subir a sus discípulos a la barca, para que llegasen antes que él a la otra orilla del lago, mientras él despedía a la gente. Cuando ya la hubo despedido, subió Jesús al monte para orar a solas, y al llegar la noche aún seguía allí él solo. Entre tanto, la barca se había alejado mucho de tierra firme y era azotada por las olas, porque tenía el viento en contra. De madrugada, Jesús fue hacia ellos andando sobre el agua. Los discípulos, al verle andar sobre el agua, se asustaron y gritaron llenos de miedo: "¡Es un fantasma!". Pero Jesús les habló, diciéndoles: "¡Ánimo, soy yo, no tengáis miedo!". Pedro le respondió: "Señor, si eres tú, mándame ir a ti andando sobre el agua". "Ven" –dijo Jesús. Bajó Pedro de la barca y comenzó a andar sobre el agua en dirección a Jesús, pero al notar la fuerza del viento, tuvo miedo; y comenzando a hundirse, gritó: "¡Sálvame, Señor!". Al momento, Jesús le tomó de la mano y le dijo: "¡Qué poca fe! ¿Por qué has dudado?". En cuanto subieron a la barca, se calmó el viento. Entonces los que estaban en la barca se pusieron de rodillas delante de Jesús y dijeron: "¡Verdaderamente tú eres el Hijo de Dios!" (…).

La Palabra de Dios se abre camino hacia nosotros a través de otras personas. Y necesita discernimiento espiritual por parte del oyente. Y es que hay falsos y verdaderos profetas. Polemizan entre sí como Jeremías y Ananías. No es cuestión de fuerza. Jesús, por su parte, siente la necesidad de orar. Pasa largo tiempo en oración. Sabe que le espera la tormenta. Es difícil andar sobre el agua del lago encrespado que amenaza con ahogarnos. Así es el camino de la vida. La peregrinación de la fe se vive con el viento en contra, con olas que amenazan; pero la presencia del Mesías es real. No es un fantasma. Nos manda ir hacia Él. Eso es fe. ¿En qué me veo identificado con la actitud de Pedro? El reproche de Jesús a Pedro: "¡Qué poca fe!", ¿tiene su actualidad entre los cristianos de hoy?

Martes

SAN JUAN MARÍA VIANNEY (MO)

Jr 30,1-2.12-15.18-22
Sal 101. *El Señor reconstruyó Sión, y apareció en su gloria.*
Mt 15,1-2.10-14

Se acercaron a Jesús algunos fariseos y maestros de la ley que habían llegado de Jerusalén, y le preguntaron: "¿Por qué tus discípulos desobedecen la tradición de nuestros antepasados? ¿Por qué no cumplen con el rito de lavarse las manos antes de comer?". Jesús llamó a la gente y dijo: "Escuchad y entended: Lo que entra por la boca del hombre no le hace impuro. Al contrario, lo que hace impuro al hombre es lo que sale de su boca". Entonces los discípulos se acercaron a Jesús y le preguntaron: "¿Sabes que los fariseos se ofendieron al oír lo que dijiste?". Él les contestó: "Toda planta que no haya plantado mi Padre celestial, será arrancada de raíz. Dejadlos: son ciegos que guían a otros ciegos, y si un ciego guía a otro, los dos caerán en el hoyo".

Jesús de Nazaret fue educado en el cumplimiento de la ley. Conoce las tradiciones y a los distintos grupos de su tiempo. Su liberación choca muy directamente contra la mentalidad de los fariseos. Ellos eran fieles, pero estaba sometidos al cumplimiento de las tradiciones sobre la comida y el sábado. Mateo no siente la necesidad de explicar de qué tradiciones se trata. Sabe que sus destinatarios las conocen. Jesús hace la propuesta de cambiar el significado de los ritos. La vida moral va de dentro a fuera. Hay formas de piedad y de fidelidad que, en realidad, son formas de autojustificación. Constituyen un obstáculo a la hora de escuchar la llamada del reino de Dios. Por eso Jesús es muy crítico con respecto a la ley; la cumple, pero la relativiza. El evangelio de hoy es un toque de atención: ¿En qué mostramos hoy que no vemos y no nos hacemos cargo de las situaciones esclavizadoras? Escuchad y entended.

Jr 31,1-7
Sal: Jr 31,10-13. *El Señor nos guardará como un pastor a su rebaño.*
Mt 15,21-28

Jesús pasó de allí a la región de Tiro y Sidón. Una mujer cananea que vivía en aquella tierra, se le acercó dando voces: "¡Señor, Hijo de David, ten compasión de mí! ¡Mi hija tiene un demonio!". Jesús no contestó ni una palabra. Entonces los discípulos se acercaron a él y le rogaron: "Dile a esa mujer que se marche, porque viene dando voces detrás de nosotros". Jesús les dijo: "Dios me ha enviado únicamente a las ovejas perdidas del pueblo de Israel". Pero la mujer fue a arrodillarse delante de él y le pidió: "¡Señor, ayúdame!". Él le contestó: "No está bien quitarles el pan a los hijos y dárselo a los perros". "Sí, Señor –dijo ella–, pero hasta los perros comen las migajas que caen de la mesa de sus amos". Entonces le dijo Jesús: "¡Mujer, qué grande es tu fe! Hágase como quieres". Desde aquel mismo momento, su hija quedó sanada.

La libertad de Jesús resulta ofensiva para la mentalidad farisaica. También resulta crítica la apertura de la misión de Jesús a los paganos. Se sale de la tierra sagrada de Israel y va a Tiro y Sidón. El relato de la curación de la hija de la cananea muestra que Jesús tiene dificultad en esa apertura más allá de las ovejas perdidas de Israel. También la comunidad de Mateo la tendrá para abrirse de lleno a los paganos. La necesidad de la mujer que pide compasión conmueve a Jesús. Le sorprende la insistencia de la fe de la mujer. Está en una situación que necesita ayuda. Y la pide. Reconoce que su fe es admirable. Es modelo también para los cristianos de origen judío. "¡Mujer, qué grande es tu fe! Hágase como quieres". ¿Puedo sentir que estas palabras me son dichas personalmente? ¿Es mi fe insistente y perseverante como la de la cananea?

Jueves

AGOSTO 6

Transfiguración del Señor (F)

Dn 7,9-10.13-14
Sal 96. *El Señor reina, altísimo sobre toda la tierra.*
Mt 17,1-9

En aquel tiempo, Jesús tomó a Pedro y a los hermanos Santiago y Juan, y los llevó aparte a un monte alto. Allí, en presencia de ellos, cambió la apariencia de Jesús. Su rostro brillaba como el sol y sus ropas se volvieron blancas como la luz. En esto vieron a Moisés y Elías conversando con él. Pedro dijo a Jesús: "Señor, ¡qué bien que estemos aquí! Si quieres, haré tres chozas: una para ti, otra para Moisés y otra para Elías". Mientras Pedro hablaba los envolvió una nube luminosa. Y de la nube salió una voz, que dijo: "Éste es mi Hijo amado, a quien he elegido. Escuchadle". Al oír esto, los discípulos se inclinaron hasta el suelo llenos de miedo. (…) Entonces alzaron los ojos y ya no vieron a nadie más que a Jesús. Mientras bajaban del monte, Jesús les ordenó: "No contéis a nadie esta visión, hasta que el Hijo del hombre haya resucitado".

En el tiempo de la historia y la profecía el sentido corporal más utilizado era el del oído. Dios insiste una y otra vez: escucha Israel, ojalá me escuchases. El creyente y orante bíblico reitera: ¡escucha mi súplica, Señor! En el Nuevo Testamento prevalece el sentido de la vista. Jesús se deja ver en la vida cotidiana. Asombran sus gestos. En este episodio de la transfiguración Jesús anticipa la luz de su resurrección; se hace ver con una luz que transforma su rostro y su vestido. Pedro siente la felicidad de estar en la presencia de Jesús, el esperado Mesías. Como en la tradición de Israel, la nube y la voz se unen para señalar al Hijo amado, al elegido de Dios. Es una dicha escucharle. La invitación de Dios se alarga hasta nosotros hoy. Tenemos la gracia de su Palabra. Sería un buen ejercicio reconocer que, siendo hijos en el Hijo, esas palabras se dirigen a cada uno de nosotros: somos hijos amados y elegidos. Hemos sido bautizados e iluminados para escuchar. En lo más hondo somos oyentes de la Palabra.

7 AGOSTO

Viernes

TIEMPO ORDINARIO 18ª SEMANA (f)

Nah 2,1.3; 3,1-3.6-7
Sal: Dt 32,35-36.39.41. *Yo doy la muerte y la vida.*
Mt 16,24-28

En aquel tiempo Jesús dijo a sus discípulos: "El que quiera ser mi discípulo, olvídese de sí mismo, cargue con su cruz y sígame. Porque el que quiera salvar su vida, la perderá; en cambio, el que pierda su vida por causa mía, la recobrará. ¿De qué sirve al hombre ganar el mundo entero, si pierde la vida? ¿O cuánto podrá pagar el hombre por su vida? El Hijo del hombre va a venir con la gloria de su Padre y con sus ángeles, y entonces recompensará a cada uno conforme a sus hechos. Os aseguro que algunos de los que están aquí no morirán sin haber visto al Hijo del hombre venir como rey".

Jesús se encamina hacia Jerusalén. Por el camino enseña y forma a sus discípulos. Señala las condiciones radicales del seguimiento. No es un imperativo. Mateo pone una premisa: si alguno quiere ser mi discípulo. No es un imperativo, pero ser discípulo supone hacer una opción radical y decisiva por el Maestro. Dicha opción resitúa el centro de la vida: negarse a sí mismo y centrarse en la pertenencia a Jesucristo. La relación discipular con Jesús está llamada a prevalecer sobre otros valores, incluso sobre la propia vida. Seguir a Jesucristo es ganar la vida. De ahí la pregunta comprometedora de Jesús: ¿Qué aprovecha al hombre ganar el mundo entero si pierde la vida? Esta cuestión se plantea y debe ser respondida en el contexto de la venida del Hijo del Hombre.

Sábado

Santo Domingo de Guzmán (MO)

Hab 1,12–2,4
Sal 9. *No abandonas, Señor, a los que te buscan.*
Mt 17,14-20

Cuando llegaron a donde estaba la gente, se acercó un hombre a Jesús, y arrodillándose delante de él le dijo: "Señor, ten compasión de mi hijo. Le dan ataques y sufre horriblemente; muchas veces se cae en el fuego o en el agua. Lo he traído a tus discípulos, pero no han podido sanarlo". Jesús contestó: "¡Oh, gente sin fe y perversa! ¿Hasta cuándo habré de estar con vosotros? ¿Hasta cuándo habré de soportaros? ¡Traedme aquí al muchacho!". En seguida Jesús reprendió al demonio y lo hizo salir del muchacho, que quedó sanado en el mismo momento. Después los discípulos preguntaron aparte a Jesús: "¿Por qué no pudimos nosotros expulsar a ese demonio?". Jesús les dijo: "Porque tenéis muy poca fe. Os aseguro que si tuvierais fe, aunque fuera tan pequeña como una semilla de mostaza, diríais a ese monte: 'Quítate de ahí y pásate allá', y el monte se pasaría. Nada os sería imposible".

La narración de este episodio es más extensa y descriptiva en el evangelio de Marcos. Mateo ensambla muy bien la acción sanadora y curativa de Jesús con su enseñanza. Se sorprende y extraña de la falta de fe. Ya sabemos que Mateo es especialmente crítico con la sinagoga. Es duro en su juicio. Lamenta su falta de fe. Empalma con la lamentación de la primera lectura ante la victoria de los caldeos. El profeta es el centinela que mira al futuro y manda escribir la profecía. Y elogia la fidelidad del justo. Jesús nos recuerda a sus discípulos la importancia de la fe. El contraste entre el hombre que se acerca a Jesús pidiéndole la curación y la falta de fe de los discípulos. Aunque sea pequeña, Jesús resalta el poder de la fe. Es una forma de ver la vida a través de los ojos de Dios. Es capaz de mover montañas. Hace posible lo que parece imposible.

1Re 19,9a.11-13a

Al llegar a Horeb, el monte de Dios, entró en una cueva, y allí pasó la noche. El Señor le dijo: "Sal fuera y quédate de pie ante mí, sobre la montaña" (…).

Sal 84. *Muéstranos, Señor, tu misericordia y danos tu salvación.*

Rm 9,1-5

(…) querría estar yo mismo bajo maldición, (…) si así pudiera favorecer a mis hermanos (…) descendientes de nuestros antepasados; y de su raza (…) vino el Mesías, el cual es Dios sobre todas las cosas, alabado por siempre. Amén.

Mt 14,22-33

Después de esto, Jesús hizo subir a sus discípulos a la barca, para que llegasen antes que él a la otra orilla del lago (…), subió Jesús al monte para orar a solas, y al llegar la noche aún seguía allí él solo. Entre tanto, la barca se había alejado mucho de tierra firme y era azotada por las olas (…). De madrugada, Jesús fue hacia ellos andando sobre el agua. Los discípulos, al verle andar sobre el agua, se asustaron y gritaron llenos de miedo: "¡Es un fantasma!". Pero Jesús les habló, diciéndoles: "¡Ánimo, soy yo, no tengáis miedo!". Pedro le respondió: "Señor, si eres tú, mándame ir a ti andando sobre el agua". Jesús dijo: "Ven". Bajó Pedro de la barca y comenzó a andar sobre el agua en dirección a Jesús, pero al notar la fuerza del viento, tuvo miedo; y comenzando a hundirse, gritó: "¡Sálvame, Señor!". Al momento, Jesús le tomó de la mano y le dijo: "¡Qué poca fe! ¿Por qué has dudado?". En cuanto subieron a la barca, se calmó el viento. Entonces los que estaban en la barca se pusieron de rodillas delante de Jesús y dijeron: "¡Verdaderamente tú eres el Hijo de Dios!".

El relato tiene similitud con las narraciones de las cristofanías. Jesús está orando distante de los discípulos. Ellos se encuentran luchando con el mal: la tormenta que amenaza su vida. Confunden a Jesús con un fantasma. ¿Cuáles son los fantasmas de mi imaginación que me dan miedo? ¿El peligro de muerte, el dolor, la enfermedad, la pérdida de la fe, la incertidumbre?

A Pedro, Jesús le dice: "Ven". Se entusiasma y echa a andar sobre las olas. Pero el entusiasmo del seguimiento se enfrenta a muchas dificultades del hombre viejo que sigue habitando en él, y en nosotros. Ahí está también la tendencia a encerrarse y cerrar las puertas por miedo a la sociedad adversa o indiferente. Como sucede en las cristofanías pascuales les resulta difícil identificar y reconocer a Jesús presente en medio de la comunidad. Lo confunden con un fantasma.

En la tradición lucana lo confunden con un espíritu. Pero sienten con mucha fuerza su llamada: "Ven". Y es que la fe despierta. La fe transfigura la visión de las cosas. La fe inquieta y termina confesando: "Verdaderamente tú eres el Hijo de Dios".

2Co 9,6-10
Sal 111. *Dichoso el que se apiada y presta.*
Jn 12,24-26

En aquel tiempo dijo Jesús: "Os aseguro que si un grano de trigo no cae en la tierra y muere, seguirá siendo un solo grano; pero si muere, dará fruto abundante. El que ama su vida, la perderá; pero el que desprecia su vida en este mundo, la conservará para la vida eterna. Si alguno quiere servirme, que me siga; y donde yo esté, allí estará también mi servidor. Si alguno me sirve, mi Padre le honrará".

El mensaje de Jesús sobre la llegada del reino de Dios es apremiante. Ya se ha terminado el tiempo de espera. Ya ha llegado el cumplimiento de las promesas: Dios empieza a mostrar su amor liberador. Resulta urgente reconocer la nueva y definitiva oportunidad para la conversión de Israel y la unificación del pueblo. La conversión requiere acoger la presencia del reino de Dios y convertirse plenamente a él. En este contexto se entiende la radicalidad de las llamadas al seguimiento. Es como morir a uno mismo para dar fruto. El que centra su vida en bienvivir en este mundo, en realidad no la está logrando, la está perdiendo en sus más altas posibilidades de gozo y felicidad. Servir a Jesús y proseguir su causa es la mayor excelencia de la vida humana. A estos el Padre los reconocerá y honrará.

Martes

SANTA CLARA (MO)

Ez 2,8–3,4
Sal 118. ¡Qué dulce al paladar tu promesa, Señor!
Mt 18,1-5.10.12-14

En aquella misma ocasión se acercaron a Jesús los discípulos y le preguntaron: "¿Quién es el más importante en el reino de los cielos?". Jesús llamó a un niño, lo puso en medio de ellos y dijo: "Os aseguro que si no cambiáis y os volvéis como niños, no entraréis en el reino de los cielos. El más importante en el reino de los cielos es aquel que se humilla y se vuelve como este niño. Y el que recibe en mi nombre a un niño como éste, a mí me recibe. No despreciéis a ninguno de estos pequeños. Pues os digo que sus ángeles en el cielo contemplan siempre el rostro de mi Padre celestial. ¿Qué os parece? Si un hombre tiene cien ovejas y se le extravía una de ellas, ¿no dejará las otras noventa y nueve en el monte e irá a buscar la extraviada? Y si logra encontrarla, os aseguro que se alegrará más por esa oveja que por las noventa y nueve que no se extraviaron. Del mismo modo, vuestro Padre que está en el cielo no quiere que se pierda ninguno de estos pequeños".

Siguiendo la tradición profética Jesús de Nazaret se sabe encargado de una misión: anunciar la buena noticia del reino de Dios. Ha terminado el tiempo de espera; ha llegado el tiempo del cumplimiento. Dios comienza a reinar de una manera nueva. Jesús narra lo que acontece cuando el reino de Dios se hace presente. Hay quienes no lo acogen poque no corresponde a sus expectativas. Los discípulos lo acogen con entusiasmo. Necesitan una trasformación de sus esperas. Y el Mesías Jesús les propone el modelo de los niños. Hay que sentir la necesidad de cuidado y protección. Sabiéndose necesitado es como se puede recibir con alegría la buena noticia del Reino. Y para ilustrarlo les propone la parábola del pastor. El Dios que viene a reinar es como un solícito pastor que busca lo perdido y lo encuentra y lo celebra con gran alegría.

12 AGOSTO

Miércoles

TIEMPO ORDINARIO 19ª semana (f)

Ez 9,1-7.10.18-22
Sal 112. *La gloria del Señor se eleva sobre el cielo.*
Mt 18,15-20

En aquel tiempo dijo Jesús a los discípulos: "Si tu hermano te ofende, habla con él a solas para moverle a reconocer su falta. Si te hace caso, has ganado a tu hermano. Si no te hace caso, llama a una o dos personas más, porque toda acusación debe basarse en el testimonio de dos o tres testigos. Si tampoco les hace caso a ellos, díselo a la congregación; y si tampoco hace caso a la congregación, considéralo como un pagano o como uno de esos que cobran impuestos para Roma. Os aseguro que todo lo que atéis en este mundo, también quedará atado en el cielo; y todo lo que desatéis en este mundo, también quedará desatado en el cielo. Además os digo que si dos de vosotros os ponéis de acuerdo aquí en la tierra para pedir algo en oración, mi Padre que está en el cielo os lo dará. Porque donde dos o tres se reúnen en mi nombre, allí estoy yo en medio de ellos".

Estamos en el discurso eclesiológico. La vida de comunidad y sus problemas son tratados con detención. Es la comunidad de los discípulos cautivados por la figura de Jesús. Pero son personas diferentes. Las diferencias personales y comunitarias son fuente de conflictos y divisiones. Jesús propone un proceso de corrección fraterna. Pero más allá de la experiencia y el dolor de los conflictos está la gran convicción de que el Testigo y Viviente está en medio de ellos. Se sienten hermanos. Pero existen actuaciones que van en contra de los vínculos comunitarios. Hay alguna persona que se ha apartado de la comunidad. El proceso para recuperarla es un ejercicio de diálogo y perdón. Jesús confiere a la comunidad la capacidad de atar y desatar. Reafirma que la fraternidad es lugar de la presencia del Padre que escucha la oración. Y así es hasta el día de hoy.

Ez 12,1-12
Sal 77. *No olvidéis las acciones de Dios.*
Mt 18,21-19,1

Entonces Pedro fue y preguntó a Jesús: "Señor, ¿cuántas veces he de perdonar a mi hermano, si me ofende? (…)". Jesús le contestó: "(…) hasta setenta veces siete. Por eso, el reino de los cielos se puede comparar a un rey que quiso hacer cuentas con sus funcionarios (…) le llevaron a uno que le debía muchos millones. Como aquel funcionario no tenía con qué pagar, el rey ordenó que lo vendieran como esclavo (…).

El funcionario cayó de rodillas (…): 'Señor, ten paciencia conmigo y te lo pagaré todo.' El rey tuvo compasión de él, le perdonó la deuda y lo dejó ir en libertad. Pero al salir, aquel funcionario se encontró con un compañero que le debía una pequeña cantidad. (…) El compañero se echó a sus pies, rogándole: 'Ten paciencia conmigo y te lo pagaré todo'. Pero el otro (…) le hizo meter en la cárcel hasta que pagara la deuda. (…) Tanto se indignó el rey, que ordenó castigarle (…)". Jesús añadió: "Esto mismo hará con vosotros mi Padre celestial, si cada uno no perdona de corazón a su hermano" (…).

El perdón es una innovación de Jesús. Es la manera de romper los círculos diabólicos del ojo por ojo y diente por diente. Rompe la espiral de culpa-venganza. El perdón es de ida y vuelta; pedimos a Dios que nos perdone como nosotros perdonamos, Al mismo tiempo, el perdón horizontal se mide por el perdón vertical. El perdón de Dios es infinitamente más grande. La parábola del siervo despiadado, propia de Mateo, lo expresa con mucha fuerza. Acentúa el contraste entre las cantidades adeudadas. El alto funcionario pide compasión al rey, y el rey tuvo mucha paciencia y compasión de él. Por el contrario, se niega a trasmitir al compañero el perdón que ha recibido y aplicarlo a su pequeña deuda. No tuvo compasión ni perdón. De ahí la conclusión y vértice de la parábola: "Esto mismo hará vuestro Padre celestial, si cada cual no perdona de corazón a su hermano".

Viernes

San Maximiliano María Kolbe (MO)

Ez 16,1-15.60.63
Sal: Is 12.2-6. *Ha cesado tu ira y me has consolado.*
Mt 19,3-12

Unos fariseos (...) para tenderle una trampa le preguntaron: "¿Le está permitido a uno separarse de su esposa (...)?". Jesús les contestó: (...) en la Escritura que Dios, al principio, 'hombre y mujer los creó (...). Por eso, el hombre dejará a su padre y a su madre y se unirá a su esposa, y los dos serán como una sola persona.' Así que ya no son dos, sino uno solo (...) no separe el hombre lo que Dios ha unido". Ellos le preguntaron: "¿Por qué, pues, mandó Moisés entregar a la esposa un certificado de separación cuando se la despide?". Jesús les dijo: "(...) por lo tercos que sois os permitió Moisés separaros de vuestras esposas; pero al principio no fue así (...) el que se separa de su esposa, a no ser por motivo de inmoralidad sexual, y se casa con otra, comete adulterio". Le dijeron sus discípulos: "Si ésta es la situación del hombre respecto de su mujer, más vale no casarse". Jesús les contestó: "No todos pueden comprender esto (...). Hay diferentes razones que impiden a los hombres casarse. Algunos ya nacen incapacitados para el matrimonio; a otros los incapacitan los hombres, y otros viven como incapacitados por causa del reino de los cielos. El que pueda aceptar esto, que lo acepte".

El relato evangélico de hoy tiene dos partes: la discusión con los fariseos sobre el divorcio y la conversación con los discípulos sobre los eunucos. Jesús escenifica la llegada del reino de Dios mediante comparaciones y dando respuesta a las cuestiones debatidas que le plantean incluso para tenderle una trampa. En una sociedad machista dar un certificado de separación era una defensa de la mujer. Jesús reivindica el romance de amor entre el hombre y la mujer. Como fue al principio y sigue siendo hoy. Por eso dejará el hombre a su padre y a su madre y se unirá a su mujer. Los discípulos que no se casan son insultados llamados eunucos. En la cultura judía del tiempo el no ser capaces de procrear era sentido como una desgracia y una deshonra.

Ap 11,19a; 12,1-6a.10ab
Sal 44. *De pie a tu derecha está la reina, enjoyada con oro de Ofir.*
1Co 15,20-27a
Lc 1,39-56

Por aquellos días, María se dirigió de prisa a un pueblo de la región montañosa de Judea, y entró en casa de Zacarías y saludó a Isabel. Cuando Isabel oyó el saludo de María, la criatura se movió en su vientre, y ella quedó llena del Espíritu Santo. Entonces, con voz muy fuerte, dijo Isabel: "¡Dios te ha bendecido más que a todas las mujeres, y ha bendecido a tu hijo! (…)". María dijo: "Mi alma alaba la grandeza del Señor. Mi espíritu se alegra en Dios mi Salvador, porque Dios ha puesto sus ojos en mí, su humilde esclava, y desde ahora me llamarán dichosa; porque el Todopoderoso ha hecho en mí grandes cosas (…)". María se quedó con Isabel unos tres meses, y después regresó a su casa.

L as madres dejan huellas imborrables en sus hijos. También la madre de Jesús deja su huella en la manera de ser de su hijo, esto sucede en el plano humano. Pero Jesús es el Hijo de Dios. María es madre del Hijo de Dios. La unidad y la pertenencia son inseparables por razones humanas y teológicas. La relación de María con el Mesías, su hijo, pasa por momentos de oscuridad. No entiende la pérdida de Jesús en el templo. Junto con su familia está asombrada y desconcertada al ver la originalidad de la misión que emprende. Al mismo tiempo reconoce, por boca de Isabel, que Dios le ha dado una bendición especial entre todas las mujeres. Es presentada como modelo de creyente y orante. A partir de esos datos, la fe de los discípulos del Mesías a lo largo de los siglos ha leído que la comunión entre madre e Hijo no puede quedar rota por la muerte. El Resucitado y Viviente hace partícipe a su madre de la vida plenamente realizada. Es asumida a la gloria por voluntad del Dios de la vida y de su Hijo resucitado por la fuerza del Espíritu. Por eso hoy celebramos a nuestra Señora con emoción popular. Por eso es la madre de la esperanza que anticipa nuestro futuro de resurrección.

Is 56,1.6-7

Así dice el Señor: "Practicad la justicia, haced lo que es recto, porque pronto voy a llevar a cabo la liberación; voy a mostrar mi poder salvador. Y a los extranjeros que se entreguen a mí, para servirme y amarme, (...) aceptaré en mi altar sus holocaustos y sacrificios, porque mi casa será declarada casa de oración para todos los pueblos".

Sal 66. *Oh Dios, que te alaben los pueblos, que todos los pueblos te alaben.*

Rm 11,13-15.29-32

Tengo algo que deciros a vosotros, los que no sois judíos. Puesto que Dios me ha enviado como apóstol a los no judíos (...). Porque Dios sujetó a todos por igual a la desobediencia con el fin de tener por igual compasión de todos.

Mt 15,21-28

Jesús pasó de allí a la región de Tiro y Sidón. Una mujer cananea que vivía en aquella tierra, se le acercó dando voces: "¡Señor, Hijo de David, ten compasión de mí! ¡Mi hija tiene un demonio!". Jesús no contestó ni una palabra. Entonces los discípulos se acercaron a él y le rogaron: "Dile a esa mujer que se marche, porque viene dando voces detrás de nosotros". Jesús les dijo: "Dios me ha enviado únicamente a las ovejas perdidas del pueblo de Israel". Pero la mujer fue a arrodillarse delante de él y le pidió: "¡Señor, ayúdame!". Él le contestó: "No está bien quitarles el pan a los hijos y dárselo a los perros". "Sí, Señor -dijo ella-, pero hasta los perros comen las migajas que caen de la mesa de sus amos". Entonces le dijo Jesús: "¡Mujer, qué grande es tu fe! Hágase como quieres". Desde aquel mismo momento, su hija quedó sanada.

La causa por la que Jesús vive y se desvive es la llegada del reino de Dios que trae la salvación y adquiere forma de liberación. El reino de Dios es definitivo. Tiene una dimensión de universalidad. Es para todos. También para los paganos. Por eso se le hacía tan escandaloso a los fariseos, cumplidores de la ley, especialmente del sábado.

Jesús hace muchas acciones para mostrar la universalidad del Reino. Cura a la hija de una mujer que vivía en territorio pagano, en Tiro y Sidón. "Perros" es un nombre que daban a los paganos. El pan es símbolo del mensaje evangélico. Los discípulos instan a que Jesús atienda a la mujer. Tanto es así que hace el signo pedido y propone a la mujer pagana como ejemplo de persona creyente.

Escuchar y acoger la Palabra de Dios a través de este signo nos lleva a hacer nuestra la petición de la mujer: "Señor, ayúdame". Que la superación del nacionalismo cerrado es una tarea permanente lo muestra ya la profecía de Isaías asociada a este pasaje evangélico. El centro del judaísmo que es el Templo se convierte en casa de oración para todos los pueblos.

17 AGOSTO

Lunes

TIEMPO ORDINARIO 20ª SEMANA (f)

Ez 24,15-24
Sal: Dt 32,18-21.
Despreciaste a la Roca que te engendró.
Mt 19,16-22

Un joven fue a ver a Jesús y le preguntó: "Maestro, ¿qué he de hacer de bueno para tener vida eterna?". Jesús le contestó: "¿Por qué me preguntas acerca de lo bueno? Bueno solamente hay uno. Pero si quieres entrar en la vida, cumple los mandamientos". "¿Cuáles?". -preguntó el joven. Jesús le dijo: "No mates, no cometas adulterio, no robes, no digas mentiras en perjuicio de nadie, honra a tu padre y a tu madre, y ama a tu prójimo como a ti mismo". "Todo eso ya lo he cumplido –dijo el joven–. ¿Qué más me falta?". Jesús le contestó: "Si quieres ser perfecto, ve, vende lo que tienes y dáselo a los pobres. Así tendrás riquezas en el cielo. Luego ven y sígueme". Cuando el joven oyó esto, se fue triste, porque era muy rico.

La vida y la palabra del Jesús histórico suscitan gran admiración. Reconocen que tiene autoridad, que nadie ha hablado nunca como este hombre. Un joven inquieto y buscador se acerca al Maestro y le hace preguntas sobre las obras que tiene que hacer para entrar en la vida eterna. Sorprende que Jesús no le recuerde el mandamiento principal sino otros mandamientos. Y recalca el amor al prójimo como a uno mismo. Para ser discípulo y seguidor de Jesús no basta con cumplir los mandamientos. Es necesario el desprendimiento para ser perfectos seguidores del Mesías. Todos estamos llamados a la perfección; es vocación de todos. Tú sabes bien, Maestro, que es una vocación sublime pero difícil la que nos propones, sabes que eres muy radical. No te extrañes de que muchos se echen atrás. Tenemos mucho miedo a la libertad y al abandono.

Ez 28,1-10
Sal: Dt 32,26-36. *Yo doy la muerte y la vida.*
Mt 19,23-30

Jesús dijo entonces a sus discípulos: "Os aseguro que difícilmente entrará un rico en el reino de los cielos. Os lo repito: le es más fácil a un camello pasar por el ojo de una aguja que a un rico entrar en el reino de Dios". Al oírlo, sus discípulos se asombraron más aún, y decían: "Entonces, ¿quién podrá salvarse?". Jesús los miró y les contestó: "Para los hombres esto es imposible, pero no para Dios". Pedro entonces añadió: "Nosotros, que hemos dejado cuanto teníamos y te hemos seguido, ¿qué vamos a recibir?". Jesús les respondió: "Os aseguro que cuando llegue el tiempo de la renovación de todas las cosas, cuando el Hijo del hombre se siente en su trono glorioso, vosotros, que me habéis seguido, os sentaréis también en doce tronos para juzgar a las doce tribus de Israel. Y todos los que por causa mía hayan dejado casa, hermanos, hermanas, padre, madre, hijos o tierras, recibirán cien veces más, y también recibirán la vida eterna. Muchos que ahora son los primeros, serán los últimos; y muchos que ahora son los últimos, serán los primeros".

El rey de Tiro se hace a sí mismo dios. Frente a esa actitud de autodivinización, las palabras de Jesús resultan difíciles de entender. El mismo Jesús se sorprende de la ceguera de los seguidores. Querido Jesús, ya sé que es una hipérbole lo del camello y el ojo de la aguja. Pero nos lo pones difícil. Tú conoces bien nuestras torpezas, nuestra necesidad de apoyarnos en los bienes y posesiones, en los títulos y en la imagen para sentirnos valiosos. Nos cuesta creer en el amor del Padre. Tú sabes que muchas veces somos incapaces de reconocerte en los acontecimientos gratuitos de nuestras vidas y, como Pedro, pedimos recompensa. Ábrenos los ojos para pasar de nuestras cegueras al reconocimiento de tu presencia y acción; cuando tú nos explicas las Escrituras, el corazón se nos vuelve ardiente.

Ez 34,1-11
Sal 22. *El Señor es mi pastor, nada me falta.*
Mt 20,1-16

En aquel tiempo Jesús dijo: "El reino de los cielos se puede comparar al dueño de una finca que salió muy de mañana a contratar trabajadores para su viña. Acordó con ellos pagarles el salario de un día (…). Volvió a salir sobre las nueve de la mañana y vio a otros que estaban en la plaza, desocupados. Les dijo: 'Id también vosotros (…). Os daré lo que sea justo'. Y ellos fueron. El dueño salió de nuevo hacia la mediodía, y otra vez a las tres de la tarde, e hizo lo mismo. Alrededor de las cinco de la tarde volvió a la plaza y encontró a otros desocupados.

(…) Cuando llegó la noche, el dueño dijo al encargado (…): 'Llama a los trabajadores, y págales empezando por los últimos y terminando por los primeros'. (…) Cuando les tocó el turno a los que habían entrado primero (…) cada uno de ellos recibió también el salario de un día. Al cobrarlo, comenzaron a murmurar (…). Pero el dueño contestó a uno de ellos: 'Amigo, no te estoy tratando injustamente. ¿Acaso no acordaste conmigo recibir el salario de un día? Pues toma tu paga y vete (…) tengo el derecho de hacer lo que quiera con mi dinero. ¿O quizá te da envidia el que yo sea bondadoso?'. De modo que los que ahora son los últimos, serán los primeros; y los que ahora son los primeros, serán los últimos".

La parábola de hoy utiliza las prácticas sociales de su tiempo, maneja la convicción de que, a más trabajo, más recompensa. Pero llega el reino de Dios y esto no es así. La gracia es gracia, un regalo inmerecido para todos. Ya no está en vigor la mentalidad anterior. La parábola expresa un choque entre el mundo antiguo y el mundo nuevo del reino de Dios. Ya no tiene vigencia la diferencia entre los que trabajan más horas y los que trabajan menos tiempo. Cuando llega el reino de Dios la relación se invierte. Los últimos serán los primeros. No se entiende el mensaje de Jesús desde la clave de la justicia social. ¿Cuál es mi reacción ante este mensaje de Jesús?

Jueves

San Bernardo (MO)

Ez 36,23-28
Sal 50. *Derramaré sobre vosotros un agua pura que os purificará de todas vuestras inmundicias.*
Mt 22,1-14

Jesús se puso a hablarles otra vez por medio de parábolas. Les dijo: "El reino de los cielos puede compararse a un rey que hizo un banquete para la boda de su hijo. Envió a sus criados a llamar a los invitados, pero éstos no quisieron acudir. Volvió a enviar más criados, encargándoles: 'Decid a los invitados que ya tengo preparado el banquete. He hecho matar mis novillos y reses cebadas, y todo está preparado: que vengan a la boda'. Pero los invitados no hicieron caso. Uno se fue a sus tierras, otro a sus negocios y otros echaron mano a los criados del rey y los maltrataron hasta matarlos. Entonces el rey, lleno de ira, ordenó a sus soldados que mataran a aquellos asesinos y quemaran su pueblo. Luego dijo a sus criados: 'Todo está preparado para la boda, pero aquellos invitados no merecían venir. Id, pues, por las calles principales, e invitad a la boda a cuantos encontréis'. Los criados salieron a las calles y reunieron a todos los que encontraron, malos y buenos, y así la sala del banquete se llenó de convidados (…)".

El reino de Dios constituye el marco de la vida de Jesús. Es la realidad que centra su vida pública. Jesús lo proclama, lo anuncia, lo enseña. Señala las actitudes y los cambios necesarios para recibirlo y comprometerse con él. El Reino es una fiesta. Jesús mismo, en cuanto Hijo, es la figura central de la parábola. Él llama e invita a participar en la fiesta. Acentúa que ya es la hora y ya todo está preparado. Ha llegado el tiempo mesiánico. Es una invitación muy atractiva. La parábola acentúa el contraste entre la invitación y las excusas de los invitados. Los invitados no hicieron caso. Desde la perspectiva de la historia de la salvación, la parábola resalta que los primeros invitados se excluyen a sí mismos. Por eso el Reino está abierto a todos.

21 AGOSTO

Viernes

Ez 37,1-14
Sal 106. *Dad gracias al Señor, porque es eterna su misericordia.*
Mt 22,34-40

Los fariseos se reunieron al saber que Jesús había hecho callar a los saduceos. Uno de aquellos, maestro de la ley, para tenderle una trampa le preguntó: "Maestro, ¿cuál es el mandamiento más importante de la ley?". Jesús le dijo: "'Ama al Señor tu Dios con todo tu corazón, con toda tu alma y con toda tu mente.' Éste es el más importante y el primero de los mandamientos. Y el segundo es parecido a éste: 'Ama a tu prójimo como a ti mismo.' De estos dos mandamientos pende toda la ley de Moisés y las enseñanzas de los profetas".

La impresionante visión del profeta sobre los huesos secos representa el avance de la convicción de que Dios hace prevalecer la vida sobre la muerte. Cuando se ha desvanecido la esperanza, el profeta anuncia que Dios va a abrir las tumbas de los muertos. Por su parte, la palabra evangélica nos sitúa ante la originalidad y la novedad. Estamos ante el centro del mensaje y de la vida de Jesús. Identifica y unifica lo que estaba separado: la relación de amor con Dios, la relación de amor al prójimo. Esa novedad se simboliza en la cruz de Jesús: el palo vertical y el horizontal son inseparables. En la peregrinación de la fe, la unificación de los dos amores suscita un progreso en las dos dimensiones. No crecen en relación inversa; crecen en relación directa. ¿Cómo vivo yo esa unión?

Sábado

SANTA MARÍA VIRGEN, REINA (MO)

Ez 43,1-7a
Sal 84. *La gloria del Señor
habitará en nuestra tierra.*
Mt 23,1-12

Después de esto, Jesús habló a la gente y a sus discípulos, diciendo: "Los maestros de la ley y los fariseos son los encargados de interpretar la ley de Moisés. Por lo tanto, obedecedlos y haced todo lo que os digan. Pero no sigáis su ejemplo, porque dicen una cosa y hacen otra. Atan cargas pesadas, imposibles de soportar, y las echan sobre los hombros de los demás, mientras que ellos mismos no quieren tocarlas ni siquiera con un dedo. Todo lo hacen para que la gente los vea. (...) Desean los mejores puestos en los banquetes, los asientos de honor en las sinagogas, ser saludados con todo respeto en la calle y que la gente los llame maestros. Pero vosotros no os hagáis llamar maestros por la gente, porque todos sois hermanos y uno solo es vuestro Maestro. Y no llaméis padre a nadie en la tierra, porque uno solo es vuestro Padre: el que está en el cielo. Ni os hagáis llamar jefes, porque vuestro único Jefe es Cristo. El más grande entre vosotros debe servir a los demás. Porque el que a sí mismo se engrandece será humillado; y el que se humilla será engrandecido".

El Mesías es el nuevo templo; en él habita la gloria de Dios. Por medio de él se revela. Cumple la profecía de Ezequiel. La teología del templo como lugar de presencia de la gloria de Dios se cumple plenamente en el Mesías Jesús. Él es el maestro verdadero. Es el auténtico jefe. En cuando es el Hijo nos muestra el rostro paterno de Dios. El nombre más auténtico de los discípulos es el de hermanos y servidores, incondicionalmente amados por el Dios compasivo y fiel. Por eso no necesitan compensar su necesidad de ser amados mediante la sobrevaloración de las apariencias, como hacen los fariseos, que interpretan la ley de Moisés, pero no la cumplen. El texto que estamos meditando es evangélico: no inspira acusaciones. En cada uno de nosotros hay también un fariseo. ¿Me reconozco en él?

Is 22,19-23

Así dice el Señor a Sobná, mayordomo de palacio: "(...) En sus hombros pondré la llave de la casa de David; nadie podrá cerrar lo que él abra ni abrir lo que él cierre (...)".

Sal 137. *Señor, tu misericordia es eterna, no abandones la obra de tus manos.*

Rm 11,33-36

¡Qué profundas son las riquezas de Dios, y su sabiduría y entendimiento! Nadie puede explicar sus decisiones ni llegar a comprender sus caminos. Pues, ¿quién conoce la mente del Señor? ¿Quién podrá aconsejarle? ¿Quién le ha dado algo antes, para luego exigirle que lo devuelva? Porque todas las cosas vienen de Dios, y existen por él y para él. ¡Gloria para siempre a Dios! Amén.

Mt 16,13-20

Cuando Jesús llegó a la región de Cesarea de Filipo preguntó a sus discípulos: "¿Quién dice la gente que es el Hijo del hombre?". Ellos contestaron: "Unos dicen que Juan el Bautista; otros, que Elías, y otros, que Jeremías o algún profeta". Él les preguntó: "Y vosotros, ¿quién decís que soy?". Simón Pedro le respondió: "Tú eres el Mesías, el Hijo del Dios viviente". Entonces Jesús le dijo: "Dichoso tú, Simón, hijo de Jonás, porque ningún hombre te ha revelado esto, sino mi Padre que está en el cielo. Y yo te digo que tú eres Pedro, y sobre esta piedra voy a edificar mi iglesia; y el poder de la muerte no la vencerá. Te daré las llaves del reino de los cielos: lo que ates en este mundo, también quedará atado en el cielo; y lo que desates en este mundo, también quedará desatado en el cielo". Luego Jesús ordenó a sus discípulos que no dijeran a nadie que él era el Mesías.

El sondeo de opinión que Jesús hace tiene que ver con el esclarecimiento de su propia identidad. La acogida e interpretación de los destinatarios de su mensaje y misión le ayuda a tomar conciencia del camino. Jesús se siente enviado a reunir al nuevo pueblo de Israel sobre bases nuevas.

Las preguntas de Jesús reflejan un cierto desencanto. A la acogida entusiasta por parte del pueblo, se hace notar ahora la dificultad de seguir el estilo de vida propio del Reino. En contraposición al despiste de la gente, Pedro confiesa la identidad de Jesús con dos nombres: Mesías e Hijo del Dios viviente. No basta con el primer nombre. El mesianismo de Jesús era muy diferente del mesianismo esperado en su tiempo.

La confesión de fe en boca de Pedro es reafirmación de Jesús en su misión. Por eso lo llama "dichoso". Por eso entiende Jesús que es revelación del Padre y se siente confirmado en su misión. El evangelista juega con las palabras Pedro-roca y con la metáfora de las llaves. La comunidad de los discípulos se edifica sobre roca.

Ap 21,9b-14
Sal 144. *Que tus fieles, Señor, proclamen la gloria de tu reinado.*
Jn 1,45-51

En aquel tiempo Felipe fue a buscar a Natanael y le dijo: "Hemos encontrado a aquel de quien escribió Moisés en los libros de la ley, y de quien también escribieron los profetas. Es Jesús, el hijo de José, el de Nazaret". Preguntó Natanael: "¿Acaso puede salir algo bueno de Nazaret?". Felipe le contestó: "Ven y compruébalo". Cuando Jesús vio acercarse a Natanael, dijo: "Aquí viene un verdadero israelita, en quien no hay engaño". Natanael le preguntó: "¿De qué me conoces?". Jesús le respondió: "Te vi antes que Felipe te llamara, cuando estabas debajo de la higuera". Natanael le dijo: "Maestro, ¡tú eres el Hijo de Dios, tú eres el Rey de Israel!". Jesús le contestó: "¿Me crees solamente por haberte dicho que te vi debajo de la higuera? ¡Pues cosas más grandes que éstas verás!". Y añadió: "Os aseguro que veréis el cielo abierto, y a los ángeles de Dios subir y bajar sobre el Hijo del hombre".

El proponer este relato del evangelio de Jesús para celebrar a san Bartolomé supone que Bartolomé se identifica con Natanael; y que era uno de los doce. Las preguntas son expresión de la inquietud humana. Estamos llenos de preguntas. Somos buscadores de sentido, de felicidad y salvación. El Resucitado pregunta a María Magdalena: ¿A quién buscas, por qué lloras? El relato de hoy es un diálogo de preguntas y respuestas entre Jesús y Natanael. Felipe, que tiene una presencia significativa en el evangelio de Juan, es el iniciador. Natanael tiene que modificar sus prejuicios sobre Galilea y Nazaret. Fruto de la conversación con Jesús llega a reconocerlo y confesar: "Maestro, ¡Tú eres el Hijo de Dios, tú eres el rey de Israel!". Felipe hizo la llamada inspiradora: "Ven y compruébalo". Y nos la sigue haciendo a nosotros hoy.

Martes

TIEMPO ORDINARIO 21ª SEMANA (f)

2Ts 2,1-3a.14-17
Sal 95. *Llega el Señor a regir la tierra.*
Mt 23,23-26

En aquel tiempo dijo Jesús a la gente: "¡Ay de vosotros, maestros de la ley y fariseos, hipócritas!, que separáis para Dios la décima parte de la menta, del anís y del comino, pero no hacéis caso de las enseñanzas más importantes de la ley, como son la justicia, la misericordia y la fidelidad. Esto es lo que se debe hacer, sin dejar de hacer lo otro. ¡Guías ciegos, que coláis el mosquito y tragáis el camello! ¡Ay de vosotros, maestros de la ley y fariseos, hipócritas!, que limpiáis por fuera el vaso y el plato, pero por dentro estáis llenos de lo que habéis obtenido con el robo y la avaricia. Fariseo ciego, ¡limpia primero el vaso por dentro, y así quedará limpio también por fuera!".

P ara hacerse cargo del sentido de esta diatriba sobre los maestros de la ley y los fariseos, es útil recordar que Mateo está escribiendo el evangelio para una comunidad de cristianos provenientes del judaísmo. Cristianos que no acaban de asumir la novedad del Evangelio, que siguen con la querencia de las tradiciones aprendidas. Experimentan la dificultad del cambio y de la novedad. Mateo hace una lista pormenorizada de esa mentalidad. Resultan muy extraños tantos insultos salidos de los labios de Jesús. Cuando Mateo los formula, están persiguiendo a la joven comunidad. Otro apunte que es útil para entender este pasaje y los que siguen es caer en la cuenta del significado de la interjección "ay de vosotros". Se ha entendido como amenaza que expresa el enfado de Jesús. Pero se entiende mejor si se interpreta como expresión de su tristeza y misericordia hacia aquellos que no acogen su testimonio. La novedad de Jesús les resulta inaceptable. Y a mí, ¿me suena a nuevo?

2Te 3,6-10.16-18
Sal 127. *Dichosos los que temen al Señor.*
Mt 23,27-32

En aquel tiempo dijo Jesús a la gente: "¡Ay de vosotros, maestros de la ley y fariseos, hipócritas!, que sois como sepulcros blanqueados, hermosos por fuera pero llenos por dentro de huesos de muerto y toda clase de impurezas. Así sois vosotros: por fuera, ante la gente, parecéis buenos, pero por dentro estáis llenos de hipocresía y maldad. ¡Ay de vosotros, maestros de la ley y fariseos, hipócritas!, que construís los sepulcros de los profetas y adornáis los monumentos funerarios de los hombres justos, y luego decís: 'Si hubiéramos vivido en los tiempos de nuestros antepasados, no los habríamos ayudado a matar a los profetas.' Con esto, vosotros mismos os reconocéis descendientes de aquellos que mataron a los profetas. ¡Acabad de hacer, pues, lo que vuestros antepasados comenzaron!".

Una de las críticas de los cristianos de la comunidad de Mateo a los maestros de la ley y fariseos reside en la contraposición entre dentro y fuera, lo interior y lo exterior. La comparación con los sepulcros blanqueados expresa con fuerza el contraste. Critica duramente la hipocresía que supone el culto a las apariencias. Recordamos que el evangelio de Mateo es el más judío y más antijudío. El exterior y el interior están divididos; se cuidan las prácticas externas de la ley. La evocación histórica de la muerte de los profetas, de la que son continuadores los maestros de la ley, nos pone en contacto con la tensión y amenaza que está viviendo la comunidad. A través de ella nos revela nuestra propia situación. Llevamos dentro un fariseo. Solemos estar más atentos a la imagen que proyectamos que a nuestro mundo interior. El pasaje termina con una expresión de desafío: continuad haciendo lo que vuestros padres comenzaron.

1Co 1,1-9
Sal 144. *Bendeciré tu nombre por siempre, Dios mío, mi rey.*
Mt 24,42-51

En aquel tiempo dijo Jesús: "Permaneced despiertos, porque no sabéis qué día vendrá vuestro Señor. Entended que si el dueño de una casa supiera a qué hora de la noche va a llegar el ladrón, permanecería despierto y no dejaría que nadie entrara en su casa a robar. Así también, vosotros estad preparados, porque el Hijo del hombre vendrá cuando menos lo esperéis. ¿Quién es el criado fiel y atento, puesto por el amo al frente de la casa para dar a la servidumbre la comida a sus horas? ¡Dichoso el criado a quien su amo, al llegar, encuentra cumpliendo con su deber! Os aseguro que el amo le pondrá al cargo de todos sus bienes. Pero si ese criado es un malvado, y pensando que su amo va a tardar comienza a maltratar a los demás criados, y se junta con borrachos a comer y beber, el día que menos lo espere y a una hora que no sabe llegará su amo y le castigará: le condenará a correr la misma suerte que los hipócritas. Entonces llorará y le rechinarán los dientes".

No sabemos cuándo; no sabemos dónde. Pero el Mesías llevará su obra a la plenitud. Viene cuando menos se espera. Lo expresa con la comparación del ladrón. El tiempo de la espera se hace pesado y resulta tentador. De ahí la importancia de estar despiertos, preparados. La esperanza es apremiante. Al principio es vivida como espera inmediata. Calculan el tiempo restante a la duración de una generación. El gran acontecimiento de la resurrección de Jesús como principio de la resurrección de los muertos dinamiza el tiempo; lo mismo sucede con la predicación del reino de Dios por parte de Jesús. La realización de la misión con sus vicisitudes hace que las comunidades entiendan que la espera inmediata se convierte en una esperanza continua. Nosotros, que en esta cultura vivimos en la inmediatez y el corto plazo, necesitamos mucho la paciencia de la esperanza.

28
AGOSTO

Viernes

San Agustín (MO)

1Co 1,17-25
Sal 32. *La misericordia del Señor llena la tierra.*
Mt 25,1-13

En aquel tiempo dijo Jesús: "El reino de los cielos podrá entonces compararse a diez muchachas que, en una boda, tomaron sus lámparas de aceite y salieron a recibir al novio. Cinco de ellas eran descuidadas y cinco previsoras. Las descuidadas llevaron sus lámparas, pero no tomaron aceite de repuesto (...). Como el novio tardaba en llegar, les entró sueño a todas y se durmieron. Cerca de medianoche se oyó gritar: '¡Ya viene el novio! ¡Salid a recibirle!' Entonces todas las muchachas se levantaron y comenzaron a preparar sus lámparas, y las descuidadas dijeron a las previsoras: 'Dadnos un poco de vuestro aceite (...)'. Pero las muchachas previsoras contestaron: '(...) Más vale que vayáis a donde lo venden y compréis para vosotras mismas'. Pero mientras las cinco muchachas iban a comprar el aceite, llegó el novio; y las que habían sido previsoras entraron con él a la fiesta de la boda, y se cerró la puerta. Llegaron después las otras muchachas, diciendo: '¡Señor, señor, ábrenos!' Pero él les contestó: 'Os aseguro que no sé quiénes sois'". "Permaneced despiertos ... –añadió Jesús–, porque no sabéis el día ni la hora".

Este pasaje es una parábola, no una alegoría. Y tiene solo una enseñanza final. Trata de la venida de Cristo como fiesta de boda y luego del juicio universal. No sabemos ni el día ni la hora. Ya conocemos el problema de la inminente espera del Reino y de la Parusía en las primeras comunidades. La esperanza despierta la vida y la atención de las personas, dinamiza. Y mantiene en vela. Inculca la misión del centinela. El esposo llega de improviso, a media noche. Se anuncia su llegada a voz en grito. Para la fiesta de boda se necesita tener las lámparas encendidas. Las que no las tienen no pueden entrar. Jesús resume el mensaje de la parábola: permaneced despiertos. ¿En qué grupo de jóvenes me veo reflejado?

Sábado

MARTIRIO DE SAN JUAN BAUTISTA (MO)

1Co 1,26-31
Sal 32. *Dichoso el pueblo que el Señor se escogió como heredad.*
Mc 6,17-29

En aquel tiempo Herodes, por causa de Herodías, había mandado apresar a Juan y le había hecho encadenar en la cárcel. Herodías era esposa de Felipe, hermano de Herodes, pero Herodes se había casado con ella. Y Juan le había dicho a Herodes: "No puedes tener por tuya a la mujer de tu hermano". Herodías odiaba a Juan y quería matarlo; pero no podía, porque Herodes le temía y le protegía sabiendo que era un hombre justo y santo; y aun cuando al oírle se quedaba perplejo, le escuchaba de buena gana. Pero Herodías vio llegar su oportunidad cuando Herodes, en su cumpleaños, dio un banquete a sus jefes y comandantes y a las personas importantes de Galilea. La hija de Herodías (...) bailó, y tanto gustó el baile a Herodes (...), que el rey dijo a la muchacha: "Pídeme lo que quieras y yo te lo daré". (...) La muchacha (...) le dijo: "Quiero que ahora mismo me des en una bandeja la cabeza de Juan el Bautista". El rey se disgustó mucho, pero (...) envió en seguida a un soldado con la orden de traerle la cabeza de Juan (...).

El relato de la muerte del precursor es colocado en el contexto de la misión de los apóstoles. Si es verdad que la Biblia crece con el lector, la narración de este crimen macabro nos impulsa a abrir los ojos sobre las pasiones humanas que también hoy siguen dando muerte a inocentes. El martirio del Bautista anticipa el destino de Jesús y los apóstoles. La denuncia de Juan resulta insoportable para Herodes y su entorno helenizado. La hostilidad es máxima por parte de Herodías. Por su parte Herodes, al escuchar a Juan, quedaba perplejo: se daba cuenta de que era una persona valorada por sus discípulos y por el pueblo. Pero cede ante el odio de la esposa. Recordar y acoger esta narración no nos lleva a la resignación; nos lleva a esperar que los verdugos no terminen triunfando sobre las víctimas inocentes.

Jr 20,7-9

Señor, (…) tu palabra en mi interior se convierte en un fuego que devora, que me penetra hasta los huesos. Trato de contenerla, pero no puedo.

Sal 62. *Mi alma está sedienta de ti, Señor, Dios mío.*

Rm 12,1-2

Hermanos míos, os ruego por la misericordia de Dios que os presentéis a vosotros mismos como ofrenda viva, consagrada y agradable a Dios. Éste es el verdadero culto que debéis ofrecer. No viváis conforme a los criterios del tiempo presente; por el contrario, cambiad vuestra manera de pensar, para que así cambie vuestra manera de vivir y lleguéis a conocer la voluntad de Dios, es decir, lo que es bueno, lo que le es grato, lo que es perfecto.

Mt 16,21-27

En aquel tiempo, Jesús comenzó a explicar a sus discípulos que tenía que ir a Jerusalén, y que los ancianos, los jefes de los sacerdotes y los maestros de la ley le harían sufrir mucho. Les dijo que lo iban a matar, pero que al tercer día resucitaría. Entonces Pedro le llevó aparte y comenzó a reprenderle, diciendo: "¡Dios no lo quiera, Señor! ¡Eso no te puede pasar!". Pero Jesús se volvió y dijo a Pedro: "¡Apártate de mí, Satanás, pues me pones en peligro de caer! ¡Tú no ves las cosas como las ve Dios, sino como las ven los hombres!". Luego Jesús dijo a sus discípulos: "El que quiera ser mi discípulo, olvídese de sí mismo, cargue con su cruz y sígame. Porque el que quiera salvar su vida, la perderá; en cambio, el que pierda su vida por causa mía, la recobrará. ¿De qué sirve al hombre ganar el mundo entero, si pierde la vida? ¿O cuánto podrá pagar el hombre por su vida? El Hijo del hombre va a venir con la gloria de su Padre y con sus ángeles, y entonces recompensará a cada uno conforme a sus hechos".

Jesús cumple las esperanzas del Antiguo Testamento; las cumple, pero defraudándolas. No es el Mesías victorioso. Es el Mesías rechazado y sufriente. El conflicto con las autoridades religiosas es cada vez más abierto y radical. Jesús se da cuenta del camino que le espera y prepara a los discípulos para entenderlo y aceptarlo mediante el anuncio de su pasión de una forma muy explícita y realista. Pedro no lo puede entender y trata de disuadirlo. A partir de ahí Jesús se centra en formar a sus discípulos.

La vida evangélica es una especie de gana-pierde. El que pierde gana. El seguimiento del estilo mesiánico de Jesús incluye tomar la cruz y negarse a sí mismo. Con sus preguntas incisivas Jesús motiva a su seguimiento. Y sus preguntas están abiertas y nos interpelan a nosotros hoy.

Al escuchar la palabra evangélica en este domingo ¿puedo hacer mías las palabras del profeta?: "Tu palabra en mi interior se convierte en un fuego que devora, que me penetra hasta los huesos. Trato de contenerla, pero no puedo".

31

AGOSTO

Lunes

1Co 2,1-5
Sal 118. *¡Cuánto amo tu voluntad, Señor!*
Lc 4,16-30

Jesús vuelve a su pueblo. Como judío practicante va a la sinagoga, Y proclama las Sagradas Escrituras. Es en esa situación donde encuentra las palabras adecuadas y toma conciencia explícita de su misión mesiánica. Se siente llamado a cumplir la profecía que acaba de leer. Esta manera de entender la misión retorna una y otra vez en las palabras y en los signos que hace durante su vida. Los presentes se asombran de la belleza de su mensaje. Al mismo tiempo se escandalizan del conocido origen de Jesús. Ante su falta de fe, Jesús denuncia su cerrada mentalidad con ejemplos del Antiguo Testamento. El enfado fue enorme y rotundo el rechazo de Jesús. Hoy también constatamos que el evangelio de Jesús provoca admiración y rechazo.

Jesús vuelve a su pueblo. Como judío practicante va a la sinagoga, Y proclama las Sagradas Escrituras. Es en esa situación donde encuentra las palabras adecuadas y toma conciencia explícita de su misión mesiánica. Se siente llamado a cumplir la profecía que acaba de leer. Esta manera de entender la misión retorna una y otra vez en las palabras y en los signos que hace durante su vida. Los presentes se asombran de la belleza de su mensaje. Al mismo tiempo se escandalizan del conocido origen de Jesús. Ante su falta de fe, Jesús denuncia su cerrada mentalidad con ejemplos del Antiguo Testamento. El enfado fue enorme y rotundo el rechazo de Jesús. Hoy también constatamos que el evangelio de Jesús provoca admiración y rechazo.

1Co 2,10b-16
Sal 144. *El Señor es justo en todos sus caminos.*
Lc 4,31-37

Llegó Jesús a Cafarnaún, un pueblo de Galilea, y los sábados enseñaba a la gente; y se admiraban de cómo les enseñaba, porque hablaba con plena autoridad. En la sinagoga había un hombre que tenía un demonio o espíritu impuro que gritaba con fuerza: "¡Déjanos! ¿Por qué te metes con nosotros, Jesús de Nazaret? ¿Has venido a destruirnos? Yo te conozco: ¡Sé que eres el Santo de Dios!". Jesús reprendió a aquel demonio diciéndole: "¡Cállate y deja a ese hombre!". Entonces el demonio arrojó al hombre al suelo delante de todos y salió de él sin hacerle ningún daño. Todos se asustaron y se decían unos a otros: "¿Qué palabras son ésas? ¡Este hombre da órdenes con plena autoridad y poder a los espíritus impuros y los hace salir!". La fama de Jesús se extendía por todos los lugares de la región.

El evangelio de hoy gira en torno a dos núcleos temáticos principales: las palabras y el espíritu del mal. La palabra está representada por Jesús, y el espíritu del mal lo expresa el hombre endemoniado. Las palabras de Jesús están por encima de cualquier otra autoridad, incluso, son más importantes que las tradiciones religiosas judías. Son palabras capaces de vencer cualquier maldad, sea de pensamiento o de obra. Su fuerza y sus resultados provocan la admiración de quienes están presentes. ¿Hasta qué punto las palabras de Jesús en mi corazón gobiernan mi vida y transforman el mal que me rodea en algo bueno?

2
SEPTIEMBRE

Miércoles

TIEMPO ORDINARIO 22ª SEMANA (f)

1Co 3,1-9
Sal 32. *Dichoso el pueblo que el Señor se escogió como heredad.*
Lc 4,38-44

Jesús salió de la sinagoga y entró en casa de Simón. La suegra de Simón estaba enferma, con mucha fiebre, y rogaron a Jesús que la sanase. Jesús se inclinó sobre ella y reprendió a la fiebre, y la fiebre la dejó. Al momento, ella se levantó y se puso a atenderlos. Al ponerse el sol, todos los que tenían enfermos de diferentes enfermedades los llevaron a Jesús; él puso las manos sobre cada uno de ellos y los sanó. De muchos enfermos salieron también demonios que gritaban: "¡Tú eres el Hijo de Dios!". Pero Jesús reprendía a los demonios y no los dejaba hablar, porque sabían que él era el Mesías. Al amanecer, Jesús salió de la ciudad y se dirigió a un lugar apartado. Pero la gente le buscó hasta encontrarle. Querían retenerlo para que no se marchase, pero Jesús les dijo: "También tengo que anunciar las buenas noticias del reino de Dios a los otros pueblos, porque para esto he sido enviado". Así iba Jesús anunciando el mensaje en las sinagogas de Judea.

Jesús se acerca a los enfermos, ¿por qué? ¿Y por qué estos desean encontrarse con Él? Aparentemente la respuesta es sencilla: los enfermos quieren sanarse, y Jesús tiene el poder para ello. Pero fijémonos en la parte final de este evangelio. Ahí se habla del reino de Dios y de la misión de Jesús, que vienen a ser lo mismo. Mientras que las palabras, muchas veces, confunden, hay un lenguaje que todos entendemos, el de las obras concretas de sanación. Seguimos a Jesús porque nos sentimos amados por Él. Y así hemos de buscar sus huellas, en las situaciones que han de ser sanadas, como expresión concreta de nuestra fe.

Jueves

SAN GREGORIO MAGNO (MO)

1Co 3,18-23
Sal 23. *Del Señor es la tierra y cuanto la llena.*
Lc 5,1-11

En una ocasión se encontraba Jesús a orillas del lago de Genesaret, y se sentía apretujado por la multitud (…). Vio Jesús dos barcas en la playa. (…) Jesús subió a una de las barcas, que era de Simón, y le pidió que la alejara un poco de la orilla. Luego (…) comenzó a enseñar a la gente. Cuando terminó de hablar dijo a Simón: "Lleva la barca lago adentro, y echad allí vuestras redes, para pescar". Simón le contestó: "Maestro, hemos estado trabajando toda la noche sin pescar nada; pero, puesto que tú lo mandas, echaré las redes". Cuando lo hicieron, recogieron tal cantidad de peces que las redes se rompían. Entonces hicieron señas a sus compañeros de la otra barca, para que fueran a ayudarlos (…) y llenaron tanto las dos barcas que les faltaba poco para hundirse. Al ver esto, Simón Pedro se puso de rodillas delante de Jesús y le dijo: "¡Apártate de mí, Señor, porque soy un pecador!". Porque Simón y todos los demás estaban asustados por aquella gran pesca que habían hecho. También lo estaban Santiago y Juan, hijos de Zebedeo (…). Pero Jesús dijo a Simón: "No tengas miedo. Desde ahora vas a pescar hombres". Entonces llevaron las barcas a tierra, lo dejaron todo y se fueron con Jesús.

Si donde dice "barcas" ponemos "comunidad cristiana" o "Iglesia", y donde dice "lago" entendemos "el mundo" o "la gente". Y si donde habla de "redes" pensamos en "misión", y cuando menciona a Pedro, Santiago y Juan vemos a los discípulos de Jesús, los de antes y los actuales… Podríamos entender el evangelio de este día como un mensaje actual. Cada uno de nosotros, sus seguidores, vivimos nuestra fe en comunidad. El mundo, las personas concretas son el lugar donde hemos de sembrar el Reino. Con Jesús las decepciones, los miedos y el cansancio quedan a un lado. Porque Él es el Señor de la vida.

4

Viernes

TIEMPO ORDINARIO 22ª SEMANA (f)

1Co 4,1-5
Sal 36. *El Señor es quien salva a los justos.*
Lc 5,33-39

En aquel tiempo los letrados y fariseos le dijeron a Jesús: "Los seguidores de Juan y los de los fariseos ayunan mucho y hacen muchas oraciones, pero tus discípulos no dejan de comer y beber". Jesús les contestó: "¿Acaso podéis hacer que ayunen los invitados a una boda mientras el novio está con ellos? Ya llegará el momento en que se lleven al novio; cuando llegue ese día, ayunarán". También les contó esta parábola: "Nadie corta un trozo de un vestido nuevo para arreglar un vestido viejo. De hacerlo así, echará a perder el vestido nuevo; además el trozo nuevo no quedará bien en el vestido viejo. Ni tampoco se echa vino nuevo en odres viejos, porque el vino nuevo hace que los odres revienten, y tanto el vino como los odres se pierden. Por eso hay que echar el vino nuevo en odres nuevos. Y nadie que beba vino añejo querrá después beber el nuevo, porque dirá que el añejo es mejor".

En el evangelio de este día se nos transmite que los seguidores de la religión judía (letrados, fariseos, seguidores de Juan) ayunaban y oraban mucho. Luego, parece que se está diciendo que los seguidores de Jesús ayunarán cuando Él haya muerto. Y después se habla de lo viejo y lo nuevo. Hay un mensaje importante aquí. Con las palabras y obras que Jesús realizaba se comprendía la religión de una forma "nueva". Las tradiciones, lo viejo, lo añejo, con Él quedan superadas. ¿Acaso pesa en mí o en mi comunidad "lo que siempre hemos hecho", más que su presencia y sus palabras que cada día renuevan el corazón?

1Co 4,6b-15
Sal 144. *Cerca está el Señor de los que lo invocan.*
Lc 6,1-5

Un sábado pasaba Jesús entre los sembrados. Sus discípulos arrancaban espigas de trigo, las desgranaban entre las manos y se comían los granos. Entonces algunos fariseos les preguntaron: "¿Por qué hacéis algo que no está permitido en sábado?". Jesús les contestó: "¿No habéis leído lo que hizo David en una ocasión en que él y sus compañeros tuvieron hambre? Entró en la casa de Dios y tomó los panes consagrados, comió de ellos y dio también a sus compañeros, a pesar de que solamente a los sacerdotes les estaba permitido comer de aquel pan". Y añadió: "El Hijo del hombre tiene autoridad sobre el sábado".

Para la religión judía Moisés es el más grande de todos los hombres, el único que habló con Dios cara a cara. Y lo que Dios quería que hiciesen los seres humanos, Moisés mismo lo recibió en sus propias manos, los mandamientos de las tablas de la Ley. ¡Más importante que estas normas y que este hombre, no puede haber nada ni nadie en este mundo! Esta era la convicción en aquellos tiempos. Pero el evangelio de hoy muestra que sí que hay algo más importante que la Ley: las necesidades del ser humano. Y que también hay alguien más importante: el Hijo del Hombre, Jesús. Tener el corazón abierto a Jesús es abrirse a las necesidades de quienes Él pone cada día a nuestro lado.

Ez 33,7-9

Así dice el Señor: "A ti, hombre, yo te he puesto como centinela del pueblo de Israel. Tú deberás recibir mis mensajes y comunicarles mis advertencias. Puede darse el caso de que yo pronuncie sentencia de muerte contra un malvado; pues bien, si tú no hablas con él para advertirle que cambie de vida, y él no lo hace, ese malvado morirá por su pecado, pero yo te pediré cuentas de su muerte. Si tú, en cambio, adviertes al malvado que cambie de vida, y él no lo hace, él morirá por su pecado, pero tú salvarás tu vida".

Sal 94. *Ojalá escuchéis hoy la voz del Señor: "No endurezcáis vuestro corazón".*

Rm 13,8-10

No tengáis deudas con nadie, aparte de la deuda de amor que tenéis unos con otros, pues el que ama a su prójimo ya ha cumplido todo lo que la ley ordena. Los mandamientos dicen: "No cometas adulterio, no mates, no robes, no codicies"; pero estos y los demás mandamientos quedan comprendidos en estas palabras: "Ama a tu prójimo como a ti mismo". El que tiene amor no hace daño al prójimo; así que en el amor se cumple perfectamente la ley.

Mt 18,15-20

En aquel tiempo dijo Jesús a sus discípulos: "Si tu hermano te ofende, habla con él a solas para moverle a reconocer su falta. Si te hace caso, has ganado a tu hermano. Si no te hace caso, llama a una o dos personas más, porque toda acusación debe basarse en el testimonio de dos o tres testigos. Si tampoco les hace caso a ellos, díselo a la congregación; y si tampoco hace caso a la congregación, considéralo como un pagano o como uno de esos que cobran impuestos para Roma. Os aseguro que todo lo que atéis en este mundo, también quedará atado en el cielo; y todo lo que desatéis en este mundo, también quedará desatado en el cielo. Además os digo que si dos de vosotros os ponéis de acuerdo aquí en la tierra para pedir algo en oración, mi Padre que está en el cielo os lo dará. Porque donde dos o tres se reúnen en mi nombre, allí estoy yo en medio de ellos".

Las tres lecturas de este domingo tienen un mensaje común: el amor al prójimo. Y cada una lo expresa de manera distinta.

La primera como un compromiso con Dios. La segunda como el mandamiento más importante. Y el evangelio como la forma de que el amor de Dios se haga presente en la tierra ("lo que atéis en este mundo...", dirigido a todos los discípulos de Jesús).

Los detalles de cada lectura expresan cómo entendían este mensaje en la época en la que se escribieron, una forma de adaptarlo a las circunstancias que vivían, por eso no hay que tomarlos al pie de la letra. Más bien, hemos de aprender a adaptarlo también nosotros a nuestras circunstancias. Como decía santa Teresita del Niño Jesús: "amar es darlo todo, es darse uno mismo". Pero, sobre todo, porque así lo hizo Jesús.

7 SEPTIEMBRE

Lunes

1Co 5,1-8
Sal 5. *Señor, guíame con tu justicia.*
Lc 6,6-11

Sucedió que otro sábado entró Jesús en la sinagoga y comenzó a enseñar. Había en ella un hombre que tenía la mano derecha tullida; y los maestros de la ley y los fariseos espiaban a Jesús, por ver si lo sanaría en sábado y tener así algún pretexto para acusarle. Pero él, sabiendo lo que estaban pensando, dijo al hombre de la mano tullida: "Levántate y ponte ahí en medio". El hombre se levantó y se puso de pie, y Jesús dijo a los demás: "Os voy a hacer una pregunta: ¿Qué está permitido hacer en sábado, el bien o el mal? ¿Salvar una vida o destruirla?". Luego miró a todos los que le rodeaban y dijo a aquel hombre: "Extiende la mano". El hombre la extendió y su mano quedó sana. Pero los demás se llenaron de ira y comenzaron a discutir lo que podrían hacer contra Jesús.

El ambiente que se describe en el evangelio de hoy es, principalmente, el de la religión judía: Jesús en la sinagoga, maestros de la Ley y fariseos, y el cumplimiento de las leyes de esta religión. Se busca un motivo religioso para acusar a Jesús, pero, al final, lo único que se consigue es que los acusadores queden desconcertados. ¿Es posible que el mal se pueda vencer con el bien?, ¿que una acción buena sea la respuesta más adecuada ante quienes buscan la difamación, el perjuicio de uno mismo? Pues sí, esta es la lección del evangelio. Tener a Jesús arraigado en el alma hace posible que los enfrentamientos o los malos deseos sean superados, en la vida personal y comunitaria, a través de las buenas obras.

Martes

NATIVIDAD DE MARÍA (F)

Miq 5,1-4a
Sal 12. *Desbordo de gozo con el Señor.*
Mt 1,1-16.18-23

(...) Abraham fue padre de Isaac, este lo fue de Jacob y este de Judá (...). Judá y Tamar fueron los padres de Fares (...). Salmón y Rahab fueron los padres de Booz. Booz y Rut fueron los padres de Obed. (...) Jesé fue padre del rey David, y el rey David fue padre de Salomón, cuya madre fue la que había sido esposa de Urías. (...) Después de la deportación a Babilonia (...) Jacob fue padre de José, el marido de María, y ella fue la madre de Jesús (...). El nacimiento de Jesucristo fue así: María, su madre, estaba comprometida para casarse con José; pero antes de vivir juntos se encontró encinta por el poder del Espíritu Santo. José, su esposo, que era un hombre justo y no quería denunciar públicamente a María, decidió separarse de ella en secreto. Ya había pensado hacerlo así, cuando un ángel del Señor se le apareció en sueños y le dijo: "José, descendiente de David, no tengas miedo de tomar a María por esposa, porque el hijo que espera es obra del Espíritu Santo. (...)". Todo esto sucedió para que se cumpliera lo que el Señor había dicho por medio del profeta: "La virgen quedará encinta, y tendrá un hijo al que pondrán por nombre Emanuel (que significa: 'Dios con nosotros')".

L a descripción de la primera parte del evangelio de hoy es perfecta: catorce generaciones de Abraham a David, de David al destierro babilónico, y del destierro al nacimiento de Jesús. De ahí se llega a la nueva creación (catorce vendría a ser un siete más perfecto), la de Jesús. Pero aquí, si José cumplía la ley religiosa, apedrearían a María (por estar embarazada antes de casarse); si no, cometería un pecado. Tamar, Rut y la esposa de Urías, sin cumplir las leyes, llevaron a cabo los planes de Dios. Hay un mensaje de consuelo: la fidelidad a Dios conlleva, muchas veces, dejar a un lado los preceptos religiosos. Y también de esperanza: Dios lleva a cabo sus propósitos, a pesar del comportamiento humano.

9

SEPTIEMBRE

Miércoles

TIEMPO ORDINARIO 23ª SEMANA (f)

1Co 7,25-31
Sal 44. *Escucha, hija, mira: inclina el oído.*
Lc 6,20-26

Jesús miró a sus discípulos y les dijo: "Dichosos vosotros los pobres, porque el reino de Dios os pertenece. Dichosos los que ahora tenéis hambre, porque quedaréis satisfechos. Dichosos los que ahora lloráis, porque después reiréis. Dichosos vosotros cuando la gente os odie, cuando os expulsen, cuando os insulten y cuando desprecien vuestro nombre como cosa mala, por causa del Hijo del hombre. Alegraos mucho, llenaos de gozo en aquel día, porque recibiréis un gran premio en el cielo; pues también maltrataron así sus antepasados a los profetas. Pero ¡ay de vosotros los ricos, porque ya habéis tenido vuestra alegría! ¡Ay de vosotros los que ahora estáis satisfechos, porque tendréis hambre! ¡Ay de vosotros los que ahora reís, porque vais a llorar de tristeza! ¡Ay de vosotros cuando todos os alaben, porque así hacían los antepasados de esta gente con los falsos profetas!".

Las bienaventuranzas se encuentran, en el Nuevo Testamento, en el evangelio de san Mateo (5,3-12) y en este, de san Lucas. Son muy parecidas, en ambos se subraya el valor de la pobreza, del sufrimiento por causa de Jesús, etc. En san Lucas, sin embargo, el mensaje está como dirigido de una forma más directa a los seguidores de Jesús, por eso también la parte de los "ayes", para destacar a quién, concretamente, se está hablando. Ser pobre, sufrir por amar al prójimo... no ha sido nunca apreciado en la sociedad, más bien al contrario. Pero el evangelio no solo los aprecia como valores positivos, sino como indicadores de que el discípulo es fiel a Jesús.

1Co 8,1b-7.11-13
Sal 138. *Guíame, Señor, por el camino eterno.*
Lc 6,27-38

Jesús dijo a sus discípulos: "Pero a vosotros que me escucháis os digo: Amad a vuestros enemigos, haced bien a los que os odian, bendecid a los que os maldicen, orad por los que os insultan. Al que te pegue en una mejilla ofrécele también la otra, y al que te quite la capa déjale que se lleve también tu túnica. Al que te pida algo dáselo, y al que te quite lo que es tuyo, no se lo reclames. Haced con los demás como queréis que los demás hagan con vosotros. Si amáis solamente a quienes os aman, ¿qué hacéis de extraordinario? ¡Hasta los pecadores se portan así! Y si hacéis bien solamente a quienes os hacen bien a vosotros, ¿qué tiene de extraordinario? ¡También los pecadores se portan así! (...) Amad a vuestros enemigos, haced el bien y dad prestado sin esperar nada a cambio. (...) No juzguéis a nadie y Dios no os juzgará a vosotros. No condenéis a nadie y Dios no os condenará. Perdonad y Dios os perdonará. Dad a otros y Dios os dará a vosotros: llenará vuestra bolsa con una medida buena, apretada, sacudida y repleta. Dios os medirá con la misma medida con que vosotros midáis a los demás".

El evangelio de hoy, como el de ayer, tiene también su versión en Mateo (5,43-48). Y como decíamos, también aquí, en el de Lucas, el mensaje es más directo hacia los discípulos de Jesús. ¡Qué don tan hermoso es el de tener un corazón que se alegra más cuando da que cuando recibe, cuando hace el bien por encima de lo que está mandado, cuando sufre para que otros sean felices, cuando ama sin comprender, cuando se compadece más allá de lo que uno merece! En nuestro seguimiento de Jesús, personal y comunitario, ¿son nuestras obras reflejo de un corazón generoso?, ¿o habremos de trabajar actitudes concretas que nos hagan sentir más en sintonía con el mensaje de este evangelio?

11

SEPTIEMBRE

Viernes

TIEMPO ORDINARIO 23ª SEMANA (f)

1Co 9,16-19.22b-27
Sal 83. *¡Qué deseables son tus moradas, Señor de los ejércitos!*
Lc 6,39-42

Jesús les puso esta comparación: "¿Acaso puede un ciego servir de guía a otro ciego? ¿No caerán los dos en algún hoyo? El discípulo no es más que su maestro: sólo cuando termine su aprendizaje llegará a ser como su maestro. ¿Por qué miras la paja que tiene tu hermano en el ojo y no te fijas en el tronco que tú tienes en el tuyo? Y si no te das cuenta del tronco que tienes en tu ojo, ¿cómo te atreves a decirle a tu hermano: 'Hermano, déjame sacarte la paja que tienes en el ojo'? ¡Hipócrita!, saca primero el tronco de tu ojo y así podrás ver bien para sacar la paja del ojo de tu hermano".

La "comparación" de la que habla el evangelio de hoy es una "parábola". Las parábolas eran empleadas por los sabios en Israel para transmitir una enseñanza. Eran mensajes en forma de cuentos, con la intención de que quien los escuchara se viera reflejado de forma positiva o negativa. Aquí Jesús se dirige a sus discípulos. Estos somos ahora nosotros, y Jesús es el sabio que enseña con su propia vida. Es un mensaje que implica reconocer las actitudes negativas que uno tiene y, por ello, comprender las ajenas. Más aún, percibir el don de Dios que es estar siempre necesitado de su presencia y no sentirse nunca superior los demás.

1Co 10,14-22
Sal 115. *Te ofreceré, Señor, un sacrificio de alabanza.*
Lc 6,43-49

Jesús dijo a sus discípulos: "No hay árbol bueno que dé mal fruto ni árbol malo que dé fruto bueno. Cada árbol se conoce por su fruto: no se recogen higos de los espinos ni se vendimian uvas de las zarzas. El hombre bueno dice cosas buenas porque el bien está en su corazón, y el hombre malo dice cosas malas porque el mal está en su corazón. Pues de lo que rebosa su corazón, habla su boca. ¿Por qué me llamáis 'Señor, Señor' y no hacéis lo que yo os digo? Voy a deciros a quién se parece aquel que viene a mí, y me oye y hace lo que digo: se parece a un hombre que para construir una casa cavó profundamente y puso los cimientos sobre la roca. Cuando creció el río, el agua dio con fuerza contra la casa, pero no pudo moverla porque estaba bien construida. Pero el que me oye y no hace lo que yo digo se parece a un hombre que construyó su casa sobre la tierra, sin cimientos; y cuando el río creció y dio con fuerza contra ella, se derrumbó y quedó completamente destruida".

En el evangelio de este día tenemos otra parábola (puedes leer lo que, a propósito de las parábolas, decíamos en el evangelio de ayer). Nosotros, discípulos de Jesús, nos podemos ver reflejados en los que hacen lo que dice el Maestro, o en los que no cumplen sus enseñanzas. El evangelio nos pide honestidad con nosotros mismos, y también en nuestras comunidades. El nivel con el que tenemos que medir nuestra fe en Jesús no es el de si sentimos o no su presencia, o si nos emocionamos cuando recordamos su vida, ni tampoco si hablamos de Él con lucidez y admiración. El evangelio muestra que la prueba de una fe verdadera son las obras: si sentimos y decimos que Él es el Señor de nuestras vidas, nuestros actos tienen que ser de amor sin medida.

13 DOMINGO
SEPTIEMBRE

Eclo 27,33–28,9

Ira y enojo son cosas detestables, pero del pecador nunca se apartan. (…) Perdona las ofensas a tu prójimo y Dios perdonará tus pecados cuando se lo pidas (…).

Sal 102. *El Señor es compasivo y misericordioso, lento a la ira y rico en clemencia.*

Rm 14,7-9

Ninguno de nosotros vive para sí mismo ni muere para sí mismo. Si vivimos, para el Señor vivimos; y si morimos, para el Señor morimos (…).

Mt 18,21-35

Entonces Pedro fue y preguntó a Jesús: "Señor, ¿cuántas veces he de perdonar a mi hermano, si me ofende? ¿Hasta siete?". Jesús le contestó: "No te digo hasta siete veces, sino hasta setenta veces siete. Por eso, el reino de los cielos se puede comparar a un rey que quiso hacer cuentas con sus funcionarios. Había comenzado a hacerlas, cuando le llevaron a uno que le debía muchos millones. Como aquel funcionario no tenía con qué pagar, el rey ordenó que lo vendieran como esclavo, junto con su esposa, sus hijos y todo lo que tenía, a fin de saldar la deuda. El funcionario cayó de rodillas delante del rey, rogándole: 'Señor, ten paciencia conmigo y te lo pagaré todo.' El rey tuvo compasión de él, le perdonó la deuda y lo dejó ir en libertad. Pero al salir, aquel funcionario se encontró con un compañero que le debía una pequeña cantidad. Lo agarró del cuello y lo ahogaba, diciendo: '¡Págame lo que me debes!' El compañero se echó a sus pies, rogándole: 'Ten paciencia conmigo y te lo pagaré todo.' Pero el otro no quiso, sino que le hizo meter en la cárcel hasta que pagara la deuda. Esto disgustó mucho a los demás compañeros, que fueron a contar al rey todo lo sucedido. El rey entonces le mandó llamar y le dijo: '¡Malvado!, yo te perdoné toda aquella deuda porque me lo rogaste. Pues también tú debiste tener compasión de tu compañero, del mismo modo que yo tuve compasión de ti.' Tanto se indignó el rey, que ordenó castigarle hasta que pagara toda la deuda". Jesús añadió: "Esto mismo hará con vosotros mi Padre celestial, si cada uno no perdona de corazón a su hermano".

Nuestra vida en la tierra es limitada, un día lo dejaremos todo. Más que miedo, esto nos tendría que dar una nueva comprensión de muchas de las cosas que hacemos y sembramos, como el odio, la venganza, el buscar la admiración y el reconocimiento..., puesto que, al final, nada de esto permanece.

Precisamente, la segunda lectura de este domingo nos transmite que no somos dueños ni de nuestra propia vida. ¿Y qué es lo que queda? La primera lectura y el evangelio nos dicen que es la voluntad de Dios; en concreto, el perdón. Este debería ser nuestro objetivo, y educar nuestro corazón para ello, nuestro empeño.

En las lecturas de hoy se habla del perdón, un poco como amenaza. Pero sabemos que Dios no es un juez. Se expresa así para darle más fuerza y tomarlo más en serio.

Nm 21,4b-9
Sal 77. *No olvidéis las acciones del Señor.*
Jn 3,13-17

En aquel tiempo dijo Jesús: "Nadie ha subido al cielo sino el que bajó del cielo, el Hijo del hombre. Y así como Moisés levantó la serpiente en el desierto, así también el Hijo del hombre ha de ser levantado, para que todo el que cree en él tenga vida eterna. Tanto amó Dios al mundo, que dio a su Hijo único, para que todo aquel que cree en él no muera, sino que tenga vida eterna. Porque Dios no envió a su Hijo al mundo para condenar al mundo, sino para salvarlo".

Es imposible definir a Dios, su inmensidad supera nuestro espacio y tiempo. Para ello sería necesario que Él se transformara en un ser humano. El evangelio afirma, precisamente, que Jesús es Dios, y la cruz la expresión de lo que es, amor absoluto a la humanidad. No es un instrumento mágico, al modo de la serpiente de bronce de Moisés (Números 21,9), de la que Jesús habla a Nicodemo. La cruz es, más bien, para conmover, y para tomar ejemplo: el Creador de todo se rebajó hasta tomar forma humana. Más aún, se definió a sí mismo como entrega total, firmando con su sangre lo inconmensurable de su ser.

1Co 12,12-14.27-31a
Sal 99. *Somos su pueblo y ovejas de su rebaño.*
Jn 19,25-27

Junto a la cruz de Jesús estaban su madre y la hermana de su madre, María, esposa de Cleofás, y María Magdalena. Cuando Jesús vio a su madre y junto a ella al discípulo a quien él quería mucho, dijo a su madre: "Mujer, ahí tienes a tu hijo". Luego dijo al discípulo: "Ahí tienes a tu madre". Desde entonces, aquel discípulo la recibió en su casa.

En el evangelio de Juan, Jesús manifiesta su preocupación y su amor por sus discípulos, sobre todo, en la última cena y los sucesos posteriores. Les transmite cómo deben afrontar su muerte en la cruz, incluso ora por ellos (capítulo 17 de este evangelio). Ahora, a los pies de la cruz, Jesús expresa el amor por su discípulo, encomendándole a su propia madre, y el amor por su madre (la primera discípula), encomendándole a su discípulo querido. Nosotros, discípulos, somos únicos a los ojos de Dios, somos sus hijos. Y así hemos de sentirnos y comportarnos, como discípulos. El único Maestro en nuestras comunidades es Jesús. Lejos, pues, tener actitudes altivas con respecto a los demás.

16 SEPTIEMBRE

Miércoles

SAN CORNELIO Y SAN CIPRIANO (MO)

1Co 12,31–13,13
Sal 32. *Dichoso el pueblo que el Señor se escogió como heredad.*
Lc 7,31-35

En aquel tiempo Jesús dijo: "¿A qué compararé la gente de este tiempo? ¿A qué se parece? Se parece a los niños que se sientan a jugar en la plaza y gritan a sus compañeros: 'Tocamos la flauta y no bailasteis; cantamos canciones tristes y no llorasteis'. Porque vino Juan el Bautista, que ni come pan ni bebe vino, y decís que tiene un demonio. Luego ha venido el Hijo del hombre, que come y bebe, y decís que es un glotón y bebedor, amigo de gente de mala fama y de los que cobran los impuestos para Roma. Pero la sabiduría de Dios se demuestra por todos sus resultados".

Para el Antiguo Testamento, la sabiduría es un don. Algo así como la capacidad que Dios concede para ser conscientes de que somos criaturas, que nadie sabe lo que es el misterio de la vida, ni está por encima de los otros, sino que todo está en sus manos. Pero los maestros de la religión judía, en su condición de sabios, despreciaban a los demás. El resultado de la sabiduría, que dice el evangelio de hoy, es reconocer que Jesús es Dios. No simplemente "saberlo", sino practicarlo. Hemos de proponernos, cada día, obras que manifiesten este reconocimiento: la comprensión, la misericordia, la ayuda al necesitado... Estas son los resultados de la sabiduría, de haber conocido a Jesús.

1Co 15,1-11
Sal 117. *Dad gracias al Señor porque es bueno.*
Lc 7,36-50

Un fariseo invitó a Jesús a comer (...). Estaba sentado a la mesa cuando una mujer de mala fama (...) llegó con un frasco de alabastro lleno de perfume. Llorando, se puso junto a los pies de Jesús y comenzó a bañarlos con sus lágrimas. Luego los secó con sus cabellos, los besó y derramó sobre ellos el perfume. Al ver esto, el fariseo (...) pensó: "Si este hombre fuera verdaderamente un profeta se daría cuenta de quién y qué clase de mujer es esta pecadora que le está tocando". Entonces Jesús dijo al fariseo: (...) "Dos hombres debían dinero a un prestamista. Uno le debía quinientos denarios, y el otro cincuenta: pero, como no le podían pagar, el prestamista perdonó la deuda a los dos (...) ¿cuál de ellos le amará más?". Simón le contestó: "Me parece que aquel a quien más perdonó". Jesús le dijo: (...) "¿Ves esta mujer? Entré en tu casa y no me diste agua para los pies; en cambio, esta mujer me ha bañado los pies con lágrimas y los ha secado con sus cabellos. No me besaste, pero ella, desde que entré, no ha dejado de besarme los pies. No derramaste aceite sobre mi cabeza, pero ella ha derramado perfume sobre mis pies. Por esto te digo que sus muchos pecados le son perdonados, porque amó mucho; pero aquel a quien poco se perdona, poco amor manifiesta" (...).

¿Por qué será que, cuando uno se siente querido, le entran deseos de ser bueno con los demás? O a la inversa, las obras buenas ¿no serán expresión de que uno, previamente, se siente amado? Es el mensaje del evangelio de hoy. El fariseo es un cumplidor fiel de la religión judía, que niega que Jesús sea profeta. Jesús, sin embargo, declara qué es lo esencial de la religión, y se revela como profeta cuando alaba la actitud y las acciones de la mujer. ¿Qué es lo más importante de la religión, y de qué modo lo expresamos? En este evangelio está bastante claro. Lo encontramos también en la carta de Santiago: "Muéstrame tu fe sin hechos y yo te mostraré mi fe por mis hechos" (2,18).

18

1Co 15,12-20
Sal 16. *Al despertar me saciaré de tu semblante, Señor.*
Lc 8,1-3

Después de esto, Jesús anduvo por muchos pueblos y aldeas proclamando y anunciando el reino de Dios. Le acompañaban los doce apóstoles y algunas mujeres que él había librado de espíritus malignos y enfermedades. Entre ellas estaba María, la llamada Magdalena, de la que habían salido siete demonios; también Juana, esposa de Cuza, el administrador de Herodes; y Susana, y otras muchas que los ayudaban con lo que tenían.

Los maestros de la religión judía eran los rabinos. Tenían discípulos, solo varones, que los seguían para aprender bien las leyes religiosas (los mandamientos de la Biblia, las tradiciones, etc.). En el evangelio de hoy Jesús es presentado también como maestro que va anunciando el reino de Dios, acompañado por apóstoles. Pero, frente a los rabinos, a Jesús le siguen mujeres. No las excluye, al contrario, son seguidoras que han experimentado su fuerza salvadora (las enfermedades, se creía entonces, eran demonios). Así transmitía Jesús su enseñanza, liberando del mal. Y así uno puede servirle, ayudando a quienes pone a nuestro lado, sin excluir a nadie.

1Co 15,35-37.42-49
Sal 55. *Caminaré en presencia de Dios a la luz de la vida.*
Lc 8,4-15

Mucha gente que estaba allí (…) se reunió junto a Jesús, y él les contó esta parábola: "Un sembrador salió a sembrar su semilla. Y al sembrar, una parte de ella cayó en el camino, y fue pisoteada y las aves se la comieron. Otra parte cayó entre las piedras, y brotó, pero se secó por falta de humedad. Otra parte cayó entre espinos, y al nacer juntamente los espinos, la ahogaron. Pero otra parte cayó en buena tierra, y creció y dio una buena cosecha, hasta de cien granos por semilla". (…) Los discípulos preguntaron a Jesús qué significaba aquella parábola. Él les dijo: "A (…) los otros les hablo por medio de parábolas, para que por mucho que miren no vean y por mucho que oigan no entiendan. (…) La semilla representa el mensaje de Dios. La parte que cayó por el camino representa a los que oyen el mensaje, pero viene el diablo y se lo quita del corazón (…). La semilla que cayó entre las piedras representa a los que oyen el mensaje y lo reciben con gusto, pero luego, a la hora de la prueba, fallan. La semilla que cayó entre espinos representa a los que oyen, pero poco a poco se dejan ahogar por las preocupaciones, las riquezas y los placeres (…). Pero la semilla que cayó en buena tierra representa a las personas que con corazón bueno y dispuesto oyen el mensaje y lo guardan, y (…) dan una buena cosecha".

"**P**or mucho que miren no vean… por mucho que oigan no entiendan" es el recurso para que los que están presentes se definan a favor o en contra. También llama la atención el hecho de que al sembrador le caigan las semillas en el camino, entre piedras, etc., y es que en Israel primero se sembraban los campos y, después, se roturaban. El mensaje está claro. Nosotros, ¿en cuáles de estas circunstancias (el camino, las piedras, los espinos…) nos vemos reflejados? ¿Y cuáles son los frutos de buenas obras que debería producir la Palabra de Dios en nuestras vidas y en nuestras comunidades?

Is 55,6-9

(...) Como el cielo está por encima de la tierra, así también mis ideas y mi manera de actuar están por encima de las vuestras.

Sal 144. *Cerca está el Señor de los que lo invocan.*

Flp 1,20c-24.27a

Dios mostrará en mí, cada vez más, la grandeza de Cristo. Porque para mí la vida es Cristo, y la muerte, ganancia. (...) Solo una cosa: procurad que vuestra conducta esté de acuerdo con el Evangelio de Cristo.

Mt 20,1-16

(...) "El reino de los cielos se puede comparar al dueño de una finca que salió muy de mañana a contratar trabajadores para su viña. Acordó con ellos pagarles el salario de un día y los mandó a trabajar a su viña. Volvió a salir sobre las nueve de la mañana y (...) de nuevo hacia el mediodía, y otra vez a las tres de la tarde, e hizo lo mismo. Alrededor de las cinco de la tarde volvió a la plaza y encontró a otros desocupados. (...) 'Id también vosotros a trabajar a mi viña'. Cuando llegó la noche, el dueño dijo al encargado del trabajo: '(...) págales empezando por los últimos y terminando por los primeros'. (...) Cuando les tocó el turno a los que habían entrado primero, (...) cada uno de ellos recibió también el salario de un día. Al cobrarlo, comenzaron a murmurar contra el dueño. (...) Pero el dueño contestó a uno de ellos: 'Amigo, no te estoy tratando injustamente. ¿Acaso no acordaste conmigo recibir el salario de un día? Pues toma tu paga y vete. Si a mí me parece bien dar a éste que entró a trabajar al final lo mismo que te doy a ti, es porque tengo el derecho de hacer lo que quiera con mi dinero. ¿O quizá te da envidia el que yo sea bondadoso?' (...)". Cuando les tocó el turno a los que habían entrado primero, pensaron que recibirían más; pero cada uno de ellos recibió también el salario de un día. Al cobrarlo, comenzaron a murmurar contra el dueño. Decían: 'A estos, que llegaron al final y trabajaron solamente una hora, les has pagado igual que a nosotros, que hemos soportado el trabajo y el calor de todo el día.' Pero el dueño contestó a uno de ellos: 'Amigo, no te estoy tratando injustamente. ¿Acaso no acordaste conmigo recibir el salario de un día? Pues toma tu paga y vete. Si a mí me parece bien dar a éste que entró a trabajar al final lo mismo que te doy a ti, es porque tengo el derecho de hacer lo que quiera con mi dinero. ¿O quizá te da envidia el que yo sea bondadoso?' De modo que los que ahora son los últimos, serán los primeros; y los que ahora son los primeros, serán los últimos".

La primera lectura y el evangelio de hoy transmiten la idea de que los pensamientos de Dios son distintos a los de los seres humanos. La segunda lectura subraya la importancia de trabajar por la causa de Jesús, por encima de los propios deseos. Hay un mensaje común: el reino de Dios es distinto de lo que pensamos.

La parábola del evangelio lo expresa muy bien: la justicia es más que dar a cada uno lo que se merece, es ponerse en el lugar del otro (los que no pudieron llegar antes). También, que los grandes de este mundo no lo son para Dios.

¿Desde qué criterios valoramos a las personas en nuestra comunidad cristiana? ¿Lo que los demás piensen es lo que guía mi comportamiento? ¿Hasta qué punto la presencia de Jesús en mi corazón influye en mi manera de entender la vida?

21

Ef 4,1-7.11-13
Sal 18. *A toda la tierra
alcanza su pregón.*
Mt 9,9-13

En aquel tiempo Jesús vio a un hombre llamado Mateo, que estaba sentado en el lugar donde cobraba los impuestos para Roma. Jesús le dijo: "Sígueme". Mateo se levantó y le siguió. Sucedió que Jesús estaba comiendo en la casa, y muchos cobradores de impuestos, y otra gente de mala fama, llegaron y se sentaron también a la mesa con Jesús y sus discípulos. Al ver esto, los fariseos preguntaron a los discípulos: "¿Cómo es que vuestro maestro come con los cobradores de impuestos y los pecadores?". Jesús los oyó y les dijo: "Los que gozan de buena salud no necesitan médico, sino los enfermos. Id y aprended qué significan estas palabras de la Escritura: 'Quiero que seáis compasivos, y no que me ofrezcáis sacrificios'. Pues yo no he venido a llamar a los justos, sino a los pecadores".

El evangelio de hoy cuenta la historia de Mateo, el recaudador de impuestos. En Israel estas personas tenían mala fama porque cobraban dinero a todos sin piedad para entregárselo a los invasores romanos. Y, por supuesto, eran considerados pecadores por la religión judía. Cuando una persona comía con otra, en esta cultura, era signo de que se la aceptaba como era y de que se compartía la vida. Aquí Jesús demuestra que tener misericordia es prioritario en la religión (recordando a Oseas 6,6). Podríamos extraer esta conclusión: tener compasión es el mandamiento más importante de Jesús y, al practicarla, es porque nos hemos sentido compadecidos por Él y porque queremos seguirle, como Mateo.

Pr 21,1-6.10-13
Sal 118. *Guíame, Señor, por la senda de tus mandatos.*
Lc 8,19-21

La madre y los hermanos de Jesús acudieron a donde él estaba, pero no pudieron acercársele porque había mucha gente. Alguien avisó a Jesús: "Tu madre y tus hermanos están ahí fuera y quieren verte". Él contestó: "Los que oyen el mensaje de Dios y lo ponen en práctica, ésos son mi madre y mis hermanos".

Hay narraciones en los evangelios que nos resultan incomprensibles. Un ejemplo, "si alguno... no aborrece a su padre, madre..., no puede ser mi discípulo" (Lc 14,26). O cuando al joven rico se le dice que hay dos formas de creer, cumpliendo los mandamientos o dejándolo todo (Mt 19,16-30). Otro: "amarás a Dios es el primer mandamiento... el segundo, amarás a tu prójimo..." (Mt 22, 37-39). Otro ejemplo es el del evangelio de hoy. Todo esto son formas de transmitir un mensaje, se exagera una parte para subrayar la siguiente. No hay que quedarse con las palabras, sino con la intención: lo importante es el final. Aquí es escuchar lo que dice Jesús y ponerlo en práctica. Vendría a ser: practicar lo que dice Jesús.

Pr 30,5-9
Sal 118. *Lámpara es tu palabra para mis pasos, Señor.*
Lc 9,1-6

Reunió Jesús a sus doce discípulos y les dio poder y autoridad para expulsar toda clase de demonios y sanar enfermedades. Los envió a anunciar el reino de Dios y a sanar a los enfermos. Les dijo: "No llevéis nada para el camino: ni bastón ni bolsa ni pan ni dinero ni ropa de repuesto. En cualquier casa donde entréis, quedaos hasta que os vayáis del lugar. Y si en algún pueblo no os quieren recibir, salid de él y sacudíos el polvo de los pies, para que les sirva de advertencia". Salieron, pues, y fueron por todas las aldeas anunciando la buena noticia y sanando enfermos.

En el evangelio de hoy el mensaje central se halla en la segunda frase: "los envió a anunciar... y a sanar". Como en el de ayer, la primera parte lleva a la segunda: anunciar el Reino se concreta en sanar a los enfermos. Sanar situaciones con nuestras obras, nuestras palabras... es la mejor forma de llevar a nuestra vida esta enseñanza. Además, se habla de no llevar nada, es decir, confiar totalmente en Dios. Lo de sacudirse el polvo de los pies era la costumbre de los creyentes judíos cuando venían de fuera y entraban en el templo de Jerusalén, la morada de Dios. Aquí sería comportarnos sabiendo que en todas nuestras obras estamos en la presencia de Dios.

Ecl 1,2-11
Sal 89. *Señor, tú has sido nuestro refugio de generación en generación.*
Lc 9,7-9

El rey Herodes oyó hablar de Jesús y de todo lo que hacía. Y no sabía qué pensar, porque unos decían que era Juan, que había resucitado; otros, que había aparecido el profeta Elías, y otros, que era alguno de los antiguos profetas que había resucitado. Pero Herodes dijo: "Yo mismo mandé que cortaran la cabeza a Juan. ¿Quién, pues, será éste de quien oigo contar tantas cosas?". Por eso Herodes tenía ganas de ver a Jesús.

En este evangelio se destaca la fama que tenía Jesús al compararlo con los profetas, con Juan Bautista..., y todo ello expuesto por la persona más relevante del país, el propio rey. Parece que Herodes se enorgullece de haber decapitado a un personaje importante, y como que busca a Jesús para algo semejante. ¿Será que cuando uno lleva a la práctica las enseñanzas de Jesús nunca faltan incomodidades y problemas? ¿O que una vida fácil y confortable no es sino expresión de falta de fidelidad a Jesús? Cuando en nuestra vida suframos por hacer el bien, por amar al prójimo, por denunciar injusticias..., será una señal de que estamos en el buen camino.

25

Ecl 3,1-11
Sal 143. *Bendito el Señor, mi Roca.*
Lc 9,18-22

Un día estaba Jesús orando, él solo. Luego sus discípulos se le reunieron, y él les preguntó: "¿Quién dice la gente que soy yo?". Ellos contestaron: "Unos dicen que Juan el Bautista; otros dicen que Elías, y otros, que uno de los antiguos profetas, que ha resucitado". "Y vosotros, ¿quién decís que soy?" -les preguntó. Pedro le respondió: "El Mesías de Dios". Pero Jesús les encargó mucho que no se lo dijeran a nadie. Les decía Jesús: "El Hijo del hombre tendrá que sufrir mucho, y será rechazado por los ancianos, por los jefes de los sacerdotes y por los maestros de la ley. Lo van a matar, pero al tercer día resucitará".

¿**Y** para mí, para nosotros…, quién es Jesús? La respuesta no es nada fácil. Es como si alguien cercano te pregunta si lo quieres, la respuesta tiene que ir acompañada de las obras. Por eso, a la definición de Pedro, que podría dar a entender que Jesús es un enviado de Dios en sentido triunfalista, Jesús aclara su identidad. Es decir, no viene a la tierra para ser reconocido y admirado, sino para hacer la voluntad del Padre, dar la vida por amor, ese es su triunfo, contando con que eso le llevará al sufrimiento y a la muerte en cruz. Mis obras deben expresar quién es Jesús para mí, esto debería ser mi mayor satisfacción.

Job 42,1-3.5-6.12-16
Sal 118. *Haz brillar, Señor, tu rostro sobre tu siervo.*
Lc 10,17-24

Los setenta y dos regresaron muy contentos, diciendo: "¡Señor, hasta los demonios nos obedecen en tu nombre!". Jesús les dijo: "Sí, pues yo veía a Satanás caer del cielo como un rayo. Os he dado poder para que pisoteéis serpientes y alacranes, y para que triunféis sobre toda la fuerza del enemigo sin sufrir ningún daño. Pero no os alegréis de que los espíritus os obedezcan, sino de que vuestros nombres ya estén escritos en el cielo". En aquel momento, Jesús, lleno de alegría por el Espíritu Santo, dijo: "Te alabo, Padre, Señor del cielo y de la tierra, porque has mostrado a los sencillos las cosas que ocultaste a los sabios y entendidos. Sí, Padre, porque así lo has querido. Mi Padre me ha entregado todas las cosas. Nadie sabe quién es el Hijo, sino el Padre; y nadie sabe quién es el Padre, sino el Hijo y aquellos a quienes el Hijo quiera darlo a conocer". Volviéndose a los discípulos les dijo aparte: "Dichosos quienes vean lo que estáis viendo vosotros, porque os digo que muchos profetas y reyes desearon ver lo que vosotros veis, y no lo vieron; desearon oír lo que vosotros oís, y no lo oyeron".

Jesús es Dios en la tierra, es lo que viene a expresar este evangelio cuando dice que nadie conoce al Hijo sino el Padre; ni al Padre, sino el Hijo. Los discípulos son felices por haber triunfado sobre el mal. Jesús matiza que más felices han de sentirse porque están en las manos del Padre, como Él mismo. La sencillez y la humildad son las actitudes más valoradas por Jesús. A nosotros nos corresponde la tarea de examinar nuestro corazón desde esas actitudes. Somos hijos e hijas de Dios, su presencia llena nuestras vidas, y esta se ha de manifestar así, con sencillez y humildad en nuestras palabras y obras.

Ez 18,25-28

Así dice el Señor: "(...) Si el justo deja de hacer lo bueno y hace lo malo, morirá por culpa de sus malas acciones. Por el contrario, si el malvado se aparta de su maldad y hace lo que es recto y justo, salvará su vida. Si abre los ojos y se aparta de todas las maldades que había hecho, ciertamente vivirá; no morirá".

Sal 24. *Recuerda, Señor, que tu misericordia es eterna.*

Flp 2,1-11

Así que, si Cristo os anima, si el amor os consuela, si participáis del mismo Espíritu, si conocéis el cariño y la compasión, llenadme de alegría viviendo todos en armonía, unidos por un mismo amor, por un mismo espíritu y por un mismo propósito. No hagáis nada por rivalidad u orgullo, sino con humildad; y considere cada uno a los demás como mejores que él mismo. Que nadie busque su propio bien, sino el bien de los otros. Pensad entre vosotros de la misma manera que Cristo Jesús, el cual: Aunque era de naturaleza divina, no se aferró al hecho de ser igual a Dios, sino que renunció a lo que le era propio y tomó naturaleza de siervo. Nació como un hombre, y al presentarse como hombre se humilló a sí mismo y se hizo obediente hasta la muerte, hasta la muerte en la cruz. Por eso, Dios lo exaltó al más alto honor y le dio el más excelente de todos los nombres, para que al nombre de Jesús caigan de rodillas todos los que están en los cielos, en la tierra y debajo de la tierra, y todos reconozcan que Jesucristo es Señor, para gloria de Dios Padre.

Mt 21,28-32

En aquel tiempo dijo Jesús a los sumos sacerdotes y los ancianos del pueblo: "¿Qué os parece esto? Un hombre que tenía dos hijos le dijo a uno de ellos: 'Hijo, ve hoy a trabajar a la viña.' El hijo le contestó: '¡No quiero ir!', pero después cambió de parecer y fue. Luego el padre se dirigió al otro y le dijo lo mismo. Éste contestó: 'Sí, señor, yo iré', pero no fue. ¿Cuál de los dos hizo lo que el padre quería?". "El primero" -contestaron ellos. Entonces Jesús les dijo: "Os aseguro que los que cobran los impuestos para Roma, y las prostitutas, entrarán antes que vosotros en el reino de Dios. Porque Juan el Bautista vino a mostraros el camino de la justicia, y no le creísteis; en cambio, los cobradores de impuestos y las prostitutas sí le creyeron. Vosotros, aun después de ver todo eso, no cambiasteis de actitud ni le creísteis".

Reconocer la presencia de Dios y obrar en consecuencia, este es el mensaje de las lecturas de este domingo. El malvado que se aparta de la maldad actúa correctamente, así lo explica el profeta Ezequiel. Para san Pablo es comportarse de forma humilde, tomando ejemplo de Jesús. Y el evangelio lo explica con una parábola dirigida a los que se creían verdaderos creyentes (sacerdotes y ancianos de Israel): reconocieron a Jesús quienes eran considerados indignos de la religión.

Igual que ellos se empeñaron en estar con Jesús porque lo necesitaban para seguir viviendo, también nosotros hemos de buscarlo en las situaciones y las personas necesitadas, como Él nos mostró.

28 SEPTIEMBRE

Lunes

TIEMPO ORDINARIO 26ª SEMANA (f)

Ga 1,6-12
Sal 110. *El Señor recuerda siempre su alianza.*
Lc 10,25-37

Un maestro de la ley (...) para ponerle a prueba le preguntó: "Maestro, ¿qué debo hacer para alcanzar la vida eterna?". Jesús le contestó: "¿Qué está escrito en la ley? (...)". El maestro de la ley respondió: "Ama al Señor tu Dios con todo tu corazón, con toda tu alma, con todas tus fuerzas y con toda tu mente; y ama a tu prójimo como a ti mismo. (...) ¿Y quién es mi prójimo?". Jesús le respondió: "Un hombre que bajaba por el camino de Jerusalén a Jericó fue asaltado por unos bandidos (...) se fueron dejándolo medio muerto. Casualmente pasó un sacerdote por aquel mismo camino, pero al ver al herido dio un rodeo y siguió adelante. Luego pasó por allí un levita, que al verlo dio también un rodeo (...). Finalmente, un hombre de Samaria (...) le vio y sintió compasión de él. Se le acercó, le curó las heridas (...) y se las vendó. Luego lo montó en su propia cabalgadura, lo llevó a una posada (...) sacó dos denarios, se los dio al posadero y le dijo: 'Cuida a este hombre. Si gastas más, te lo pagaré a mi regreso'. Pues bien, ¿cuál de aquellos tres te parece que fue el prójimo del hombre asaltado por los bandidos?". El maestro de la ley contestó: "El que tuvo compasión de él". Jesús le dijo: "Ve, pues, y haz tú lo mismo".

Para los judíos de tiempos de Jesús lo más importante era cumplir las leyes religiosas. El mandamiento más importante era amar a Dios y al prójimo, como un mismo mandamiento (Dt 6,4, Lv 19,18). Pero el judaísmo solo consideraba prójimos a los judíos. Los samaritanos no eran judíos, más bien estos los despreciaban. La enseñanza de Jesús en esta parábola se expresa con contrastes, así es más claro su mensaje: frente a los religiosos judíos, un samaritano, y frente a la idea judía del prójimo, aquí es cualquier persona necesitada. Esta es la lección que nos deja a nosotros el evangelio de hoy: compadecernos de quienes pone Jesús a nuestro lado, y obrar en consecuencia.

Martes

SANTOS ARCÁNGELES MIGUEL, GABRIEL Y RAFAEL (F)

Dn 7,9-10.13-14
Sal 137. *Delante de los ángeles tañeré para ti, Señor.*
Jn 1,47-51

En aquel tiempo, cuando Jesús vio acercarse a Natanael, dijo: "Aquí viene un verdadero israelita, en quien no hay engaño". Natanael le preguntó: "¿De qué me conoces?". Jesús le respondió: "Te vi antes que Felipe te llamara, cuando estabas debajo de la higuera". Natanael le dijo: "Maestro, ¡tú eres el Hijo de Dios, tú eres el Rey de Israel!". Jesús le contestó: "¿Me crees solamente por haberte dicho que te vi debajo de la higuera? ¡Pues cosas más grandes que estas verás!". Y añadió: "Os aseguro que veréis el cielo abierto, y a los ángeles de Dios subir y bajar sobre el Hijo del hombre".

En este evangelio Jesús supera el judaísmo. Natanael significa "regalo de Dios", Jesús es más: la entrega de Dios por amor. La higuera es el árbol del conocimiento del bien y del mal; Jesús conoce, incluso, el interior del ser humano. "Hijo de Dios" y "Rey de Israel" son expresiones del Antiguo Testamento, pero Jesús es Dios en la tierra. Los ángeles recuerdan al sueño de Jacob, en Jesús será realidad en su muerte y resurrección. Encontrarnos personalmente con Jesús en nuestra vida es mucho más que todo lo que podamos decir. Las palabras se quedan cortas para expresar lo que significa su presencia en nuestra vida.

Ga 2,1-2.7-14
Sal 116. *Id al mundo entero
y proclamad el Evangelio.*
Lc 11,1-4

Estaba Jesús una vez orando en cierto lugar. Cuando terminó, uno de sus discípulos le rogó: "Señor, enséñanos a orar, lo mismo que Juan enseñaba a sus discípulos". Jesús les contestó: "Cuando oréis, decid: 'Padre, santificado sea tu nombre. Venga tu reino. Danos cada día el pan que necesitamos. Perdónanos nuestros pecados, porque también nosotros perdonamos a todos los que nos han ofendido. Y no nos expongas a la tentación'".

¿Por qué son diferentes el padrenuestro de san Mateo (9, 9-13) y este de san Lucas? Porque, cuando se escribieron los evangelios, algunas palabras de Jesús no se recordaban con exactitud. Pero el mensaje es muy similar: Dios es padre, no juez; que su poder reine en el mundo, no los poderes de la tierra; confiar en Él, hasta en las cosas más básicas, como el pan cotidiano; que las tentaciones no nos lleven a hacer el mal. La petición del perdón relaciona a Dios con nuestro comportamiento: puesto que perdonamos, perdónanos también a nosotros, Señor. Comprender el perdón como un compromiso nos permite ver a los demás con los ojos de Dios.

Job 19,21-27
Sal 26. *Espero gozar de la dicha del Señor en el país de la vida.*
Lc 10,1-12

Después de esto escogió también el Señor a otros setenta y dos, y los mandó delante de él, de dos en dos, a todos los pueblos y lugares a donde tenía que ir. Les dijo: "Ciertamente la mies es mucha, pero los obreros son pocos. Por eso, pedidle al Dueño de la mies que mande obreros a recogerla. Andad y ved que os envío como a corderos en medio de lobos. No llevéis bolsa ni monedero ni sandalias, y no os detengáis a saludar a nadie en el camino. Cuando entréis en una casa, saludad primero diciendo: 'Paz a esta casa'. Si en ella hay gente de paz, vuestro deseo de paz se cumplirá; si no, no se cumplirá. Y quedaos en la misma casa, comiendo y bebiendo lo que tengan, pues el obrero tiene derecho a su salario. No andéis de casa en casa. Al llegar a un pueblo donde os reciban bien, comed lo que os ofrezcan; y sanad a los enfermos del lugar y decidles: 'El reino de Dios ya está cerca de vosotros'. Pero si llegáis a un pueblo y no os reciben, salid a las calles diciendo: '¡Hasta el polvo de vuestro pueblo que se ha pegado a nuestros pies nos lo sacudimos en protesta contra vosotros! Pero sabed que el reino de Dios está cerca'. (...)".

Los griegos dividían a la humanidad en dos sectores: griegos y bárbaros. Para la tradición judía, existían los judíos y las naciones paganas, que eran 72. Jesús, al enviar 72 misioneros, las tiene a todas en perspectiva. Antes había enviado a los Doce, uno por cada tribu de Israel. Tanto Jesús como Lucas nos hablan de "unificación". Si el Evangelio es para todos, ya no hay griego ni judío, etc. Los 72 van a donde piensa ir Jesús. La Iglesia lucana sabe que toda la humanidad está llamada a conocer a Jesús. Pero, "¿Cómo creerán en él si no hay anunciadores?" (Rm 10,15). Jesús llega cuando llega el mensaje en boca del mensajero: padre/madre de familia, catequista, párroco; y claro, mensajero convincente, que, como Jesús, ofrece paz, gratuidad, etc.

Ga 3,7-14
Sal 110. *El Señor recuerda siempre su alianza.*
Mt 18,1-5.10

En aquella misma ocasión se acercaron a Jesús los discípulos y le preguntaron: "¿Quién es el más importante en el reino de los cielos?". Jesús llamó a un niño, lo puso en medio de ellos y dijo: "Os aseguro que si no cambiáis y os volvéis como niños, no entraréis en el reino de los cielos. El más importante en el reino de los cielos es aquel que se humilla y se vuelve como este niño. Y el que recibe en mi nombre a un niño como este, a mí me recibe. No despreciéis a ninguno de estos pequeños. Pues os digo que sus ángeles en el cielo contemplan siempre el rostro de mi Padre celestial".

Entre los contemporáneos de Jesús y nosotros hay una gran diferencia en la valoración del niño. Ahora hay pocos niños, pero a los que hay los tratamos con veneración; en nuestra cultura occidental, con el niño no se escatima: para él lo mejor, sin apenas diferencia de clases sociales. ¡Qué regalos de cumpleaños, y de reyes…! En el mundo de Jesús el niño era un marginado más: le caracterizaba el no haber trabajado, no merecer nada, resultar molesto. ¡No podía, por tanto, tener ninguna pretensión! Esto es lo que Jesús espera de quienes han acogido su mensaje: que reciban todo como regalo inmerecido, comenzando por el amor del Padre y siguiendo por la luz del sol y la belleza de las flores. El niño orienta hacia algo grandioso: la gratuidad del Reino.

Sábado

SAN FRANCISCO DE BORJA (ML)

Job 42,1-3.5-6.12-16
Sal 118. *Haz brillar, Señor, tu rostro sobre tu siervo.*
Lc 10,17-24

Los setenta y dos regresaron muy contentos, diciendo: "¡Señor, hasta los demonios nos obedecen en tu nombre!". Jesús les dijo: "Sí, pues yo veía a Satanás caer del cielo como un rayo. Os he dado poder para que pisoteéis serpientes y alacranes, y para que triunféis sobre toda la fuerza del enemigo sin sufrir ningún daño. Pero no os alegréis de que los espíritus os obedezcan, sino de que vuestros nombres ya estén escritos en el cielo". En aquel momento, Jesús, lleno de alegría por el Espíritu Santo, dijo: "Te alabo, Padre, Señor del cielo y de la tierra, porque has mostrado a los sencillos las cosas que ocultaste a los sabios y entendidos. Sí, Padre, porque así lo has querido. Mi Padre me ha entregado todas las cosas. Nadie sabe quién es el Hijo, sino el Padre; y nadie sabe quién es el Padre, sino el Hijo y aquellos a quienes el Hijo quiera darlo a conocer". Volviéndose a los discípulos les dijo aparte: "Dichosos quienes vean lo que estáis viendo vosotros, porque os digo que muchos profetas y reyes desearon ver lo que vosotros veis, y no lo vieron; desearon oír lo que vosotros oís, y no lo oyeron".

En el pasaje de hoy encontramos dos conceptos vertebradores: el señorío y el gozo. El Padre es el Señor de cielo y tierra; y el Hijo dispone de ese poder: a su nombre se rinden las fuerzas del mal. Y sus misioneros, con su palabra, son capaces de ir dando forma palpable al Reino que se instaura. Esto no puede vivirse sino con el gozo de quienes han entrado en la nueva época de la historia, la mesiánica: están radiantes ellos y lo está Jesús. Él y ellos comparten sentimientos, celebran lo que les ha tocado en suerte; ¡cuántos lo habrían deseado! Pero esto no se percibe con mirada prepotente, sino solo con ojos limpios y sencillos.

Is 5,1-7

Voy a entonar en nombre de mi mejor amigo el canto dedicado a su viña (...). La viña del Señor todopoderoso, su plantación preferida, es el país de Israel, el pueblo de Judá. El Señor esperaba de ellos respeto a su ley, y solo ve asesinatos; esperaba justicia, y solo escucha gritos de dolor.

Sal 79. *La viña del Señor es la casa de Israel.*

Flp 4,6-9

No os aflijáis por nada, sino presentadlo todo a Dios en oración. Pedidle, y también dadle gracias. Así Dios os dará su paz, que es más grande que todo cuanto el hombre puede comprender; y esa paz guardará vuestro corazón y vuestros pensamientos, porque estáis unidos a Cristo Jesús (...).

Mt 21,33-43

En aquel tiempo dijo Jesús: "Escuchad otra parábola: El dueño de una finca plantó una viña, le puso una cerca, construyó un lagar y levantó una torre para vigilarla. Luego la arrendó a unos labradores y se fue de viaje. Llegado el tiempo de la vendimia, mandó unos criados a recibir de los labradores la parte de la cosecha que le correspondía. Pero los labradores echaron mano a los criados: golpearon a uno, mataron a otro y a otro lo apedrearon. El dueño envió otros criados, en mayor número que al principio; pero los labradores los trataron a todos del mismo modo. Por último mandó a su propio hijo, pensando: 'Sin duda, respetarán a mi hijo.' Pero cuando vieron al hijo, los labradores se dijeron unos a otros: 'Éste es el heredero; matémoslo y nos quedaremos con la viña.' Así que le echaron mano, lo sacaron de la viña y lo mataron. Pues bien, cuando vuelva el dueño de la viña, ¿qué creéis que hará con aquellos labradores?". Le contestaron: "Matará sin compasión a esos malvados y dará la viña a otros labradores que le entreguen a su debido tiempo la parte de la cosecha que le corresponde". Jesús les dijo: "¿Nunca habéis leído lo que dicen las Escrituras?: 'La piedra que despreciaron los constructores es ahora la piedra principal. Esto lo ha hecho el Señor y nosotros estamos maravillados'. Por eso os digo que a vosotros se os quitará el reino, y se le dará a un pueblo que produzca los frutos debidos".

El evangelista ha aplicado la parábola de Jesús a la extraña composición de su comunidad. Jesús se refería a las resistencias de Israel frente a las llamadas de los profetas a la fidelidad a la alianza: un Dios paciente enviaba mensajeros sucesivos, y siempre fracasaba.

Mateo, hacia finales del siglo I, contempla un hecho para él inconcebible: él y el núcleo de su Iglesia, estrictamente judíos, lamentan que los dirigentes del judaísmo y gran parte del pueblo rechazó a Jesús, y ahora rechaza a sus misioneros. Por el contrario, los no judíos, que no tenían la preparación ni esperanzas de aquellos, acogen la predicación cristiana y se integran en el nuevo pueblo de Dios; son "otros labradores", que dan la cosecha a su tiempo. La tradición judía sirvió para muy poco; la decisión personal es la que salva.

Dt 8,7-18
Sal: 1Cr 29,10-12. *Tú eres Señor del universo.*
2Co 5,17-21
Mt 7,7-11

En aquel tiempo, dijo Jesús: "Pedid y Dios os dará, buscad y encontraréis, llamad a la puerta y se os abrirá. Porque el que pide recibe, el que busca encuentra y al que llama se le abre. ¿Acaso alguno de vosotros sería capaz de darle a su hijo una piedra cuando le pide pan? ¿O de darle una culebra cuando le pide un pescado? Pues si vosotros, que sois malos, sabéis dar cosas buenas a vuestros hijos, ¡cuánto más vuestro Padre que está en el cielo las dará a quienes se las pidan!".

El calendario litúrgico se elaboró en relación con la civilización agrícola del mundo mediterráneo. El comienzo de octubre coincidía con el final de la recolección y la proximidad de la nueva siembra: témporas. Ese calendario valdría hoy quizá para el mundo universitario, en el que las metas volantes se van sucediendo. Y se puede "traducir" al mundo de la empresa: final de época de vacaciones. El evangelio invita a entrar en la nueva etapa con esperanza, y siempre de la mano de un Dios que no nos deja solos; hagamos lo que hagamos, en cualquier cultura y calendario, "en Él vivimos, nos movemos y somos" (Hch 17,28). Por eso hoy le damos gracias por lo "cosechado" y le encomendamos lo que emprendemos, gozosos por su compañía y su misteriosa providencia.

Ga 1,13-24
Sal 138. *Guíame, Señor, por el camino eterno.*
Lc 10,38-42

Seguían ellos su camino. Jesús entró en una aldea, donde una mujer llamada Marta le recibió en su casa. Marta tenía una hermana llamada María, la cual, sentada a los pies de Jesús, escuchaba sus palabras. Pero Marta, atareada con sus muchos quehaceres, se acercó a Jesús y le dijo: "Señor, ¿no te importa que mi hermana me deje sola con todo el trabajo? Dile que me ayude". Jesús le contestó: "Marta, Marta, estás preocupada e inquieta por muchas cosas; sin embargo, solo una es necesaria. María ha escogido la mejor parte, y nadie se la quitará".

Los gobiernos desamortizadores de conventos del siglo XIX sabían poca antropología, por lo que solo respetaron a dos Órdenes "de utilidad pública", una docente y otra sanitaria. No percibían otras "utilidades". Los monjes eran "esos inútiles". Ya san Agustín, con actitud irenista, comentaba que Jesús no dijo "lo mejor", sino "la mejor parte", y que "lo mejor" es que Marta y María vayan juntas, sumando trabajo y contemplación. Pero Jesús no pretendía mediar en una polémica, entonces inexistente, sino ofrecer una indicación sobre la vida aparentemente improductiva. El activismo y utilitarismo son a veces destructivos, olvidan necesidades básicas del ser humano. La vida sana necesita su dosis de ocio. Los lirios y las aves, indica Jesús, nos brindan siempre un mensaje útil.

Ga 2,1-2.7-14
Sal 116. *Id al mundo entero y proclamad el Evangelio.*
Lc 11,1-4

Estaba Jesús una vez orando en cierto lugar. Cuando terminó, uno de sus discípulos le rogó: "Señor, enséñanos a orar, lo mismo que Juan enseñaba a sus discípulos". Jesús les contestó: "Cuando oréis, decid: Padre, santificado sea tu nombre. Venga tu reino. Danos cada día el pan que necesitamos. Perdónanos nuestros pecados, porque también nosotros perdonamos a todos los que nos han ofendido. Y no nos expongas a la tentación".

El que funda o cultiva un grupo religioso debe enseñarle a orar; así lo hizo el Bautista, así también Jesús. Es la prueba de que el pastor o monitor desea formar una comunidad para Dios, no para sí mismo. Quien tiene una tarea pastoral no debe erigirse… en nada; debe decir como el Bautista: detrás de mí viene Otro, Él sí que… Y la oración que Jesús enseña es muy simple; va a lo esencial. Quizá "el pan" que se pide sea el banquete final: que venga el Reino. Y, según Ezequiel 36,22-25, Dios santificará su propio nombre perdonando los pecados del pueblo; otra repetición. La tentación va con artículo determinado, es conocida; sería la equivocación radical: tomar por Dios lo que no es Dios. ¡Qué sencillez y qué profundidad la de Jesús!

Jueves

Tiempo Ordinario 27ª semana (f)

OCTUBRE 8

Ga 3,1-5
Sal: Lc 1,69-75. *Bendito sea el Señor, Dios de Israel, porque ha visitado a su pueblo.*
Lc 11,5-13

También les dijo Jesús: "Supongamos que uno de vosotros tiene un amigo, y que a medianoche va a su casa y le dice: 'Amigo, préstame tres panes, porque otro amigo mío acaba de llegar de viaje a mi casa y no tengo nada que ofrecerle'. Sin duda, aquél le contestará desde dentro: '¡No me molestes! La puerta está cerrada y mis hijos y yo estamos acostados. No puedo levantarme a darte nada'. Pues bien, os digo que aunque no se levante a dárselo por ser su amigo, se levantará por serle importuno y le dará cuanto necesite. Por esto os digo: Pedid y Dios os dará, buscad y encontraréis, llamad a la puerta y se os abrirá. Porque el que pide, recibe; el que busca, encuentra y al que llama a la puerta, se le abre. ¿Acaso algún padre entre vosotros sería capaz de darle a su hijo una culebra cuando le pide pescado? ¿O de darle un alacrán cuando le pide un huevo? Pues si vosotros, que sois malos, sabéis dar cosas buenas a vuestros hijos, ¡cuánto más el Padre que está en el cielo dará el Espíritu Santo a quienes se lo pidan!".

Jesús utiliza con frecuencia los verbos en forma impersonal: se os abrirá… etc. Nuestro traductor cae hoy en una "incoherencia muy lograda"; donde el griego dice "se os dará", nos lo traduce por "Dios os dará", para volver luego al impersonal "se os abrirá". Es el llamado "pasivo divino": no nombrar a Dios sino cuando sea preciso; Jesús se atiene al Decálogo. La tentación de muchos orantes es la de "educar a Dios", indicándole lo que debe hacer, y cuándo y cómo. Pero ya san Agustín decía que no rezamos para informar a Dios (lo sabe todo) ni para conquistar su bondad (la tiene de antemano), sino para reconocer nuestra menesterosidad y abandonarnos a su libre estilo de querernos y educarnos.

9

Ga 3,7-14
Sal 110. *El Señor recuerda siempre su alianza.*
Lc 11,15-26

Jesús estaba expulsando un demonio que había dejado mudo a un hombre. Cuando el demonio salió, el mudo comenzó a hablar. La gente se quedó asombrada, aunque algunos dijeron: "Beelzebú, el jefe de los demonios, es quien ha dado a este hombre poder para expulsarlos". (…) Pero él, que sabía lo que estaban pensando, les dijo: "Todo país dividido en bandos enemigos se destruye a sí mismo, y sus casas se derrumban una tras otra. Así también, si Satanás se divide contra sí mismo, ¿cómo mantendrá su poder? (…) si yo expulso a los demonios por el poder de Dios, es que el reino de Dios ya ha llegado a vosotros. Cuando un hombre fuerte y bien armado cuida de su casa, lo que guarda en ella está seguro. Pero si otro más fuerte que él llega y le vence, le quita las armas en las que confiaba y reparte sus bienes como botín. El que no está conmigo está contra mí; y el que conmigo no recoge, desparrama. Cuando un espíritu impuro sale de un hombre, anda por lugares desiertos en busca de descanso; pero, no encontrándolo, piensa: 'Regresaré a mi casa, de donde salí'. Al llegar, encuentra la casa barrida y arreglada. Entonces va y reúne otros siete espíritus peores que él y todos juntos se meten a vivir en aquel hombre, que al final queda peor que al principio".

Jesús cambió radicalmente la situación de muchas personas, a veces liberándolas de enfermedades físicas o psíquicas, a veces con una palabra de acogida y perdón, que puso salud mental donde había angustia, o hizo brotar los mejores sentimientos en personas que los tenían muy ocultos, o reprimidos. Todos tenemos nuestros "demonios"; pero con nosotros está el poderoso antidemonio, el "más fuerte", Jesús. Él ha actuado en nosotros, somos "su casa barrida", bonita y feliz. Pero debemos vigilar; el paso de los días, el tedio y la rutina, un triunfo final aplazado… pueden traer nostalgia de lo que dábamos por superado. Los males regresarían, y las "recaídas" son peores que el primer mal, más difíciles de curar. Profilaxis: estar con Jesús, no desparramar lo que Él recoge.

Sábado

TIEMPO ORDINARIO 27ª SEMANA (f)

Ga 3,22-29
Sal 104. *El Señor se acuerda de su alianza eternamente.*
Lc 11,27-28

Mientras Jesús decía estas cosas, una mujer gritó de en medio de la gente: "¡Dichosa la mujer que te dio a luz y te crio!". Él contestó: "¡Dichosos más bien los que escuchan el mensaje de Dios y le obedecen!".

Emociona ver llorar de alegría a unos padres el día en que su hijo o hija gana una oposición, o se marcha a misiones. Y no digamos al presenciar la ordenación sacerdotal del hijo o su primera misa. Otros padres y madres sienten quizá santa emulación. Quienes oían la palabra de Jesús y presenciaban sus signos, ¿qué cosa más normal que pensasen en lo que a sus padres les había cabido en suerte? Pero Jesús debe de tener sus motivos para relativizar todo eso, pues el cuarto evangelio dice sin tapujos: "sus hermanos no creían en él" (Jn 7,5). No siempre los consanguíneos son los más capacitados para entender al hombre de Dios; seguro que Jesús conocía el texto de Miqueas 7,6: "los enemigos del hombre serán sus parientes".

Is 25,6-10a

En el monte Sión, el Señor todopoderoso preparará para todas las naciones un banquete con ricos manjares y vinos añejos, con deliciosas comidas y los más puros vinos. (…) La mano del Señor protegerá al monte Sión.

Sal 22. *Habitaré en la casa del Señor por años sin término.*

Flp 4,12-14.19-20

Sé lo que es vivir en la pobreza y también sé lo que es vivir en la abundancia. He aprendido a hacer frente a cualquier situación, lo mismo a estar satisfecho que a pasar hambre, a tener de sobra que a carecer de todo. Y a todo puedo hacer frente, pues Cristo es quien me sostiene. Sin embargo, hicisteis bien en compartir mis dificultades. Por lo tanto, mi Dios os dará todo lo que os falte, conforme a sus gloriosas riquezas en Cristo Jesús. ¡Gloria para siempre a nuestro Dios y Padre! Amén.

Mt 22,1-14

Jesús se puso a hablarles otra vez por medio de parábolas. Les dijo: "El reino de los cielos puede compararse a un rey que hizo un banquete para la boda de su hijo. Envió a sus criados a llamar a los invitados, pero estos no quisieron acudir. Volvió a enviar más criados, encargándoles: 'Decid a los invitados que ya tengo preparado el banquete. He hecho matar mis novillos y reses cebadas, y todo está preparado: que vengan a la boda.' Pero los invitados no hicieron caso. Uno se fue a sus tierras, otro a sus negocios y otros echaron mano a los criados del rey y los maltrataron hasta matarlos. Entonces el rey, lleno de ira, ordenó a sus soldados que mataran a aquellos asesinos y quemaran su pueblo.

Luego dijo a sus criados: 'Todo está preparado para la boda, pero aquellos invitados no merecían venir. Id, pues, por las calles principales, e invitad a la boda a cuantos encontréis.' Los criados salieron a las calles y reunieron a todos los que encontraron, malos y buenos, y así la sala del banquete se llenó de convidados. Cuando el rey entró a ver a los convidados, se fijó en uno que no iba vestido para la boda. Le dijo: 'Amigo, ¿cómo has entrado aquí, si no vienes vestido para la boda?' Pero el otro se quedó callado. Entonces el rey dijo a los que atendían las mesas: 'Atadlo de pies y manos y arrojadlo fuera, a la oscuridad. Allí llorará y le rechinarán los dientes.' Porque muchos son llamados, pero pocos escogidos".

Otra vez Mateo "nos cuenta su vida". Su pueblo, Israel, era el primer invitado al banquete; y Jesús hizo la última convocatoria. Pero hicieron oídos de mercader, agraviando al Dios que llevaba siglos educándolos. Y el evangelista ve la muerte y destrucción perpetradas por las tropas romanas (año 70) como la reacción de Dios hacia un pueblo terco e infiel.

Lo llamativo es la segunda parte: el comedor lo llenaron los que nunca habían sido invitados: los paganos. Ahora bien, si andaban en sus trajines por los caminos, ¿cómo podrían estar en traje de bodas? Mateo sabe bien lo que dice a su Iglesia: la invitación es siempre inmerecida e imprevista; pero, a partir de ella, hay que vivir con elegancia, que se traduce por fidelidad.

12 OCTUBRE

Lunes

NUESTRA SEÑORA DEL PILAR (F)

Hch 1,12-14
Sal 26. *El Señor me ha coronado, sobre la columna me ha exaltado.*
Lc 11,27-28

En aquel tiempo, mientras Jesús predicaba, una mujer gritó de en medio de la gente: "¡Dichosa la mujer que te dio a luz y te crio!". Él contestó: "¡Dichosos más bien los que escuchan el mensaje de Dios y le obedecen!".

Algunos creyentes devotos de María se sentirán incómodos ante esta "salida de tono" de Jesús. Y extrañados de que sea precisamente Lucas, el evangelista más mariano, el único en transmitir la escena. Pero Jesús ya nos tiene enseñados a relativizar el parentesco natural: "quien ama a su padre o a su madre más que a mí...". Él aprecia la institución familiar. Pero tiene su peculiar escala de valores: "Mi [verdadera] madre y mis hermanos son..." (Lc 8,21). Al corregir a aquella mujer, no niega su afirmación, sino que muestra que se ha quedado corta: de la madre de Jesús ha admirado solo la cooperación biológica al plan de Dios, olvidando otra cooperación no menos importante: María ya se ha presentado como la servidora del Señor, atenta y obediente a su Palabra (Lc 1,38).

Ga 5,1-6
Sal 118. *Señor, que me alcance tu favor.*
Lc 11,37-41

Cuando Jesús dejó de hablar, un fariseo le invitó a comer en su casa. Jesús entró y se sentó a la mesa. Y como el fariseo se extrañase al ver que no había cumplido con el rito de lavarse las manos antes de comer, el Señor le dijo: "Vosotros los fariseos limpiáis por fuera el vaso y el plato, pero por dentro estáis llenos de lo que habéis obtenido mediante el robo y la maldad. ¡Necios!, ¿no sabéis que el que hizo lo de fuera hizo también lo de dentro? Dad vuestras limosnas de lo que está dentro y así todo quedará limpio".

Una errónea retroproyección de sucesos posteriores acabó haciendo de los fariseos los enemigos de Jesús por antonomasia. Pero no; ellos eran cumplidores hasta el escrúpulo; y quizá buscaron el trato con Jesús porque hablaba de fidelidad a la Alianza. Varias veces le invitan a comer y Él acepta siempre. En la mesa surge la conversación, y con ella, a veces, la diferencia y la discusión, que en sí no es mala. Los fariseos tenían formación estrecha, rígida, pero a veces muy centrada en ritos externos. Jesús afloja en las exterioridades para ahondar en lo interior: pensamientos, sentimientos; lo suyo va de profundidad. Y en el caso presente lo hace desembocar en la limosna, que es el fruto visible de la compasión, sentimiento predilecto de Jesús.

14 OCTUBRE

Miércoles

Ga 5,18-25
Sal 1. *El que te sigue, Señor, tendrá la luz de la vida.*
Lc 11,42-46

En aquel tiempo dijo Jesús: "¡Ay de vosotros, fariseos!, que separáis para Dios la décima parte de la menta, de la ruda y de toda clase de legumbres, pero no hacéis caso de la justicia y el amor a Dios. Esto es lo que se debe hacer, sin dejar de hacer lo otro. ¡Ay de vosotros, fariseos!, que deseáis los asientos de honor en las sinagogas y ser saludados con todo respeto en la calle. ¡Ay de vosotros, que sois como esas tumbas ocultas a la vista, que la gente pisotea sin darse cuenta!". Uno de los maestros de la ley le contestó entonces: "Maestro, al decir esto nos ofendes también a nosotros". Pero Jesús dijo: "¡Ay también de vosotros, maestros de la ley!, que cargáis a los demás con cargas insoportables y vosotros ni siquiera con un dedo queréis tocarlas".

En la parábola del fariseo y el publicano, el primero hace valer que él paga religiosamente (valdría por lo civil) sus impuestos. Quizá eran personas modélicas también en esto. Y Jesús no lo descalifica; simplemente señala que incluso la contribución fiscal debe ir fecundada por amor solidario, sin perder de vista el por qué y para qué. Se ha dicho que muchos contemporáneos de Jesús estaban tan atentos a la exactitud en el cumplimiento de lo legal que se habían olvidado de Dios y de su Alianza. Por otra parte, Jesús censura la utilización de lo religioso como medio de adquirir prestigio, o forma de humillar a quienes, por falta de formación, no pueden con minucias legales. Sería una profanación convertir lo religioso en una carga.

Eclo 15,1-6
Sal 88. *Cantaré eternamente las misericordias del Señor.*
Mt 11,25-30

Por aquel tiempo, Jesús dijo: "Te alabo, Padre, Señor del cielo y de la tierra, porque has mostrado a los sencillos las cosas que ocultaste a los sabios y entendidos. Sí, Padre, porque así lo has querido. Mi Padre me ha entregado todas las cosas.

Nadie conoce realmente al Hijo, sino el Padre; y nadie conoce realmente al Padre, sino el Hijo y aquellos a quienes el Hijo quiera darlo a conocer. Venid a mí todos los que estáis cansados y agobiados, y yo os haré descansar. Aceptad el yugo que os impongo, y aprended de mí, que soy paciente y de corazón humilde; así encontraréis descanso. Porque el yugo y la carga que yo os impongo son ligeros".

¿Qué provecho sacaríamos de un retiro espiritual si fuéramos a él como quien "ya se las sabe todas"? Ponemos difícil que el director nos pueda iluminar en algo si de antemano somos los entendidos. Jesús no habla de malas personas; tal vez se trata de gente muy cumplidora, pero muy segura de sí misma, gente blindada. Jesús alaba las actitudes receptivas. A veces los sacerdotes renuncian a innovar algo en sus parroquias porque quizá no lo va a aceptar "gente sencilla". ¡Cuidado! La gente sencilla acoge, escucha, no se aferra a "lo de siempre". Los insatisfechos, abiertos a la novedad de Jesús, encontraron descanso en su Palabra.

16 OCTUBRE

Viernes

TIEMPO ORDINARIO 28ª SEMANA (f)

Ef 1,11-14
Sal 32. *Dichoso el pueblo que el Señor se escogió como heredad.*
Lc 12,1-7

Se juntaron entre tanto miles de personas, que se atropellaban unas a otras. Jesús comenzó a hablar, dirigiéndose primero a sus discípulos: "Guardaos de la levadura de los fariseos, es decir, de su hipocresía. Porque no hay nada secreto que no llegue a descubrirse, ni nada oculto que no llegue a conocerse. Por tanto, todo lo que habéis dicho en la oscuridad se oirá a la luz del día; y lo que habéis dicho en secreto y a puerta cerrada será pregonado desde las azoteas de las casas. A vosotros, amigos míos, os digo que no debéis tener miedo a quienes pueden matar el cuerpo, pero después no pueden hacer más. Os voy a decir a quién debéis tener miedo: tened miedo a aquel que, además de quitar la vida, tiene poder para arrojar en el infierno. Sí, tenedle miedo a él. ¿No se venden cinco pajarillos por dos pequeñas monedas? Sin embargo, Dios no se olvida de ninguno de ellos. En cuanto a vosotros mismos, hasta los cabellos de la cabeza los tenéis contados uno por uno. Así que no tengáis miedo: vosotros valéis más que muchos pajarillos".

Jesús no era un catedrático que impartía conferencias. Era más bien un sabio popular, inquieto por lo religioso y lo ético, que regalaba su agudeza, a veces adaptando a nuevas situaciones refranes ya en uso. Con su enseñanza sobre lo oculto-manifiesto se adelantó a *Las paredes oyen*, de nuestro J. Ruiz de Alarcón. Hoy Lucas agrupa varios dichos de Jesús originariamente dispersos, pacificantes para los creyentes. Estos deben vivir tranquilos, sabiendo que Dios es para ellos como esa madre que, para librar a su hijito de molestos parásitos, le repasa cabello tras cabello. Ahora suele hablarse de Dios padre-madre; aquí está la imagen certera: vivir en los brazos de Dios como un niño en brazos de su madre.

Sábado

OCTUBRE 17

SAN IGNACIO DE ANTIOQUÍA (MO)

Ef 1,15-23
Sal 8. *Diste a tu Hijo el mando sobre las obras de tus manos.*
Lc 12,8-12

En aquel tiempo dijo Jesús: "Os digo que si alguien se declara a favor mío delante de los hombres, también el Hijo del hombre se declarará a favor suyo delante de los ángeles de Dios; pero el que me niegue delante de los hombres será negado delante de los ángeles de Dios. Dios perdonará incluso a aquel que diga algo contra el Hijo del hombre, pero no perdonará al que con sus palabras ofenda al Espíritu Santo. Cuando os lleven a las sinagogas o ante los jueces y las autoridades, no os preocupéis por cómo tenéis que defenderos o qué tenéis que decir; porque en el momento en que hayáis de hablar, el Espíritu Santo os enseñará lo que habéis de decir".

Frecuentemente ignoramos en qué momento de su vida promulgó Jesús cada enseñanza. Ciertamente la de hoy no es del momento de las bienaventuranzas o inicio de su ministerio, sino de hacia el final, cuando experimenta una oposición amenazante. Ve tenebroso su final y prevé algo semejante para los suyos. Es una previsión bien certera, pues la historia de la Iglesia será, en buena medida, historia de martirio. Seguramente los discípulos conocían el salmo 63,3, "tu amor vale más que la vida", y Jesús los invita a asumir desde ahí los riesgos de la fidelidad. Hay situaciones en que esta se hace especialmente ardua; pero se cuenta con otro que ilumine y dé fuerza en tales coyunturas: el Espíritu de Jesús.

Is 45,1.4-6

El Señor consagró a Ciro como rey, lo tomó de la mano para que dominara las naciones y desarmara a los reyes. El Señor hace que delante de Ciro se abran las puertas de las ciudades sin que nadie pueda cerrárselas. Y ahora le dice: "Por consideración a mi siervo Jacob, al pueblo de Israel, que he elegido, te he llamado por tu nombre y te he dado el título de honor que tienes, sin que tú me conocieras. Yo soy el Señor, no hay otro; fuera de mí no hay Dios. Yo te he preparado para la lucha sin que tú me conocieras, para que sepan todos, de oriente a occidente, que fuera de mí no hay ningún otro. Yo soy el Señor, no hay otro".

Sal 95. *Aclamad la gloria y el poder del Señor.*

1Ts 1,1-5b

(...) Que Dios derrame su gracia y su paz sobre vosotros. (...) Continuamente recordamos delante de nuestro Dios y Padre con cuánta fe habéis trabajado, con cuánto amor habéis servido y de qué manera vuestra esperanza en nuestro Señor Jesucristo os ha ayudado a soportar con fortaleza los sufrimientos. Hermanos, Dios os ama y sabemos que os ha escogido. Pues cuando os anunciamos el Evangelio no fue solamente con palabras, sino también con manifestaciones de poder y del Espíritu Santo, y plenamente convencidos de nuestro mensaje.

Mt 22,15-21

Los fariseos se pusieron de acuerdo para sorprender a Jesús en alguna palabra y acusarle. Así que enviaron a algunos de los partidarios de ellos, junto con otros del partido de Herodes, a decirle: "Maestro, sabemos que tú siempre dices la verdad, que enseñas de veras a vivir como Dios manda y que no te dejas llevar por lo que dice la gente, porque no juzgas a los hombres por su apariencia. Danos, pues, tu opinión: ¿estamos nosotros obligados a pagar impuestos al césar, o no?". Jesús, dándose cuenta de la mala intención que llevaban, les dijo: "Hipócritas, ¿por qué me tendéis trampas? Enseñadme la moneda con que se paga el impuesto". Le trajeron un denario, y Jesús les preguntó: "¿De quién es esta imagen y el nombre aquí escrito?". Le contestaron: "Del césar". Jesús les dijo entonces: "Pues dad al césar lo que es del césar, y a Dios lo que es de Dios".

Cuentan que Mahatma Gandhi invitó a los festejos de independencia de la India al último gobernador británico; y a quienes se lo afearon respondió que "de poco nos serviría la independencia política si tenemos el corazón ocupado por el rencor". Es dudoso el sentido de las palabras de Jesús sobre "lo que es del César", pero al menos incluye que la implantación del Reino es mucho más que independizarse de los odiados romanos.

Tal vez la pregunta de los fariseos era sincera; buscaban un hombre fiable (Mateo, en su antifariseísmo visceral, crea un marco inapropiado) que los orientase respecto de la relación entre religión y política. Jesús considera el dinero poco compatible con el Reino, el cual, por otra parte, va mucho más allá de una buena situación política o económica.

Ef 2,1-10
Sal 99. *El Señor nos hizo y somos suyos.*
Lc 12,13-21

Uno de entre la gente dijo a Jesús: "Maestro, dile a mi hermano que reparta conmigo la herencia". Jesús le contestó: "Amigo, ¿quién me ha puesto sobre vosotros como juez o partidor?". También dijo: "Guardaos de toda avaricia, porque la vida no depende del poseer muchas cosas". Entonces les contó esta parábola: "Había un hombre rico, cuyas tierras dieron una gran cosecha. El rico se puso a pensar: '¿Qué haré? ¡No tengo dónde guardar mi cosecha!'. Y se dijo: 'Ya sé qué voy a hacer: derribaré mis graneros y construiré otros más grandes en los que guardar toda mi cosecha y mis bienes. Luego me diré: Amigo, ya tienes muchos bienes guardados para muchos años; descansa, come, bebe y goza de la vida'. Pero Dios le dijo: 'Necio, vas a morir esta misma noche: ¿para quién será lo que tienes guardado?'. Eso le pasa al hombre que acumula riquezas para sí mismo, pero no es rico delante de Dios".

Los estudios más recientes sobre el evangelio de Lucas se inclinan por que iba dirigido a una comunidad económicamente acomodada y, quizá por ello, olvidada de otros valores. El autor ya no cuenta con un fin del mundo inminente, pero recuerda que a todos llega un final, y "cumple tener buen tino para andar esta jornada sin errar" (J. Manrique). El papa Francisco dijo, con frase lapidaria, que "el sudario no tiene bolsillos". La Biblia sabe que las cosas son buenas pero, cuando nos ciegan, se convierten en malas, se desnaturalizan. Decía un padre de familia: "tengo el mejor ordenador que hoy se ve en el mercado; es capaz de…; eso sí, no sabe sonreírme; quien me sonríe es mi hijita de dos años". Hay valores y valores.

Martes

Ef 2,12-22
Sal 84. *Dios anuncia la Paz a su pueblo.*
Lc 12,35-38

En aquel tiempo dijo Jesús: "Estad preparados y mantened vuestras lámparas encendidas. Sed como criados que esperan que su amo regrese de una boda, para abrirle la puerta tan pronto como llegue y llame. ¡Dichosos los criados a quienes su amo, al llegar, encuentre despiertos! Os aseguro que los hará sentar a la mesa y se dispondrá a servirles la comida. Dichosos ellos, si los encuentra despiertos aunque llegue a medianoche o de madrugada".

En la predicación de Jesús esta exhortación tenía carácter apocalíptico: anunciaba una gran intervención de Dios sobre la historia y exhortaba a que los creyentes estuviesen receptivos con esa acción transformadora. Se preveía un cambio de época, con juicio de valor sobre la conducta de cada judío, a veces acompañado de enloquecedores cataclismos cósmicos. Pero la palabra de Jesús en este caso no es principalmente de amenaza; tiene mucho de gozosa promesa. Lo he predicado en muchos funerales: allí confesamos la fe en que el hermano a quien despedimos está ya a la mesa del Reino, servido nada más y nada menos que por Jesús. Nuestro texto podría figurar en la serie de las bienaventuranzas.

21 OCTUBRE

Miércoles

Ef 3,2-12
Sal: Is 12,2-6. *Sacaréis aguas con gozo de las fuentes del Salvador.*
Lc 12,39-48

En aquel tiempo dijo Jesús: "Pensad que si el dueño de la casa supiera a qué hora va a llegar el ladrón, no dejaría que se la abrieran para robarle. Estad también vosotros preparados, porque el Hijo del hombre vendrá cuando menos lo esperéis. (…) ¡Dichoso el criado a quien su amo, al llegar, encuentra cumpliendo con su deber! De verdad os digo que el amo le pondrá al cargo de todos sus bienes. Pero si ese criado, pensando que su amo va a tardar en volver, comienza a maltratar a los demás criados y a las criadas, y se pone a comer, beber y emborracharse, el día que menos lo espera y a una hora que no sabe llegará su amo y lo castigará. Le condenará a correr la misma suerte que los infieles. El criado que sabe lo que quiere su amo, pero no está preparado ni le obedece, será castigado con muchos golpes. Pero el criado que por ignorancia hace cosas que merecen castigo, será castigado con menos golpes. A quien mucho se le da, también se le pedirá mucho; a quien mucho se le confía, se le exigirá mucho más".

Cuando escribe nuestro evangelista ha pasado ya la fiebre apocalíptica de las primeras décadas cristianas; hubo guerra con Roma (años 66-74 ca.) y fue destruida Jerusalén, sin que con ello llegase el fin del mundo. Y quizá algunos creyentes fueron perdiendo el "respeto" que les causaba la perspectiva de un juicio cercano y cayeron en la cachaza del Tenorio: "largo me lo fiais"; aquí, "mi amo tarda en llegar". Tal vez incluso se preguntan si realmente habrá un final. Lucas no aterroriza con la perspectiva de un juicio pavoroso cercano; pero afirma que llegará. Pero la perspectiva de Jesús era algo distinta: Dios llega a tu vida cuando llega su Palabra, su llamada, su enviado. Evitemos el despiste y acojamos el momento.

Jueves

OCTUBRE 22

Ef 3,14-21
Sal 32. *La misericordia del Señor llena la tierra.*
Lc 12,49-53

En aquel tiempo dijo Jesús: "He venido a encender fuego en el mundo, ¡y cómo querría que ya estuviera ardiendo! Tengo que pasar por una terrible prueba, ¡y cómo he de sufrir hasta que haya terminado! ¿Creéis que he venido a traer paz a la tierra? Pues os digo que no, sino división. Porque, de ahora en adelante, cinco en una familia estarán divididos, tres contra dos y dos contra tres. El padre estará contra su hijo y el hijo contra su padre; la madre contra su hija y la hija contra su madre; la suegra contra su nuera y la nuera contra su suegra".

El sabio Sócrates deseaba curar de la ceguera a la juventud ateniense apasionándola por el bien y la verdad; pero esto intranquilizó a algunos, y a él le costó la condena a muerte, que aceptó con entereza inimitable. Hace un siglo, M. de Unamuno se proponía despertar a España de la "modorra espiritual"; y lamentó sus escasos logros. En esa línea se movía Jesús: sacar de la indolencia y el despiste, inocular pasión humana y religiosa; fue un incendiario que se quemó Él mismo. No quiso dejar las cosas en su placidez, sino revitalizar. Su Palabra "descolocaba"; la opción por Él "complicaba" la vida, a veces hasta la ruptura familiar. Solo Él es valor absoluto. ¿Nos dejaríamos quemar por su fuego?

23 OCTUBRE

Viernes

TIEMPO ORDINARIO 29ª SEMANA (f)

Ef 4,1-6
Sal 23. *Éste es el grupo que viene a tu presencia, Señor.*
Lc 12,54-59

Jesús dijo también a la gente: "Cuando veis que las nubes aparecen por occidente, decís que va a llover, y así sucede. Y cuando el viento sopla del sur, decís que va a hacer calor, y lo hace. ¡Hipócritas!, si sabéis interpretar tan bien el aspecto del cielo y de la tierra, ¿cómo no sabéis interpretar el tiempo en que vivís? ¿Por qué no juzgas por ti mismo lo que es justo? Si alguien te demanda ante las autoridades, procura llegar a un acuerdo con él mientras aún estés a tiempo, para que no te lleve ante el juez; porque si no, el juez te entregará a los guardias y los guardias te meterán en la cárcel. Te digo que no saldrás de allí hasta que pagues el último céntimo".

Esta observación meteorológica solo sirve en el hemisferio norte, pero es fácil de traducir. Jesús debe de utilizar un refrán ya en uso: una llamada a evitar con astucia que alguien te lleve a juicio. Pero ese refrán genérico Él se lo apropia para hablar de sí mismo: Él pone en crisis a todo el que se le acerca, invita a todos a que vean si deben reorganizarse y ponerse en buena sintonía con Él. Y, también como de costumbre, Jesús gasta prisas: lo importante no debe diferirse. El reproche es para aquellos que se ocupan de bagatelas sin percibir la gravedad de la situación; hablamos de la meteorología, o del fútbol, cuando no tenemos nada serio que decirnos. Nerón tocaba la cítara mientras Roma ardía.

Sábado

SAN ANTONIO MARÍA CLARET (ML)

Ef 4,7-16
Sal 121. *Vamos alegres a la casa del Señor.*
Lc 13,1-9

Por aquel mismo tiempo fueron unos a ver a Jesús, y le contaron lo que Pilato había hecho: sus soldados mataron a unos galileos cuando estaban ofreciendo sacrificios, y la sangre de esos galileos se mezcló con la sangre de los animales que sacrificaban. Jesús les dijo: "¿Pensáis que aquellos galileos murieron así por ser más pecadores que los demás galileos? Os digo que no, y que si vosotros no os volvéis a Dios, también moriréis. ¿O creéis que aquellos dieciocho que murieron cuando la torre de Siloé les cayó encima eran más culpables que los demás que vivían en Jerusalén? Os digo que no, y que si vosotros no os volvéis a Dios, también moriréis". Jesús les contó esta parábola: "Un hombre había plantado una higuera en su viña, pero cuando fue a ver si tenía higos no encontró ninguno. Así que dijo al hombre que cuidaba la viña: 'Mira, hace tres años que vengo a esta higuera en busca de fruto, pero nunca lo encuentro. Córtala. ¿Para qué ha de ocupar terreno inútilmente?' Pero el que cuidaba la viña le contestó: 'Señor, déjala todavía este año. Cavaré la tierra a su alrededor y le echaré abono. Con eso, tal vez dé fruto; y si no, ya la cortarás'".

Jesús no establece una vinculación inexorable entre culpa y castigo; del ciego de nacimiento asegura que no pecó él ni sus padres (Jn 9,3). De hecho todos somos pecadores y no a todos nos sobrevienen desgracias. Pero no permite que nos apuntemos a la chulería del cínico antisabio: "Pequé, ¿y qué mal me ha sucedido?" (Sir 5,4), sino que invita a tomar la vida con seriedad. En tal sentido, la parábola de la higuera va muy bien a la comunidad de Lucas: se supone que queda tiempo, hay prórrogas, pero no se las debe dejar pasar irresponsablemente. Todo creyente debe preguntarse por su crecimiento, su "producto", pues las posibilidades tienen un límite.

Ex 22,20-26

Así dice el Señor: "No maltrates ni oprimas al extranjero, porque vosotros también fuisteis extranjeros en Egipto. No maltrates a las viudas ni a los huérfanos, porque si los maltratas y ellos me piden ayuda, yo iré en su ayuda (…). Si prestas dinero a alguna persona pobre de mi pueblo que viva contigo, no te portes con ella como un prestamista, ni le cobres intereses. Si esa persona te da su ropa como garantía del préstamo, devuélvesela al ponerse el sol, porque esa ropa es lo único que tiene para protegerse del frío. (…) Y si él me pide ayuda, en su ayuda iré, porque yo sé tener compasión".

Sal 17. *Yo te amo, Señor; tú eres mi fortaleza.*

1Ts 1,5c-10

¡Bien sabéis cómo nos portamos entre vosotros, buscando vuestro bien! Por vuestra parte, seguisteis nuestro ejemplo y el ejemplo del Señor, y recibisteis el mensaje con la alegría que el Espíritu Santo os daba, aunque os costó mucho sufrimiento. De esta manera llegasteis a ser un ejemplo para todos los creyentes de las regiones de Macedonia y Acaya. A partir de vosotros, el mensaje del Señor se ha extendido, no solo por Macedonia y Acaya, sino por todas partes; y es conocida vuestra fe en Dios, de modo que ya no es necesario que digamos nada. Al contrario, ellos mismos hablan de la visita que os hicimos, de lo bien que nos recibisteis y de cómo abandonasteis los ídolos para seguir al Dios vivo y verdadero y comenzar a servirle. También hablan de cómo estáis esperando que Jesús, el Hijo de Dios, a quien Dios resucitó, regrese del cielo. Jesús es quien nos salva del terrible castigo que viene.

Mt 22,34-40

Los fariseos se reunieron al saber que Jesús había hecho callar a los saduceos. Uno de aquellos, maestro de la ley, para tenderle una trampa le preguntó: "Maestro, ¿cuál es el mandamiento más importante de la ley?". Jesús le dijo: "'Ama al Señor tu Dios con todo tu corazón, con toda tu alma y con toda tu mente.' Éste es el más importante y el primero de los mandamientos. Y el segundo es parecido a éste: 'Ama a tu prójimo como a ti mismo.' De estos dos mandamientos pende toda la ley de Moisés y las enseñanzas de los profetas".

A veces los evangelistas ponen un marco a frases sueltas de Jesús; quizá en este evangelio es Mateo quien transforma a interlocutores indeterminados en fariseos y les atribuye intención torcida. La pregunta en sí no comporta maldad; y sería muy normal en personas perdidas en la maraña de 613 preceptos; quizá se sabe que Jesús suele establecer jerarquía entre las diversas prescripciones.

Él no anula la ley y los profetas, sino que afina en lo que se refiere a fidelidad a la alianza: total pertenencia a Yahvé, y más allá de lo moral o jurídico, comunión "afectiva". Y es llamativo que Jesús responde más que lo que le preguntan, "se enrolla" con el segundo mandamiento: no sabe explicar el primero, amar a Dios, sin mencionar también el segundo y afirmar que son semejantes. Tenemos ya una anticipación del "conmigo lo hicisteis".

26 OCTUBRE

Lunes

Ef 4,32–5,8
Sal 1. *Seamos imitadores de Dios, como hijos queridos.*
Lc 13,10-17

Un sábado se puso Jesús a enseñar en una sinagoga. Había allí una mujer que estaba enferma desde hacía dieciocho años. Un espíritu maligno la había dejado encorvada, y no podía enderezarse para nada. Cuando Jesús la vio, la llamó y le dijo: "Mujer, ya estás libre de tu enfermedad". Puso las manos sobre ella, y al momento la mujer se enderezó y comenzó a alabar a Dios. Pero el jefe de la sinagoga, enojado porque Jesús la había sanado en sábado, dijo a la gente: "Hay seis días para trabajar: venid cualquiera de ellos a ser sanados, y no el sábado". El Señor le contestó: "Hipócritas, ¿no desata cualquiera de vosotros su buey o su asno en sábado, para llevarlo a beber? Pues a esta mujer, que es descendiente de Abraham y que Satanás tenía atada con esa enfermedad desde hace dieciocho años, ¿acaso no se la debía desatar aunque fuera en sábado?". Cuando Jesús dijo esto, sus enemigos quedaron avergonzados; pero toda la gente se alegraba viendo las grandes cosas que él hacía.

Decía el simpático Chesterton que al entrar en la iglesia hay que quitarse el sombrero, pero no la cabeza. No estamos obligados a dar interpretaciones sobrenaturales de los males físicos, como se hacía en tiempos de Jesús, atribuyendo todo dolor a Satanás. Ni quizá es acertado ver aquí la somatización de una opresión espiritual, que se cura con la acogida por parte de Jesús... explicaciones racionalistas del siglo XIX ya fracasadas. Se trata de otra cosa. El evangelista muestra sencillamente que Jesús es enemigo del sufrimiento humano y no aplaza el alivio del mismo. Y previene acerca de nuestra innata inclinación a descalificar, como sea, a quien cuestione nuestras seguridades, ¡el sábado!

Martes

Ef 5,21-33
Sal 127. *Dichosos los que temen al Señor.*
Lc 13,18-21

Jesús decía: "¿A qué se parece el reino de Dios y a qué podré compararlo? Es como una semilla de mostaza que un hombre siembra en su campo, y que crece hasta llegar a ser como un árbol tan grande que las aves anidan entre sus ramas". También dijo Jesús: "¿A qué podré comparar el reino de Dios? Es como la levadura que una mujer mezcla con tres medidas de harina para que toda la masa fermente".

Probablemente los discípulos, más de una vez, trataron a Jesús de ingenuo, si se atrevieron. Está viendo cómo se envidian y discuten entre sí, y son lerdos para aprender, y sigue proclamando que llega el reino de Dios. En algún momento el fracaso fue estrepitoso: "muchos se echaron atrás, y ya no le seguían" (Jn 6,66). Pero Jesús no se desdice de su anuncio, e indica que "las mieses ya amarillean" (Jn 4,35). Sencillamente, la venida del Reino que Él proclama no es obra humana: nadie percibe el crecimiento de la semilla ni la fermentación de la masa de harina; es obra misteriosa del Dios creador. Por eso no hay que desfallecer.

Ef 2,19-22
Sal 18. *A toda la tierra alcanza su pregón.*
Lc 6,12-19

Por aquellos días, Jesús se fue a un cerro a orar, y pasó toda la noche orando a Dios. Cuando se hizo de día, reunió a sus discípulos y escogió a doce de ellos, a los cuales llamó apóstoles. Estos fueron: Simón, a quien puso también el nombre de Pedro; Andrés, hermano de Simón; Santiago, Juan, Felipe, Bartolomé, Mateo, Tomás, Santiago hijo de Alfeo; Simón el celote, Judas, hijo de Santiago, y Judas Iscariote, que traicionó a Jesús. Jesús bajó del cerro con ellos, y se detuvo en un llano. Se habían reunido allí muchos de sus seguidores y mucha gente de toda la región de Judea, y de Jerusalén y de la costa de Tiro y Sidón. Habían venido para oír a Jesús y para que los curase de sus enfermedades. Los que sufrían a causa de espíritus impuros, también quedaban sanados. Así que toda la gente quería tocar a Jesús, porque los sanaba a todos con el poder que de él salía.

El fragmento evangélico de hoy daría de sí para dos celebraciones diferentes. Tras narrar un suceso de importancia capital, la constitución de los Doce, se ofrece una gran panorámica o generalización de la actividad de Jesús. Así se muestra un grupo reducido de testigos y receptores de esa actividad (los discípulos) y otro mucho mayor, incluso de fuera de Palestina. El evangelista hace así dos llamadas a su Iglesia: a) Jesús no elige por compañeros a gente selecta; el primero de la lista será un fanfarrón, que promete mucho pero termina negando a su maestro; y el último le venderá vergonzosamente; y b) Jesús es fuente de salud, física y psíquica, para todos: hay que escucharle y dejarse tocar por él.

Jueves

TIEMPO ORDINARIO 30ª SEMANA (f)

Ef 6,10-20
Sal 143. *Bendito el Señor, mi Roca.*
Lc 13,31-35

También entonces llegaron algunos fariseos, a decirle a Jesús: "Vete de aquí, porque Herodes te quiere matar". Él les contestó: "Id y decidle a ese zorro: 'Mira, hoy y mañana expulso a los demonios y sano a los enfermos, y pasado mañana termino'. Pero tengo que seguir mi camino hoy, mañana y al día siguiente, porque no es posible que un profeta muera fuera de Jerusalén. ¡Jerusalén, Jerusalén, que matas a los profetas y apedreas a los mensajeros que Dios te envía! ¡Cuántas veces quise reunir a tus hijos como la gallina reúne a sus polluelos bajo las alas, pero no quisisteis! Pues mirad, vuestro hogar va a quedar desierto. Y os digo que no volveréis a verme hasta que llegue el tiempo en que digáis: '¡Bendito el que viene en el nombre del Señor!'"

El poder lo tenía el emperador romano, que era el león; el reyezuelo de Galilea, Antipas, no pasaba de ser un zorrito a su servicio, que, si no cumplía bien, podía ser depuesto. Se arriesga Antipas si deja a Jesús moverse libremente proclamando que llega "otro Reino"; y los fariseos, partidarios del anuncio de Jesús, le ponen sobre aviso: Antipas le persigue. Pero Jesús reacciona con firmeza: consumar su misión ("tres días") en Galilea y en Judea. Y lo hará a pesar de muchos intentos fallidos por la negativa de los jerosolimitanos al cambio, con la que se autodestruyen. Los entendidos en arameo y en sus problemas de traducción leen así la última frase: "si me conocierais diríais: ¡Bendito el que viene en el nombre del Señor!'".

Viernes

Flp 1,1-11
Sal 110. *Grandes son las obras del Señor.*
Lc 14,1-6

Sucedió que un sábado fue Jesús a comer a casa de un jefe fariseo, y otros fariseos le estaban espiando. Había allí, delante de él, un hombre enfermo de hidropesía. Jesús preguntó a los maestros de la ley y a los fariseos: "¿Está permitido sanar a un enfermo en sábado, o no?". Pero ellos se quedaron callados. Entonces Jesús tomó al enfermo, lo sanó y lo despidió. Y dijo a los fariseos: "¿Quién de vosotros, si su hijo o su buey cae a un pozo, no lo saca en seguida aunque sea sábado?". Y no pudieron contestarle nada.

L a escena repite exactamente el esquema narrativo de la curación del manco (Lc 6,6-11); con estructuras literarias elementales la catequesis primitiva da forma a lo de Jesús y facilita su memorización. La actitud de estos fariseos es quizá laudable; Jesús es un maestro innovador, y ellos, religiosamente fieles, quieren cerciorarse de la validez de su propuesta; quizá no "espían", sino sencillamente "observan". No caen en la ligereza de apuntarse, acríticamente, a lo más esnobista. Su sentido crítico puede ser una advertencia a algunos creyentes de hoy que se apuntan a cualquier novedad esotérica enseñada por un psicólogo de corte oriental. Por supuesto, Jesús tampoco aprobó la cerrazón ante su talante innovador. ¡Equilibrio!

Sábado

TIEMPO ORDINARIO 30ª SEMANA (f)

Flp 1,18b-26
Sal 41. *Mi alma tiene sed del Dios vivo.*
Lc 14,1.7-11

Sucedió que un sábado fue Jesús a comer a casa de un jefe fariseo. Al ver Jesús que los invitados escogían los asientos de honor en la mesa, les dio este consejo: "Cuando alguien te invite a una fiesta de bodas, no te sientes en el lugar principal, no sea que llegue otro invitado más importante que tú, y el que os invitó a los dos venga a decirte: 'Deja tu sitio a este otro'. Entonces tendrás que ir con vergüenza a ocupar el último asiento. Al contrario, cuando te inviten, siéntate en el último lugar, para que cuando venga el que te invitó te diga: 'Amigo, pásate a este sitio de más categoría'. Así quedarás muy bien delante de los que están sentados contigo a la mesa. Porque el que a sí mismo se engrandece será humillado, y el que se humilla será engrandecido".

H ace dos años se me murió un primo militar. Con plena lucidez recibió de mis manos la unción y seguidamente, junto con su esposa, la comunión. Al despedirnos me dijo que estaba feliz. Luego bromeó con su mujer tirando de su lenguaje castrense: "espero que Dios me admita entre los regulares". Cuando ella me lo contó, le dije: seguro que entre los buenos o incluso los mejores. A Jesús le repugna la jerarquización de aquella sociedad por grados de supuesta "virtud"; en la escena, en casa de un jefe de fariseos, los "más santos" buscan la cabecera. Jesús fustiga el orgullo, y más el orgullo religioso. Adelanta lo que formulará san Pablo (2Co 10,18): "no el que se aprueba a sí mismo, sino aquel a quien Dios aprueba".

Ap 7,2-4.9-14

(...) Después de esto miré, y vi una gran multitud de todas las naciones, razas, pueblos y lenguas. Estaban de pie delante del trono y delante del Cordero, y eran tantos que nadie podía contarlos. Iban vestidos de blanco y llevaban palmas en las manos. Todos gritaban con fuerte voz: "¡La victoria es de nuestro Dios, que está sentado en el trono, y del Cordero!". (...) Entonces uno de los ancianos (...) me dijo: "Éstos son los que han pasado por la gran aflicción, los que han lavado sus ropas y las han blanqueado en la sangre del Cordero".

Sal 23. *Éste es el grupo que viene a tu presencia, Señor.*

1Jn 3,1-3

Mirad cuánto nos ama el Padre, que se nos llama hijos de Dios, y lo somos. Por eso, los que son del mundo no nos conocen, pues no han conocido a Dios. Queridos hermanos, ya somos hijos de Dios. Y aunque aún no se ha manifestado lo que seremos después, sabemos que cuando Jesucristo aparezca seremos como él, porque le veremos tal como es. Todo aquel que tiene esta esperanza en él, se purifica a sí mismo, de la misma manera que Jesucristo es puro.

Mt 5,1-12a

Al ver la multitud, Jesús subió al monte y se sentó. Sus discípulos se le acercaron, y él comenzó a enseñarles diciendo: "Dichosos los que reconocen su pobreza espiritual, porque suyo es el reino de los cielos. Dichosos los que sufren, porque serán consolados. Dichosos los humildes, porque heredarán la tierra que Dios les ha prometido.

Dichosos los que tienen hambre y sed de justicia, porque serán satisfechos. Dichosos los compasivos, porque Dios tendrá compasión de ellos. Dichosos los de corazón limpio, porque verán a Dios. Dichosos los que trabajan por la paz, porque Dios los llamará hijos suyos. Dichosos los perseguidos por hacer lo que es justo, porque suyo es el reino de los cielos. Dichosos vosotros, cuando la gente os insulte y os maltrate, y cuando por causa mía digan contra vosotros toda clase de mentiras. ¡Alegraos, estad contentos, porque en el cielo tenéis preparada una gran recompensa!".

Hoy celebramos la fiesta de la Iglesia triunfante, de cuantos nos han precedido y ya han llegado a la meta. No solo de los "santos oficiales" sino de tantos otros "santos de la puerta de al lado" que quizá no recordamos, pero de los que somos deudores. De ellos recibimos antes testimonio, cercanía, amor. Ahora nos esperan y animan. Muestran nuestra verdadera naturaleza: somos hijos e hijas de Dios. Y anticipan nuestro futuro: veremos a Dios tal como es.

¿Por qué es fuente de dicha? Porque en el Paraíso todo es recíproco: ver significa también ser vistos, amar implica ser amados, conocer es también ser conocidos. Es la consecuencia de ser injertados en la Trinidad, en la que Dios es todo en cada uno y en todos.

Una dinámica infinita y eterna de amor mutuo. Nuestro mejor horizonte.

Job 19,1.23-27a
Sal 22. *El Señor es mi pastor, nada me falta.*
Rm 5,5-11
Jn 6,37-40

En aquel tiempo dijo Jesús: "Todos los que el Padre me da vienen a mí, y a los que vienen a mí no los echaré fuera. Porque no he venido del cielo para hacer mi propia voluntad, sino para hacer la voluntad de mi Padre, que me ha enviado. Y la voluntad del que me ha enviado es que yo no pierda a ninguno de los que me ha dado, sino que los resucite el día último. Porque la voluntad de mi Padre es que todo aquel que ve al Hijo de Dios y cree en él, tenga vida eterna, y yo le resucitaré en el día último".

Jesús no ha podido ser más explícito al revelarnos la voluntad del Padre: Que ninguno se pierda, sino que todos tengan vida eterna mediante la resurrección. Ni el menor eco de una palabra de condena. Luego si alguien se pierde es por su propia voluntad. Esta certeza orienta nuestra esperanza en la misericordia infinita de Dios ante la conducta de alguno de los nuestros que puede suscitarnos dudas sobre su futuro. Cierto, Él nos respeta y no va a quebrar la decisión firme de nuestra libertad. Y, aun así, está por verse si, al final, tiene más fuerza el plan original de Dios sobre cada uno, o nuestra frágil y cambiante voluntad. Por eso podemos y debemos rezar siempre por todos.

Flp 2,5-11
Sal 21. *El Señor es mi alabanza en la gran asamblea.*
Lc 14,15-24

Al oír esto, uno de los que estaban sentados a la mesa dijo a Jesús: "¡Dichoso el que tenga parte en el banquete del reino de Dios!". Jesús le dijo: "Un hombre dio una gran cena e invitó a muchos. A la hora de la cena envió a su criado a decir a los invitados: 'Venid, que ya está todo preparado'. Pero ellos comenzaron a una a excusarse. El primero dijo: 'Acabo de comprar un campo y tengo que ir a verlo. Te ruego que me disculpes'. Otro dijo: 'He comprado cinco yuntas de bueyes y he de probarlas. Te ruego que me disculpes'. Y otro dijo: 'No puedo ir, porque acabo de casarme'. El criado regresó y se lo contó todo a su amo. Entonces el amo, indignado, dijo a su criado: 'Sal en seguida a las calles y callejas de la ciudad, y trae acá a los pobres, a los inválidos, a los ciegos y a los cojos'. Volvió el criado, diciendo: 'Señor, he hecho lo que me mandaste y aún queda sitio'. Y el amo le contestó: 'Ve por los caminos y cercados y obliga a otros a entrar, para que se llene mi casa. Porque os digo que ninguno de aquellos primeros invitados comerá de mi cena'".

Muchos de nuestros pecados brotan de nuestras debilidades. Otros, solo de nuestras decisiones. En verdad, para que haya pecado se requiere plena conciencia y un acto de la voluntad. Nadie peca "sin darse cuenta" o "sin querer". En ocasiones, nuestra decisión está lastrada por una tendencia natural (apetito sexual, deseo de comer) o artificial (una dependencia o hábito adquirido: beber, fumar…), otras veces solo depende de nuestra voluntad, de nuestras decisiones (ahora no quiero, no me apetece, esto es lo que deseo…). Y conviene distinguir, no sea que, empeñados en gustar el pan viejo que ya conocemos, nos perdamos la posibilidad de saborear la torta nueva, recién hecha. A la que nos han invitado.

Flp 2,12-18
Sal 26. *El Señor es mi luz y mi salvación.*
Lc 14,25-33

Jesús iba de camino acompañado por mucha gente. En esto se volvió y dijo: "Si alguno no me ama más que a su padre, a su madre, a su esposa, a sus hijos, a sus hermanos y a sus hermanas, y aun más que a sí mismo, no puede ser mi discípulo. Y el que no toma su propia cruz y me sigue, no puede ser mi discípulo. Si alguno de vosotros quiere construir una torre, ¿acaso no se sentará primero a calcular los gastos y ver si tiene dinero para terminarla? No sea que, una vez puestos los cimientos, si no puede terminarla, todos los que lo vean comiencen a burlarse de él, diciendo: 'Este hombre empezó a construir, pero no pudo terminar'. O si un rey tiene que ir a la guerra contra otro rey, ¿no se sentará primero a calcular si con diez mil soldados podrá hacer frente a quien va a atacarle con veinte mil? Y si no puede hacerle frente, cuando el otro rey esté todavía lejos le enviará mensajeros a pedirle la paz. Así pues, cualquiera de vosotros que no renuncie a todo lo que tiene no puede ser mi discípulo".

"**N**o puede ser discípulo mío". En el resultado no parece haber grados: no se trata de ser más o menos discípulos, sino de serlo o no serlo. Pero sí parece haberlos en la condición: amar más o amar menos; o, quizá, podría haberlos: más o menos cruz, más o menos renuncia a los propios bienes. Esta precisión nos permite hablar de un proceso gradual, de un aprendizaje. Y ayuda a comprender las comparaciones: cálculo de gastos, de fuerzas… Lo que no es gradual es la decisión: ser mi discípulo, tomar la propia cruz, seguirlo. Y resulta tan decisiva porque conduce a sendas excluyentes: no se puede servir a Dios y al dinero; no se puede amar a Dios si no amas al prójimo; no es posible seguir a Jesús y no acoger la cruz de los otros.

Flp 3,3-8a
Sal 104. *Que se alegren los que buscan al Señor.*
Lc 15,1-10

Todos los que cobraban impuestos para Roma, y otras gentes de mala fama, se acercaban a escuchar a Jesús. Y los fariseos y maestros de la ley le criticaban diciendo: "Éste recibe a los pecadores y come con ellos". Entonces Jesús les contó esta parábola: "¿Quién de vosotros, si tiene cien ovejas y pierde una de ellas, no deja las otras noventa y nueve en el campo y va en busca de la oveja perdida, hasta encontrarla? Y cuando la encuentra la pone contento sobre sus hombros, y al llegar a casa junta a sus amigos y vecinos y les dice: '¡Felicitadme, porque ya he encontrado la oveja que se me había perdido!' Os digo que hay también más alegría en el cielo por un pecador que se convierte, que por noventa y nueve justos que no necesitan convertirse. O bien, ¿qué mujer que tiene diez monedas y pierde una, no enciende una lámpara y barre la casa y busca con cuidado hasta encontrarla? Y cuando la encuentra reúne a sus amigas y vecinas y les dice: '¡Felicitadme, porque ya he encontrado la moneda que había perdido!". Os digo que así también hay alegría entre los ángeles de Dios por un pecador que se convierte".

Son interesantes los ejemplos que Jesús usa para explicar el perdón de Dios. Porque no siempre es fácil perdonar, ni perdonar bien. Algunos perdonan con autosuficiencia, de forma narcisista, sin contar con el destinatario del perdón, embelesados por su propio gesto del perdón: sin amor; otros perdonan, pero humillando, haciendo que el pecado perdonado pese sobre el culpable. Otros perdonan casi con desdén, como a quien no le cuesta nada, ¿se sienten más allá del bien y del mal? Para que la conversión de otro suscite alegría hay que tener metidos el alma y el corazón en la piel del otro, hay que vivir del amor. Solo así urge gritarlo, y se vive como una victoria nuestra: por eso provoca alegría.

6

Viernes

BEATOS MÁRTIRES DEL SIGLO XX EN ESPAÑA (ML)

Flp 3,17–4,1
Sal 121. *Vamos alegres a la casa del Señor.*
Lc 16,1-8

Jesús contó también esto a sus discípulos: "Un hombre rico tenía un administrador que fue acusado de malversación de bienes. El amo le llamó y le dijo: '¿Qué es eso que me dicen de ti? Dame cuenta de tu trabajo porque no puedes seguir siendo mi administrador'. El administrador se puso a pensar: '¿Qué haré ahora que el amo me deja sin empleo? No tengo fuerzas para cavar la tierra, y me da vergüenza pedir limosna...Ah, ya sé qué hacer para que haya quienes me reciban en sus casas cuando me quede sin trabajo'. Llamó entonces uno por uno a los que tenían alguna deuda con el amo, y preguntó al primero: '¿Cuánto debes a mi amo?' Le contestó: 'Cien barriles de aceite'. El administrador le dijo: 'Aquí está tu recibo. Siéntate en seguida y apunta sólo cincuenta'. Después preguntó a otro: 'Y tú, ¿cuánto le debes?' Éste le contestó: 'Cien medidas de trigo'. Le dijo: 'Aquí está tu recibo. Apunta sólo ochenta'. El amo reconoció que aquel administrador deshonesto había actuado con astucia. Y es que, tratándose de sus propios negocios, los que pertenecen al mundo son más listos que los que pertenecen a la luz".

La Palabra de Dios nos sorprende hoy. Parece como si Jesús nos invitase a hacer trampas, a ser deshonestos. Como si alabase al administrador injusto por su engaño. Una mirada más atenta nos hace comprender que Jesús no alaba que se recurra a la mentira o al engaño para esquivar una situación difícil. Lo que Jesús ensalza es la habilidad del administrador para crear de la nada gentes que, estando en deuda con él, lo puedan socorrer en la necesidad. El texto que viene a continuación –y que no se lee en esta lectura– nos da la clave de interpretación: (Lc 16,9) "Yo os digo: haced amigos con las riquezas injustas para que, cuando lleguen a faltar, os reciban en las moradas eternas". Importa ser listos ante las situaciones que no podemos cambiar.

Flp 4,10-19
Sal 111. *Dichoso quien teme al Señor.*
Lc 16,9-15

En aquel tiempo dijo Jesús: "Os aconsejo que uséis las riquezas de este mundo malo para ganaros amigos, para que cuando esas riquezas se acaben haya quien os reciba en las moradas eternas. El que se porta honradamente en lo poco, también se porta honradamente en lo mucho; y el que es deshonesto en lo poco, también es deshonesto en lo mucho. De manera que, si con las riquezas de este mundo malo no os portáis honradamente, ¿quién os confiará las verdaderas riquezas? Y si no os portáis honradamente con lo ajeno, ¿quién os dará lo que os pertenece? Ningún criado puede servir a dos amos, porque odiará a uno y querrá al otro, o será fiel a uno y despreciará al otro. No se puede servir a Dios y al dinero". Los fariseos, que eran amigos del dinero, al oír estas cosas se burlaban de Jesús. Él les dijo: "Vosotros pasáis por buenos delante de la gente, pero Dios conoce vuestros corazones; y lo que los hombres tienen por más elevado, Dios lo aborrece".

No se puede servir a Dios y al dinero. Palabra taxativa de Jesús. No hay camino intermedio, porque son incompatibles. El uno pone en el centro el propio yo y sus exigencias; el segundo pone en el centro a los otros y sus necesidades. Por la primera vía se edifica la propia vida al revés y se olvida la de los demás; la segunda vía comprende la ayuda a los otros como la forma de edificar la propia vida con sentido y se construye el reino de Dios. Por eso todas las vías egoístas que solo pretenden ensalzar el propio yo sienten la necesidad de justificarse, se inventan mentiras y las falacias más absurdas para intentar disfrazar lo que no es sino la búsqueda obsesiva del propio yo.

Sab 6,12-16

La sabiduría resplandece con brillo que no se empaña; los que la aman, la descubren fácilmente, y los que la buscan, la encuentran; ella misma se da a conocer a los que la desean. Quien madruga a buscarla, no se cansa: la encuentra sentada a la puerta de su propia casa. Tener la mente puesta en ella es prudencia consumada; el que trasnocha por hallarla, pronto se verá libre de preocupaciones (…).

Sal 62. *Mi alma está sedienta de ti, Señor, Dios mío.*

1Ts 4,13-18

Hermanos (…). Así como creemos que Jesús murió y resucitó, así también creemos que Dios resucitará juntamente con Jesús a los que murieron creyendo en él (…) Los que murieron creyendo en Cristo resucitarán primero; después, los que estemos vivos seremos llevados juntamente con ellos en las nubes, para encontrarnos con el Señor en el aire, y así estaremos con el Señor para siempre. Animaos, pues, unos a otros con estas palabras.

Mt 25,1-13

En aquel tiempo dijo Jesús a sus discípulos esta parábola: "El reino de los cielos podrá entonces compararse a diez muchachas que, en una boda, tomaron sus lámparas de aceite y salieron a recibir al novio. Cinco de ellas eran descuidadas y cinco previsoras. Las descuidadas llevaron sus lámparas, pero no tomaron aceite de repuesto; en cambio, las previsoras llevaron frascos de aceite además de las lámparas. Como el novio tardaba en llegar, les entró sueño a todas y se durmieron. Cerca de medianoche se oyó gritar: '¡Ya viene el novio! ¡Salid a recibir-le!' Entonces todas las muchachas se levantaron y comenzaron a preparar sus lámparas, y las descuidadas dijeron a las previsoras: 'Dadnos un poco de vuestro aceite, porque nuestras lámparas van a apagarse.' Pero las muchachas previsoras contestaron: 'No, porque entonces no alcanzará para nosotras ni para vosotras. Más vale que vayáis a donde lo venden y compréis para vosotras mismas.' Pero mientras las cinco muchachas iban a comprar el aceite, llegó el novio; y las que habían sido previsoras entraron con él a la fiesta de la boda, y se cerró la puerta. Llegaron después las otras muchachas, diciendo: '¡Señor, señor, ábrenos!' Pero él les contestó: 'Os aseguro que no sé quiénes sois.' Permaneced despiertos -añadió Jesús-, porque no sabéis el día ni la hora".

Las muchachas sabias no eran mejores, en lo moral, que las descuidadas. Solo eran más previsoras, estaban más atentas. Ni las muchachas descuidadas eran peores que las sabias. Pero eran más superficiales, no miraban lo esencial.

La sabiduría es hoy más necesaria que nunca porque vivimos tiempos necios, donde parece decisivo hacerse con el último cacharro tecnológico –y hay gente que pierde la cabeza por obtenerlo– pero se desatiende la sabiduría esencial sobre la vida, sobre la muerte, sobre el amor. De esto ya no se sabe nada, pero es que ni se intenta saber. Algunos reducen su horizonte: vivir solo les interesa mientras estén sanos y controlen.

Mas, cuando llegue el tiempo de la poda, ¿dónde podrán recobrar esa esperanza a la que renunciaron ingenua y prematuramente?

Ez 47,1-2.8-9.12
Sal 45. *Un río y sus canales alegran la ciudad de Dios, el Altísimo consagra su morada.*
1Co 3,9c-11.16-17
Jn 2,13-22

Como se acercaba la fiesta de la Pascua de los judíos, Jesús fue a Jerusalén; y encontró en el templo a los vendedores de bueyes, ovejas y palomas, y a los que tenían puestos donde cambiar el dinero. Al ver aquello, Jesús hizo un látigo con unas cuerdas y los echó a todos del templo, junto con las ovejas y los bueyes. Arrojó al suelo las monedas de los cambistas y les volcó las mesas. A los vendedores de palomas les dijo: "¡Sacad eso de aquí! ¡No convirtáis en un mercado la casa de mi Padre!". Sus discípulos recordaron entonces la Escritura que dice: "Me consumirá el celo por tu casa". Los judíos le preguntaron: "¿Qué prueba nos das de que tienes autoridad para actuar así?". Jesús les contestó: "Destruid este templo y en tres días lo levantaré". Le dijeron los judíos: "Cuarenta y seis años tardaron en construir este templo, ¿y tú vas a levantarlo en tres días?". Pero el templo al que Jesús se refería era su propio cuerpo. Por eso, cuando resucitó, sus discípulos se acordaron de lo que había dicho y creyeron en la Escritura y en las palabras de Jesús.

¡Cuán difícil resulta comprender lo divino, incluso en el mismo Jesús! No hay que extrañarse. La "mano religiosa" con la que tratamos de aferrar a Dios se mide por parámetros humanos y, a menudo, se siente superada cuando intenta comprender los motivos de fondo de las conductas de Jesús. Hoy nos sorprende con un gesto bastante atípico, que no cuadra con su actitud habitual, que incluso, probablemente, Jesús no haría ni por sí mismo, pero lo hace por el Padre. Nos lo dijo de mil maneras. "Yo vivo por el Padre", "mi alimento es hacer la voluntad de mi Padre". Con este gesto nos dice lo mismo de otro modo, mediante una acción radical, que indica con claridad meridiana el lugar del Padre en su corazón. ¿También en el nuestro?

Tt 2,1-8.11-14
Sal 36. *El Señor es quien salva a los justos.*
Lc 17,7-10

En aquel tiempo dijo Jesús: "Si uno de vosotros tiene un criado que regresa del campo después de haber estado arando o cuidando el ganado, ¿acaso le dice: 'Pasa y siéntate a comer'? No, sino que le dice: 'Prepárame la cena y estate atento a servirme mientras como y bebo. Después podrás tú comer y beber'. Y tampoco da las gracias al criado por haber hecho lo que le mandó. Igualmente vosotros, cuando ya hayáis hecho todo lo que Dios os manda deberéis decir: 'Somos servidores inútiles; no hicimos más que cumplir con nuestra obligación'".

L a relación religiosa tiene una base objetiva: la creatura depende totalmente de la voluntad del Creador, que le da la vida y que nunca estará en deuda con ella. Pero en el hombre late una llamada a alcanzar una reciprocidad incluso para con Dios. Por esto, a menudo, tiende a vivir la religión en clave de intercambio justo: "te doy para que me des". Dice a Dios: "Si eres benévolo conmigo haré sacrificios en tu honor" con los riesgos que comporta tal actitud. Jesús pretende mucho más. Pretende pasar de la justicia a la gratuidad del amor. Solo la gratuidad en el don recíproco hace verdadera justicia al plan de Dios y al deseo del hombre. Por eso nos dice: "no reclaméis", dad sin medida y gratis, es así como recibiréis.

Tt 3,1-7
Sal 22. *El Señor es mi pastor, nada me falta.*
Lc 17,11-19

En su camino a Jerusalén, pasó Jesús entre las regiones de Samaria y Galilea. Al llegar a cierta aldea le salieron al encuentro diez hombres enfermos de lepra, que desde lejos gritaban: "¡Jesús, Maestro, ten compasión de nosotros!". Al verlos, Jesús les dijo: "Id a presentaros a los sacerdotes". Mientras iban, quedaron limpios de su enfermedad. Uno de ellos, al verse sanado, regresó alabando a Dios a grandes voces, y se inclinó hasta el suelo ante Jesús para darle las gracias. Este hombre era de Samaria. Jesús dijo: "¿Acaso no son diez los que quedaron limpios de su enfermedad? ¿Dónde están los otros nueve? ¿Únicamente este extranjero ha vuelto para alabar a Dios?". Y dijo al hombre: "Levántate y vete. Por tu fe has sido sanado".

El creyente es un elegido. Ha recibido un don gratuito, respecto del cual no tenía el menor derecho. Y no puede menos que acogerlo con gratitud. Pero es fácil adaptarse a la nueva situación y olvidar enseguida la gratuidad inicial. Y quizá hasta acabamos por pensar que, de alguna manera, teníamos derecho a ello. La tentación que siempre retorna es la de pensar que ser un elegido es un privilegio, o hasta un derecho, cuando, en realidad, lo que implica es que hay una misión que cumplir y, por tanto, una responsabilidad. Solo quien, en su pobreza, no reivindica nada es capaz de reconocer la gratuidad del don y el deber de agradecer. El don se vuelve así salvación para el corazón disponible.

Flm 7-20
Sal 145. *Dichoso a quien auxilia el Dios de Jacob.*
Lc 17,20-25

Los fariseos preguntaron a Jesús cuándo había de llegar el reino de Dios, y él les contestó: "La venida del reino de Dios no es posible de calcular. No se dirá: 'Aquí está' o 'Allí está', porque el reino de Dios ya está entre vosotros". Y dijo a sus discípulos: "Vendrán tiempos en que querréis ver siquiera uno de los días del Hijo del hombre, pero no lo veréis. Algunos dirán: 'Aquí está', o 'Allí está', pero no vayáis ni los sigáis. Porque, así como el relámpago, con su resplandor, ilumina el cielo de uno a otro lado, así será el Hijo del hombre el día de su venida. Pero primero tiene que sufrir mucho y ser rechazado por la gente de este tiempo".

"Solo se ve bien con el corazón, lo esencial es invisible a los ojos". La famosa frase de Saint-Exupéry explica con precisión el sentido del difícil texto evangélico. A quien pregunta por el Reino llevado solo por la curiosidad le resultará imposible reconocer el Reino, aunque esté ante ellos. Como sucedía con el Mesías, lo esperaban con ansiedad, pero eran incapaces de reconocerlo, aunque lo tenían delante de sus ojos. Pero en Israel había quien esperaba verdaderamente al Mesías: Simeón, Ana. Y porque lo esperaban desde el corazón supieron reconocerlo. El único signo válido para quien lo busca hoy con un corazón recto será concentrarse en las claves del misterio pascual. Pasión, muerte y resurrección.

2Jn 4-9
Sal 118. *Dichoso el que camina en la voluntad del Señor.*
Lc 17,26-37

En aquel tiempo Jesús dijo: "Como sucedió en tiempos de Noé, sucederá también en los días en que venga el Hijo del hombre. La gente comía y bebía y se casaba, hasta el día en que Noé entró en el arca, cuando llegó el diluvio y todos murieron. Y lo mismo pasó en los tiempos de Lot: la gente comía y bebía, compraba y vendía, sembraba y construía casas; pero cuando Lot salió de la ciudad de Sodoma, llovió del cielo fuego y azufre y todos murieron. Así será el día en que se manifieste el Hijo del hombre. Aquel día, el que se encuentre en la azotea y tenga sus cosas dentro de la casa, que no baje a sacarlas; y el que esté en el campo, que no regrese a su casa. ¡Acordaos de la mujer de Lot! El que trate de salvar su vida la perderá, pero el que la pierda, vivirá. Os digo que aquella noche estarán dos en una misma cama: a uno se lo llevarán y al otro lo dejarán. Dos mujeres estarán moliendo juntas: a una se la llevarán y a la otra la dejarán". Le preguntaron entonces: "¿Dónde ocurrirá eso, Señor?". Y él les contestó: "Donde esté el cadáver, allí se juntarán los buitres".

Es quizá uno de los pasajes más difíciles de interpretar del Nuevo Testamento. Se trata de un refrán popular, quizá significando: si veis reunirse los buitres, es seguro que allí hay un cadáver. En un contexto escatológico, de decisión, constituye una llamada de atención: no fundemos nuestra vida solo en la rutina de las actividades cotidianas (comían, compraban, se casaban…), como si no fuera preciso optar, elegir. Uno no accede a la salvación viviendo solo ese "tran, tran" de cada día. Las cosas cotidianas tienen su lugar en la vida, pero reciben sentido de otra parte. Y descuidar esa parte nos conduce a morir, pero sin haber vivido. Por eso los buitres se abalanzan sobre los cadáveres, sobre muertos que no han vivido.

3Jn 5-8
Sal 111. *Dichoso quien teme al Señor.*
Lc 18,1-8

Jesús les contó una parábola para enseñarles que debían orar siempre y no desanimarse. Les dijo: "Había en un pueblo un juez que no temía a Dios ni respetaba a los hombres. Y en el mismo pueblo vivía también una viuda, que tenía planteado un pleito y que fue al juez a pedirle justicia contra su adversario. Durante mucho tiempo el juez no quiso atenderla, pero finalmente pensó: 'Yo no temo a Dios ni respeto a los hombres. Sin embargo, como esta viuda no deja de molestarme, le haré justicia, para que no siga viniendo y acabe con mi paciencia'". El Señor añadió: "Pues bien, si esto es lo que dijo aquel mal juez, ¿cómo Dios no va a hacer justicia a sus escogidos, que claman a él día y noche? ¿Los hará esperar? Os digo que les hará justicia sin demora. Pero cuando el Hijo del hombre venga, ¿encontrará todavía fe en la tierra?".

"¿**P**ara qué (orar) si no haces caso?". Esta objeción que Isaías menciona, si bien referida al ayuno (Is 58,3), es la que parece entrar en juego en la parábola del evangelio. ¿Cuál es la raíz de nuestra oración?, ¿su real eficacia? ¿Por qué tantas veces parece que "no funciona"?, ¿será que no insistimos lo suficiente? Y, si es así, ¿por qué Dios tiene que hacerse de rogar tanto? No creo que este sea el punto. Dios no se deja manipular ni siquiera por nuestra insistencia. A Dios le importa que no usemos la oración como un mecanismo. La oración funda, expresa y desarrolla una relación estable con el Señor. Y es esto lo que le importa. Por eso a los santos Dios les responde enseguida, porque tiene con ellos una amistad de muchos años.

Pr 31,10-13.19-20.30-31

Mujer ejemplar no es fácil hallarla; ¡vale más que las piedras preciosas! Su esposo confía plenamente en ella y nunca le faltan ganancias (…).

Sal 127. *Dichoso el que teme al Señor.*

1Ts 5,1-6

(…) Por eso, no debemos dormir como los otros, sino mantenernos despiertos y en nuestro sano juicio.

Mt 25,14-30

En aquel tiempo dijo Jesús a sus discípulos esta parábola: "El reino de los cielos es como un hombre que, a punto de viajar a otro país, llamó a sus criados y los dejó al cargo de sus negocios. A uno le entregó cinco mil monedas, a otro dos mil y a otro mil: a cada cual conforme a su capacidad. (…) El criado que recibió las cinco mil monedas negoció con el dinero y ganó otras cinco mil. Del mismo modo, el que recibió dos mil ganó otras dos mil. Pero el que recibió mil, fue y escondió el dinero de su señor en un hoyo que cavó en la tierra. Al cabo de mucho tiempo regresó el señor de aquellos criados y se puso a hacer cuentas con ellos. Llegó primero el que había recibido las cinco mil monedas, y entregando a su señor otras cinco mil le dijo: 'Señor, tú me entregaste cinco mil, y aquí tienes otras cinco mil que he ganado'. El señor le dijo: 'Muy bien, eres un criado bueno y fiel. Y como has sido fiel en lo poco, yo te pondré al cargo de mucho más. Entra y alégrate conmigo'. Después llegó el criado que había recibido las dos mil monedas, (…) El señor le dijo: '(…) Entra y alégrate conmigo'. Por último llegó el criado que había recibido mil monedas y dijo a su amo: 'Señor, yo sabía que eres un hombre duro, que cosechas donde no sembraste y recoges donde no esparciste. Por eso tuve miedo; así que fui y escondí tu dinero en la tierra. Aquí tienes lo que es tuyo'. El amo le contestó: 'Tú eres un criado malo y holgazán. Puesto que sabías que yo cosecho donde no sembré y recojo donde no esparcí, debías haber llevado mi dinero al banco, y yo, a mi regreso, lo habría recibido junto con los intereses'. Y dijo a los que allí estaban: 'Quitadle a este las mil monedas y dádselas al que tiene diez mil. Porque al que tiene, se le dará más y tendrá de sobra; pero al que no tiene, hasta lo que tiene se le quitará. Y a este criado inútil arrojadlo fuera, a la oscuridad. Allí llorará y le rechinarán los dientes'".

La parábola de los talentos (monedas) suscita no pocas preguntas. Para seguir a Jesús, ¿es preciso ser un buen gestor?, ¿dónde queda aquí la misericordia divina?

Jesús no busca establecer la correcta economía de los cristianos. Más bien busca superar dos tendencias erradas que desvían la fe. La que piensa la fe en modo negativo (lo importante es no pecar), porque funda la religión en el miedo (importa no perder el don de Dios y no recibir el castigo divino), que no conoce el amor y no sigue a Jesús. La que separa tanto lo humano de lo divino que no valora la laboriosidad ejemplar de la mujer (primera lectura), o que sestea tranquilamente en lo humano, pero no está despierto y atento ante la inesperada venida del Señor (segunda lectura).

Ap 1,1-4; 2,1-5a

Sal 1. *Al que salga vencedor le daré a comer del árbol de la vida.*

Lc 18,35-43

Se encontraba Jesús ya cerca de Jericó. Un ciego que estaba sentado junto al camino, pidiendo limosna, al oír que pasaba mucha gente preguntó qué sucedía. Le dijeron que Jesús de Nazaret pasaba por allí, y él gritó: "¡Jesús, Hijo de David, ten compasión de mí!". Los que iban delante le reprendían para que se callase, pero él gritaba todavía más: "¡Hijo de David, ten compasión de mí!". Jesús se detuvo y mandó que se lo trajeran. Cuando lo tuvo cerca le preguntó: "¿Qué quieres que haga por ti?". El ciego contestó: "Señor, quiero recobrar la vista". Jesús le dijo: "¡Recóbrala! Por tu fe has sido sanado". En aquel mismo momento recobró el ciego la vista, y siguió a Jesús alabando a Dios. Y toda la gente que vio esto alababa también a Dios.

Jesús curó muchos enfermos, lisiados, limitados. Si el Señor hubiera dado a los sacerdotes, junto con el poder de consagrar, también el poder de curar a los enfermos, tendríamos, con seguridad, las iglesias llenas. Pero las curaciones, además de ser un gesto de caridad, buscaban suscitar la fe, hacer creíble su misión, acoger el Reino. Y no se puede decir que los milagros que realizó tuvieran mucho éxito en este aspecto. No le evitaron ni la captura, ni el juicio, ni la muerte en cruz. Puede que entre los que pidieron a Pilatos que crucificase a Jesús estuviera alguno de los que curó. Por eso parece que Jesús prefirió otras vías para dar credibilidad a la Palabra que los sacerdotes anuncian: la caridad, el servicio, dar la vida…

Ap 3,1-6.14-22
Sal 14. *Al que salga vencedor lo sentaré en mi trono, junto a mí.*
Lc 19,1-10

Jesús entró en Jericó e iba atravesando la ciudad. Vivía en ella un hombre rico llamado Zaqueo, jefe de los que cobraban impuestos para Roma. Quería conocer a Jesús, pero no conseguía verle, porque había mucha gente y Zaqueo era de baja estatura. Así que, echando a correr, se adelantó, y para alcanzar a verle se subió a un árbol junto al cual tenía que pasar Jesús. Al llegar allí, Jesús miró hacia arriba y le dijo: "Zaqueo, baja en seguida porque hoy he de quedarme en tu casa". Zaqueo bajó aprisa, y con alegría recibió a Jesús. Al ver esto comenzaron todos a criticar a Jesús, diciendo que había ido a quedarse en casa de un pecador. Pero Zaqueo, levantándose entonces, dijo al Señor: "Mira, Señor, voy a dar a los pobres la mitad de mis bienes; y si he robado algo a alguien, le devolveré cuatro veces más". Jesús le dijo: "Hoy ha llegado la salvación a esta casa, porque este hombre también es descendiente de Abraham. Pues el Hijo del hombre ha venido a buscar y salvar lo que se había perdido".

A veces Dios se sirve hasta de la curiosidad. El interés de Zaqueo parece más bien superficial, pero le lleva a encaramarse a un árbol para ver a Jesús. Y basta este gesto. Como con Zaqueo, no pocas veces, basta el encuentro con Jesús para convertir el corazón del hombre. Por eso, en nuestra labor misionera, lo decisivo es provocar el encuentro con Cristo. No importa nuestra ciencia, nuestra retórica… es solo Jesús el que convierte, el que toca los corazones, el que provoca la respuesta creyente, como en el caso de Zaqueo. Y la cosa más inteligente que podemos hacer en la misión es asegurar esa presencia del resucitado con nosotros, en medio de nosotros.

Ap 4,1-11
Sal 150. *Santo, Santo, Santo
es el Señor, soberano de todo.*
Lc 19,11-28

La gente escuchaba (…). Y él les (…) dijo: "Un hombre de la nobleza se fue (…) para ser hecho rey y regresar. Antes de partir llamó a diez de sus criados, entregó a cada uno una gran suma de dinero y les dijo: 'Negociad con este dinero hasta que yo vuelva'. Pero las gentes de su país le odiaban (…): 'No queremos que este hombre sea nuestro rey'. Pero él fue hecho rey. A su vuelta, mandó llamar a aquellos criados a quienes había entregado el dinero, para saber cuánto había ganado cada uno. El primero se presentó y dijo: 'Señor, tu dinero ha producido diez veces más'. El rey le contestó:

'Muy bien, eres un buen administrador. Y como has sido fiel en lo poco, te hago gobernador de diez ciudades'. Se presentó otro y (…) a este le contestó: 'Tú serás gobernador de cinco ciudades'. Pero se presentó otro, que dijo: 'Señor, aquí está tu dinero. Lo guardé en un pañuelo, pues tuve miedo de ti (…)'. Entonces le dijo el rey: 'Tú eres un mal administrador, (…) ¿por qué no llevaste mi dinero al banco para, a mi regreso, devolvérmelo junto con los intereses?' Y ordenó a los que estaban allí: 'Quitadle el dinero y dádselo al que ganó diez veces más (…), al que tiene se le dará más; pero al que no tiene, hasta lo poco que tiene se le quitará. Y en cuanto (…) a esos que no querían tenerme por rey, traedlos acá y matadlos en mi presencia'" (…).

Para cumplir su designio de salvación, Dios se sirve siempre de mediadores. Esto tiene sus ventajas: el don llega a través de otros hombres y así los hombres pueden responder a la iniciativa divina con mayor libertad. Pero también sus inconvenientes: que los mediadores interpreten su misión como un privilegio y restrinjan el acceso al don con rigurosas condiciones (fariseos) o que no se entreguen a la misión (escondiendo el don) o incluso que los destinatarios tengan envidia de estos mediadores y los persigan o eliminen, pero la misión busca la comunión, por eso ha de ser de hombre a hombre. ¿Nos sentimos mediadores?

Ap 5,1-10
Sal 149. *Has hecho de
nosotros para nuestro Dios
un reino de sacerdotes.*
Lc 19,41-44

Cuando Jesús llegó cerca de Jerusalén, al ver la ciudad, lloró por ella y dijo: "¡Si entendieras siquiera en este día lo que puede darte paz!... Pero ahora eso te está oculto y no puedes verlo. Pues van a venir días malos para ti, en los que tus enemigos te cercarán con barricadas, te sitiarán, te atacarán por todas partes y te destruirán por completo. Matarán a tus habitantes y no dejarán en ti piedra sobre piedra, porque no reconociste el momento en que Dios vino a salvarte".

La salvación se realiza, ineludiblemente, en el tiempo, pero este rasgo tan humano, tan mundano, de la temporalidad impone sus condiciones. Dios se hace cercano hoy, no siempre, no en cada momento. Por ello es preciso elegir bien, en el momento crucial. De otro modo, el don se pierde, pasa ante nosotros, pero desaparece. Jesús llora porque ama su ciudad y su pueblo, porque sabe la medicina que ambos necesitan, pero estando ciegos no pueden verla y la rechazan. Jesús prevé las consecuencias: van a pagar un alto precio por no saber reconocer los signos. Este carácter crucial de la salvación también nos involucra a todos los creyentes.

Ap 10,8-11
Sal 118. *¡Qué dulce al paladar tu promesa, Señor!*
Lc 19,45-48

Después de esto, Jesús entró en el templo y comenzó a expulsar a los que allí estaban vendiendo. Les dijo: "En las Escrituras se dice: 'Mi casa será casa de oración', pero vosotros la habéis convertido en una cueva de ladrones". Todos los días enseñaba Jesús en el templo, y los jefes de los sacerdotes, los maestros de la ley y también los jefes del pueblo andaban buscando cómo matarlo. Pero no encontraban la manera de hacerlo, porque toda la gente le escuchaba con gran atención.

De nuevo una repetición. Ya vimos este evangelio el día 9, en la versión del evangelista Juan. Otro aspecto que resalta: Jesús no se ocultaba. Enseñaba todos los días en el templo. Otra visión presenta a Jesús que se muestra solo en Galilea, mientras en Jerusalén se oculta de las autoridades y fariseos. Esta doble lectura ha generado en la Iglesia una doble y opuesta forma de entender la misión: el modelo de la presencia manifiesta, sin complejos (instituciones abiertamente cristianas), el modelo de la levadura en la masa (testimonio oculto, que respeta la autonomía de lo humano). No creo que sean modelos excluyentes. Depende del contexto. Hay que respetar la autonomía de lo temporal, pero también vivir la fe sin complejos.

Ap 11,4-12
Sal 143. *Bendito el Señor, mi Roca.*
Lc 20,27-40

Después acudieron algunos saduceos a ver a Jesús. Los saduceos niegan que haya resurrección de los muertos, y por eso le plantearon este caso: "Maestro, Moisés nos dejó escrito que si un hombre casado muere sin haber tenido hijos con su mujer, el hermano del difunto deberá tomar por esposa a la viuda para darle hijos al hermano que murió. Pues bien, había una vez siete hermanos, el primero de los cuales se casó, pero murió sin dejar hijos. El segundo y luego el tercero se casaron con la viuda, y lo mismo hicieron los demás, (...). Finalmente murió también la mujer. Así pues, en la resurrección, ¿cuál de ellos la tendrá por esposa (...)?". Jesús les contestó: "En este mundo, los hombres y las mujeres se casan; pero los que merezcan llegar a aquel otro mundo y resucitar, sean hombres o mujeres, ya no se casarán, puesto que ya tampoco podrán morir. Serán como los ángeles, y serán hijos de Dios por haber resucitado. Hasta el mismo Moisés, en el pasaje de la zarza ardiendo, nos hace saber que los muertos resucitan. Allí dice que el Señor es el Dios de Abraham, de Isaac y de Jacob. ¡Y Dios no es Dios de muertos, sino de vivos, pues para él todos están vivos!" (...).

El caso extremo presentado por los saduceos buscaba ridiculizar la idea de la resurrección (que les servía para justificar su estilo de vida con riqueza y poder). Pero Jesús no les reprocha esto, sino que responde a su pregunta como si expresara una duda real. Así nos da una lección sobre la resurrección que, hoy también, se vuelve necesaria. Solo desde ella se pueden relativizar otras repuestas que hoy se intentan integrar en la propuesta cristiana: reencarnación, solo seremos almas inmortales... Porque solo la propuesta de la resurrección hace justicia a la unidad del hombre y a la real encarnación de Dios.

Ez 34,11-12.15-17

Así dice el Señor: "Yo, el Señor, digo: Yo mismo me encargaré del cuidado de mi rebaño. Como el pastor que se preocupa por sus ovejas cuando están dispersas, así me preocuparé yo de mis ovejas (…)".

Sal 22. *El Señor es mi pastor, nada me falta.*

1Co 15,20-26.28

(…) Cuando todo haya quedado sometido a Cristo, entonces Cristo mismo, que es el Hijo, se someterá a Dios, que es quien sometió a él todas las cosas. Así, Dios será todo en todo.

Mt 25,31-46

En aquel tiempo dijo Jesús a sus discípulos: "Cuando venga el Hijo del hombre rodeado de esplendor y de todos los ángeles, se sentará en su trono glorioso. Todas las naciones se reunirán delante de él, y él separará a unos de otros como el pastor separa las ovejas de las cabras. Pondrá las ovejas a su derecha y las cabras a su izquierda. Y dirá el Rey a los de su derecha: 'Venid vosotros, los que mi Padre ha bendecido: recibid el reino que se os ha preparado desde la creación del mundo. Porque tuve hambre y me disteis de comer, tuve sed y me disteis de beber, fui forastero y me recibisteis, anduve sin ropa y me vestisteis, caí enfermo y me visitasteis, estuve en la cárcel y vinisteis a verme'. Entonces los justos preguntarán: 'Señor, ¿cuándo te vimos hambriento y te dimos de comer, o sediento y te dimos de beber? ¿O cuándo te vimos forastero y te recibimos, o falto de ropa y te vestimos? ¿O cuándo te vimos enfermo o en la cárcel, y fuimos a verte?'. El Rey les contestará: 'Os aseguro que todo lo que hicisteis por uno de estos hermanos míos más humildes, por mí mismo lo hicisteis'. Luego dirá el Rey a los de su izquierda: 'Apartaos de mí, malditos: id al fuego eterno preparado para el diablo y sus ángeles. Porque tuve hambre y no me disteis de comer, tuve sed y no me disteis de beber, fui forastero y no me recibisteis, anduve sin ropa y no me vestisteis, caí enfermo y estuve en la cárcel, y no me visitasteis. (…) Os aseguro que todo lo que no hicisteis por una de estas personas más humildes, tampoco por mí lo hicisteis.' Estos irán al castigo eterno, y los justos, a la vida eterna".

Quizá el título de rey no resulte ya apto para designar el triunfo de Cristo, porque si bien puede vincularse con la idea de "someter", como expresión de dominio, o con el "derrotar" a los enemigos, no lo hace ni con ese cuidado del pastor por sus ovejas (1ª lectura) ni mucho menos como el ser fuente de vida mediante la resurrección (2ª lectura).

Pero lo que resulta del todo revolucionario es que el rey se identifique con los pequeños, y que nuestra conducta para con estos sea la conducta para con el mismo rey.

Si se piensa con detalle, es tal identificación la que permite comprender que la "sumisión", en realidad, es asimilación y que el Reino no habla tanto de dominio (poder) sino de comunión (Dios todo en todos).

Ap 14,1-3.4b-5
Sal 23. *Éste es el grupo que viene a tu presencia, Señor.*
Lc 21,1-4

Jesús estaba viendo cómo los ricos echaban dinero en las arcas de las ofrendas, y vio también a una viuda pobre que echaba dos monedas de cobre. Entonces dijo: "Verdaderamente os digo que esta viuda pobre ha dado más que nadie, pues todos dan sus ofrendas de lo que les sobra, pero ella, en su pobreza, ha dado todo lo que tenía para su sustento".

En lo que al dar se refiere, lo que importa no es la cantidad, sino la cualidad del don. Si seguimos a Cristo, todos estamos llamados a dar. Esta es la diferencia esencial entre el hombre y Dios. Ser, según el estilo de Dios, consiste en darse, en entrar en la dinámica del don. Dar tiempo, fuerza, escucha, limosna, ánimo, acogida… y tantas otras cosas, no es tanto "hacer una buena obra" como realizarse, madurar, crecer como persona ante Dios y para el Reino. Si el don es total, entonces estamos en la órbita de Dios, que se entrega plenamente en las relaciones entre las personas divinas y que se ha dado a nosotros sin reservarse nada cuando ha querido hacerse hombre y compartir nuestra vida.

Ap 14,14-19
Sal 95. *El Señor llega a regir la tierra.*
Lc 21,5-11

Algunos estaban hablando del templo, de la belleza de sus piedras y de las ofrendas que lo adornaban. Jesús dijo: "Vienen días en que de todo esto que estáis viendo no quedará piedra sobre piedra. ¡Todo será destruido!". Preguntaron a Jesús: "Maestro, ¿cuándo ocurrirán esas cosas? ¿Cuál será la señal de que ya están a punto de suceder?". Jesús contestó: "Tened cuidado y no os dejéis engañar. Porque vendrán muchos haciéndose pasar por mí y diciendo: 'Yo soy' y 'Ahora es el momento', pero no los sigáis. Y cuando oigáis alarmas de guerras y revoluciones no os asustéis, pues aunque todo eso tiene que ocurrir primero, aún no habrá llegado el fin". Siguió diciéndoles: "Una nación peleará contra otra y un país hará guerra contra otro; en diferentes lugares habrá grandes terremotos, hambres y enfermedades, y en el cielo se verán cosas espantosas y grandes señales".

El discurso escatológico siempre impacta. Porque vincula la llegada del Reino con catástrofes, terremotos, guerras generales y grandes señales. Y esto nos sorprende o hasta escandaliza. Pero solo es un género literario, una retórica que busca más despertar al despistado que asustar. Por eso hay que relativizar lo objetivo del anuncio. Pero nos invita a no olvidarnos de que, en la opción creyente, hay mucho en juego. Porque nuestra cultura con su pretendida lucidez escéptica se ha desentendido de todos estos límites. Como si no existieran. Mas hoy sigue en vigor lo que decía Juan de la Cruz: "En la tarde de la vida,/ al final de la jornada,/ aquel que se salva, sabe,/ y el que no, no sabe nada".

25 NOVIEMBRE

Miércoles

TIEMPO ORDINARIO 34ª SEMANA (f)

Ap 15,1-4
Sal 97. *Grandes y maravillosas son tus obras, Señor, Dios omnipotente.*
Lc 21,12-19

En aquel tiempo dijo Jesús: "Pero antes de eso os echarán mano y os perseguirán: os llevarán a juicio en las sinagogas, os meterán en la cárcel y os conducirán ante reyes y gobernadores por causa mía. Así tendréis oportunidad de dar testimonio de mí. Haceos el propósito de no preparar de antemano vuestra defensa, porque yo os daré palabras tan llenas de sabiduría que ninguno de vuestros enemigos podrá resistiros ni contradeciros en nada. Pero seréis traicionados incluso por vuestros padres, hermanos, parientes y amigos. Matarán a algunos de vosotros y todo el mundo os odiará por causa mía, pero no se perderá ni un solo cabello de vuestra cabeza. ¡Permaneced firmes y salvaréis vuestra vida!".

Parece una exageración. Parece como si esas persecuciones, juicios, ejecuciones fuesen reales solo en los inicios del cristianismo, que fue tiempo de mártires. Pero, en realidad, si se hacen bien los números, resulta que el siglo que ha contemplado más cristianos mártires ha sido el siglo XX. Y el XXI parece que no se quiere quedar atrás. Basta que nuestra mirada no se reduzca a Occidente. Allí lo que prevalece es la indiferencia: una mirada secular que somete la fe a lo privado y la excluye de lo público; pero si miramos otras latitudes en las que los cristianos son perseguidos, masacrados, torturados, quemados vivos solo por ser cristianos, allí las palabras de Jesús alcanzan una terrible actualidad.

Ap 18,1-2.21-23; 19,1-3.9a
Sal 99. *Dichosos los
invitados al banquete de
bodas del Cordero.*
Lc 21,20-28

En aquel tiempo dijo Jesús: "Cuando veáis a Jerusalén rodeada de ejércitos, sabed que pronto será destruida. Entonces los que estén en Judea, que huyan a las montañas; los que estén en Jerusalén, que salgan de la ciudad; y los que estén en el campo, que no regresen a ella. Porque serán días de castigo en los que se cumplirá cuanto dicen las Escrituras. ¡Pobres de las mujeres que en aquellos días estén embarazadas o tengan niños de pecho!, porque habrá mucho dolor en el país y un castigo terrible contra este pueblo. A unos los matarán a filo de espada, a otros los llevarán prisioneros por todas las naciones, y los paganos pisotearán Jerusalén hasta que se cumpla el tiempo que les ha sido señalado. Habrá señales en el sol, la luna y las estrellas. En la tierra, las naciones estarán confusas y angustiadas por el ruido terrible del mar y de las olas. La gente se desmayará de espanto (...). Entonces verán al Hijo del hombre venir en una nube con gran poder y gloria. Cuando empiecen a suceder estas cosas, animaos y levantad la cabeza, porque muy pronto seréis liberados".

D e nuevo el discurso escatológico centrado en la destrucción de Jerusalén. Es posible que el texto de Lucas cuente ya con la histórica destrucción de la ciudad y del tempo, obrada por Tito en el año 70. El texto vincula este hecho con la retórica escatológica de las catástrofes y la confusión y el aviso de la segunda venida de Jesús. Esta será triunfante. Pero debemos aprender de la historia. También se esperaba al Mesías y luego no se supo discernir su llegada. Puede que la espera de un retorno triunfal sobre las nubes del cielo tampoco sea una expectativa justa. Los caminos de Dios suelen sorprender a los hombres y postular esta forma de volver supone que, en la parte opuesta del planeta, no podrán verlo. Cuestionable.

27

NOVIEMBRE

Viernes

TIEMPO ORDINARIO 34ª SEMANA (f)

Ap 20,1-4.11—21,2
Sal 83. *Ésta es la morada De Dios con los hombres.*
Lc 21,29-33

También les propuso Jesús esta comparación: "Mirad la higuera, o cualquier otro árbol: cuando veis que ya brotan sus hojas, comprendéis que el verano está cerca. De la misma manera, cuando veáis que suceden esas cosas, sabed que el reino de Dios ya está cerca. Os aseguro que todo ello sucederá antes que haya muerto la gente de este tiempo. El cielo y la tierra pasarán, pero mis palabras no pasarán".

D ifícil saber si el rotundo anuncio de Jesús: "Mis palabras no pasarán" habla del fin de Jerusalén o de su segunda venida (con el fin del mundo). El texto paralelo de Mateo (Mt 24,36) se refiere al retorno de Jesús: "sabed que Él está cerca, a las puertas" y añade: "de aquel día y hora nadie sabe nada (...) ni siquiera el Hijo, solo el Padre". Pero no faltan otros pasajes evangélicos donde Jesús dice que no pasará una generación sin que suceda su retorno (Lc 9,27; Mc 9,1; Mt 16,28; 10,23). Quizá lo inmediato de la venida del Reino fuera convicción personal de Jesús (también de Pablo), pues, aunque no podía errar en el mensaje o doctrina, era hombre como nosotros y, por ello, falible (sobre datos, fechas, nombres...).

Ap 22,1-7
Sal 94. *Marana tha. Ven, Señor Jesús.*
Lc 21,34-36

En aquel tiempo dijo Jesús: "Tened cuidado y no dejéis que vuestro corazón se endurezca por los vicios, las borracheras y las preocupaciones de esta vida, para que aquel día no caiga de pronto sobre vosotros como una trampa; porque así vendrá sobre todos los habitantes de la tierra. Permaneced vigilantes, orando en todo tiempo para que podáis escapar de todas esas cosas que van a suceder, y para que podáis presentaros delante del Hijo del hombre".

Último día del año litúrgico. Con una llamada de atención, para evitar que, enredados en las pasiones y preocupaciones mundanas, se nos endurezca el corazón para con las cosas del espíritu. Vigilancia, oración. La argumentación es interesante porque, si previene de los excesos, no es tanto por lo que representan (son pecados) sino porque "endurecen el corazón" y esto puede significar que no dejan lugar a la caridad, pero también que ciegan el alma para la necesaria apertura al Espíritu. Para presentarse delante del Hijo del hombre no es necesario ser perfectos, sino apertura hacia Él y una presencia real de la caridad al prójimo. Es así como podemos prepararnos para trabajar por el Reino.

Is 63,16b-17.19b; 64,2b-7

Tú, Señor, eres nuestro padre; desde siempre eres nuestro redentor. ¿Por qué, Señor, haces que nos desviemos de tus caminos y endureces nuestros corazones para que no te respetemos? Cambia ya, por amor a tus siervos y a las tribus que te pertenecen. Entonces tus enemigos conocerían tu nombre y las naciones temblarían ante ti. Cuando hiciste cosas terribles que no esperábamos, cuando bajaste, las montañas temblaron ante ti. Jamás se ha escuchado ni se ha visto que haya otro dios fuera de ti que haga tales cosas en favor de los que en él confían. Tú aceptas a quien hace el bien con alegría y se acuerda de hacer lo que tú quieres. Pero estás enojado porque hemos pecado; porque desde hace mucho te hemos ofendido. (…); por eso te ocultaste de nosotros, nos has abandonado a causa de nuestra maldad.

Sal 7. *Oh Dios, restáuranos, que brille tu rostro y nos salve.*

1Co 1,3-9

Que Dios nuestro Padre y el Señor Jesucristo derramen sobre vosotros su gracia y su paz. Siempre doy gracias a Dios por vosotros, por la gracia que Dios os ha dispensado por medio de Cristo Jesús. Pues por medio de él os ha dado Dios gran riqueza espiritual, tanto de palabra como de conocimiento, de manera que el mensaje acerca de Cristo ha llegado a ser una realidad en vosotros. De este modo no os falta ningún don de Dios mientras esperáis el día en que aparezca nuestro Señor Jesucristo. Dios os mantendrá firmes hasta el fin, para que nadie pueda reprocharos nada cuando regrese nuestro Señor Jesucristo. Dios, que siempre cumple sus promesas, es quien os ha llamado a vivir en comunión con su Hijo Jesucristo, nuestro Señor.

Mc 13,33-37

En aquel tiempo dijo Jesús: "Permaneced despiertos y vigilantes, porque no sabéis cuándo llegará el momento. Esto es como un hombre que, a punto de irse a otro país, deja a sus criados al cargo de la casa. A cada cual le señala su tarea, y ordena al portero que vigile. Así que permaneced despiertos, porque no sabéis cuándo va a llegar el señor de la casa: si al anochecer, a la medianoche, al canto del gallo o a la mañana. ¡Que no venga de repente y os encuentre durmiendo! Y lo que os digo a vosotros se lo digo a todos: ¡Permaneced despiertos!".

Inicia el Adviento. Y la preparación a la Navidad comienza como terminó el año litúrgico pasado: con una llamada a la vigilancia para que la venida de Dios no nos encuentre dormidos. Es el mismo esquema: no se trata de si pecamos o no, sino de si estamos atentos y despiertos, esperando al Señor que nos trae la salvación.

Cierto, los pecados nos alejan de Dios, pero nosotros no somos grandes pecadores, nuestro problema mayor es que nuestra mirada se empequeñece, se adapta al estilo mundano, y acaba por olvidar las promesas y ya no espera nada, ni nadie.

A quien no espera es inútil intentar convencerle de que está hecho para otros horizontes, aunque estén latiendo sordamente en su corazón.

Rm 10,9-18
Sal 18. *A toda la tierra alcanza su pregón.*
Mt 4,18-22

En aquel tiempo Jesús paseaba por la orilla del lago de Galilea, cuando vio a dos hermanos: a Simón, también llamado Pedro, y a Andrés. Eran pescadores, y estaban echando la red al agua. Jesús les dijo: "Seguidme, y yo os haré pescadores de hombres". Al momento dejaron sus redes y se fueron con él. Un poco más adelante vio Jesús a otros dos hermanos: Santiago y Juan, hijos de Zebedeo, que estaban con su padre en una barca reparando las redes. Jesús los llamó, y al punto, dejando ellos la barca y a su padre, le siguieron.

De la mayor parte de los apóstoles sabemos poco. Y en eso que sabemos hay mucho de legendario. ¿Por qué son tan importantes? ¿Qué significado tienen para nosotros?, ¿qué nos dicen? Habiendo sido los primeros seguidores, nos dicen que la fe se debe vivir como comunidad, no individualmente. Que sean entre sí tan distintos los apóstoles nos dice que Jesús (y la fe) es enemigo de la uniformidad; que algunos eran cultos nos dice que no hay que ser intelectuales para poder seguir a Jesús; nos dice que Dios siempre usa la mediación de otros hombres para difundir la fe, que nadie tiene un acceso directo a Dios; nos dice que Dios obra con nosotros si estamos unidos.

Martes

ADVIENTO 1ª SEMANA (f)

Is 11,1-10
Sal 71. *Que en sus días florezca la justicia, y la paz abunde eternamente.*
Lc 10,21-24

En aquel tiempo, Jesús, lleno de alegría por el Espíritu Santo, dijo: "Te alabo, Padre, Señor del cielo y de la tierra, porque has mostrado a los sencillos las cosas que ocultaste a los sabios y entendidos. Sí, Padre, porque así lo has querido. Mi Padre me ha entregado todas las cosas. Nadie sabe quién es el Hijo, sino el Padre; y nadie sabe quién es el Padre, sino el Hijo y aquellos a quienes el Hijo quiera darlo a conocer". Volviéndose a los discípulos les dijo aparte: "Dichosos quienes vean lo que estáis viendo vosotros, porque os digo que muchos profetas y reyes desearon ver lo que vosotros veis, y no lo vieron; desearon oír lo que vosotros oís, y no lo oyeron".

Si Dios fuera un enigma, entonces solo los muy inteligentes podrían descifrarlo. ¡Hasta la inteligencia artificial tendría algo que decir! Pero Dios es un Misterio de amor que no necesita ser explicado, sino acogido con humildad y amado con devoción. Por eso, solo los sencillos que han recibido la fuerza del Espíritu Santo lo perciben con asombro. Esta verdad llena de alegría el corazón de Jesús. Su misión consiste precisamente en alentar la fe de los sencillos y despertar la de quienes se consideran entendidos, pero miran sin ver y oyen sin escuchar. Pidamos hoy los dones del Espíritu Santo –de los que nos habla el profeta Isaías en la primera lectura– para poder creer en Dios como los sencillos por los que Jesús alaba al Padre. El Adviento nos ayuda a caer en la cuenta de nuestra autosuficiencia y a abrirnos con humildad a la gracia de Dios.

Is 25,6-10a
Sal 22. *Habitaré en la casa del Señor por años sin término.*
Mt 15,29-37

Jesús, saliendo de allí, se fue a la orilla del lago de Galilea; luego subió al monte y se sentó. Mucha gente se reunió donde él estaba. Llevaban cojos, ciegos, mancos, mudos y otros muchos enfermos; los ponían a los pies de Jesús y él los sanaba. (…) Jesús llamó a sus discípulos y les dijo: "Siento compasión de esta gente, porque ya hace tres días que están aquí conmigo y no tienen nada que comer. No quiero enviarlos en ayunas a sus casas, no sea que desfallezcan por el camino". Sus discípulos le dijeron: "Pero ¿cómo encontrar comida para tanta gente en un lugar como este, donde no vive nadie?". Jesús les preguntó: "¿Cuántos panes tenéis?". "Siete y unos pocos peces" –le contestaron. Mandó que la gente se sentara en el suelo, tomó en sus manos los siete panes y los peces y, habiendo dado gracias a Dios, los partió, se los dio a sus discípulos y ellos los repartieron entre la gente. Todos comieron hasta quedar satisfechos, y todavía llenaron siete canastas con los trozos sobrantes.

Cuando se presenta una situación inesperada, los discípulos responden desde el desconcierto. No saben qué hacer. Jesús, por el contrario, responde desde la compasión. No quiere que nadie desfallezca en el camino de la vida. Su misión consiste en sanar a todos. Por eso, ayer como hoy, mucha gente enferma y necesitada acude a Él. Con solo "siete panes y unos pocos peces" es capaz de alimentar a la multitud. ¡Hasta recogieron las sobras en siete cestos! La versión litúrgica ha omitido el final del relato: "Los que comieron eran cuatro mil hombres, sin contar mujeres y niños" (Mt 15,38). Importa rescatar este final lleno de símbolos: los tres días que lleva la gente con Jesús, los siete panes y los pocos pececillos y las siete canastas llenas de trozos sobrantes. El número siete repetido indica que donde está Jesús hay plenitud de vida, aunque a veces tengamos la impresión de que la fe en Él es muy poca cosa en comparación con otros recursos humanos.

Is 26,1-6
Sal 117. *Bendito el que viene en nombre del Señor.*
Mt 7,21.24-27

En aquel tiempo dijo Jesús: "No todos los que me dicen 'Señor, Señor' entrarán en el reino de los cielos, sino sólo los que hacen la voluntad de mi Padre celestial. Todo el que oye mis palabras y hace caso a lo que digo es como un hombre prudente que construyó su casa sobre la roca. Vino la lluvia, crecieron los ríos y soplaron los vientos contra la casa; pero no cayó, porque tenía sus cimientos sobre la roca. Pero todo el que oye mis palabras y no hace caso a lo que digo, es como un tonto que construyó su casa sobre la arena. Vino la lluvia, crecieron los ríos y soplaron los vientos, y la casa se derrumbó. ¡Fue un completo desastre!".

A Jesús le gustan las comparaciones. Quien construye la casa de la propia vida sobre la arena de la vanidad o la insensatez se arriesga a venirse abajo en momentos de crisis. Por el contrario, quien la construye sobre la roca firme de Dios puede hacer frente a las pruebas de la vida. Hay una religiosidad-arena que es pura apariencia, aunque prodigue palabras piadosas y prácticas devocionales. Jesús pide a sus discípulos una religiosidad-roca, que consiste en hacer la voluntad de Dios, incluso cuando todo se pone en contra. San Francisco Javier, misionero intrépido en Oriente, nos enseña a buscar la gloria de Dios por encima de nuestros planes e intereses personales. Solo así podremos vivir en plenitud.

Is 29,17-24
Sal 26. *El Señor es mi luz y mi salvación.*
Mt 9,27-31

Al salir Jesús de allí, dos ciegos le siguieron, gritando: "¡Ten compasión de nosotros, Hijo de David!". Cuando entró en la casa, los ciegos se le acercaron. Él les preguntó: "¿Creéis que puedo hacer esto?". "Sí, Señor" -le contestaron. Entonces Jesús les tocó los ojos y les dijo: "Hágase conforme a la fe que tenéis". Y recobraron la vista. Jesús les advirtió severamente: "Procurad que nadie lo sepa". Pero en cuanto salieron, contaron por toda aquella región lo que Jesús había hecho.

En el evangelio de hoy, la enfermedad de la ceguera, la petición a gritos, el acercamiento a Jesús, la confianza en su poder curativo, la curación misma y el anuncio tienen un sujeto comunitario. El evangelio habla de dos ciegos que experimentan un hermoso itinerario de curación. Tras ser curados por Jesús, se convierten en dos evangelizadores, a pesar de la advertencia del Maestro de que nadie supiera lo sucedido. Es como si hubieran comprendido que Jesús siempre envía a los suyos "de dos en dos" para que su testimonio sea creíble. Solo anuncia con alegría y constancia quien ha experimentado en carne propia el poder curativo de Jesús. Si además la experiencia es compartida, entonces aumenta su credibilidad y su eficacia.

Is 30,19-21.23-26
Sal 146. *Dichosos los que esperan en el Señor.*
Mt 9,35–10,1.6-8

Jesús recorría todos los pueblos y aldeas enseñando en las sinagogas de cada lugar. Anunciaba la buena noticia del reino y curaba toda clase de enfermedades y dolencias. Viendo a la gente, sentía compasión, porque estaban angustiados y desvalidos como ovejas que no tienen pastor. Dijo entonces a sus discípulos: "Ciertamente la mies es mucha, pero los obreros son pocos. Por eso, pedid al Dueño de la mies que mande obreros a recogerla". Jesús llamó a sus doce discípulos y les dio autoridad para expulsar a los espíritus impuros y para curar toda clase de enfermedades y dolencias. Les dijo: "Id más bien a las ovejas perdidas del pueblo de Israel. Id y anunciad que el reino de los cielos está cerca. Sanad a los enfermos, resucitad a los muertos, limpiad de su enfermedad a los leprosos y expulsad a los demonios. Gratis habéis recibido este poder; dadlo gratis".

Jesús, el compasivo, no da abasto él solo para anunciar la buena noticia del Reino y curar a los muchos enfermos que acuden a él. Por eso, solicita a los suyos que pidan a Dios, el dueño de la mies, que mande obreros. El mismo Jesús escoge a doce y los incorpora a su misión con unas orientaciones precisas. Tienen que partir siempre de la periferia (las "ovejas perdidas"), centrarse en lo esencial (la proximidad del Reino), acompañar el anuncio con signos de vida (curaciones y exorcismos) y hacerlo todo desde la gratuidad, porque la gracia de Dios no tiene precio. ¿No es esto mismo lo que necesitamos hoy en la Iglesia y en el mundo para que la Buena Noticia llegue a todos?

Is 40,1-5.9-11

Vuestro Dios dice: "Consolad, consolad a mi pueblo; hablad con cariño a Jerusalén y decidle que su esclavitud ha terminado, que ya ha pagado por sus faltas, que ya ha recibido de mi mano el doble del castigo por todos sus pecados" (…).

Sal 84. *Muéstranos, Señor, tu misericordia y danos tu salvación.*

2Pe 3,8-14

Además, queridos hermanos, no olvidéis que para el Señor un día es como mil años, y mil años como un día. No es que el Señor se demore en cumplir su promesa, como algunos suponen. Lo que sucede es que tiene paciencia con vosotros, pues no quiere que nadie muera, sino que todos se vuelvan a Dios. (…) Esperad la llegada del día de Dios, y haced lo posible por apresurarla. Ese día los cielos serán destruidos por el fuego, y los elementos se derretirán entre las llamas; pero nosotros esperamos el cielo nuevo y la tierra nueva que Dios ha prometido, en los que todo será justo y bueno. Por eso, queridos hermanos, mientras esperáis estas cosas, haced todo lo posible para que Dios os encuentre en paz, sin mancha ni culpa.

Mc 1,1-8

Principio de la buena noticia de Jesucristo, el Hijo de Dios. El profeta Isaías había escrito: "Envío mi mensajero delante de ti para que te prepare el camino. Una voz grita en el desierto: ¡Preparad el camino del Señor, abridle un camino recto!". Sucedió que Juan el Bautista se presentó en el desierto bautizando a la gente. Les decía que debían convertirse a Dios y ser bautizados, para que Dios les perdonase sus pecados. De toda la región de Judea y de la ciudad de Jerusalén salían a oírle. Confesaban sus pecados y Juan los bautizaba en el río Jordán. Juan iba vestido de ropa hecha de pelo de camello, que se sujetaba al cuerpo con un cinturón de cuero; y comía langostas y miel del monte. En su proclamación decía: "Después de mí viene uno más poderoso que yo, que ni siquiera merezco agacharme para desatar la correa de sus sandalias. Yo os he bautizado con agua, pero él os bautizará con el Espíritu Santo".

La buena noticia con la que empieza el relato de Marcos es precisamente que Jesucristo es el Hijo de Dios. Esa es la clave de todo el evangelio. Esa misma confesión la harán más adelante Pedro (simbolizando al pueblo judío) y el centurión romano (simbolizando a los gentiles). Jesús realiza a cabalidad el consuelo anunciado por Isaías (primera lectura), el cielo nuevo y la tierra nueva de la que habla la carta de Pedro (segunda lectura).

A nosotros nos corresponde preparar el camino para que Jesús pueda llegar a nuestras vidas. El mensaje de Isaías y el de Juan Bautista resuenan con fuerza en el Adviento. Si no abajamos los montes del orgullo y rellenamos los valles de la desconfianza, no podremos dejarnos bautizar con la novedad del Espíritu Santo.

No es una tarea de un día. Cada uno tiene su momento. Dios tiene paciencia con todos porque "no quiere que nadie se pierda".

7
DICIEMBRE

Is 35,1-10
Sal 84. *Nuestro Dios viene y nos salvará.*
Lc 5,17-26

Un día estaba Jesús enseñando, y se habían sentado por allí algunos fariseos y maestros de la ley (…). El poder de Dios se manifestaba en Jesús cuando curaba a los enfermos. En esto llegaron unos hombres que llevaban en una camilla a un paralítico (…), pero no encontraban por dónde entrar (…); así que subieron al techo, y haciendo un hueco entre las tejas bajaron al enfermo en la camilla (…). Cuando Jesús vio la fe que tenían, le dijo al enfermo: "Amigo, tus pecados quedan perdonados". Entonces los maestros de la ley y los fariseos comenzaron a pensar: "¿Quién es éste, que se atreve a decir palabras ofensivas contra Dios? Tan sólo Dios puede perdonar pecados". Pero Jesús (…) les preguntó: "(…) ¿Qué es más fácil, decir: 'Tus pecados quedan perdonados' o decir: 'Levántate y anda'? Pues voy a demostraros que el Hijo del hombre tiene poder en la tierra para perdonar pecados". Entonces dijo al paralítico: "A ti te digo: levántate, toma tu camilla y vete a tu casa". Al momento, el paralítico se levantó delante de todos, tomó la camilla en que estaba acostado y se fue a su casa alabando a Dios. Todos se quedaron asombrados y alabaron a Dios (…).

Hoy leemos la historia de un paralítico convertido en evangelizador. En el proceso curativo destaca el papel de los camilleros amigos que no se detienen ante las dificultades. Sin decir nada, logran acercar al enfermo a Jesús descolgándolo desde el techo. La verdadera fe encuentra siempre caminos cuando todo parece cerrado. La parálisis del hombre enfermo no era solo física, sino espiritual. Por eso, la curación de Jesús es total: le perdona los pecados y le devuelve la salud. Solo Dios tiene poder para una curación así. Ante la actuación de Jesús, todos se quedan asombrados y atemorizados. El Dios tremendo y fascinante se manifiesta en el hombre Jesús. Necesitamos la fe inquebrantable del paralítico y sus compañeros para conocer a Jesús y experimentar su fuerza sanadora.

Martes

INMACULADA CONCEPCIÓN DE LA VIRGEN (S)

Gn 3,9-15.20
Sal 97. *Cantad al Señor un
cántico nuevo, porque ha
hecho maravillas.*
Ef 1,3-6.11-12
Lc 1,26-38

En aquel tiempo envió Dios al ángel Gabriel (..) a visitar a una joven virgen llamada María (…). El ángel entró donde ella estaba, y le dijo: "¡Te saludo, favorecida de Dios! El Señor está contigo". Cuando vio al ángel, se sorprendió de sus palabras (…). El ángel le dijo: "María, no tengas miedo, pues tú gozas del favor de Dios. Ahora vas a quedar encinta: tendrás un hijo y le pondrás por nombre Jesús. Será un gran hombre, al que llamarán Hijo del Dios altísimo: y Dios el Señor lo hará rey, como a su antepasado David, y reinará por siempre en la nación de Israel. Su reinado no tendrá fin". María preguntó al ángel: "¿Cómo podrá suceder esto, si no vivo con ningún hombre?". El ángel le contestó: "El Espíritu Santo se posará sobre ti y el poder del Dios altísimo se posará sobre ti como una nube. Por eso, el niño que va a nacer será llamado Santo e Hijo de Dios. También tu parienta Isabel, a pesar de ser anciana, va a tener un hijo; la que decían que no podía tener hijos está encinta desde hace seis meses. Para Dios no hay nada imposible". Entonces María dijo: "Soy la esclava del Señor. ¡Que Dios haga conmigo como me has dicho!". Con esto, el ángel se fue.

L a vocación de María es una historia de gracia y libertad. La "llena de gracia" (inmaculada) responde con absoluta entrega a la llamada de Dios: "Hágase en mí según su palabra". La "llena de gracia" por obra de Dios descontamina nuestro mundo corrompido. Donde está María no hay corrupción. Ella es la mujer que, desprovista de toda fuerza personal, fiada plenamente de Dios, sigue pisando la cabeza de la serpiente que nos aparta del camino de la vida. Su condición de inmaculada anticipa la vocación de todos nosotros: "Somos santos e inmaculados por el amor". En el itinerario del Adviento, la Virgen Inmaculada nos ayuda a preparar el camino para el encuentro personal con el Santo.

9

Miércoles

ADVIENTO 2ª SEMANA (f)

Is 40,25-31
Sal 102. *Bendice, alma mía, al Señor.*
Mt 11,28-30

En aquel tiempo dijo Jesús: "Venid a mí todos los que estáis cansados y agobiados, y yo os haré descansar. Aceptad el yugo que os impongo, y aprended de mí, que soy paciente y de corazón humilde; así encontraréis descanso. Porque el yugo y la carga que yo os impongo son ligeros".

La dinámica del Evangelio podría resumirse en estos dos imperativos: venid e id. En realidad, esta dinámica reproduce el movimiento respiratorio (inhalación y exhalación) y también el movimiento del corazón (sístole y diástole). El mismo Jesús que nos dice: "Id, y haced discípulos a todas las naciones, bautizándolos en el nombre del Padre, y del Hijo, y del Espíritu Santo" (Mt 28,19) es el que nos invita a acercarnos a Él cuando estamos cansados y agobiados. La forma de encontrar alivio es compartir su yugo. El yugo de Jesús es ligero porque casi todo el peso recae sobre Él. La clave para soportar el peso de la vida es uncirnos a Jesús, caminar junto a Él, seguir su misma suerte. Jesús no se refiere al yugo como símbolo de esclavitud, sino de libertad y de descanso. Su yugo (en definitiva, su cruz) no es opresor porque es expresión de amor, el fruto de alguien que se presenta a sí mismo como "manso y humilde de corazón", en línea con los que son bienaventurados por el mismo motivo.

Is 41,13-20
Sal 144. *El Señor es clemente y misericordioso, lento a la cólera y rico en piedad.*
Mt 11,11-15

En aquel tiempo dijo Jesús: "Os aseguro que, entre todos los hombres, ninguno ha sido más grande que Juan el Bautista; sin embargo, el más pequeño en el reino de los cielos es más grande que él. Desde que vino Juan el Bautista hasta ahora, al reino de los cielos se le hace violencia, y los violentos pretenden acabar con él. Todos los profetas y la ley de Moisés anunciaron el reino hasta que vino Juan. Y, si queréis creerlo, Juan es el profeta Elías, que había de volver. Los que tienen oídos, oigan".

Juan es grande porque ha preparado el camino del Señor. Los pequeños del Reino son más grandes porque han creído en él. Para Jesús, Juan es como el profeta Elías. Según la tradición rabínica, los judíos esperaban –basados en Mal 4– que el profeta Elías regresaría para restaurar la armonía entre padres e hijos y preparar el terreno para la llegada del reino mesiánico. Juan el Bautista realiza esa tarea de preparación con fortaleza y humildad, pero no es suficiente. Para entrar en el Reino se requiere creer en Jesús, como hacen los pequeños. Solo la fe nos permite resistir a la violencia de quienes en todos los tiempos quieren acabar con el Reino.

11 DICIEMBRE

Is 48,17-19

Sal 1. *El que te sigue, Señor, tendrá la luz de la vida.*

Mt 11,16-19

En aquel tiempo dijo Jesús: "¿A qué compararé la gente de este tiempo? Es comparable a los niños que se sientan a jugar en las plazas y gritan a sus compañeros: 'Tocamos la flauta, y no bailasteis; cantamos canciones tristes, y no llorasteis.' Porque vino Juan, que ni come ni bebe, y dicen que tiene un demonio. Luego ha venido el Hijo del hombre, que come y bebe, y dicen que es glotón y bebedor, amigo de gente de mala fama y de los que cobran impuestos para Roma. Pero la sabiduría de Dios se demuestra por sus resultados".

Jesús no fue comprendido en su tiempo. Por una parte, se ajustaba a las expectativas de sus contemporáneos; por otra, las desbordaba. Era justo y misericordioso, austero y amigo de la fiesta, enérgico y tierno, orante y activo, pacífico y liberador... Su rica personalidad no podía ser encasillada en los tipos al uso. Por eso, muchos de sus admiradores iniciales se fueron retirando. En el contexto actual de polarización, también Jesús rompe los esquemas de conservadores y progresistas, de místicos y profetas. Son los frutos de su vida los que lo convierten en transparencia de Dios. Su sabiduría consiste en revelar a Dios en palabras y gestos de amor que van más allá de las imágenes que nosotros nos hemos fabricado. Cuando creemos que lo hemos comprendido del todo, podemos estar seguros de no estar ante el verdadero Jesús, sino ante una caricatura.

Sábado

DICIEMBRE 12

ADVIENTO 2ª SEMANA (f)

Eclo 48,1-4.9-11b
Sal 79. *Oh Dios, restáuranos,
que brille tu rostro y nos
salve.*
Mt 17,10-13

En aquel tiempo los discípulos preguntaron a Jesús: "¿Por qué dicen los maestros de la ley que Elías tiene que venir primero?". Jesús contestó:

"Es cierto que Elías ha de venir y que ha de poner todas las cosas en orden. Sin embargo, yo os digo que Elías ya vino, pero ellos no le reconocieron, sino que hicieron con él cuanto quisieron. De la misma manera va a sufrir a manos de ellos el Hijo del hombre". Entonces comprendieron los discípulos que Jesús les estaba hablando de Juan el Bautista.

Jesús habla de dos figuras del pasado (Elías y Juan el Bautista) para cuestionar la manera como vivimos el presente. Si ellos no fueron reconocidos en su tiempo, puede suceder lo mismo con los nuevos "profetas" que Dios nos sigue enviando hoy para ayudarnos a creer en Jesús. A veces pueden ser personajes famosos de la Iglesia y del mundo, pero a menudo se trata de hombres y mujeres que viven a nuestro lado –los "santos de la puerta de al lado"– y cuyo testimonio nos incomoda porque denuncia las zonas oscuras de nuestra vida y nos confronta con la verdad de nosotros mismos. ¿Quiénes son hoy esos profetas? ¿Qué dimensiones del Evangelio nos están revelando que nosotros no queremos ver?

Is 61,1-2a.10-11

El espíritu del Señor está sobre mí, porque el Señor me ha consagrado; me ha enviado a dar buenas noticias a los pobres, a aliviar a los afligidos, a anunciar libertad a los presos, puertas abiertas a los encarcelados; a proclamar el año favorable del Señor (…).

Sal: Lc 1,46-50.53-54. *Me alegro con mi Dios.*

1Ts 5,16-24

Estad siempre contentos. Orad en todo momento. Dad gracias a Dios por todo, porque esto es lo que él quiere de vosotros como creyentes en Cristo Jesús. No apaguéis el fuego del Espíritu. No despreciéis el don de profecía. Sometedlo todo a prueba y retened lo bueno. Apartaos de toda clase de mal. Que Dios mismo, el Dios de paz, os haga perfectamente santos y os conserve todo vuestro ser, espíritu, alma y cuerpo, sin defecto alguno, para el regreso de nuestro Señor Jesucristo. El que os ha llamado es fiel, y lo cumplirá.

Jn 1,6-8.19-28

Hubo un hombre llamado Juan, a quien Dios envió como testigo, para que diera testimonio de la luz y para que todos creyesen por medio de él. Juan no era la luz, sino uno enviado a dar testimonio de la luz. Los judíos de Jerusalén enviaron sacerdotes y levitas a Juan, a preguntarle quién era. Y él confesó claramente: "Yo no soy el Mesías". Le volvieron a preguntar: "¿Quién eres, pues? ¿El profeta Elías?". Juan dijo: "No lo soy". Ellos insistieron: "Entonces, ¿eres el profeta que había de venir?". Contestó: "No". Le dijeron: "¿Quién eres, pues? Tenemos que llevar una respuesta a los que nos han enviado. ¿Qué puedes decirnos acerca de ti mismo?". Juan les contestó: "Yo soy, como dijo el profeta Isaías, 'Una voz que grita en el desierto: ¡Abrid un camino recto para el Señor!'" Los que habían sido enviados por los fariseos a hablar con Juan, le preguntaron: "Pues si no eres el Mesías ni Elías ni el profeta, ¿por qué bautizas?". Juan les contestó: "Yo bautizo con agua, pero entre vosotros hay uno que no conocéis: ése es el que viene después de mí. Yo ni siquiera soy digno de desatar la correa de sus sandalias". Todo esto sucedió en el lugar llamado Betania, al oriente del río Jordán, donde Juan estaba bautizando.

El tercer domingo de Adviento (*Gaudete*) nos invita a la alegría. El profeta Isaías habla del Espíritu que unge y envía para proclamar el año de gracia del Señor. Ese ungido y enviado es Jesús, del que Juan el Bautista es su precursor.

Jesús es, en efecto, el enviado por el Padre "para dar la buena noticia a los que sufren, para vendar los corazones desgarrados, para proclamar la amnistía a los cautivos, y a los prisioneros la libertad". Pablo, escribiendo a los tesalonicenses, nos invita a estar siempre alegres y a dar gracias a Dios en toda ocasión.

El don de la alegría es siempre contracultural. Se hace más necesario en un momento histórico sobrecargado de malas noticias que nos empujan a la desesperanza y a la tristeza. En este domingo anticipamos la alegría de la Navidad cercana.

Nm 24,2-7.15-17a
Sal 24. *Señor, instrúyeme en tus sendas.*
Mt 21,23-27

En aquel tiempo Jesús entró en el templo y, mientras estaba en él, enseñando, se le acercaron los jefes de los sacerdotes y los ancianos de los judíos y le preguntaron: "¿Con qué autoridad haces estas cosas? ¿Quién te ha dado tal autoridad?". Jesús les contestó: "Yo también os voy a hacer una pregunta: ¿Quién envió a Juan a bautizar: Dios o los hombres? Si me respondéis, también yo os diré con qué autoridad hago estas cosas". Ellos se pusieron a discutir unos con otros: "Si respondemos que le envió Dios, nos dirá: 'Entonces, ¿por qué no le creísteis?' Y si decimos que fueron los hombres, tenemos miedo de la gente, porque todos tienen a Juan por profeta". Así que respondieron a Jesús: "No lo sabemos". Entonces él les contestó: "Pues tampoco yo os digo con qué autoridad hago estas cosas".

Las preguntas que los fariseos le formulan a Jesús son tramposas. El objetivo no es aclarar la verdad, sino atraparlo. Jesús reacciona a su vez con una pregunta que no tiene escapatoria. No revela el origen de su autoridad porque no quiere ser malinterpretado. Prefiere que sean las obras mismas y no algunas declaraciones las que esclarezcan su verdadera identidad. Podría haber hecho suyos los versos de Juan de la Cruz, cuya memoria celebramos hoy: "No quieras enviarme / de hoy más ya mensajero, / que no saben decirme lo que quiero".

Sof 3,1-2.9-13
Sal 33. *Si el afligido invoca al Señor, él lo escucha.*
Mt 21,28-32

En aquel tiempo Jesús les preguntó: "¿Qué os parece esto? Un hombre que tenía dos hijos le dijo a uno de ellos: 'Hijo, ve hoy a trabajar a la viña.' El hijo le contestó: '¡No quiero ir!', pero después cambió de parecer y fue. Luego el padre se dirigió al otro y le dijo lo mismo. Éste contestó: 'Sí, señor, yo iré', pero no fue. ¿Cuál de los dos hizo lo que el padre quería?". "El primero" –contestaron ellos. Entonces Jesús les dijo: "Os aseguro que los que cobran los impuestos para Roma, y las prostitutas, entrarán antes que vosotros en el reino de Dios. Porque Juan el Bautista vino a mostraros el camino de la justicia, y no le creísteis; en cambio, los cobradores de impuestos y las prostitutas sí le creyeron. Vosotros, aun después de ver todo eso, no cambiasteis de actitud ni le creísteis".

Con las palabras podemos fingir y engañar. Lo que de verdad cuenta es la vida. Las personas religiosas pueden ser víctimas de su propio lenguaje. Creer en Jesús no se reduce a usar palabras piadosas o a autojustificarnos con obras de caridad. Lo que Jesús pide a sus seguidores es un cambio de actitud, una apertura humilde a su poder de transformación. La vida está llena de sorpresas. Ni son todos los que están, ni están todos los que son. Lo que más importa no es nuestra rectitud moral, sino la humildad de creer en Jesús y en la novedad de su Reino, del que los últimos son los privilegiados.

Is 45,6b-8.18.21b-25
Sal 84. *Cielos, destilad el rocío; nubes, derramad al Justo.*
Lc 7,19-23

En aquel tiempo Juan envió a dos de sus discípulos a Jesús, a preguntarle si él era el que había de venir o si debían esperar a otro. Los enviados de Juan se acercaron, pues, a Jesús y le dijeron: "Juan el Bautista nos ha mandado a preguntarte si tú eres el que había de venir o si debemos esperar a otro". En aquel mismo momento sanó Jesús a muchas personas de sus enfermedades y sufrimientos, y de los espíritus malignos, y dio la vista a muchos ciegos. Luego les contestó: "Id y contad a Juan lo que habéis visto y oído: que los ciegos ven, los cojos andan, los leprosos quedan limpios de su enfermedad, los sordos oyen, los muertos resucitan y a los pobres se les anuncia la buena noticia. ¡Y dichoso el que no pierde su confianza en mí!".

También hoy, en el contexto de sociedades abiertas y multirreligiosas, nos preguntamos –como los discípulos de Juan– si es Jesús el que tiene que venir o debemos esperar a otro. ¿Se reduce Jesús a ser un revelador más del misterio de Dios, como otros personajes famosos de la historia, o es el revelador definitivo en quien reside la plenitud de la divinidad? Podemos responder como lo hace el credo de la Iglesia, pero la respuesta que Jesús da desplaza el acento de las fórmulas dogmáticas a los signos de transformación que se producen con su venida. ¿Cuáles son esos signos que "hemos visto y oído" en los contextos en los que vivimos? ¿Dónde y cómo se percibe hoy que Jesús cambia la vida de las personas?

Jueves

ADVIENTO 3ª SEMANA (f)

DICIEMBRE
17

Gn 49,1-2.8-10
Sal 71. *Que en sus días florezca la justicia, y la paz abunde eternamente.*
Mt 1,1-17

La lista de los antepasados de Jesucristo (…): Abraham fue padre de Isaac, éste lo fue de Jacob y éste de Judá y sus hermanos. Judá y Tamar fueron los padres de Fares y Zérah. (…) Salmón y Rahab fueron los padres de Booz. Booz y Rut fueron los padres de Obed. (…) Jesé fue padre del rey David, y el rey David fue padre de Salomón, cuya madre fue la que había sido esposa de Urías. (…) Josías fue padre de Jeconías y sus hermanos, cuando la deportación de los israelitas a Babilonia. Después de la deportación a Babilonia, Jeconías fue padre de Salatiel y éste de Zorobabel. Zorobabel fue padre de Abihud, éste lo fue de Eliaquim y éste de Azor. (…) Jacob fue padre de José, el marido de María, y ella fue la madre de Jesús, a quien llamamos el Mesías. De modo que hubo catorce generaciones desde Abraham hasta David, catorce desde David hasta la deportación de los israelitas a Babilonia y otras catorce desde la deportación a Babilonia hasta el nacimiento del Mesías.

Hoy empezamos las "ferias mayores" del Adviento que nos llevan directamente a la Navidad. La lista de antepasados de Jesús que nos ofrece el evangelio de Mateo está organizada en tres series de catorce generaciones a partir de Abraham. El evangelista quiere hacer ver a sus lectores de origen judío que Jesús no es un hombre sin raíces. Procede de Abraham y es heredero de David. Por lo tanto, en él se cumplen las promesas hechas a los patriarcas. Él es el verdadero rey de Israel y del universo. A pesar del contexto patriarcal, en las listas de las 42 generaciones figuran cuatro mujeres no judías: Tamar y Rahab (cananeas), Rut (moabita) y Betsabé (probablemente hitita). El designio de Dios atraviesa la historia con su amor sirviéndose de múltiples mediaciones, no siempre moralmente intachables. La "quinta mujer" es María, la esposa judía de José y madre de Jesús.

18 DICIEMBRE

Viernes

ADVIENTO 3ª SEMANA (f)

Jr 23,5-8
Sal 71. *Que en sus días florezca la justicia, y la paz abunde eternamente.*
Mt 1,18-24

El nacimiento de Jesucristo fue así: María, su madre, estaba comprometida para casarse con José; pero antes de vivir juntos se encontró encinta por el poder del Espíritu Santo. José, su esposo, que era un hombre justo y no quería denunciar públicamente a María, decidió separarse de ella en secreto. Ya había pensado hacerlo así, cuando un ángel del Señor se le apareció en sueños y le dijo: "José, descendiente de David, no tengas miedo de tomar a María por esposa, porque el hijo que espera es obra del Espíritu Santo. María tendrá un hijo y tú le pondrás por nombre Jesús. Se llamará así porque salvará a su pueblo de sus pecados". Todo esto sucedió para que se cumpliera lo que el Señor había dicho por medio del profeta: "La virgen quedará encinta, y tendrá un hijo al que pondrán por nombre Emanuel" (que significa: "Dios con nosotros"). Cuando José despertó, hizo lo que el ángel del Señor le había ordenado, y tomó a María por esposa.

Hoy el protagonista es José de Nazaret. ¿Quién es este personaje del que sabemos tan poco y que, sin embargo, es tan popular? Es "el esposo de María" (Mt 1,16), es un hombre "justo" que no quiso denunciar a su joven esposa cuando esta había concebido antes de vivir juntos (cf. Mt 1,18,19), es alguien que hizo lo que le mandó el ángel (cf. Mt 1,24) y que impuso al recién nacido el nombre de Jesús (cf. Mt 1,25). Lo que hace de José de Nazaret un personaje de primer orden no son sus escritos (de hecho, no conservamos ni una sola palabra pronunciada o escrita por él) ni tampoco sus obras relevantes. A José le bastó con ser lo que Dios quiso que fuera y estar donde Dios quiso que estuviese. Probablemente tuvo otros sueños, pero pronto comprendió que el mejor sueño de un ser humano es abrirse a Dios y serle fiel.

Sábado

DICIEMBRE 19

ADVIENTO 3ª SEMANA (f)

Jue 13,2-7.24-25a
Sal 70. *Que mi boca esté llena de tu alabanza y cante tu gloria.*
Lc 1,5-25

En el tiempo en que Herodes era rey (…), vivía un sacerdote llamado Zacarías, perteneciente al grupo de Abías. Su esposa, llamada Isabel, descendía de Aarón. Ambos eran justos (…). Ahora eran ya los dos muy ancianos. Un día en que al grupo sacerdotal de Zacarías le correspondía el turno de oficiar delante de Dios, (…) le tocó en suerte a Zacarías entrar en el santuario del templo (…). En esto se le apareció un ángel (…) le dijo: "Zacarías, no tengas miedo, porque Dios ha oído tu oración, y tu esposa Isabel te va a dar un hijo, al que pondrás por nombre Juan. Tú te llenarás de gozo y muchos se alegrarán de su nacimiento, porque tu hijo va a ser grande delante del Señor. (…)". Zacarías preguntó al ángel: "¿Cómo puedo estar seguro de esto? Porque yo soy muy anciano, y mi esposa también". El ángel le contestó: "Yo soy Gabriel, y estoy al servicio de Dios (…), como no has creído lo que te he dicho, vas a quedarte mudo; y no volverás a hablar hasta que (…) suceda todo esto". (…) Cumplido el tiempo de su servicio en el templo, Zacarías se fue a su casa. Después de esto, su esposa Isabel quedó encinta (…).

Las anunciaciones de Sansón y del Bautista preparan la gran anunciación de Jesús. Lucas presenta la anunciación de Juan en continuidad y contraste con la de Jesús. Cambian los sujetos: un anciano (Zacarías), una joven (María). Cambia el lugar: el templo de Jerusalén (Zacarías), una sencilla casa (María). Cambia, sobre todo, la reacción: incredulidad (Zacarías), entrega total tras la turbación inicial (María). También a nosotros se nos anuncia la llegada de Jesús a través de las múltiples mediaciones de la vida ordinaria. El Adviento es un tiempo litúrgico que nos dispone para las sorpresas de Dios. Ni Zacarías, ni María, ni José estaban preparados para aceptar los planes de Dios. A los tres les sorprendieron. Los tres se atrevieron a dudar y a preguntar. Acabaron confiando ciegamente en Dios, aceptando el riesgo de la fe.

20 DOMINGO
DICIEMBRE

2Sa 7,1-5.8b-12.14a.16

(…) Yo estableceré a uno de tus descendientes y lo confirmaré en el reino. Yo seré para él un padre y él será para mí un hijo. Tu dinastía y tu reino estarán para siempre seguros bajo mi protección, y también tu trono quedará establecido para siempre'".

Sal: Is 12,2-6. *Gritad jubilosos: "Qué grande es en medio de ti el Santo de Israel".*

Rm 16,25-27

Alabemos al Señor, que puede haceros firmes conforme al Evangelio que yo anuncio y la enseñanza acerca de Jesucristo. Esto está de acuerdo con lo que Dios ha revelado de su designio secreto, oculto desde antes que el mundo existiera, pero dado ahora a conocer por los escritos de los profetas, según el mandato del Dios eterno. ¡A Dios, el único sabio, sea la gloria para siempre por medio de Jesucristo! Amén.

Lc 1,26-38

A los seis meses envió Dios al ángel Gabriel a un pueblo de Galilea llamado Nazaret, a visitar a una joven virgen llamada María que estaba comprometida para casarse con un hombre llamado José, descendiente del rey David. El ángel entró donde ella estaba, y le dijo: "¡Te saludo, favorecida de Dios! El Señor está contigo". Cuando vio al ángel, se sorprendió de sus palabras, y se preguntaba qué significaría aquel saludo. El ángel le dijo: "María, no tengas miedo, pues tú gozas del favor de Dios. Ahora vas a quedar encinta: tendrás un hijo y le pondrás por nombre Jesús. Será un gran hombre, al que llamarán Hijo del Dios altísimo: y Dios el Señor lo hará rey, como a su antepasado David, y reinará por siempre en la nación de Israel. Su reinado no tendrá fin".

María preguntó al ángel: "¿Cómo podrá suceder esto, si no vivo con ningún hombre?". El ángel le contestó: "El Espíritu Santo se posará sobre ti y el poder del Dios altísimo se posará sobre ti como una nube. Por eso, el niño que va a nacer será llamado Santo e Hijo de Dios. También tu parienta Isabel, a pesar de ser anciana, va a tener un hijo; la que decían que no podía tener hijos está encinta desde hace seis meses. Para Dios no hay nada imposible". Entonces María dijo: "Soy la esclava del Señor. ¡Que Dios haga conmigo como me has dicho!". Con esto, el ángel se fue.

El descendiente anunciado por Natán al rey David es el hijo anunciado a María por el arcángel Gabriel. La liturgia del Adviento nos presenta por segunda vez la "vocación de María". Es la aurora del mayor acontecimiento de la historia humana: la encarnación del Hijo de Dios. De esta manera se cumplen todas las profecías.

En el relato se concentran algunos de los títulos del niño que va a nacer: Jesús, hijo del Altísimo, hijo de David, Rey eterno, Santo, Hijo de Dios. El sí de María, en su humana debilidad, cambia el curso de la historia e inaugura todos los "síes" que los seres humanos somos invitados a dar a las llamadas de Dios.

En su vocación todo es ordinario (no hay trucos de magia) y al mismo tiempo extraordinario (Dios va más allá de la biología y los planes humanos).

Cnt 2,8-14
Sal 32. *Aclamad, justos, al Señor, cantadle un cántico nuevo.*
Lc 1,39-45

Por aquellos días, María se dirigió de prisa a un pueblo de la región montañosa de Judea, y entró en casa de Zacarías y saludó a Isabel. Cuando Isabel oyó el saludo de María, la criatura se movió en su vientre, y ella quedó llena del Espíritu Santo. Entonces, con voz muy fuerte, dijo Isabel: "¡Dios te ha bendecido más que a todas las mujeres, y ha bendecido a tu hijo! ¿Quién soy yo para que venga a visitarme la madre de mi Señor? Tan pronto como he oído tu saludo, mi hijo se ha movido de alegría en mi vientre. ¡Dichosa tú por haber creído que han de cumplirse las cosas que el Señor te ha dicho!".

"**L**evántate, ya llega". La liturgia de hoy apresura el ritmo. La amada se levanta porque el amado viene ya saltando por los montes. No puede quedarse quieta. María se pone en camino, "con presteza", porque lleva dentro al Amado que todos los siglos esperaban. No es solo cuestión de servir a Isabel. Es algo más profundo: la joven María que ha sido visitada por el ángel se convierte ahora en visitadora, en misionera de su propio Hijo antes de darlo a luz. La alegría de tenerlo es insuperablemente contagiosa y debe ser celebrada. Jesús no es una propiedad privada, ni siquiera de su madre: es patrimonio de la humanidad. ¿Experimentas también tú esta urgencia para ponerte en camino y compartir con otros la alegría de haber encontrado a Jesús?

Martes

ADVIENTO 4ª SEMANA (f)

1Sa 1,24-28
Sal: 1Sa 2,1.4-8. *Mi corazón se regocija por el Señor, mi Salvador.*
Lc 1,46-56

En aquel tiempo María dijo: "Mi alma alaba la grandeza del Señor. Mi espíritu se alegra en Dios mi Salvador, porque Dios ha puesto sus ojos en mí, su humilde esclava, y desde ahora me llamarán dichosa; porque el Todopoderoso ha hecho en mí grandes cosas. ¡Santo es su nombre! Dios tiene siempre misericordia de quienes le honran. Actuó con todo su poder: deshizo los planes de los orgullosos, derribó a los reyes de sus tronos y puso en alto a los humildes. Llenó de bienes a los hambrientos y despidió a los ricos con las manos vacías. Ayudó al pueblo de Israel, su siervo, y no se olvidó de tratarlo con misericordia. Así lo había prometido a nuestros antepasados, a Abraham y a sus futuros descendientes". María se quedó con Isabel unos tres meses, y después regresó a su casa.

Hoy es el día del Magnificat, cántico mariano lleno de reminiscencias veterotestamentarias, que recitamos cada día en la oración de la tarde. Es un canto en tres tiempos: alabanza a Dios por lo que ha hecho en María, reconocimiento de la fuerza de Dios que da la vuelta a las situaciones humanas y recuerdo de la fidelidad de Dios que siempre cumple sus promesas en favor del pueblo. Este canto, en boca de María, es también el canto de todos los que creen en un Dios que es fuente de sentido y alegría y quiere un mundo hecho a la medida de los pobres, no de los poderosos. No es extraño que haya sido un cántico prohibido por algunos regímenes totalitarios.

Mal 3,1-4.23-24
Sal 24. *Levantaos, alzad la cabeza: se acerca vuestra liberación.*
Lc 1,57-66

Al cumplirse el tiempo en que Isabel había de dar a luz, tuvo un hijo. Sus vecinos y parientes fueron a felicitarla cuando supieron que el Señor había sido tan bueno con ella. A los ocho días llevaron a circuncidar al niño, y querían ponerle el nombre de su padre, Zacarías. Pero la madre dijo: "No. Tiene que llamarse Juan". Le contestaron: "No hay nadie en tu familia con ese nombre". Entonces preguntaron por señas al padre del niño, para saber qué nombre quería ponerle. El padre pidió una tabla para escribir, y escribió: "Su nombre es Juan". Y todos se quedaron admirados. En aquel mismo momento, Zacarías recobró el habla y comenzó a alabar a Dios. Todos los vecinos estaban asombrados, y en toda la región montañosa de Judea se contaba lo sucedido. Cuantos lo oían se preguntaban a sí mismos: "¿Qué llegará a ser este niño?". Porque ciertamente el Señor mostraba su poder en favor de él.

Es difícil imaginar a un niño como "fuego de fundidor" y "lejía de lavandero". Ambos símbolos, sin embargo, expresan bien la vocación profética de Juan el Bautista, cuyo nacimiento se narra en el evangelio de hoy. Él será –como anuncia el profeta Malaquías– el mensajero que preparará los caminos del Señor. Todo el mundo se alegra con este niño, nacido de padres ancianos. La razón está contenida en su mismo nombre: Juan, es decir "Dios concede su gracia y misericordia". La gente se preguntaba qué sería de ese niño. Los signos de Dios siempre producen una mezcla de asombro, desconcierto y expectación. Cada niño que nace –como decía Rabindranath Tagore– "nos trae el mensaje de que Dios todavía no pierde la esperanza en los hombres". Y tú, ¿la has perdido?

2Sa 7,1-5.8b-12.14a.16
Sal 88. *Cantaré eternamente
tus misericordias, Señor.*
Lc 1,67-79

En aquel tiempo Zacarías, el padre del niño, lleno del Espíritu Santo y hablando en profecía, dijo: "¡Bendito sea el Señor, Dios de Israel, porque ha venido a rescatar a su pueblo! Nos ha enviado un poderoso salvador, un descendiente de David, su siervo. Esto es lo que había prometido en el pasado por medio de sus santos profetas: que nos salvaría de nuestros enemigos y de todos los que nos odian, que tendría compasión de nuestros antepasados y que no se olvidaría de su santo pacto. Y éste es el juramento que había hecho a nuestro padre Abraham: que nos libraría de nuestros enemigos, para servirle sin temor con santidad y justicia, y estar en su presencia todos los días de nuestra vida. En cuanto a ti, hijito mío, serás llamado profeta del Dios altísimo, porque irás delante del Señor preparando sus caminos, para hacer saber a su pueblo que Dios les perdona sus pecados y les da la salvación. Porque nuestro Dios, en su gran misericordia, nos trae de lo alto el sol de un nuevo día, para iluminar a los que viven en la más profunda oscuridad, para dirigir nuestros pasos por un camino de paz".

El Benedictus de Zacarías parece un eco del Magníficat de María. Concentra toda la espera de Israel. Como María, en el Magníficat, Zacarías se refiere dos veces a la misericordia de Dios. Como María señala la fuerza del brazo de Dios en acción, Zacarías alude a la fuerza salvadora suscitada en la casa de David. Como María evoca a Abraham y su descendencia, Zacarías recuerda el juramento hecho al patriarca. Como María habla de la fiel memoria de Dios, Zacarías confiesa que Dios se acordó de su santa alianza. Es un mismo canto, a voces mixtas y en perfecto acorde. La misericordia de Dios no alcanza solo a una virgen y a una estéril; viene de antiguo: se remonta a los padres, y se dilata de generación en generación a todo el pueblo de Israel.

25

Viernes

NATIVIDAD DEL SEÑOR (S)

Is 52,7-10
Sal 97. *Los confines de la tierra han contemplado la victoria de nuestro Dios.*
Hb 1,1-6
Jn 1,1-18

En el principio ya existía la Palabra, y aquel que es la Palabra estaba con Dios y era Dios. Él estaba en el principio con Dios. Por medio de él, Dios hizo todas las cosas; nada de lo que existe fue hecho sin él. En él estaba la vida, y la vida era la luz de la humanidad. Esta luz brilla en las tinieblas, y las tinieblas no han podido apagarla. (…) La luz verdadera que alumbra a toda la humanidad venía a este mundo. Aquel que es la Palabra estaba en el mundo, y aunque Dios había hecho el mundo por medio de él, los que son del mundo no le reconocieron. (…) Pero a quienes le recibieron y creyeron en él les concedió el privilegio de llegar a ser hijos de Dios. (…) Aquel que es la Palabra se hizo hombre y vivió entre nosotros lleno de amor y de verdad. Y hemos visto su gloria, la gloria que como Hijo único recibió del Padre. (…) Porque la ley fue dada por medio de Moisés, pero el amor y la verdad se han hecho realidad por medio de Jesucristo. Nadie ha visto jamás a Dios; el Hijo único, que es Dios y que vive en íntima comunión con el Padre, nos lo ha dado a conocer.

Hoy es Navidad. Jesús es la Palabra hecha carne, Dios hecho hombre. El Altísimo no se ha olvidado de sus criaturas. Se ha hecho visible. La gracia y la verdad se han reconciliado en un pequeño niño. Nada será igual en adelante. No se trata solo de una "buena noticia". Es la proclamación de un acontecimiento que se cumple hoy en ti, en la Iglesia y en el mundo: Cristo ha nacido. Es el día del renacimiento universal. En un día como hoy, recuerda tu dignidad de hijo. Experimenta la alegría de tener un Padre. Comparte el don de la fe con tus hermanos. Anuncia la alegría del encuentro a quienes siguen buscando. Cree con todas tus fuerzas que "la Palabra era la luz verdadera, que con su venida al mundo ilumina a todo hombre". Donde brilla esta luz, no hacen falta otras lucecitas de colores.

Sábado

SAN ESTEBAN, PROTOMÁRTIR (F)

Hch 6,8-10; 7,54-59
Sal 30. *A tus manos, Señor, encomiendo mi espíritu.*
Mt 10,17-22

En aquel tiempo dijo Jesús: "Tened cuidado, porque os entregarán a las autoridades, os golpearán en las sinagogas y hasta os conducirán ante gobernadores y reyes por causa mía; así podréis dar testimonio de mí ante ellos y ante los paganos. Pero cuando os entreguen a las autoridades, no os preocupéis por lo que habéis de decir o por cómo decirlo, porque en aquel momento os dará Dios las palabras. No seréis vosotros quienes habléis, sino que el Espíritu de vuestro Padre hablará por vosotros. Los hermanos entregarán a la muerte a sus hermanos, y los padres a sus hijos; y los hijos se levantarán contra sus padres, y los matarán. Todo el mundo os odiará por causa mía, pero el que permanezca firme hasta el fin, será salvo".

Esteban es el primero de entre los seguidores de Jesús en nacer a la vida definitiva. Lo conocemos como "protomártir", pero podríamos también referirnos a él como el "proto-nacido" a la plena comunión con Dios. Esteban experimenta en su carne un parto enrojecido por la sangre del martirio. Ser discípulo de un Niño indefenso es lo más arriesgado de este mundo. Esteban lo fue hasta el final porque estaba "lleno del Espíritu Santo". Con su fuerza, el mismo que imitó a Jesús en la vida, lo imitó en la muerte. Murió perdonando a sus perseguidores y entregando su vida en las manos de Jesús. Desde entonces, es un guion obligado para todos los mártires cristianos que ha habido en la historia. Aunque parezca paradójico, solo hay Navidad donde hay hombres y mujeres que dan la vida.

Eclo 3,2-6.12-14

El Señor quiere que el padre sea honrado por sus hijos, y que la autoridad de la madre sea respetada por ellos (...).

Sal 127. *Dichosos los que temen al Señor y siguen sus caminos.*

Col 3,12-21

(...) Mujeres, someteos a vuestros maridos (...). Maridos, amad a vuestras mujeres y no las tratéis con aspereza. Hijos, obedeced en todo a vuestros padres, porque esto agrada al Señor. Padres, no irritéis a vuestros hijos, para que no se desanimen.

Lc 2,22-40

Cuando se cumplieron los días en que ellos debían purificarse según manda la ley de Moisés, llevaron al niño a Jerusalén para presentarlo al Señor. (...)". Fueron, pues, a ofrecer en sacrificio lo que manda la ley del Señor: un par de tórtolas o dos pichones. En aquel tiempo vivía en Jerusalén un hombre llamado Simeón. Era un hombre justo, que adoraba a Dios y esperaba la restauración de Israel. El Espíritu Santo estaba con él y le había hecho saber que no moriría sin ver antes al Mesías, a quien el Señor había de enviar. Guiado por el Espíritu Santo, Simeón fue al templo. Y cuando los padres del niño Jesús entraban para cumplir con lo dispuesto por la ley, Simeón lo tomó en brazos, y alabó a Dios diciendo: "Ahora, Señor, tu promesa está cumplida: ya puedes dejar que tu siervo muera en paz. Porque he visto la salvación que has comenzado a realizar ante los ojos de todas las naciones, la luz que alumbrará a los paganos y que será la honra de tu pueblo Israel". El padre y la madre de Jesús estaban admirados de lo que Simeón decía acerca del niño. Simeón les dio su bendición, y dijo a María, la madre de Jesús: "Mira, este niño está destinado a hacer que muchos en Israel caigan y muchos se levanten. Será un signo de contradicción que pondrá al descubierto las intenciones de muchos corazones. Pero todo esto va a ser para ti como una espada que te atraviese el alma". También estaba allí una profetisa llamada Ana, hija de Penuel, de la tribu de Aser. Era muy anciana. (...). Ana se presentó en aquel mismo momento, y comenzó a dar gracias a Dios y a hablar del niño Jesús a todos los que esperaban la liberación de Jerusalén. Cuando ya habían cumplido con todo lo que dispone la ley del Señor, regresaron a Galilea, a su pueblo de Nazaret. Y el niño crecía y se hacía más fuerte y más sabio, y gozaba del favor de Dios.

"Si quieres cambiar la sociedad, cambia la familia". Es la consigna de todos los reformadores sociales. A menudo, estos cambios dictados desde arriba violentan un desarrollo equilibrado.

La liturgia nos propone un método distinto: nos introduce en el hogar de Nazaret para que, contemplando la "extraña" familia de Jesús, adquiramos su espíritu para vivirlo hoy, en nuestras propias circunstancias. No se trata de copiar un modelo, sino de recrearlo con la ayuda del Espíritu Santo.

La familia de Nazaret desconcierta a todos porque no se ajusta a modelos tradicionales ni rupturistas. Es siempre algo nuevo, diferente, caracterizado por los problemas, la búsqueda, el respeto a la vocación de cada uno y una nota común: la decisión de cumplir, por encima de todo, la voluntad del Padre y no los propios deseos.

1Jn 1,5–2,2
Sal 123. *Hemos salvado la vida, como un pájaro de la trampa del cazador.*
Mt 2,13-18

Cuando ya los sabios se habían ido, un ángel del Señor se apareció en sueños a José y le dijo: "Levántate, toma al niño y a su madre y huye a Egipto. Quédate allí hasta que yo te avise, porque Herodes va a buscar al niño para matarlo". José se levantó, tomó al niño y a su madre y salió de noche con ellos camino de Egipto, donde estuvieron hasta que murió Herodes. Esto sucedió para que se cumpliese lo que el Señor había dicho por medio del profeta: "De Egipto llamé a mi hijo". Al darse cuenta Herodes de que aquellos sabios de Oriente le habían burlado, se enfureció; y calculando el tiempo por lo que ellos habían dicho, mandó matar a todos los niños menores de dos años que vivían en Belén y sus alrededores. Así se cumplió lo que había dicho el profeta Jeremías: "Se oyó una voz en Ramá, llantos y grandes lamentos. Era Raquel, que lloraba a sus hijos y no quería ser consolada porque ya estaban muertos".

La Iglesia celebra hoy la fiesta de los santos inocentes. Solo el evangelista Mateo (2,13-18) habla de este episodio. Exégetas e historiadores discuten sobre la verosimilitud de la narración. Lo evidente es que Mateo, que escribe sobre todo para cristianos provenientes del judaísmo, tiene mucho interés en hacer ver que Jesús es el nuevo Moisés. Como él, pues, "tiene que" venir de Egipto, sobrevivir a la matanza de sus coetáneos y hacer un verdadero éxodo de la esclavitud a la libertad. En otras palabras, Mateo, sobre la falsilla de la historia de Moisés, quiere poner en evidencia que solo Jesús es el verdadero salvador y que no hay poder ni "faraón" (en este caso Herodes) que pueda contra él.

1Jn 2,3-11
Sal 95. *Alégrese el cielo, goce la tierra.*
Lc 2,22-35

A los ocho días circuncidaron al niño y le pusieron por nombre Jesús, el mismo nombre que el ángel había dicho a María antes de que estuviera encinta. Cuando se cumplieron los días en que ellos debían purificarse según manda la ley de Moisés, llevaron al niño a Jerusalén para presentarlo al Señor. (:…) En aquel tiempo vivía en Jerusalén un hombre llamado Simeón. Era un hombre justo, que adoraba a Dios y esperaba la restauración de Israel. El Espíritu Santo estaba con él y le había hecho saber que no moriría sin ver antes al Mesías, a quien el Señor había de enviar. Guiado por el Espíritu Santo, Simeón fue al templo. Y cuando los padres del niño Jesús entraban para cumplir con lo dispuesto por la ley, Simeón lo tomó en brazos, y alabó a Dios diciendo: "Ahora, Señor, tu promesa está cumplida: ya puedes dejar que tu siervo muera en paz. Porque he visto la salvación que has comenzado a realizar ante los ojos de todas las naciones, la luz que alumbrará a los paganos y que será la honra de tu pueblo Israel". El padre y la madre de Jesús estaban admirados de lo que Simeón decía acerca del niño. Simeón les dio su bendición (…).

E l cántico de Simeón pone palabras a la experiencia de "misión cumplida", de retirada digna. El anciano Simeón, que toda su vida había estado esperando al Mesías, que representa la espera concentrada del pueblo de Israel, es capaz de decir: *Nunc dimittis* (es decir: "Ahora, Señor, según tu promesa, puedes dejar a tu siervo irse en paz"). Esa despedida obedece a una profunda experiencia teologal: "Porque mis ojos han visto a tu Salvador, a quien has presentado ante todos los pueblos". Cuando se nos concede la gracia de "ver al Señor", podemos irnos en paz. Él sabrá cómo seguir haciéndose presente en nuestro mundo. Nadie es imprescindible.

30 DICIEMBRE

Miércoles

Octava de Navidad (f)

1Jn 2,12-17
Sal 95. *Alégrese el cielo, goce la tierra.*
Lc 2,36-40

En aquel tiempo estaba también allí una profetisa llamada Ana, hija de Penuel, de la tribu de Aser. Era muy anciana. Se había casado siendo muy joven y vivió con su marido siete años; pero hacía ya ochenta y cuatro que había quedado viuda. Nunca salía del templo, sino que servía día y noche al Señor, con ayunos y oraciones. Ana se presentó en aquel mismo momento, y comenzó a dar gracias a Dios y a hablar del niño Jesús a todos los que esperaban la liberación de Jerusalén. Cuando ya habían cumplido con todo lo que dispone la ley del Señor, regresaron a Galilea, a su pueblo de Nazaret. Y el niño crecía y se hacía más fuerte y más sabio, y gozaba del favor de Dios.

Con Simeón y Ana podemos fijar nuestros ojos en la "dulce monotonía" de los días débiles de Navidad (o sea, los breves períodos entre las grandes fiestas). Nos dan la oportunidad de pensar con calma. Son una oportunidad óptima para hacernos una vez más la eterna pregunta que daba vueltas en la cabeza de san Anselmo y que nunca acabamos de despejar: *Cur Deus homo?* (¿Por qué Dios se ha hecho hombre?). La espiritualidad contemporánea no puede entender que la divinidad quiera hacerse aquello que nosotros quisiéramos trascender: carne débil. Da la impresión de que caminamos en direcciones opuestas: nosotros queriendo huir del mundo material en busca de extrañas "energías espirituales" y Dios viniendo a nuestro suelo en forma de un niño palpable. No tenemos días suficientes para dar cabida a tanto asombro.

1Jn 2,18-21
Sal 95. *Alégrese el cielo,
goce la tierra.*
Jn 1,1-18

En el principio ya existía la Palabra, y aquel que es la Palabra estaba con Dios y era Dios. Él estaba en el principio con Dios. Por medio de él, Dios hizo todas las cosas; nada de lo que existe fue hecho sin él. En él estaba la vida, y la vida era la luz de la humanidad. (…) La luz verdadera que alumbra a toda la humanidad venía a este mundo. Aquel que es la Palabra estaba en el mundo, y aunque Dios había hecho el mundo por medio de él, los que son del mundo no le reconocieron. Vino a su propio mundo, pero los suyos no le recibieron. Pero a quienes le recibieron y creyeron en él les concedió el privilegio de llegar a ser hijos de Dios. Y son hijos de Dios, no por la naturaleza ni los deseos humanos, sino porque Dios los ha engendrado. Aquel que es la Palabra se hizo hombre y vivió entre nosotros lleno de amor y de verdad. Y hemos visto su gloria, la gloria que como Hijo único recibió del Padre. (…) De sus grandes riquezas, todos hemos recibido bendición tras bendición (…) el amor y la verdad se han hecho realidad por medio de Jesucristo. Nadie ha visto jamás a Dios; el Hijo único, que es Dios y que vive en íntima comunión con el Padre, nos lo ha dado a conocer.

El último día del año volvemos a leer el prólogo del evangelio de Juan. Cada palabra está preñada de significado. "A cuantos lo recibieron, les dio poder de ser hijos de Dios, a los que creen en su nombre". Recibir la Palabra, acogerla en nuestro corazón, nos permite gozar de nuestra condición de hijos de Dios. En Navidad celebramos que "el Verbo se hizo carne y habitó entre nosotros". El Dios invisible ("nadie ha visto jamás a Dios") ha querido hacerse visible en la fragilidad de la condición humana, ha querido poner su tienda en nuestro suelo, ser uno más del pueblo. Con corazón agradecido, le entregamos al Dios de la historia el año que termina y nos preparamos con esperanza para acoger el que está por empezar.

Oraciones para una lectura orante de la Palabra de cada día

En el inicio

Ven, Espíritu Santo,
ilumina mi mente y mi corazón,
para que acoja con humildad y reverencia
la Palabra de Dios que voy a meditar.
Ayúdame a guardarla en el corazón, como María,
para que también la Palabra se haga carne en mí.
Amén.

Al terminar

Señor, te doy gracias por tu Palabra,
que ilumina cada día mi camino
y me guía por el sendero de la vida.
Gracias por la verdad que me hace libre,
por la belleza que me cautiva
y por el amor que me sostiene en la vida.
Ayúdame a poner en práctica lo que he aprendido hoy
y a vivir siempre según tu voluntad.
Amén.

PALABRA
Y VIDA
2 0 2 6

LA SEÑAL DE LA CRUZ

Por la señal de la Santa Cruz
de nuestros enemigos
líbranos, Señor, Dios nuestro.
En el nombre del Padre,
y del Hijo,
y del Espíritu Santo. Amén.

GLORIA

Gloria al Padre, y al Hijo,
y al Espíritu Santo.
Como era en el principio,
ahora y siempre,
por los siglos de los siglos.
Amén.

PADRENUESTRO

Padre nuestro,
que estás en el cielo,
santificado sea tu Nombre,
venga a nosotros tu reino,
hágase tu voluntad
en la tierra como en el cielo.
Danos hoy nuestro pan
de cada día;
perdona nuestras ofensas
como también nosotros
perdonamos
a los que nos ofenden;
no nos dejes caer en la tentación
y líbranos del mal. Amén.

AVEMARÍA

Dios te salve, María,
llena eres de gracia,
el Señor es contigo.
Bendita tú eres
entre todas las mujeres,
y bendito es el fruto
de tu vientre, Jesús.
Santa María, Madre de Dios,
ruega por nosotros, pecadores,
ahora y en la hora
de nuestra muerte. Amén.

INVOCACIÓN AL ESPÍRITU SANTO

Ven Espíritu Santo,
llena los corazones de tus fieles
y enciende en ellos
el fuego de tu amor.

V: Envía, Señor, tu Espíritu.
R: Y renueva la faz de la tierra.

Oh Dios, que has iluminado
los corazones de tus fieles
con la luz del Espíritu Santo;
haznos dóciles
a sus inspiraciones para gustar
siempre el bien
y gozar de su consuelo. Amén.

PROFESIÓN DE FE

Creo en un solo Dios,
Padre todopoderoso,
Creador del cielo y de la tierra,
de todo lo visible y lo invisible.
Creo en un solo Señor
Jesucristo,
Hijo único de Dios,
nacido del Padre
antes de todos los siglos:
Dios de Dios, Luz de Luz,
Dios verdadero
de Dios verdadero,
engendrado, no creado,
de la misma naturaleza
del Padre,
por quien todo fue hecho;
que por nosotros los hombres,
y por nuestra salvación
bajó del cielo,
y por obra del Espíritu Santo
se encarnó de María, la Virgen,
y se hizo hombre;
y por nuestra causa
fue crucificado
en tiempos de Poncio Pilato;
padeció y fue sepultado,
y resucitó al tercer día,
según las Escrituras,
y subió al cielo, y está sentado
a la derecha del Padre;
y de nuevo vendrá con gloria
para juzgar a vivos y muertos,
y su reino no tendrá fin.
Creo en el Espíritu Santo,
Señor y dador de vida,
que procede del Padre
y del Hijo,
que con el Padre y el Hijo
recibe una misma adoración
y gloria, y que habló
por los profetas.
Creo en la Iglesia,
que es una, santa,
católica y apostólica.
Confieso que hay
un solo bautismo para el perdón
de los pecados. Espero la
resurrección de los muertos
y la vida del mundo futuro.
Amén.

BENEDICTUS
(AL LEVANTARSE)

Bendito sea el Señor,
Dios de Israel,
porque ha visitado
y redimido a su pueblo,
suscitándonos una fuerza de
salvación en la casa de David,

su siervo,
según lo había predicho
desde antiguo
por boca
de sus santos profetas.
Es la salvación que nos libra
de nuestros enemigos
y de la mano de todos
los que nos odian;
realizando la misericordia
que tuvo con nuestros padres,
recordando su santa alianza
y el juramento que juró
a nuestro padre Abrahám.
Para concedernos
que, libres de temor,
arrancados de la mano
de los enemigos,
le sirvamos con santidad
y justicia, en su presencia,
todos nuestros días.
Y a ti, niño, te llamarán
profeta del Altísimo,
porque irás delante del Señor
a preparar sus caminos,
anunciando a su pueblo
la salvación,
el perdón de sus pecados.
Por la entrañable misericordia
de nuestro Dios,

nos visitará el sol
que nace de lo alto,
para iluminar
a los que viven en tinieblas
y en sombra de muerte,
para guiar nuestros pasos
por el camino de la paz.

MAGNÍFICAT
(AL ATARDECER)

Proclama mi alma
la grandeza del Señor,
se alegra mi Espíritu
en Dios, mi Salvador;
porque ha mirado
la humillación de su esclava.
Desde ahora me felicitarán
todas las generaciones,
porque el Poderoso
ha hecho obras grandes por mí:
su nombre es santo,
y su misericordia llega
a sus fieles de generación
en generación.
Él hace proezas con su brazo:
dispersa a los soberbios
de corazón,
derriba del trono
a los poderosos

y enaltece a los humildes,
a los hambrientos
los colma de bienes
y a los ricos los despide vacíos.
Auxilia a Israel, su siervo,
acordándose de la misericordia,
como lo había prometido
a nuestros padres,
en favor de Abrahám
y su descendencia por siempre.

CÁNTICO DE SIMEÓN
(AL ACOSTARSE)

Ahora, Señor, según tu promesa,
puedes dejar a tu siervo
irse en paz,
porque mis ojos
han visto a tu Salvador,
a quien has presentado
ante todos los pueblos,
luz para alumbrar a las naciones
y gloria de tu pueblo, Israel.

SALVE REGINA

Dios te salve,
Reina y Madre de misericordia,
vida, dulzura
y esperanza nuestra,
Dios te salve.
A ti llamamos
los desterrados hijos de Eva;
a ti suspiramos,
gimiendo y llorando
en este valle de lágrimas.
Ea, pues, Señora, abogada
nuestra, vuelve a nosotros
esos tus ojos misericordiosos,
y, después de este destierro,
muéstranos a Jesús,
fruto bendito de tu vientre,
¡Oh clementísima,
oh piadosa,
oh dulce Virgen María!
Ruega por nosotros,
Santa Madre de Dios,
para que seamos dignos
de alcanzar las promesas
de Nuestro Señor Jesucristo.
Amén.

BAJO TU AMPARO

Bajo tu amparo nos acogemos,
Santa Madre de Dios.
No deseches las súplicas
que te dirigimos
en nuestras necesidades,
antes bien, líbranos
de todo peligro.
¡Oh Virgen, gloriosa y bendita!

ÁNGELUS

El ángel del Señor
anunció a María.
Y concibió por obra
del Espíritu Santo.
  Dios te salve, María...
He aquí la esclava del Señor.
Hágase en mí según tu palabra.
  Dios te salve, María...
Y el Hijo de Dios
se hizo hombre.
Y habitó entre nosotros.
  Dios te salve, María...
Ruega por nosotros,
Santa Madre de Dios.
Para que seamos dignos
de alcanzar las promesas
de Nuestro Señor Jesucristo.

Derrama, Señor,
tu gracia sobre nosotros,
que, por el anuncio del ángel,
hemos conocido
la encarnación de tu Hijo,
para que lleguemos,
por su pasión y su cruz
y con la intercesión
de la Virgen María,
a la gloria
de la resurrección.
Por Jesucristo Nuestro Señor.
Amén.

REGINA COELI

(Durante el tiempo de Pascua)

Reina del cielo, alégrate,
aleluya,
porque el Señor,
a quien has merecido llevar,
aleluya,
ha resucitado
según su palabra, aleluya.
Ruega al Señor por nosotros,
aleluya.

Alégrate, Virgen María,
aleluya.
Porque verdaderamente
ha resucitado el Señor, aleluya.

Dios, que por la resurrección
de tu Hijo,
nuestro Señor Jesucristo,
te has dignado
alegrar al mundo,
concédenos, te rogamos,
que por la intercesión
de su Madre María,
alcancemos los gozos
de la vida eterna.
Por Jesucristo Nuestro Señor.
Amén.

SANTO ROSARIO

(Comenzar con la señal del cristiano. Luego se proclama el misterio correspondiente, se hace un momento de silencio y se reza un Padrenuestro, diez Avemarías y un Gloria.)

Misterios Gozosos
(lunes y sábados)
1°. La Encarnación
   del Hijo de Dios.
2°. La Visitación de María
   a su prima Isabel.
3°. El Nacimiento
   del Hijo de Dios.
4°. La Presentación del Niño
   Jesús en el Templo.
5°. El Niño Jesús perdido
   y hallado en el Templo.

Misterios Dolorosos
(martes y viernes)
1°. La Oración de Jesús
   en el Huerto.
2°. Los Azotes que el Señor
   padeció atado
   a la columna.

3°. La Coronación de espinas.
4°. Jesús con la cruz
   a cuestas camino
   del Calvario.
5°. La Crucifixión
   y Muerte del Señor.

Misterios Luminosos (jueves)
1°. El Bautismo de Jesús.
2°. Las Bodas de Caná.
3°. El Anuncio
   del Reino de Dios.
4°. La Transfiguración.
5°. La Institución de la
   Eucaristía.

Misterios Gloriosos
(miércoles y domingos)
1°. La Resurrección del Señor.
2°. La Ascensión del Señor
   a los cielos.
3°. La Venida
   del Espíritu Santo.
4°. La Asunción de María.
5°. María, coronada como
   Reina y Señora
   de todo lo creado.

PALABRA Y VIDA 2026

VIACRUCIS

(Al comenzar cada estación.)
Te adoramos, Cristo,
y te bendecimos.
Porque por tu santa cruz
redimiste al mundo.
(En cada estación, se enuncia
el título y se guarda un
momento de silencio meditando en su contenido. Se termina rezando un Padrenuestro.)

Estaciones:
1ª. Jesús es condenado
    a muerte.
2ª. Jesús carga con la cruz.
3ª. Jesús cae bajo el peso
    de la cruz.
4ª. Jesús se encuentra
    con su Madre.
5ª. El Cirineo ayuda a Jesús
    a llevar la cruz.
6ª. La Verónica limpia
    el rostro de Jesús.
7ª. Jesús cae en tierra
    por segunda vez.
8ª. Jesús consuela
    a las hijas de Jerusalén.
9ª. Jesús cae por tercera vez.
10ª. Jesús es despojado
    de sus vestiduras.
11ª. Jesús es clavado en la cruz.

12ª. Jesús muere en la cruz.
13ª. Jesús es bajado de la cruz
    y recogido por su madre.
14ª. Jesús es puesto
    en el sepulcro.
(15ª). Jesús resucita
    de entre los muertos.

BENDICIÓN DE LA MESA

(Se puede usar una de las
siguientes.)

• Bendice, Señor,
los alimentos que vamos a
tomar, y que hemos recibido
de tu generosa mano.
Por Cristo Nuestro Señor.
• Te bendecimos, Padre bueno,
por tu Providencia amorosa
sobre nosotros.
Te bendecimos por estos
alimentos que vamos a tomar,
que sean para nosotros
signo de nuestra fe
y fraternidad.
Por Cristo Nuestro Señor.
• Dios de misericordia,
bendice estos alimentos
y da pan a los que tienen
hambre, y hambre de ti a los
que tienen pan.
Por Cristo Nuestro Señor.